Découvrez l'histoire par les archives de presse

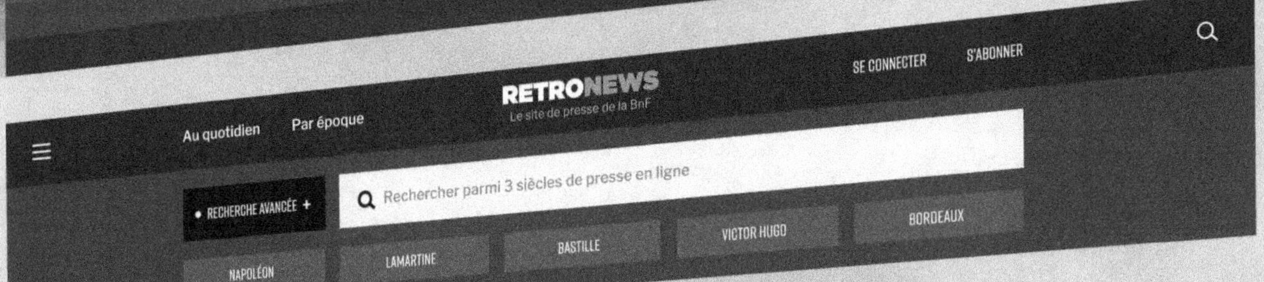

RETRONEWS

Le site de presse de la BnF

www.retronews.fr

Troisième Année. N° 1. — Janvier 1893

BULLETIN DU COMITÉ
DE
l'Afrique Française

PUBLIÉ MENSUELLEMENT

Sous la direction de **M. Harry Alis,**
avec la collaboration de **MM. Henry Frisch de Fels, Armand Gasnier,
Auguste Gauvain, Raymond Kœchlin,** etc.

Adresser toutes les communications
à **M.** le Secrétaire général
du **Comité de l'Afrique Française**
15, rue de La Ville-l'Évêque, Paris.

Prix du Numéro : 2 FRANCS

Tout Souscripteur du Comité reçoit
de droit ce BULLETIN.

SOMMAIRE

Avis

Nous serions reconnaissants à ceux de nos Souscripteurs qui ont signé des engagements annuels de vouloir bien envoyer, dès maintenant, à notre Trésorier, **M. Armand Templier, 79, boulevard Saint-Germain,** *le montant de leur souscription pour 1893.*

EXTRAIT
DES
Délibérations du Comité pendant le mois de décembre 1892

Membres présents : MM. le prince D'ARENBERG, président; DE VOGÜÉ, PICOT, SIEGFRIED, GAUTHIOT, DE KERJÉGU, ROLLAND, BOUTMY, DE LA MARTINIÈRE, POUBELLE, DE MOUSTIER, TEMPLIER, RENOUST DES ORGERIES, le capitaine BINGER, général DERRÉCAGAIX, HENRY PEREIRE, PATINOT, ETIENNE.

M. le Président propose de nommer membre du Comité, le prince ROLAND BONAPARTE et M. COUCHARD, maire de Saint-Louis (Sénégal), membre correspondant ; ces propositions sont adoptées.

Il annonce ensuite que le bureau du Comité a écrit au commandant Monteil une lettre de félicitations qu'il lui a adressée à Tripoli ; il demande au capitaine Binger de vouloir bien représenter le Comité à la réception de l'illustre explorateur qui aura lieu à Marseille.

M. de Vogüé propose enfin d'envoyer une couronne au nom du Comité aux obsèques du cardinal Lavigerie et de charger M. Masqueray de vouloir bien l'y représenter.

Puis M. H.-P. de La Martinière, directeur du cabinet du gouverneur général de l'Algérie, communique au Comité une partie des informations qu'il vient de recueillir au cours de la mission dont il fut chargé tout récemment lorsqu'il est allé présenter au nouveau chérif de Ouazzan les compliments de condoléance du gouverneur à l'occasion de la mort de son frère. Les impressions politiques exposées intéressent vivement le Comité et M. le général Derrécagaix se fait l'interprète de l'approbation de ses collègues.

M. Georges Rolland donne à la fin de la séance quelques renseignements sur l'expédition Méry et M. Patinot sur l'expédition Mizon.

LISTE DES SOUSCRIPTEURS[1]

(Suite)

MM.		
	Report...	257.447 25
Pailleux.........................A	20	»
Le Conseil municipal de Cognac...........A	60	»
**De Rohden*...........................A	10	»
**Le vicomte Rœderer*, à Evreux..........A	40	»
	A reporter.	257.577 25

(1) Les noms des nouveaux souscripteurs sont ceux en face desquels se trouve un astérisque.

Report.....	257.577	25
*Le comte A. d'Harcourt....................	25	»
Louis Forquenot.........................A	20	»
Le marquis de Moustier, député.........A	1.000	»
H. Stiévenard, à Montgeron..............A	10	»
*Tillinuc................ ....A	2	»
*Joseph Proton, à Lyon....................A	5	»
*Conard fils, horloger, à Ste-Foi-la-Grande...A	5	»
Chênebenoit, substitut du procureur de la République, à Beauvais....................A	20	»
Mlle Patin, directrice de l'Ecole normale d'institutrices d'Oran......................A	5	»
Le vicomte Melchior de Vogüé.............A	200	»
*Produit de la publication dans le Tour du Monde du voyage de M. Mizon, versé par MM. Harry Alis et Mizon.................	619	20
*Le Père E. Meillorat.....................A	3	»
Vachon, commis des postes, à Sfax.........A	1	»
René Vollet...........................A	10	»
Le lieutenant Morlin, à Bône..............A	36	»
Paul Pératé.........................A	12	»
*Le lieutenant Keller, à Angoulême.........	10	»
*A. Sangnier..........................A	20	»
Prieux, à Bourgneuf-en-Retz..............A	1	»
P. Daubrée..........................A	10	»
Corby.............................A	5	»
*Augendre, à Maisons-Laffitte.............A	10	»
L. Camus, au Montdieu ....A	20	»
*C. Schlumberger.....................A	20	»
Mayneau, juge au tribunal de Saint-Affrique.A	10	»
*H. Toutain, élève en pharmacie, à Bonnières....................................A	5	»
L. Magenties, à Lyon...................A	10	»
Le Conseil municipal de Chermignac.........	10	»
*Eugène Savoye........................A	20	»
G. Vallée, receveur de l'enregistrement, à Méréville,.............................A	5	»
Renault, pépiniériste, à Bulgnéville........A	6	»
Total	259.712	45

LE RETOUR DU COMMANDANT MONTEIL

Le commandant Monteil, qui était arrivé le 12 décembre à Tripoli, est rentré le 20 à Paris, après avoir reçu sur son passage les ovations enthousiastes de la colonie française de Tunis et celles de la ville de Marseille, où le capitaine Binger était allé le saluer au nom de la Société de géographie et du Comité de l'Afrique française.

Plusieurs centaines de personnes s'étaient rendues à la gare au devant de lui; parmi elles, MM. Jamais, sous-secrétaire d'Etat des colonies ; Etienne, le prince d'Arenberg, l'amiral Vallon, députés; Hamy, de l'Institut, président de la Société de géographie; Maunoir, Marcel Monnier, Gauthiot ; des officiers, des fonctionnaires, etc. Monteil est reçu par une longue acclamation. Il descend de voiture, on l'entoure, on le presse, c'est à qui lui serrera les mains ; à peine si les siens peuvent arriver jusqu'à lui.

Au nom du gouvernement, M. Jamais a souhaité aussitôt la bien venue à l'explorateur ; il a terminé en ces termes :

Dans cette immense région du nord de l'Afrique, où notre drapeau flotte sur tant de points et depuis si longtemps, vous avez fait pénétrer le nom de la France dans des régions nouvelles ; vous avez réussi à étendre son influence non pas par la force et la violence, mais par la persuasion et la douceur. Vous êtes ainsi resté fidèle à sa vraie politique coloniale ; car, Messieurs, si la France est capable de tous les efforts et de tous les sacrifices lorsque ses droits et son honneur sont engagés, si elle est toujours sûre, comme au Dahomey, de trouver des officiers et des soldats dignes d'elle, ce n'est pas par la violence et la terreur qu'elle a l'ambition de conquérir, c'est par le rayonnement pacifique de son drapeau, de ses idées, de son génie, de sa civilisation.

Vous êtes, mon cher commandant, et vous resterez l'un des premiers parmi les soldats de la politique coloniale ainsi comprise ; et c'est pour cela qu'au nom du gouvernement je suis venu ici vous féliciter et vous remercier.

Le Commandant Monteil.

M. Etienne prend ensuite la parole, en sa qualité de président du groupe colonial de la Chambre des députés : il s'efface derrière M. Jamais, mais il rappelle en deux mots que c'est lui qui a choisi Monteil pour la mission qu'il vient de remplir. Après M. Etienne, c'est la Société de géographie de France, par l'organe de M. Hamy, qui félicite le vaillant officier ; puis un Corrézien parle au nom du département, dont Monteil est originaire. Monteil répond en quelques mots: il est touché de ces marques de sympathie, et remercie en ajoutant qu'il est heureux d'avoir bien travaillé pour la France.

Le commandant Monteil n'est resté que peu de jours à Paris. Il a rendu compte de sa mission au gouvernement et au Président de la République, puis il est allé prendre quelque repos dans sa famille ; c'est à son retour seulement que la Société de géographie le recevra pour lui remettre solennellement la grande médaille d'or, cette insigne récompense qu'elle ne décerne qu'à ceux qui se sont illustrés par une grande exploration.

L'adjudant Badaire, le fidèle compagnon de Monteil, qui avait déjà reçu la médaille militaire, en même temps que Monteil était fait Officier de la Légion d'honneur, a été décoré, en outre, de la Légion d'honneur et nommé commis expéditionnaire à l'administration coloniale, poste qu'il désirait. Mais comme son état de santé laisse à désirer, — il souffre encore de la dysenterie, — il est mis en congé à solde entière jusqu'à son entier rétablissement.

M. Paul Combes, envoyé à Tripoli par la *Politique coloniale*, a recueilli le premier de la bouche même de l'explorateur le récit de son voyage ; voici l'intéressant résumé qu'il en a donné :

C'est le 9 octobre 1890, a dit Monteil, que nous avons quitté Saint-Louis du Sénégal, mon compagnon Badaire et moi. Le 20 décembre, nous étions à Ségou-Sikoro, à la limite de notre occupation effective dans le Soudan.

'L'Adjudant Badaire.

Le 15 janvier 1891 j'arrivais à Say, jusqu'alors presque inconnu et j'obtenais de l'almamy un traité qui a dû parvenir à Paris (1). Après quoi, je poussai jusqu'à Knian, où je retrouvai chez le roi Tiéba, mes deux camarades, le capitaine Quinquandon et le docteur Crozat. Ce dernier me mit fort gracieusement au courant de ce qu'il avait pu apprendre au cours de son voyage dans la direction du Mossi.

Au milieu d'avril, j'atteignais Lanfiera, dans le Macina, après avoir traité avec l'almamy des Bobos de Boussoura. A Lanfiera, j'obtins encore un traité de l'almamy. J'en repartis le 11 pour Wagadougou, point extrême atteint par Binger et Crozat. J'y parvins le 21.

C'est à partir de ce moment que mon voyage acquiert une véritable importance. Jusque-là, je n'étais guère sorti de notre champ d'action soudanais. Maintenant, j'allais tenter la traversée de la boucle du Niger dans sa partie considérée comme la plus difficile.

A Wagadougou, l'accueil fut assez froid. Sans m'inquiéter des objections, je repartis dans la direction du Gourma. A Ouégou, chez le naba de Boussouma, la réception fut encore médiocre. Nous partîmes vers Djemmaré ou Dori, capital du Liptako, pays alors ravagé par la guerre civile. C'est sur ce chemin que mon convoi fut

---

(1) Le document est en effet parvenu à destination. Il a été publié dans le volume de M. Harry Alis : *A la conquête du Tchad.*

désorganisé par cette terrible peste bovine qui a fait des ravages incalculables dans toute l'Afrique centrale. Il n'est pas resté un animal vivant sur mille.

Contrairement à mon attente, j'ai reçu à Dori un accueil presque triomphal. J'y ai conclu un traité. Après avoir traversé une région déserte de soixante-dix kilomètres, nous pénétrons dans le Yagha. Je fus retenu quarante-cinq jours dans la capitale, Zebba, dont j'ai gardé encore plus mauvais souvenir que Barth. J'ai été là près de mourir et j'ai subi le dernier degré de la misère. Cependant, j'ai encore fait signer un traité.

Enfin, le 19 juillet, nous quittions Zebba, accompagnés des vœux de la population, meilleure pour nous que ses princes. Nous traversâmes le Torodi et sa capitale Madiango, pour arriver à Ouro Gueladjio, ville de 3,000 habitants, où règne Ibrahima, suzerain de tous les petits rois voisins. Ce puissant potentat, contre l'avis de ses conseillers, me fit l'accueil le plus bienveillant, rappelant que son père avait agi de même avec Barth. En cet endroit j'eus à répondre aux accusations des envoyés de notre ennemi Ahmadou Cheickou, ancien sultan de Ségou et de Nioro, devenu sultan de Macina. Le 12 août, je signai avec Ibrahima un traité qui a une importance particulière et, le 18, nous reprenions notre voyage. Arrivée à Say le 19. En raison des chaudes recommandations d'Ibrahima, même accueil du roi, signature du même traité.

A partir de ce point, ainsi définitivement acquis à la France, j'avais pour règle d'étudier, autant que possible, la délimitation équitable qui devait être la conséquence de la convention anglo-française. Nous nous dirigeâmes vers Argoungou à travers une région qui m'avait été signalée comme dangereuse, et qui le fut, en effet, à l'extrême. Nous traversâmes le Djerma ; l'Arewa, capitale Guiouaé ; le Kabbi. Le puissant Serki de ce pays jugea ma venue heureuse parce qu'il avait pris d'assaut un grand village, et, pour cette raison, me reçut bien et me laissa venir à Argoungou, sur le Mayo Kabbi, capitale du Kabbi indépendant et ville très fortifiée et très importante, dont j'évalue la population à 20,000 habitants. C'est le boulevard de la résistance des Haoussas contre les Peulhs du Sokoto. Nous avons encore couru là un sérieux danger, car le Serki N'Kabbi n'est pas moins qu'aimable. Pourtant, à force de fermeté, j'ai pu l'amener à signer une lettre donnant droit de libre passage aux Français dans son pays.

C'est le 18 octobre que nous arrivons à Sokoto, ayant ainsi résolu le difficile problème de passer d'un peuple chez un peuple ennemi. Heureusement, on connait là mes différends avec le Serki N'Kabbi et cela me vaut un accueil enthousiaste du Liam Dioulbé, sultan du Sokoto. C'est de lui-même que ce puissant souverain signa avec moi le même traité que ceux des autres sultans placés sur ma route. Les Anglais n'ont aucune relation avec le Sokoto qui n'a, lui-même, que des rapports religieux avec le Gando et l'Adamaoua. Le Liam Dioulbé m'acheta un grand nombre de marchandises, qu'il me paya en traites sur Yola, payables à Kano.

Je suis arrivé dans cette ville, le plus grand marché de la région, en décembre 1891. J'ai eu beaucoup de difficulté à y négocier les traites qui m'avaient été données par le Liam Dioulbé. Cela m'a forcé à séjourner pendant deux mois durant lesquels je n'ai eu à me plaindre ni des autorités — du roi notamment — ni de la population. A Kano, j'avais appris la présence de blancs au Bornou. On me disait qu'ils y avaient été mal accueillis et qu'ils avaient dû rebrousser chemin. Je croyais alors qu'il s'agissait de Mizon.

Je dus lever beaucoup d'oppositions pour entrer directement au Bornou. J'y pénétrai pourtant à la fin de février 1892, par Hadeidja. Le souverain de ce pays me donna une forte escorte, affirmant, comme elui de Kano, du reste, que les gens du Bornou n'étaient rien moins que sûrs. Le 3 mars, nous pénétrions au Bornou par le village de Madia.

J'ai eu à vaincre, à partir de ce moment, peut-être les plus grandes difficultés de mon voyage. Tout un parti, à Kouka, voulait qu'on m'éloignât et obtenait en tout cas qu'on m'imposât des délais, la force d'inertie. De la frontière à Kouka, nous passâmes par Kargui, Borsari, Kaliloua, subissant partout des sortes de quarantaines en attendant les ordres de Kouka. Enfin, arrivé dans la capitale où plus de cinquante mille personnes me firent escorte, je fus logé chez le frère du favori du Cheik Malam Adam. Le 12 avril, **je** fus reçu par le cheik en audience solennelle.

Il y avait là l'ancien domestique de Nachtigal, Mohammed-El-Mauselmani, sujet italien, à peine capable de comprendre encore quelques mots de cette langue. Le cheik Achem me fit bon accueil, me disant de me considérer au Bornou comme chez moi. Je lui remis une lettre qui m'accréditait auprès de lui de la part du roi — on n'aurait pas compris un autre terme — Carnot et du vizir Etienne, avec un exemplaire des *Mille et une Nuits* en arabe, objet ardemment désiré par le cheik.

Ce n'est qu'un mois et demi après mon arrivée à Kouka que j'appris de source certaine que les blancs expulsés du Bornou étaient non pas des compatriotes, mais des Anglais. Je le reconnus à ce fait que Mohammed-El-Mauselmani avait pris l'empreinte d'un bouton d'un soldat d'escorte; or, c'était un soldat de la Royal Niger Company; Mohammed appelait le chef Chaly. C'était probablement le prénom défiguré de Charley Mac-Intosh. J'eus aussi, à Kouka, des renseignements très précis sur le séjour de la mission Mizon, à Yola, et sur son départ pour Ngaundere. A Kouka, nous avons observé une épidémie d'influenza, qui a fait beaucoup de victimes.

Je séjournai quatre mois à Kouka, attendant toujours une occasion favorable pour prendre la route de Tripoli. Le 15 août 1892, je puis enfin partir, profitant d'une maigre caravane. Le 22, nous parvenions à Barroua, repaire de la limite actuelle de la zone d'influence française.

A partir de ce moment, la route a été effroyablement pénible. Il nous a fallu faire des marches forcées incessantes pour atteindre les oasis de Bilma, puis de Kaouar. Dans cette dernière, nous demeurâmes une quinzaine de jours. Voici ensuite notre itinéraire , Anay, Sigguedin, Mafaras, Bir Lahamou, Oll-War, Bir Meschrou ; enfin, Tadjerri, premier village du Fezzan.

Le 19 octobre, nous étions à Gatroun, ayant parcouru 350 kilomètres en huit jours. Le 25, après de nouvelles marches forcées, nous atteignons Mourzouk et nous étions désormais à l'abri de tout danger, mais dans un état lamentable. Nous avons reçu le meilleur accueil de la part des autorités turques.

A Mourzouk, j'ai habité la maison de l'infortunée Mlle Tinne.

Depuis Mourzouk, grâce aux chameaux que j'avais pu me procurer, la route n'a pas présenté de grandes difficultés.

Un correspondant du *Temps*, qui a pu, lui aussi, s'entretenir avec Monteil, a publié des détails d'un intérêt particulier sur le séjour de la mission au Bornou. On a vu que notre compatriote y arrivait peu après le départ de l'expédition Mac-Intosh, envoyée par la Compagnie du Niger, expédition sur l'issue de laquelle nous avons donné jadis des renseignements précis ; voici le récit du *Temps* :

Les causes de l'échec de la mission Mac Intosh, tout en étant multiples, tenaient surtout à la façon de faire des Anglais. Ils commirent tout d'abord une grosse faute en pénétrant au Bornou avant d'avoir obtenu l'autorisation préalable qu'il est d'usage rigoureux dans ces pays de solliciter en parvenant à la frontière. — Puis, c'est en qualité de marchands qu'ils se présentèrent et, malgré cela, on pouvait les voir chaque jour dans leur camp, hors de la capitale où ils n'ont pas pénétré, faire manœuvrer ostensiblement les cinquante hommes armés qui formaient leur escorte. Cela donnait beau jeu au parti des Arabes pour entrer en scène. Celui-ci, on le comprend sans peine, ne peut voir d'un bon œil aucune des tentatives ayant pour objet d'ouvrir au Bornou des débouchés commerciaux dans une direction nouvelle autre que celle du Nord. Leur réussite pouvait amener la ruine du commerce par caravanes de la Tripolitaine, et tous ses efforts doivent, par suite, tendre à les faire échouer. Aussi ce parti et, à sa tête, le consul des Arabes, homme jouissant d'une grande influence personnelle, ne se fit-il pas faute de représenter au souverain le péril qu'il y avait pour l'indépendance de son empire à tolérer la présence d'étrangers qui dissimulaient si peu leurs allures de conquérants. Cette idée, sans cesse évoquée et appuyée aussi d'arguments d'ordre religieux, n'était pas de nature à améliorer la situation des Anglais.

Tout autre que celle des Anglais fut la manière d'agir du commandant. Ayant sollicité dans les formes d'usage l'autorisation de pénétrer sur le territoire du Bornou, il se borna à répondre à ceux qui l'interrogeaient sur le but de son voyage qu'il ne demandait rien, si ce n'est l'autorisation de traverser le pays en ami. Malgré cela, les défiances étant éveillées, il ne fut pas admis tout de suite et dut s'arrêter plusieurs jours à N'Guelewa, où il fut l'objet d'un examen scrupuleux de la part des gens, doutant encore de ses intentions ; à Karjui, il lui fallut également séjourner soi-disant pour attendre la réponse du cheik, en réalité pour être encore tenu en observation. On se demandait, on voulait savoir si ces blancs faisaient, comme ceux qui les avaient précédés, étalage de leur puissance d'armement ; s'ils étaient bons ou insolents et hautains ; si, en un mot, il fallait voir, oui ou non, en eux, des gens dont il y avait à se méfier. Monteil sut, par sa manière d'être, par ses façons d'agir nettes et loyales, dissiper toutes les appréhensions et, à partir du jour où ce résultat fut atteint, il trouva le Bornou grand ouvert devant lui. C'est en grande pompe, au son du canon, qu'il fit son entrée à Kouka, au milieu d'une foule immense qui peut être évaluée à 40.000 personnes ; c'est en plein jour, au su et au vu de tous, qu'il obtint sa première audience du souverain, et, durant les quatre mois de son séjour, ces dispositions amicales ne se démentirent pas. L'élément arabe ne tarda pas lui-même à se rapprocher de lui, et notre pays comptait une victoire pacifique de plus.

Dans un article paru peu de temps après l'échec de la mission Mac Intosh les Anglais, après avoir constaté que le Bornou leur était momentanément fermé de fait, ajoutaient qu'en revanche nous ne pouvions, aux termes de la convention du 5 août 1890, prétendre exercer notre influence dans la partie du royaume située au sud de Barroua. Il semblerait, à en croire nos voisins, que nous avons entendu accepter comme frontière de notre zone d'action une ligne absolument droite partant de Saï pour aboutir à ce point de Baaroua, abandonnant aux Anglais tout le pays au-dessous. C'est là jouer sur les mots sans tenir le moindre compte de l'esprit du traité. Celui-ci porte bien en vérité que la ligne frontière passera par ces deux lieux extrêmes ; mais il ajoute qu'elle sera tracée de façon à laisser à l'influence anglaises les contrées qui appartiennent équitablement à Sokoto. Le Bornou entre-t-il dans cette catégorie ? On a essayé, il est vrai, de le représenter comme vassal de son voisin de l'ouest ; mais telle n'est pas l'opinion de notre compatriote qui affirme, au contraire, son indépendance absolue ; les Anglais ne sauraient donc se croire autorisés à nous y interdire toute ingérence, alors surtout que nous avons sur eux l'avantage d'y avoir, les premiers, noué des relations. C'est un point qu'il importe de bien établir dès maintenant.

LA MISSION MIZON

Le dernier courrier de la côte occidentale d'Afrique nous a apporté des lettres des membres de la mission Mizon. Elles sont datées de Chirou, sur la Bénoué, à environ 180 kilom. de Yola, en face du pays de Mouri, dont le sultan avait fait des protestations d'amitié à Mizon en 1891. Les lettres ont été écrites le 29 octobre.

Par suite des retards subis par la mission, les eaux du Niger et de la Bénoué ayant baissé, les bateaux ont touché plusieurs fois sur les sables, durant la montée. Ils ont réussi chaque fois à se dégager. Seul, le *Sergent Malamine* s'est engravé plus sérieusement sur la Bénoué, mais à peu de distance de Yola, que la mission atteindra aisément.

Il faudra sans doute attendre deux ou trois mois la nouvelle montée des eaux pour que le *Sergent Malamine* puisse être dégagé. Cela n'empêchera pas d'ailleurs, la mission de continuer ses travaux.

Les membres de la mission qui allaient pour la première fois en Afrique ont eu, comme toujours, des accès de fièvre. Aucun d'eux n'était malade au moment du départ du courrier.

Voici d'autre part une note que publie le *Temps* et dont les détails ne correspondent qu'en partie avec ceux que nous avons reçus.

Le 29 septembre, la mission remontait le Niger, ayant reçu de M. Flint, agent principal de la Royal Niger company, un accueil très froid, mais des plus courtois.

A ce moment, les eaux du Niger étaient très hautes, le courant violent. Les vapeurs après avoir dépassé Abo, Onitcha et Assaba, n'arrivèrent à Ida que le 8 octobre. Ils avaient mis neuf jours à franchir les 350 kilomètres qui séparent Akassa de la station d'Ida, alors qu'il ne faut ordinairement que quatre jours.

Là, il fallut s'arrêter deux jours afin de permettre aux mécaniciens d'effectuer des réparations aux chaudières, surtout à celle de la *Mosca*.

Le 11 octobre, la mission arrivait à Lukodja, au confluent du Niger et de la Bénoué. L'agent de la Compagnie royale du Niger donna au commandant de la mission l'autorisation de prendre du bois au dépôt de la compagnie. Le 13 les vapeurs s'engageaient dans la Bénoué.

Les eaux étaient hautes. Cela n'empêchait pas que les vapeurs s'échouaient assez souvent, cela en raison de leur trop grand tirant d'eau. Les vapeurs de la Compagnie royale du Niger n'ont que deux ou trois pieds ; la *Mosca* et le *Sergent-Malamine*, qui ont fait de longs voyages sur l'Atlantique, le premier, tout récemment, pour venir de Buenos-Ayres à Kotonou, le second, pour se rendre de France à Libreville, calent au moins cinq pieds. La lettre que nous avons sous les yeux dit que la *Mosca* tire 1^m50, et le *Sergent-Malamine*, 2^m60.

Quoi qu'il en soit, la montée de la Bénoué s'effectua avec assez de facilité jusqu'à Ibi, à 400 kilomètres environ de Lukodja, où la mission arriva le 18 octobre. C'est à 3 milles en amont de Chirou, à 180 kilomètres d'Ibi et à 200 kilomètres d'Yola, la capitale de l'Adamaoua, que, le 24 octobre, le *Sergent-Malamine* s'est échoué sur un banc de sable.

A Chirou, la Bénoué forme une grande île qui a une trentaine de kilomètres de long. Il n'y avait plus assez d'eau dans la rivière pour faire passer le *Sergent-Malamine*, qui, après une tentative, dut éteindre ses feux.

Quant à la *Mosca*, que commandait M. Mizon (l'enseigne Bretonnet a le commandement de l'autre vapeur), l'état de ses chaudières ne lui permit pas de dégager le *Sergent-Malamine*. Les eaux baissèrent rapidement, et, d'après les nouvelles parvenues par le dernier courrier, la *Mosca* s'échoua également.

Le *Temps* ne doute pas d'ailleurs que l'énergie du commandant de la mission n'ait raison de ces premières difficultés et qu'il ne trouve moyen d'arriver promptement à Yola avec personnel et matériel.

COLONIES FRANÇAISES
ET PAYS DE PROTECTORAT

ALGÉRIE

La mission Targuie. — Nous avons publié dans notre dernier numéro une lettre que M. Masqueray, membre du Comité de l'Afrique française, adressait au *Journal des Débats* sur la réception, par le gouverneur de l'Algérie, de la mission Targuie, venue le saluer ; voici une nouvelle lettre que nous empruntons au même journal et où M. Masqueray raconte l'entrevue qu'il a eue avec les Touareg :

Maintenant qu'il n'y a plus la moindre indiscrétion à dire ce que l'on sait de ces Touareg qui sont venus nous rendre visite et de leurs projets, tant les journaux les mieux informés en ont parlé, je vais vous faire part de ce que je tiens d'eux-mêmes et y ajouter quelques réflexions.

Je suis allé les voir le surlendemain de leur visite au gouverneur. Je les ai trouvés tous ensemble dans une maison mauresque, où ils étaient fort bien installés à leur manière, près du palais du gouvernement dans Alger. Ils étaient assis ou couchés sur des matelas d'un bout à l'autre d'une longue pièce qui s'ouvrait sur la cour intérieure. Ils se reposaient. Les uns n'étaient vêtus que de chemises bleues, les autres étaient enveloppés de burnous blancs. Des lances de fer étaient appuyées par-ci par-là le long des murailles, des javelots presqu'aussi longs brillaient dans les coins ; des épées droites dans des fourreaux de cuir d'un gris rosé et des poignards d'Agadez aux manches de cuivre en forme de croix étaient posés sur la cheminée. Une odeur de sauvagine, que je reconnaissais, flottait dans l'air. Je me dirigeai vers les deux hommes qui me paraissaient les plus âgés, et nous échangeâmes les *manouennek* (quel est ton état ?) et les *khér r'as* (rien que le bien) qui sont encore les formules obligatoires de la politesse chez ces barbares. Autrement on m'aurait dit : *Ma idja midinnek* (que fait ton ami ?), le savoir-vivre étant pour eux le meilleur ami et la sauvegarde du voyageur. Ensuite, je m'assis entre eux deux et nous nous mîmes à causer.

J'étais bien tombé. A ma droite, vêtu d'une longue blouse quadrillée de gris et de noir et fabriquée par bandes étroites dans le Soudan, la tête et le visage enveloppés de voiles bleus et noirs, était le principal des Isakkamaren, un guerrier qui connaît à merveille tous les mauvais chemins de l'extrême Sud, très brun de peau, franc de gestes, les yeux bien ouverts, durs et flambants ; à ma gauche, dans un burnous blanc et tout voilé de blanc, était le chef des marabouts ifoghas, l'âme même de la petite caravane, homme mûr au regard pénétrant et doux, au teint clair, qui laissait entrevoir en parlant une moustache grise Le nom du premier est N'Tiniri, qu'on peut traduire par « de la Plaine » ; celui du second, purement arabe et religieux, est Abd n Nebi, serviteur du Prophète.

Je demandai d'abord à N'Tiniri s'il connaissait quelques uns de nos anciens amis qui ont fini, comme vous le savez, par regagner leur pays les uns après les autres, et il me répondit qu'il n'ignorait pas leurs noms. Il ajouta spontanément : « Ils ne racontent que du bien de vous. Tout le Sahara sait que vous les avez bien traités, nourris, soignés quand ils étaient malades, et surtout logés d'une manière confortable. » Ces derniers mots furent dits sans la moindre ironie. J'insistai sur Kenan ag Tissi. Il me dit : « Je l'ai rencontré récemment dans un petit désert de l'Adhar des Aoulimmiden. Il allait en expédition ou en visite dans le pays de Bodhal. » Je lui appris que Kenan avait été condamné solennellement par le tribunal d'Orléansville pour avoir dérobé, lui et son nègre, les deux chevaux sur lesquels ils s'étaient enfuis ; mais cela ne parut pas produire la moindre impression sur son esprit. Je l'interrogeai encore sur Chekkadh ag R'ali, surnommé Ahendjou, le compagnon de Crampel. « Il n'est pas encore de retour, me dit-il ; mais cela ne tardera pas peut-être. Nous savons qu'il est déjà arrivé à Tombouctou. »

Ensuite je me tournai vers Abd n Nebi, et je le priai de me donner exactement les noms des membres de la mission. Les voici, tels que je les ai écrits sous sa dictée : Premièrement N'Tiniri ag (fils de) el Hadj Mousa, Hadj Mokhammed ag Iddar et son fils Sidi Ali, tous trois Isakkamaren du Hoggar. Secondement lui-même Abd n Nebi ag R'ali et ses deux neveux Amma ag Si Mokhammed ag Mousa et Sid el Bey ag Bedda, Ifour'as, possesseurs de maisons à In-Salah ; Salem ag Chaitadem et Rouma ag el Khamdou, Ifour'as du Hoggar ; Mechchaoui ag Mokhtar, des Imanou des Azjer. Les chefs religieux de la mission étaient Si Ahmed, neveu du célèbre marabout tedjinien Si Mohammed Ser'ir, de Temassin, et Si el Arousi, moqaddem tedjinien de la Zaouïa de Guemar dans le Souf.

Tout en me dictant cette liste, Abd n Nebi me fit faire quelques remarques. Les Ifour'as sont des marabouts amis de la paix, bien qu'ils portent habituellement des armes dans le Sahara pour se défendre en cas de besoin contre les bandits. Ils sont mêlés aux confédérations des Azjer et des Hoggar ; il s'en trouve même chez les Aoulimmiden : les uns fréquentent à In-Salah, les autres à Gadhamès et à Ghat, les autres à Agadez. Les plus respectés sont les Ifour'as Cheurfa. Leur occupation ordinaire est de conduire des caravanes d'un grand marché à un autre, soit de l'Est à l'Ouest, de Ghadamès à In-Salah, soit du Nord au Sud, de Ghadamès à Ghat, d'In-Salah à Agadez ou à Tombouctou. Le petit groupe qui m'entourait comprenait des Ifoghas du Nord, du Sud et de l'Est, et par conséquent des représentants plus ou moins autorisés de tous les personnages religieux qui dirigent et protègent le commerce sur les grandes lignes du Sahara. Quant aux Isakkamaren, ils avaient été autrefois de simples *Imrad* ou serfs des Kèl Kkela, la tribu noble la plus puissante du Hoggar ; mais, depuis un certain temps, ils s'étaient relevés au-dessus de cette condition en s'affranchissant de leurs redevances, et surtout en se distinguant par leur bravoure. Il fallait les compter comme des hommes libres. Seulement leurs anciennes attaches aux familles nobles les retenaient encore dans leur intimité, et à cause de cela leur parole méritait d'être écoutée. Ils demeurent sur l'Atakor du Hoggar, c'est-à-dire autour du dôme qui surmonte ce puissant massif du Sahara central, forteresse naturelle dans laquelle se sont retranchées depuis des siècles les tribus les plus belliqueuses des Touareg. Ils voient fréquemment Ahitaghel. N'Tiniri en particulier était une sorte de délégué, sans mandat précis, de ce souverain féodal qui peut ouvrir et fermer à son gré les routes du Soudan.

Le rôle qu'Abd n Nebi attribuait aux Ifour'as était parfaitement conforme à ce que Richardson, Barth et Duveyrier nous en avaient appris depuis longtemps ; mais l'affranchissement et l'importance actuelle des Isakkamaren étaient une nouveauté. On pouvait discuter aussi sur la puissance réelle d'Ahitaghel, dont les parents et les vassaux ne sont pas des modèles de discipline. Autrement, il serait l'auteur direct du massacre de la mission Flatters et notre premier devoir serait de faire fusiller ses envoyés ; mais je ne voulais pas interrompre Abd n Nebi.

A ce moment, Si Ahmed vint s'asseoir derrière lui, et trois ou quatre autres Touareg se rapprochèrent de nous. Il continua :

« Pour moi, j'appartiens aux Ifour'as Cheurfa, qui descendent du Prophète. Je suis arrière-neveu du cheik Othman, qui a le premier noué des relations avec les Français, de concert avec Ikhnoukhen, chef de la confédération des Azjer. Mon père et le cheik Othman étaient fils de frères. Nous avons conservé dans notre famille le souvenir du temps où l'accord semblait fait entre vous et nous. Des troubles sont survenus depuis ; mais nous sommes restés fidèles à notre rôle pacifique, et nous persévérons à croire qu'une paix durable peut-être établie entre votre gouvernement et tous les Touareg ensemble, je veux dire aussi bien les Hoggar que les Azjer. Les Hoggar craignent sans cesse une incursion de votre part. Les Chaanba, qui sont votre avant-garde, vous représentent comme décidés à lancer un jour ou l'autre une colonne à travers le désert et à occuper militairement les marchés sur lesquels ils s'alimentent. D'autre part, nous n'ignorons pas que vous hésitez à marcher sur la route du Soudan parce que vous craignez que les gens d'Ahitaghel ne pillent vos convois. Mais notre devoir et notre intérêt sont toujours, si Dieu nous aide, de mettre un terme à ces terreurs et à ces haines. Nous autres, Cheurfa, nous sommes les « clefs du bien ».

« Je me suis appliqué depuis longtemps à persuader aux nobles du Hoggar qu'il leur serait utile de tenter une démarche auprès de vous. Vos ennemis, et même des Arabes dans lesquels vous avez une confiance aveugle, ne cessent de vous décrire comme des gens féroces et inabordables. J'ai invoqué plus d'une fois le témoignage de mon grand-oncle. J'ai eu la bonne fortune de gagner à ma cause ces Isakkamaren qui m'accompagnent, et enfin, dans une réunion tenue sur l'Atakor du Hoggar, nous avons obtenu d'Ahitaghel la permission de partir pour Alger. C'est une chose considérable que ce contentement d'Ahitaghel. Pense bien que, s'il ne nous y avait pas autorisés, nous ne serions jamais venus jusqu'ici, parce qu'au retour nous aurions trouvé nos tentes pillées et nos troupeaux égorgés ou vendus.

« Cependant nous n'aurions peut-être pas réussi à persuader l'Amenokal du Hoggar, et surtout les nobles qui composent son conseil, si, dans le même temps et avec une autorité supérieure encore à la nôtre, l'homme que tu vois là, Si Ahmed, neveu de l'illustre marabout de Temassin, n'avait agi dans le même sens. Il est resté dans le Hoggar pendant trois ans, faisant chaque jour des progrès dans la confiance des nobles et leur prêchant la pure doctrine des Tidjànya. Tu n'ignores pas sans doute combien les marabouts d'Ain Madhi et de Temassin sont zélés pour le règne de la paix dans le Sahara tout entier où leurs fidèles sont si nombreux, et même dans le pays des Noirs. Vous ne saurez peut-être jamais de combien de services vous leur êtes redevables ; mais nous qui avons vu Si Ahmed à l'œuvre nous pouvons en rendre témoignage. En somme, notre mission est tout à la fois le résultat des bons souvenirs que la famille du cheik Othman a conservés de votre gouvernement, et de l'amour pour e bien public qui ne cesse d'inspirer les Tidjànya. »

Si Ahmed, accroupi dans son burnous, un peu replet comme il convient à un religieux d'une église prospère, fixait sur moi ses yeux noirs. J'ajoutai un compliment à ceux d'Abd n Nebi et je repris à mon tour :

« Étes-vous venus apporter de la part d'Ahitaghel au gouvernement de l'Algérie des propositions fermes ? Votre voyage avait-il un but précis, comme la conclusion d'un traité ou quelque chose de semblable ? — Nous sommes venus vous rendre visite, répondit finement Abd n Nebi, admirer de nos yeux votre puissance et nous enquérir de vos intentions. Nous savons maintenant que vous êtes décidés à occuper In-Salah un jour ou l'autre, et que vous entretenez d'excellentes relations avec Mouley Abd er Rahman (c'est ainsi qu'ils désignent toujours l'empereur du Maroc). Ce sont deux faits importants que nous ignorions. Nous savons, d'autre part, à n'en plus douter, que votre principal désir est de commercer avec le Soudan à travers le Sahara, et non pas de faire la guerre aux Touareg. Nous avons vu, depuis le Souf jusqu'à Alger, vos villages et vos villes, vos routes et vos chemins de fer, vos garnisons, vos vaisseaux et vos canons sur la mer. Nous sommes émerveillés de votre police et de vos inventions, et ce que nous en dirons là-bas ne pourra manquer de faire une impression profonde. — Mais pensez-vous que la paix que vous souhaitez et pour laquelle vous avez tant fait soit bientôt rétablie ? Pouvons-nous espérer que dès votre retour ou peu de temps après vous avoir entendus, Ahitaghel écrira au gouverneur que les routes du désert sont libres, et, mieux encore, qu'il nous y garantira la sécurité ? — Il faut aller plus lentement avec les Touareg, interrompit Si Ahmed. Les nobles qui sont le conseil d'Ahitaghel sont dispersés ; ils campent souvent à de longues distances les uns des autres, et il est toujours difficile d'obtenir d'eux un assentiment unanime. »

Abd n Nebi, qui avait eu le temps de se recueillir, dit à son tour d'une voix un peu haute comme s'il voulait être bien entendu de tous ses compagnons :

« Il nous importe peu en principe que vous occupiez In-Salah ou non. Nous tenons pour certain, par ce que nous avons vu de vous, que vous y établirez un gouvernement régulier et que vous n'y persécuterez pas la religion ; mais In-Salah est, avec Agadez dans le Soudan, le marché le plus important sur lequel trafiquent les Hoggar, et ses villages sont des forteresses toutes faites pour recevoir des garnisons. Si vous voulez vous engager par avance à ne jamais en exclure les Touareg et à ne pas profiter de votre occupation pour envoyer des soldats dans le Hoggar, vous contentant de le traverser en négociants pacifiques avec notre concours, et suivant les usages du pays, nous retournerions avec la ferme espérance et presque la certitude d'aboutir ; mais que cela reste entre nous. Il n'est même pas nécessaire d'en dire plus pour le moment : il suffit que nous ayons été reçus ici avec tant de bonne grâce. Nous ne sommes encore que des messagers porteurs de bonnes paroles. Nous avons gagné votre amitié, et vous devez penser que vous avez gagné la nôtre : voilà certes un bénéfice considérable. D'ailleurs, je sais que votre gouverneur est décidé à s'entendre avec Ahitaghel. Il a confié à l'un de nous un symbole qui nous répond de l'avenir. — Quel symbole ? — La moitié d'une pièce d'or coupée. Je ne sais si c'est là une de vos habitudes ; mais rien n'est plus fréquent chez nous, sous d'autres formes. Nous appelons cela une *tamatart*. Quand Ahitaghel aura bien réfléchi sur les conditions auxquelles un accord définitif pourra être conclu entre lui et le Ouali (gouverneur) du pays d'Alger, il remettra cette moitié de pièce à un de ses amis qui la présentera au gouverneur. Ils la rapprocheront de celle qu'il aura conservée, et ensuite ils conféreront ensemble, et ce que cet homme dira sera dit par Ahitaghel, et ce que le gouverneur répondra sera répondu à Ahitaghel. »

Je me levai, et le lendemain, Abd n Nebi n Nebi et N'Tiniri en grand costume, voilés de noir, armés de toutes pièces, la lance à la main, vinrent me rendre la visite que je leur avais faite.

Sud Algérien. — On signale une singulière recrudescence dans les manœuvres hostiles que le Sultan du Maroc emploie contre notre influence dans le Sahara et surtout au Touat, et les journaux ont signalé à ce sujet la démarche qu'un émissaire de la cour de Fez a récemment faite auprès de l'officier qui commande à Hassi-Inifel pour le sommer, au nom de son maître, d'interrompre les travaux du bordj que notre administration y a entrepris. Car nous savons que, depuis plusieurs mois, le gouverneur général de l'Algérie, désirant étendre notre zone d'action légitime dans l'Extrême Sud, a, d'accord avec le gouvernement de la métropole, fait commencer les études et les constructions d'un certain nombre de bordjs ou petits fortins destinés à garder les points d'eau du désert. On veut ainsi jalonner les grandes routes commerciales et stratégiques par des établissements qui mettront les caravanes de nos populations à l'abri des coups de main si fréquents en ces régions ; cette sage politique d'extension pacifique fait honneur à M. Jules Cambon, et elle montre bien de quel poids doivent peser dans notre politique africaine toutes les entreprises qui intéressent le développement de nos intérêts algériens. Il était donc naturel que nos adversaires en fussent inquiétés tandis que du même coup on rassurait nos partisans, et c'est pour aborder l'exécution de ce plan qu'un détachement de soldats du génie sous la conduite d'un capitaine procédait depuis la fin des fortes chaleurs à la construction d'une petite redoute ou sorte de caravansérail à Hassi-Inifel à 80 kilomètres sud sud-est d'El-Goléa dans la coulée de l'Ouad-Mya ; on augmentait ainsi le débit d'un puits par les moyens perfectionnés de notre outillage moderne et les tribus de la région y voyaient un véritable bienfait. Mais, avec l'exagération si naturelle à l'esprit des musulmans, la nouvelle se répandit comme une traînée de poudre dans toutes les oasis de l'extrême sud du Touat jusqu'à In-Salah qu'une colonne française marchait à la conquête de ces régions et les autorités d'In-Salah (les mêmes qui, il y a quelques années, nous apportaient leur soumission), autant et surtout pour dégager leur responsabilité que pour tâter le terrain auprès de nous, s'empressèrent d'expédier une manière de protestation à l'officier français d'Hassi-Inifel.

Ce qui était à prévoir eut lieu : nous ne tînmes aucun compte d'une sommation qui ne s'appuyait sur aucun droit politique ou historique (In-Salah est à 350 kilomètres Sud d'Hassi-Inifel) et l'envoyé du fils de Badjouda, en regagnant la zaouiya de son chef, put rapporter la nouvelle que les Français continuaient leurs travaux. Toutefois, afin de parer ce coup porté au prestige religieux du Sultan marocain et au fanatisme des Qsouriens, la djaama d'In-Salah se hâta de propager le bruit que ladite colonne française s'était arrêtée au milieu de sa marche à Hassi-Inifel, sur l'ordre venu de la cour de Fez au gouverneur français.

Les personnes qui ont quelque expérience des musulmans peuvent seules apprécier l'importance qu'on doit attacher à de tels incidents ; il n'est pas moins bon d'éclairer l'opinion publique sur des faits d'autant plus faciles à dénaturer que l'on possède peu de renseignements sur toutes ces régions.

Cependant, d'ores et déjà, il convient de nous attendre de la part du Sultan du Maroc à une reprise d'activité dans sa politique d'influence religieuse et d'hostilité contre nous. Il est bien évident que, quoi qu'il ait pu dire à nos représentants officiels, le Sultan du Maroc envisage la question du Touat à un tout autre point de vue qu'au point de vue français ; mais, ce n'est pas une raison, pour nous, d'abandonner la ligne de conduite si sagement indiquée à la tribune par M. Ribot ; les questions du Touat sont des questions algériennes et doivent être résolues uniquement par l'intermédiaire du gouverneur général de l'Algérie.

SÉNÉGAL

Un discours du Gouverneur. — La session du Conseil général a été ouverte le 8 décembre par le gouverneur, M. de Lamothe. Dans le discours qu'il a prononcé à cette occasion, le gouverneur a donné des renseignements intéressants sur la situation au Sénégal.

L'année 1892, a-t-il dit, marquera à des titres divers dans les annales de la colonie. Tout d'abord, je suis heureux de constater que jamais, dans les pays ouolofs, toucouleurs ou mandingues relevant du gouvernement du Sénégal, la paix intérieure n'a été aussi complète et notre autorité aussi universellement respectée.

De l'autre côté du fleuve quelques troubles ont été provoqués chez les Maures Trarzas par l'insoumission de l'ex-roi Amar-Saloum ; mais ces troubles n'ont pas nécessité le déplacement d'un seul de nos soldats réguliers. Le nouveau roi usant d'un droit qui lui a été accordé, en échange de la reconnaissance formelle de notre protectorat, a réclamé, il est vrai, notre intervention contre les menées de son prédécesseur ; mais cette intervention s'est bornée en somme à l'envoi sur la rive droite de quelques contingents du Oualo aidés de quelques guerriers des autres pays riverains.

Ces contingents, brillamment entraînés par un chef énergique, ont montré aux Maures que nos Sénégalais peuvent endurer, eux aussi, les longues étapes du désert et aller relancer au loin les ennemis de notre influence.

Personne, d'ailleurs, n'a pu se méprendre sur le caractère absolument conservateur de cette intervention uniquement motivée par la nécessité de déjouer les intrigues de quelques incorrigibles perturbateurs. C'est à la fermeté comme aussi à la netteté de notre attitude que nous devons l'ouverture de relations amicales avec l'Adrar, importante étape sur le chemin qui, dans un avenir plus ou moins éloigné, permettra aux Franco-Africains des bords de la Méditerranée, de communiquer en toute sécurité, — par caravanes en attendant mieux, — avec nos protégés du Sahara méridional, de la Sénégambie et du Soudan français. Et ce n'est pas, remarquez-le bien, des relations d'amitié purement platonique que nous avons en ce moment avec l'Adrar, puisque les guerriers de ce pays viennent, à plusieurs reprises, d'infliger de sanglants échecs à la nation maure des Dowiches, devenue notre ennemie depuis le jour où elle avait donné asile et appui aux bandes d'Aly-Boury et d'Abdoul-Boubakar.

Le gouverneur a rendu ensuite un hommage mérité aux Sénégalais qui ont fait partie du corps expéditionnaire du Dahomey et au général Dodds, un enfant du Sénégal, « qui, a-t-il ajouté, saura pacifier la nouvelle conquête avec autant de bonheur et d'une façon aussi durable qu'il a fait dans le Cayor et le Fouta ». Passant de là au Soudan, il a rappelé qu'un décret en date du 27 août dernier a réglé à nouveau les relations entre la colonie du Sénégal et du Soudan, lequel a son autonomie sous la direction du colonel Archinard.

Le nom de l'éminent officier supérieur à qui est échue la tâche de régulariser définitivement notre domination, dans une région dont la conquête est en grande partie son œuvre, doit nous inspirer pleine confiance dans le succès final.

Le Soudan recrute aujourd'hui sur place le personnel de ses troupes indigènes. Des dispositions arrêtées par le département, à la suite des conférences qui ont eu lieu entre le nouveau commandant supérieur et moi, dégageront à son tour le personnel administratif du Sénégal d'une bonne partie du surcroît de travail et de responsabilité que lui imposait le transit obligé des troupes européennes et du matériel à destination du haut Fleuve.

J'ai aussi réclamé et obtenu, comme conséquence de l'extension d'autonomie politique accordée au Soudan, le rattachement à la colonie du Sénégal de presque tout l'ancien cercle de Bakel dont le Soudan ne conserve que l'escale même de Bakel avec les quelques villages sarrakhollés qui forment le district du Guoy.

Le Sénégal proprement dit se trouve ainsi relié par terre à ses dépendances de la Casamance dont il était complètement séparé jusqu'à présent, non seulement par l'enclave anglaise de la Gambie, mais aussi, au delà de Yabartenda, par des territoires relevant du Soudan.

Je suis heureux de constater, en passant, que l'état sanitaire de la colonne de 1892, depuis son arrivée à Kayes, m'a permis de prononcer la levée des quarantaines imposées depuis bientôt un an aux provenances du haut Fleuve.

Dans les pays de protectorat, la première année d'expérience de l'institution des budgets régionaux créés par le décret du 13 décembre 1891 a donné de bons résultats. Les 300,000 fr. de rentrées prévues ont été dépassés de 33,000 fr. ; quant aux dépenses, elles sont restées fort au-dessous des estimations primitives. Le reliquat disponible va être employé à l'achat d'animaux de race bovine destinés à reconstituer les troupeaux réduits par la peste bovine, dans la proportion de 80 à 85 pour 100.

Au point de vue commercial, la campagne de traite de 1892 a été satisfaisante, et celle de 1893 s'annonce sous d'excellents auspices. La situation économique serait même excellente si la terrible épizootie qui a sévi dans le Soudan depuis le Tchad n'était venue tarir une des principales richesses du pays. Le gouverneur fait remarquer qu'aucun secours n'a été demandé à la métropole, et ajoute que les pasteurs, brusquement dépouillés de leurs biens, ont cherché pour la plupart, dans la culture des arachides, une compensation au désastre qui les a frappés. En terminant, il a appelé l'attention du Conseil général sur le Saloum et la Casamance.

Bien qu'il ne s'y soit encore formé aucun centre assez important pour être érigé en commune et, par suite, représenté dans cette assemblée, le mouvement des affaires y a pris dans ces derniers temps une extension des plus remarquables. Il est absolument équitable qu'une partie au moins de l'excédent des revenus de ces régions sur les dépenses qu'y supporte effectivement le budget local soit employée sur place au développement et à l'amélioration des services publics et des installations matérielles.

Le chemin de fer du Baol. — Le chef de bataillon du

génie Marmier, qui, l'an dernier, a déjà rempli une mission sur le chemin de fer de Kayes au Niger, est parti, le 20 décembre, pour le Sénégal avec sept sous-officiers, sept caporaux et sapeurs. Il va étudier l'avant-projet d'une voie ferrée allant de Tiouaouane, une des stations du chemin de fer de Saint-Louis à Dakar, à Fatik, point important du Siné, situé à 80 kilomètres environ dans le sud-est de Dakar.

GUINÉE FRANÇAISE

Dahomey. — La pacification du Dahomey présente moins de difficultés qu'on ne le croyait. Toutes les villes du littoral ont fait successivement leur soumission et ont été occupées sans résistance, Wydah parmi elles, le port la plus important du Dahomey. D'autre part les chefs d'Allada se sont rangés sous l'autorité française et ont arboré le drapeau tricolore.

Le blocus de la côte a été levé le 19 décembre ; avis en a été donné aux gouvernements étrangers. Enfin une colonne formée à Kotonou remonte à Abomey en suivant la route qui va de Wydah à la capitale ; elle doit laisser quelques postes sur son chemin et relever la garnison de tirailleurs sénégalais laissés à Abomey par le général Dodds.

Aucune nouvelle de Béhanzin : on le croit au nord de ses anciens états avec les débris de son armée et ses principaux cabeceres.

Les crédits du Dahomey. — On a distribué à la Chambre des députés le projet de loi sur les crédits du Dahomey. Le Ministre de la Marine demande 6.236.000 francs.

Après avoir rappelé que le Parlement a voté, au mois d'avril dernier, 3 millions dans le but de faire respecter nos droits au Dahomey, l'exposé des motifs s'exprime ainsi :

Ce chiffre de crédits correspondait à un programme de défensive énergique qui avait été jugé d'abord suffisant pour infliger une leçon au roi Behanzin et assurer la tranquillité de nos établissements sur la côte.

Le colonel, aujourd'hui général Dodds, après un examen attentif de la situation, estima que seule une offensive poussée à fond nous permettrait d'atteindre dans ses œuvres vives la puissance dahoméenne, et de garantir à notre commerce les avantages d'une paix durable.

Le gouvernement ne pouvait que se ranger à cet avis. Il en devait sans doute résulter un notable dépassement des crédits d'abord prévus et déjà en grande partie épuisés par les premiers préparatifs. Mais, comme tout retard dans la décision équivalait, vu l'avancement de la saison, à un renvoi des opérations, qui eût été à la fois très coûteux, en hommes et en argent, et très défavorable au prestige de nos armes, le gouvernement a cru de son devoir d'agir sans retard sous sa responsabilité. Il vient aujourd'hui vous demander de couvrir ses actes par votre approbation.

Le surcroît des dépenses occasionné par l'expédition du général Dodds est considérable : il ne s'élève pas à moins de 6.236.000 francs, en y comprenant les crédits qui seront nécessaires pour atteindre la fin de l'année.

Il nous a paru que, dans une entreprise de cette nature, la première nécessité était de rassembler tous les éléments de succès réclamés par le commandant militaire : hommes, approvisionnements, armes, munitions. Tout ce qu'a réclamé le général Dodds lui a été expédié sur-le-champ ; tous les suppléments qu'il n'avait pas demandés, mais dont il était permis de prévoir qu'il aurait besoin par la suite, ont été préparés d'avance, de façon à lui parvenir toujours à sa première réquisition. Les résultats obtenus par ce brillant officier et par ses vaillantes troupes sont de nature à justifier les dépenses ainsi engagées.

Parmi les dépenses de la campagne, les plus importantes sont les suivantes : frais de route et de transport : 1.780.000 fr.; vivres et fourrages, 1.441.000 fr.; matériel des services maritimes et militaires, y compris l'achat des bâtiments de flotille l'*Opale* et le *Corail* 2.520.000 fr.; dépenses engagées au Bénin, 2.250.000 fr.

La soumission de Tiassalé. — La *Politique coloniale* annonce que les chefs de Tiassalé viennent de faire leur soumission entre les mains des autorités françaises.

Dans les premiers mois de 1890, on s'en souvient, MM. Armand et de Tavernost, en mission sur la côte, avaient remonté le Lahou jusqu'à la hauteur de Tiassalé, village important situé à 80 kilomètres du littoral : les deux officiers y avaient séjourné quelques jours, fort bien traités par les chefs avec lesquels ils avaient même conclu un traité d'amitié. Ils rentrèrent ensuite à Lahou ; deux commerçants français, MM. Voituret et Papillon, s'engagèrent peu après dans la rivière, se proposant d'atteindre également Tiassalé. Que se passa-t-il alors ? on n'en a exactement rien su : mais ce qui est certain, c'est que nos malheureux compatriotes furent massacrés par les indigènes avant d'arriver à Tiassalé.

D'après la version généralement admise, on a des raisons de croire qu'ils tombèrent victimes de leur imprudence et de leur inexpérience : ils auraient, en effet, mécontenté les noirs dans les villages où ils passaient en leur donnant un prix insuffisant en échange des produits qu'ils leurs prenaient. N'ayant pas d'interprète avec eux, ils ne pouvaient se rendre compte du mécontentement qu'ils provoquaient et qui allait en grandissant à mesure qu'ils pénétraient plus avant. MM. Voituret et Papillon furent surpris au moment où ils marchaient seuls et sans armes, tandis que deux hommes à leur service remorquaient leur pirogue en aval de Tiassalé. Entourés par une bande de noirs sortis de la brousse, ils furent renversés et mis à mort.

Quelles que fussent les causes de ce malheureux évènement, le Gouvernement reconnut la nécessité, au point de vue politique, d'en tirer vengeance et de châtier les auteurs du meurtre de nos compatriotes. Un détachement de tirailleurs, placés sous le commandant du lieutenant Staup fut envoyé sur les lieux dans les premiers jours d'avril 1890. Arrivée à la hauteur de Bisastra, à 25 kilomètres Sud-Est de Tiassalé, la petite colonne, partie de Dabou, eut un vif engagement en forêt avec 800 indigènes qui subirent des pertes sérieuses et durent se replier sur Tiassalé. Le lieutenant Staup jugeant impossible de pénétrer plus avant dans la forêt, est rentré à Dabou, en traversant plusieurs villages qui firent tous leurs soumissions.

On avait dès lors assuré le juste châtiment du crime commis. Mais cette répression ne devait pas suffire et il fallait obtenir la soumisssion des chefs coupables pour que le calme de la région de Tiassalé puisse être facilement obtenu. C'est donc vers ce résultat que tendirent les efforts de nos agents : M. l'administrateur Bricard, résident par intérim de nos établissements, s'attacha à cette œuvre qu'il jugea indispensable à l'extension de notre colonie au nord de Lahou. Nous sommes heureux d'apprendre que ses efforts ont abouti enfin.

Côte d'Ivoire. — Une dépêche de Grand-Bassam annonce que la canonnière *Scorpion*, sous les ordres du lieutenant de vaisseau Ytier, vient d'arriver et est chargée de visiter les Etablissements français de la côte d'Ivoire jusqu'à l'embouchure du Cavally et de remettre aux chefs indigènes les costumes et présents prévus dans les traités de protectorat. En même temps, MM. les capitaines d'infanterie de marine Marchand et Manet sont mis, pendant environ une année, à la disposition de M. le sous-secrétaire d'Etat des colonies, qui leur confie une mission ayant pour objet principal l'exploration de la rivière Cavally. Le sous-secrétaire d'état aux colonies s'est décidé à ces démarches pour répondre à celle des anglais qui avaient envoyé récemment une canonnière dans ces parages troublés par les prétentions et les menées envahissantes des agents de la République voisine de Libéria.

CONGO FRANÇAIS

La mission Hess. — Une lettre reçue par le directeur de la *Politique coloniale*, du Dʳ Hess qui s'est séparé, comme on le sait, de la mission du duc d'Uzès, donne d'intéressants renseignements sur les projets de ce voyageur :

J'ai le dessein de remonter soit la Likouala, soit la Sangha, de chercher sur l'une de ces rivières ou sur l'un de leurs affluents une base d'opérations, un point de départ favorable pour me diriger ensuite à l'ouest, en étudiant cette vaste région qui s'étend de la Sangha à la côte, au-dessus de l'Equateur ; cette région est encore presque totalement inconnue, et seulement coupée sud-nord par les itinéraires Brazza et Crampel. Il y aurait là pour mes études spéciales un champ très intéressant et tout à fait neuf. Je pourrais faire, je crois, œuvre utile pour la colonie en même temps que pour les sciences anthropologiques.

Mais le docteur Hess se plaint de la mauvaise volonté que lui marque l'administration du Congo français et il craint d'être sérieusement entravé par elle.

EGYPTE

L'agitation mahdiste. — La nouvelle invasion des derviches dont les télégramme du Caire et de Souakim avaient cru pendant plusieurs semaines devoir alarmer l'Europe, n'avait, comme nous le présumions, rien de sérieux, et de l'aveu des journaux anglais eux-mêmes, voici à peu près à quoi elle se réduit : 200 individus affamés ont opéré, le 20 novembre, une incursion dans une localité du nom de Burror, près de Tokar, pour y razzier le bétail et la moisson. Neuf hommes des tribus Artega et Sheiab, parmi lesquels le cheik de cette dernière tribu, ont été tués. Depuis lors, aucun Soudanais n'a reparu dans les environs de Souakim. Le sirdar et son état-major ont poussé assez loin sur la route de Berber sans rencontrer personne. Les télégrammes alarmistes continuent simplement la campagne commencée dès longtemps et qui a pour but de prouver que, sans l'armée anglaise, l'Egypte serait la proie de la sauvagerie et du mahdisme.

MAROC

La mission du ministre de France à Fez. — Le ministre de France au Maroc, le comte d'Aubigny, qui était allé présenter ses lettres de créance au sultan Mouley-Hassan, est rentré vendredi à Tanger : parti pour Fez vers la mi-septembre, il avait fait, le 27, son entrée solennelle dans la capitale du maghzen, et sa première audience lui avait été accordée le 5 octobre ; il revient à sa résidence après une absence de près de trois mois, non sans avoir eu, dans trois ou quatre entrevues, l'occasion de s'entretenir avec le Sultan.

La mission du comte d'Aubigny était à la fois politique et commerciale. La partie politique, qui avait trait, avant tout, à la question du Touât, était à la vérité toute négative, mais elle n'en était pas moins d'une importance singulière : il s'agissait, en effet, suivant cette ligne de conduite qu'on ne saurait trop louer M. Ribot d'avoir reconnu la seule juste et d'avoir suivi si énergiquement, de se refuser d'une façon absolue d'entrer en conversation avec les Marocains sur la question des oasis du Sud oranais, et, à toutes les ouvertures qui pourraient être faites sur ce sujet, de répondre par un *non possumus* ; la question du Touât est une question purement algérienne, dont le Maroc n'a point à se mêler, et nous ne saurions souffrir qu'il s'y ingérât par des observations ou des conseils. Le ministre de France n'a pu, sur ce point, nous n'en doutons pas, que suivre les instructions de M. Ribot, et aucune politique ne pouvait être plus sage et plus soucieuse de l'avenir. Pour la partie commerciale de la mission, elle consistait à obtenir certaines réductions au tarif du 10 septembre 1844, et, en effet, quelques concessions ont été obtenues : ainsi que notre correspondant de Tanger nous le faisait prévoir le mois dernier, il a été convenu que dorénavant les marques de fabrique françaises seraient protégées dans l'empire et que les fraudeurs seraient punis; les droits d'importation ont été réduits de 5 0/0 *ad valorem* sur un grand nombre de marchandises telles que les tissus de soie, les pierreries, les galons et les vins ; enfin, pour les droits d'exportation, les uns ont été réduits, tandis que la prohibition était levée pour d'autres objets qui ne pouvaient sortir du territoire marocain, comme les minerais et les écorces. Il faut reconnaître cependant que ces concessions sont plus apparentes que réelles, et qu'au fond elles se réduisent à peu de choses ; pour ce qui est de la protection des marques de fabrique, la plupart des importateurs étant protégés étrangers, la justice du Sultan ne peut en châtier les fraudes, et, en ce qui concerne les diminutions de droits, elles s'appliquent surtout à des objets en dehors du commerce, ou trop faciles à importer en contrebande pour qu'une surveillance quelconque soit possible.

Si les résultats de la mission de M. d'Aubigny à Fez n'ont pas été plus considérables, ce n'est pas sans doute aux talents de ce diplomate qu'il faut s'en prendre, car il a derrière lui une longue et brillante carrière qui ne permet pas de lui jeter la pierre ; mais c'est bien plutôt qu'il était impossible peut-être que dans les conditions actuelles il en fût autrement. La France, à qui ses possessions algériennes devraient donner au Maroc la première place, y a suivi trop longtemps une politique timide ; elle avait presque honte de dominer d'Oran à El-Goléa et cherchait vraiment à se le faire pardonner à force de concessions : le maghzen avait pris l'habitude de tenir nos réclamations pour peu de chose, et, bien que présentées cette fois comme il fallait, il ne les a pas accueillies ; l'habitude de se dérober était trop forte encore. Heureusement nous avons bon espoir qu'une situation aussi anormale ne durera pas : non seulement le ministère des affaires étrangères, dans la pleine conscience de sa responsabilité, a renoncé, sous l'énergique impulsion de M. Ribot, à cette politique funeste de drogman où il se confinait depuis trop longtemps, et M. d'Aubigny, quelles que soient les intrigues nouées autour de la légation, ne saurait manquer de se conformer aux instructions de son chef; mais l'identité de vues qui se manifeste depuis l'avènement de M. Jules Cambon, entre le quai d'Orsay et le gouvernement général de l'Algérie, nous est un sûr garant de l'intelligence et de la fermeté avec lesquelles seront menées dorénavant les affaires de la France dans l'Afrique du Nord-Ouest.

ÉTAT INDÉPENDANT DU CONGO

L'arrangement entre le Gouvernement et les Compagnies. — La Compagnie du Congo pour le Commerce et l'Industrie a tenu, le 19 décembre, son assemblée générale annuelle. M. Thys, administrateur-délégué, a donné lecture d'un rapport, où, s'occupant du conflit avec l'Etat, il annonce qu'il vient d'intervenir entre l'Etat et la Société du Haut-Congo un arrangement qui permet de cesser toute discussion stérile. Il stipule que dans tous les établissements actuels de la Société du Haut-Congo, sauf dans ceux situés sur la rivière Mongalla, la Société peut acheter le caoutchouc librement, sans avoir à en justifier la provenance. Sont en plus intervenus des arrangements particuliers qui permettent d'espérer que les relations entre l'Etat et les Compagnies auront bientôt repris leur ancienne cordialité.

Les expéditions antiesclavagistes. — L'heureuse arrivée à Lado, sur le Nil, dans les anciennes provinces d'Emin, de l'expédition van Kerckhove ne doit pas faire d'illusion sur la situation assez fâcheuse où se trouve, depuis quelques mois, toute la partie de l'Etat du Congo voisine du lac Tanganyika. Les missions des capitaines Jacques et Joubert, qui opèrent dans cette région, viennent de donner de leurs nouvelles, et ces nouvelles sont de telle nature que la Société antiesclavagiste belge ne croit pas pouvoir faire moins que d'envoyer immédiatement une nouvelle expédition à leur secours,

On sait que cette Société avait pris l'initiative, il y a quelques années, d'envoyer sur les bords du Tanganyika M. Joubert, ancien capitaine des zouaves pontificaux, organiser la lutte contre la traite; celui-ci, aidé des Pères blancs du cardinal Lavigerie, s'était établi à Mpala, sur la côte Ouest du lac, et là il travaillait activement à créer un centre de civilisation qui pût résister aux Arabes chasseurs d'esclaves; des cultures y avaient été établies et la petite colonie, peuplée d'esclaves fugitifs ou rachetés et d'indigènes, heureux de trouver un secours contre leurs persécuteurs, était devenue rapidement assez florissante. Naturellement les Arabes n'avaient cessé de la voir d'un mauvais œil, mais il ne paraît pas qu'il y ait eu entre eux et les gens du capitaine Joubert de très sérieux engagements. Le capitaine, cependant, se sentait bien faible en présence de l'ennemi et il demanda du renfort : vers le commencement de 1891, le capitaine Jacques partit à son secours, il traversa l'Afrique orientale allemande et s'établit sur un autre point du lac, à Albertville.

Nous ne possédons que des renseignements incomplets sur la conduite que tint là le capitaine Jacques; on a prétendu en Belgique qu'il se départit trop souvent de la prudence qui était nécessaire, qu'il se montra agressif dans ses relations avec les Arabes, alors qu'il savait n'être pas le plus fort, et qu'il alla jusqu'à prétendre prélever des impôts sur certaines caravanes pour se procurer des ressources. Il se peut que tout cela ait été fort exagéré, et la Société antiesclavagiste déclare que le capitaine a agi très correctement; quoi qu'il en soit, le printemps dernier, les Arabes des environs du lac, qui, depuis plusieurs années, étaient relativement tranquilles, commencèrent de s'agiter, le mouvement ne tarda pas à s'étendre, et l'on se souvient du massacre de la mission commerciale dirigée par M. Hodister sur le Haut-Congo. On avait craint un moment que MM. Joubert et Jacques n'eussent eu le même sort, et aussitôt une troisième expédition, dirigée par M. Long, partit pour les aider, s'il en était temps encore. Heureusement, des lettres, reçues ces jours-ci à Bruxelles, ont rassuré sur ce point la Société antiesclavagiste; MM. Joubert et Jacques, avec leurs compagnons, étaient encore vivants dans les premiers jours d'août, mais ils étaient, M. Jacques surtout, serrés de très près dans leurs résidences par les Arabes, leurs vivres ainsi que leurs munitions s'épuisaient, et la mission Long, retenue par les Allemands qui lui demandèrent de les aider à réprimer une insurrection aux environs de Tabora, tardait à arriver au Tanganyika.

C'est dans cette situation critique que la Société antiesclavagiste fait un nouvel appel de fonds pour équiper une quatrième expédition; il lui faut immédiatement 200,000 fr. Elle compte envoyer à MM. Jacques et Joubert non seulement des hommes et des fusils, mais deux canons qu'ils demandent et des objets de ravitaillement de toute espèce, vivres et cartouches. Il est permis d'espérer qu'ils pourront tenir jusqu'à l'arrivée de ces renforts car M. Long les a rejoints depuis plusieurs semaines, et que la civilisation n'aura pas à regretter la perte de deux de ses pionniers les plus enthousiastes et les plus dévoués.

POSSESSIONS ANGLAISES

Afrique orientale. — **Ouganda.** — La nomination de Sir Gerald Portal comme commissaire impérial chargé de se rendre dans l'Ouganda et de faire un rapport sur la situation du pays est due plutôt, semble-t-il, au fait que sir Gerald est en ce moment à Zanzibar qu'à ses talents diplomatiques et à sa discrétion. On sait qu'il y a quelque temps on a publié dans des journaux anglais une lettre du consul d'Angleterre à Zanzibar, dans laquelle il appréciait la conduite de ses supérieurs, relativement à l'occupation de l'Ouganda, en termes plus énergiques que respectueux. Mais le temps pressait, il était impossible à un commissaire parti d'Angleterre d'arriver dans l'Ouganda avant l'évacuation par les agents de la Compagnie, et sir Gerald Portal, en se mettant en route le 1er janvier, n'arrivera guère avant le mois de mars dans les régions qu'ont illustrées les exploits du capitaine Lugard. Le nouveau commissaire du gouvernement aura avec lui, dit-on, 500 soldats du sultan de Zanzibar.

Quant au rapport du capitaine Lugard, adressé à lord Rosebery et remis par lord Dufferin à M. Ribot, il n'est guère qu'une paraphrase des lettres que le capitaine a publiées dans le *Times* ces derniers mois : c'est une apologie de sa conduite et de celle des protestants et une diatribe contre l'attitude des catholiques, aux accusations desquelles est opposée une simple fin de non recevoir. Nous espérons que les choses n'en resteront pas là et que notre ministère des affaires étrangères ne se contentera pas de cet étrange document.

Afrique australe. — Le 31 décembre a dû être inaugurée la ligne qui relie Pretoria. la capitale du Transwaal, à Johannesburg, le grand centre minier du sud de la République; comme cette ville est sur le point d'être reliée à la grande voie qui, partie du Cap, traverse l'état d'Orange, il ne s'en faut plus guère que Pretoria ne soit en communication directe avec le Cap. En même temps les chemins de fer du nord et de l'est du Transwaal se construisent rapidement; Natal a obtenu le raccordement qu'il espérait depuis si longtemps et il ne se passera plus que deux ans avant l'achèvement complet de la ligne qui doit aboutir à la baie portugaise de Delagoa, de sorte que nous verrons sous peu l'Afrique australe traversée de part en part. Les excellentes dispositions que le cabinet libéral montre sur la question du Soailand ne contribueront sans doute pas pour peu à amener un accord entre la République et la grande colonie sud-africaine; on sait, en effet, qu'une entrevue doit avoir lieu entre sir Henry Loch et le président Kruger, où cette affaire doit être réglée définitivement, et sans que les intérêts des Boers soient lésés.

La Compagnie de l'Afrique australe. — Le rapport sur la situation de la Compagnie a été lu en assemblée générale ; il est assez intéressant pour être résumé :

Le rapport commence par constater que le nombre des actionnaires de la Compagnie a doublé depuis un an et qu'on en compte actuellement 8,000. Le capital de la Compagnie, 1 million de livres, est aujourd'hui presque entièrement souscrit, et les actions sont toutes libérées.

Le chemin de fer qui doit traverser le territoire britannique du sud au nord, de Kimberley à Salisbury, est construit jusqu'à Vryburg et la seconde section, de Vryburg à Mafeking, sera bientôt commencée. Mais, ce qui est peut-être plus intéressant, au point de vue de l'exploitation du Machonaland, c'est que le chemin de fer de Beira à Salisbury est en voie de construction et que la première section, de Beira à Chimoio, sera achevée dans quelques semaines. Fort Salisbury est à 220 milles de la côte, et, quand le chemin de fer de Beira sera terminé, les marchandises iront de la côte au Machonaland à raison de 10 livres par tonne au lieu de 70 livres comme à présent, car, en ce moment, la route du sud au nord a une longueur de 1,700 milles, ce qui rend impossible le transport des machines et des appareils nécessaires pour l'exploitation des richesses minières du pays.

Cependant, si les transports du sud au nord ne sont pas possibles, une ligne télégraphique a été établie du Cap à Salisbury et elle fonctionne depuis le mois de février dernier. De Mafeking à Salisbury, la distance est de 819 milles et le télégraphe entre ces deux points a coûté 92,000 liv. à établir. Au 31 août dernier, on avait transmis 1.500.000 mots dont la taxe a produit, tous frais payés, 4.000 liv. st. de bénéfice net, soit 4 0/0 du capital. Et, à propos de capital, il est bon de noter que, en ce moment, avec toutes les dépenses d'une première installation, la Compagnie, dont les frais d'administration s'élèvent à 2,000 liv. st. par mois, encaisse depuis le commencement de l'année des recettes de 2,250 liv. par mois en moyenne. Dans les trois derniers mois, la moyenne a été de 2,400 liv. Actuellement, donc, la Compagnie équilibre son budget, ce qui est un très bon résultat.

Dans un rapport séparé, les directeurs annoncent qu'ils ont fait des traités avec Lobengoula et Goungounhana qui leur assurent le droit d'exploiter les mines du pays situé au sud du Zambèze et affirment que le territoire dont l'administration leur a été confiée comptera bientôt parmi les plus riches possessions coloniales de la Grande-Bretagne.

Enfin, pour montrer les progrès accomplis par la Compagnie et la rapidité avec laquelle se fait la civilisation du Machonaland, les directeurs rappellent qu'il y a des hôtels à Tati et à Victoria, et qu'à Salisbury il y a déjà des édifices de briques et de fer solides et bien bâtis. De plus, le Machonaland compte déjà deux journaux dont l'un est autographié et l'autre imprimé.

Pour maintenir l'ordre dans ce territoire, la Compagnie a une police armée de 500 hommes, dont 300 peuvent être montés, le cas échéant. En faisant appel à tous les colons, qui doivent le service militaire, la Compagnie dispose d'une force armée de 1,500 hommes.

Et tous ces résultats ne satisfont pas encore pleinement l'activité de M. Cécil Rhodes : sous sa direction, une Compagnie est en formation à Londres, au capital de 400,000 livres, pour la création d'une ligne télégraphique directe du Cap en Egypte par l'intérieur du continent africain : cette ligne, longue de près de 3,000 milles, utiliserait d'abord le réseau nouvellement établi entre le Cap et Fort-Salisbury, la capitale du Machonaland : elle serait prolongée ensuite, à travers la Zambésie britannique jusqu'aux grands lacs qu'elle longerait à l'Ouest, sur le territoire de l'Etat du Congo ; traversant enfin l'Ouganda, les anciennes provinces d'Emin Pacha et le Soudan égyptien, elle atteindrait Wadihalfa, extrémité de la ligne égyptienne.

La constitution de cette Compagnie a été l'une des raisons du récent voyage de M. Cécil Rhodes à Londres ; il rentrera au Cap en s'arrêtant dans toutes les colonies anglaises de la côté de l'Afrique orientale, afin de s'entretenir avec les agents et les commissaires britanniques. A tous les points de vue, son voyage a une importance politique extrême et l'on verra bientôt sans doute les résultats de son séjour à Londres et de ses entrevues avec lord Rosebery et nombre d'hommes politiques, d'explorateurs et de pionniers, sans compter ceux qui, dans la presse ou autrement, agissent sur l'opinion publique.

Le Suffrage des indigènes. — Le Parlement du Cap a tranché dans sa dernière session une question vitale pour la colonie et dont la solution intéresse presque également tous les pays colonisateurs : la question du droit de suffrage des indigènes. Il peut être curieux d'exposer avec quelque détail le système auquel on s'est arrêté.

Lorsque l'autonomie fut accordée au Cap et qu'un Parlement y fut institué, la Couronne exigea que la population noire y jouît des mêmes droits politiques que les blancs, et celle-ci fut investie, en conséquence, du droit de suffrage. Cette mesure flattait les sentiments philanthropiques de la nation anglaise et elle ne paraissait pas présenter de graves inconvénients : non seulement les hommes de couleur n'étaient pas infiniment nombreux dans la bande de territoire relativement assez étroite que la colonie occupait alors au bord de la mer, mais on pouvait croire qu'avant de longues années ils ne songeraient point à user des droits que leur conférait la loi. Cependant au fur et à mesure que les colons s'avançaient dans l'intérieur et que de nouvelles annexions agrandissaient le territoire du Cap, le chiffre de la population noire augmentait en proportion : elle était, en 1865, une fois et demie plus nombreuse que les blancs ; en 1875, elle leur était dans la proportion de 2 à 1 ; en 1891, la population avait passé de 3 à 1 ; et comme, en même temps, les luttes politiques étaient devenues beaucoup plus vives, les brasseurs d'élections n'hésitaient pas à secouer l'indifférence des noirs et s'efforçaient par tous les moyens de les amener aux urnes. Aussi, ces dernières années, l'élément blanc n'entrait-il dans le résultat des scrutins que pour 33 0/0 dans les provinces orientales de la colonie et pour 24 0/0 même dans les provinces occidentales.

Une telle situation était tout à fait anormale ; elle irritait les colons menacés de perdre leur prépondérance et les inquiétait légitimement. Aussi y chercha-t-on un remède. Il ne pouvait être question, naturellement, d'ôter le droit de vote aux indigènes, car ni la Couronne ni l'opinion publique britannique ne s'y seraient prêtées ; on s'efforça de trouver des moyens termes. Était électeur tout citoyen qui possédait une propriété de la valeur de 25 liv. st. ou recevait un salaire annuel de 5 liv. st.; comme les salaires sont très élevés, les moindres ouvriers agricoles votaient, ceux même qui sortaient à peine de leurs maquis et étaient encore presque à l'état sauvage.

Le chef du parti boër, des grands propriétaires fonciers, M. Hofmeyr, tout en prétendant laisser à chacun son droit acquis, proposa de donner à la même tête un nombre de suffrages proportionnel à son revenu, en établissant des équivalences pour certains diplômes universitaires. Le système était ingénieux, mais on considéra qu'il favorisait un peu trop les riches Boërs établis de père en fils sur le sol, au détriment des Anglais qui venaient chercher fortune, et le gouvernement colonial se rallia à un projet différent : tout individu, pour être inscrit sur les listes électorales, devrait savoir en faire la demande par écrit et justifier de gages annuels de 75 liv. st., tous les inscrits d'aujourd'hui conservant d'ailleurs tous leurs droits et la nouvelle loi ne s'appliquant qu'aux nouveaux électeurs.

Le Parlement colonial a voté cette loi sans opposition, car elle lui parut sauvegarder généralement les droits de tous, à l'exception de ceux que l'on avait indûment octroyés jadis aux nègres à peine civilisés. Sans doute, un certain nombre d'intérêts se sont trouvés lésés, ceux particulièrement des brasseurs d'élections, privés dorénavant d'une part de leurs clients. Aussi se sont-ils élevés avec véhémence au nom de la morale et de la liberté contre le *franchise bill*, et ils sont arrivés à expédier à la reine une pétition couverte d'une dizaine de milliers de signatures pour lui demander d'opposer son veto à cet acte néfaste. Mais le Premier de la colonie, M. Cecil Rhodes, veille sur œuvre ; il a passé à Londres plusieurs semaines, durant lesquelles sans doute il a su mettre le gouvernement en garde contre les tentatives intéressées de réaction.

Bechuanaland. — Le haut commissaire a nommé le lieutenant Walshe magistrat au lac Ngami. C'est la première fois qu'un agent anglais est installé dans cette région, qui dépend du protectorat du Bechuanaland. Le magistrat aura à contrôler le commerce des munitions et des spiritueux, et à protéger les intérêts des commerçants blancs.

Le territoire du lac Ngami a été annexé en novembre 1888 par l'Angleterre, malgré les prétentions de l'Allemagne. Celle-ci, à la suite du voyage de reconnaissance fait au commencement de 1890 par le capitaine von François, a abandonné cette région à l'Angleterre ; le traité du 1er juillet 1890 a fixé la frontière des possessions des deux pays.

Le roi des Batouanas, principale tribu du pays, nommé Morémi, est mort le 4 novembre 1890. Depuis lors, un conseil de chefs gouverne le pays ; le 3 février 1891, une grande assemblée tenue à Demokade a approuvé les concessions minières faites aux Anglais par Morémi.

La nomination d'un magistrat constitue un pas vers l'établissement d'une administration britannique.

Compagnie du Niger. — L'agence Havas a publié la dépêche suivante :

Liverpool, 15 décembre.

On apprend que des désordres se sont produits dans le voisinage de la colonie de Lagos sur la rivière Forcados, dans les criques d'Ouassi et de Mahimi.

On rapporte que la Compagnie royale du Niger s'est livrée à une agression contre des embarcations indigènes qui faisaient du commerce sur la rivière. Les employés de la Compagnie ont ouvert le feu contre les indigènes sous prétexte que ceux-ci faisaient de la contrebande.

Cette agression a abouti à des représailles et les indigènes ont tué un soldat haoussa au service de la Compagnie. Une nouvelle collision se produisit ensuite, et il y eut deux ou trois morts de chaque côté.

On s'attend à de nouveaux conflits dans la région et cela nuirait aux intérêts commerciaux britanniques.

La Compagnie du Niger a établi un garde-côtes et un bâtiment de douanes près de l'île de Gama-Gama. On dit que les indigènes font des objections sérieuses à cette intervention de la Compagnie qui vient ainsi se porter dans la rivière et percevoir des droits de douanes sur les indigènes dont les embarcations avaient jusqu'ici l'habitude de remonter librement le cours du fleuve.

Oil Rivers. — La section africaine de la Chambre de commerce de Liverpool a offert récemment un dîner à sir Claude Macdonald, commissaire et consul général britannique dans les Rivières d'huiles. Celui-ci a profité de cette occasion pour faire le tableau de son administration pendant les années 1891 et 1892.

Il a installé des agents consulaires qui rendent la justice conformément aux dispositions de l'ordre en conseil de 1889; les tribunaux consulaires sont très appréciés des indigènes qui y ont souvent recours. Des taxes douanières ont été établies ; le vice-consul de chaque district est de droit chef du service douanier de son ressort : il y a en outre un secrétaire en chef, un statisticien et 32 agents indigènes.

Du 1er août 1891 au 31 juillet 1892, le chiffre des importations a été de 748.423 liv. st., celui des exportations de 780.139 liv. st. Le principal centre de commerce est Vieux-Calabar, où le commissaire se propose de créer un jardin botanique d'acclimatation. Les Okrikas, qui habitent le district de Bonny, ont beaucoup de goût pour le commerce, mais ne permettent pas aux Européens de pénétrer chez eux ; ils sont d'ailleurs cannibales; un poste militaire sera établi prochainement chez eux. Dans le district du Bénin, la jalousie du chef Nana, qui avait jusqu'ici le monopole du commerce, et les taxes élevées établies par le roi de Bénin sur la vente de certains produits, ont empêché le développement du commerce ; mais le capitaine Gallwey, qui vient de conclure un traité avec le roi de Bénin, espère obtenir prochainement de meilleurs résultats. Dans les districts de Brass et de Warree, le capitaine Macdonald eût à compter avec la turbulence des indigènes.

250 soldats musulmans ont été levés et équipés par ordre du commissaire ; il se propose d'établir un ré-

seau de postes fortifiés reliés par des routes. Mais il convient d'agir avec autant de prudence que de fermeté dans un pays où sont pratiqués le cannibalisme, les sacrifices humains et la traite.

Quatre maisons ont des établissements à Vieux-Calabar, une à Optobo, une à Bonny, une à Nouveau-Calabar, une à Brass, deux à Warree.

POSSESSIONS ALLEMANDES

Afrique orientale. — Le lieutenant Langheld, qui servait depuis plusieurs années dans la troupe de police est entré au service du Comité anti-esclavagiste ; il va, avec ses deux frères, prendre la direction d'un poste anti-esclavagiste qui sera organisé sur le lac Victoria Nyanza. Il ne quitte pas absolument pour cela le service du gouvernement, car il a mission de concentrer entre ses mains toutes les affaires que traitait jusque là au nom de l'Empire le chef de la station de Boukoba.

Cameroun. — Une expédition vient d'être dirigée avec succès contre la tribus des Bakokos qui, depuis l'établissement du protectorat, entravaient le commerce à l'embouchure de la Sannaga ; déjà Kund et Tappenbeck avaient eu affaire avec eux en 1889 et Morgen les avait obligés à traiter l'année suivante et à renoncer au monopole du transit qu'ils s'attribuaient, mais ce traité avait été promptement violé et il fallut entreprendre une nouvelle expédition contre eux pour les contraindre à l'observer. On ignore pourtant jusqu'à quel point le châtiment qui vient de leur être infligé a pu être décisif.

Les frontières de Cameroun. — Nous recevons la lettre suivante :

Paris, 11 décembre 1892.

Monsieur et cher secrétaire général,

Le *Bulletin* de décembre 1892, parlant de la colonie allemande de Cameroun, contient une erreur d'interprétation qu'il importe de relever et de rectifier tout de suite. Vous citez les termes de la Convention du 24 décembre 1885, qui délimite les possessions françaises et allemandes à la côte occidentale d'Afrique : cette convention stipule que la frontière suivra « le rio Campo jusqu'à 7º 40' longitude E. Paris et ensuite le parallèle prolongé jusqu'à sa rencontre avec le 12º 40' longitude E. Paris ». « *Ce texte*, dites-vous, *était assez clair, sans doute, et marquait indubitablement que la frontière orientale de Cameroun était fixée par le 12º 40' E. Paris* » ; et vous opposez cette frontière orientale marquée par le méridien aux prétentions du Conseil colonial allemand qui revendique le parallèle du rio Campo *prolongé indéfiniment* vers l'Est.

Je n'ai pas à réfuter ici l'interprétation des coloniaux d'outre-Rhin ; mais je proteste énergiquement contre celle que vous voudriez imposer au texte très simple de la Convention de 1885. Il faut en remettre les termes sous vos yeux. Ce Protocole concerne les possessions françaises et allemandes, alors enchevêtrées les unes dans les autres, « *à la côte occidentale d'Afrique* », comme le dit expressément ce titre, et ne prétend point assigner une *frontière orientale* au territoire allemand de Cameroun.

Voici le texte :

« *Golfe de Biafra.* — Le Gouvernement de Sa Majesté
« l'Empereur d'Allemagne renonce, en faveur de la France,
« à tous droits de souveraineté ou de protectorat sur les
« territoires qui ont été acquis au S. de la rivière Campo
« par des sujets de l'empire allemand et qui ont été placés
« sous le protectorat de S. M. l'Empereur d'Allemagne. Il
« s'engage à s'abstenir de toute action politique au S.
« d'une ligne suivant ladite rivière depuis son embouchure

« jusqu'au point où elle rencontre le Méridien situé par
« 7º 40' E. de Paris, et, à partir de ce point, le parallèle pro-
« longé jusqu'à sa rencontre avec le méridien situé par
« 12º 40' E. de Paris.

« Le Gouvernement de la République française renonce
« à tous droits et à toutes prétentions qu'il pourrait faire
« valoir sur les territoires situés au N. de la même ligne,
« et il s'engage à s'abstenir de toute action politique au N.
« de cette ligne.

« Aucun des deux gouvernements ne devra prendre de
« mesures qui puissent porter atteinte à la liberté de la
« navigation et du commerce des ressortissants de l'autre
« gouvernement sur les eaux de la rivière Campo, dans la
« portion qui restera mitoyenne et dont l'usage sera com-
« mun aux ressortissants des deux pays. »

Voilà toute la convention. La préoccupation unique de ces stipulations est de déterminer d'abord un point de délimitation à la côte, puis une ligne Est-Ouest perpendiculaire à la côte et pénétrant jusqu'à une certaine distance dans l'intérieur. Mais cette ligne ne peut être « prolongée indéfiniment », suivant les prétentions nouvelles du Conseil colonial allemand, puisque précisément la convention en détermine expressément le terme et l'arrêt au 12º 40'. A ce point d'arrêt précis, toute délimitation cesse. Pourquoi cette fixation à 12º 40', ce point astronomique déterminé par la rencontre d'un parallèle et d'un méridien ? *L'Exposé des Motifs du Projet de Loi portant approbation de l'arrangement de 1885* et soumis à la Chambre des Députés le 1er février 1886 par M. de Freycinet, Ministre des Affaires Etrangères, constate que « la limite commune dans la baie de
« Biafra a été calculée de façon à réserver, aussi complète-
« ment que le permettait le défaut de données géographi-
« ques précises sur cette région, *les droits reconnus à la*
« *France par la Conférence de Berlin dans le bassin du*
« *Congo et dans celui de l'Oubandji-N'Koundja.* En outre,
« ajoute l'Exposé, des déclarations verbales ont été échan-
« gées, à cet effet, entre les plénipotentiaires des deux pays. »

Cette délimitation conventionnelle était tracée, en effet, en pleine région inconnue. Aucune exploration n'avait encore été faite de ce côté. En traçant cette ligne sur la carte, en en fixant le point d'arrêt dans l'intérieur, on espérait toutefois par un accord réciproque et « dans un esprit de bonne entente mutuelle » réserver tous les droits antérieurement reconnus à la France.

Voilà la préoccupation dominante qui est au fond de cet accord. Quant à chercher dans cette convention une frontière orientale aux possessions allemandes, il n'y en a pas trace, il ne saurait y en avoir. La Convention nous abandonne, à ce point de 12º 40 E. et pays inexploré. C'est à l'avenir qu'il appartiendra de la compléter. Or, cet avenir est aujourd'hui le passé, et dans ces terres, alors sans maîtres, nos explorateurs, aussi méthodiques que vaillants, ont tracé des itinéraires, découvert des cours d'eau, établi des postes. Ils ont contourné, de Yola sur la Bénoué à Ouesso sur la Sangha, tout le territoire de Kameroun, le réduisant à une enclave à la côte et lui coupant l'espérance et le développement vers l'intérieur. Les explorateurs allemands avaient tenté de devancer les nôtres. Où ils ont échoué, nous avons réussi ; et vous le rappelez fort à propos. Mais concluez que la délimitation orientale de l'enclave allemande reste à déterminer par une convention nouvelle, puisque la convention de 1886 est absolument muette sur cette limite.

PAUL PELET,

Professeur de Géographie coloniale
à l'Ecole des Sciences politiques,
Délégué de la Société de géographie de Paris au Conseil supérieur
des colonies.

Nous sommes complètement de l'avis de notre correspondant, dont la thèse nous paraît indiscutable.

Ajoutons de plus que nous n'avons jamais admis ici le système de l' « hinterland » et qu'en dehors des stipulations diplomatiques précises, nous ne reconnaissons que les droits créés par l'occupation effective.

H. A.

Le commerce des colonies. — La *Politique coloniale* emprunte au *Kolonialblatt* les renseignements suivants sur le mouvement commercial des colonies allemandes, de 1888 à 1892 :

Pendant l'année 1888-1889, les importations au Togo ont atteint le chiffre de 2.000.000 de marks ; en 1889-90, 1.630.000 m. ; en 1890-91, 1.456.000 m. ; en 1891-92, 2.064.000 m. Le chiffre des exportations a été, pour les mêmes années, respectivement, de 1.900.000 ; 1.600.000 ; 1.650.000 ; 2.881.034 m. Les principaux objets importés sont : le sel, le rhum, le tabac, la poudre, les cotonnades. En 1891-92, année finissant au 31 mars, on a importé pour 597.000 m. de cotonnades, 71.000 m. de genièvre (3,528 caisses de 8 litres), 3,424 fusils valant 48,950 m. ; pour 55.000 m. de cognac (111,000 bouteilles), 74,000 kilog. de poudre valant 118.979 m. ; pour 369.643 m. de rhum, pour 126.000 m. de tabac, pour 65.000 m. de sel.

Les principaux produits exportés sont : les noix de palme, 7,541,486 kil., 1.531.090 m. ; l'huile de palme, 3,505,607 litres, 1.483.079 m. ; la gomme, 30,419 kil., 107.315 m. ; le maïs, 276,859 kil., 27.193 m. L'ivoire exporté n'a qu'une valeur de 1.525 m. pour 778 kil.

Le chiffre des importations à Cameroun a été de 4 millions en 1890, et de 4.547.059 en 1891 ; celui des exportations en 1891 de 4.306.625 m. Les principaux articles d'importation sont : les spiritueux, 541.560 m. ; les cotonnades, 1.236.013 m. ; la poudre, 284.924 m. ; les armes à feu, 270.334 m. ; le sel, 168.343 m. ; le riz, 107.913 m. ; le tabac, 197.557 m. ; le fer brut ou travaillé, 241.757 m. etc. On a exporté en 1891 pour 1.234.703 m. de gomme ; 1.181.901 m. d'huile de palme ; 1.155.395 m. de noix de palme ; 597.279 d'ivoire.

Dans l'Afrique orientale, le chiffre des importations a été en 1888-89 (année commençant le 18 août) de 2.485.162 m. ; en 1889-90, de 8.473.147 m. ; en 1890-91, de 9.000.843 m. Le chiffre des exportations a été de 4.270.652 m. ; de 7.523.872 m. ; de 7.482.429 m. Les principaux articles d'importation sont les cotonnades, le riz, le pétrole, le savon, la porcelaine, les perles, les poteries, la bière, les conserves ; les principaux objets d'exportation sont l'ivoire, 6.449.430 m. ; le tabac, 113.000 m. ; le sucre, 187.600 m. ; le riz 540.000 m. ; les bois 335.000 m. ; les bœufs, 177.000 m. ; les moutons, 185.000 m. ; le caoutchouc, 1.498.000 m. ; la gomme de copal, 438.000 m. ; le sésame, 440.000 m. ; les peaux, 25.000 m. ; les cornes de rhinocéros 85.000 m. ; les dents d'hippopotame, 70.000 m., etc.

POSSESSIONS ITALIENNES

Pays des Somalis. — Le duc d'Orléans était rendu à Berbera, où il était organisé une expédition pour explorer le pays des Somalis, entre la côte et le Victoria-Nyanza. Il comptait faire le lever de cette région afin d'en dresser la carte exacte, à l'aide des ingénieurs et cartographes qui l'accompagnent. Mais le bruit court qu'il renoncerait à son entreprise, rappelé auprès de son père pour des motifs politiques.

En même temps que le duc d'Orléans organisait son expédition, le prince Ruspoli se mettait en marche vers l'Afrique orientale. Il a quitté Berbera dans les derniers jours de novembre et s'est dirigé vers le Harrar. Il compte de là gagner le Kaffa et atteindre ainsi la région des lacs pour rentrer soit par Zanzibar, soit par le Congo.

NÉCROLOGIE

Le Dr Crozat. — Une pénible nouvelle est parvenue à M. le sous-secrétaire d'État des colonies : on annonce la mort du docteur Crozat, notre brave et dévoué compagnon de voyage. Rien ne faisait prévoir ce triste événement ; il est d'autant plus douloureux pour nous et les nombreux amis de Crozat.

Lorsque, le 11 juin dernier, Crozat nous quittait à Kong, pour tâcher de sauver les documents du regretté capitaine Ménard, nous étions, mes compagnons et moi, pleins de confiance sur l'issue de son voyage. Le docteur jouissait d'une bonne santé et jamais il ne nous serait venu la pensée qu'il pût succomber à la maladie. D'autre part, le souverain de Kong lui avait, sur notre demande, délivré d'excellentes lettres de recommandation lui permettant de gagner sans incident fâcheux les états de Tiéba. Une fois là-bas, c'était la fin du voyage. Ce souverain, chez lequel le docteur Crozat a résidé pendant plusieurs mois, le tenait en particulière affection ; il le lui avait témoigné à plusieurs reprises. Par une triste coïncidence, c'est précisément à cet ami qu'a incombé la tâche d'annoncer la mort de notre compatriote. D'après Tiéba, le docteur serait mort de maladie à Tengréla ; son personnel, composé de deux tirailleurs et de quelques porteurs, est arrivé avec ses bagages chez Tiéba qui les a recueillis en attendant qu'on les rapatrie.

Personne mieux que moi ne peut apprécier la perte que nous cause la mort de Crozat. Brave et circonspect, connaissant les indigènes à fond, il était homme à se tirer avec honneur des situations les plus difficiles ; il l'avait du reste prouvé dans le voyage qu'il effectua en 1890 au Mossi dans des circonstances particulièrement difficiles. Très versé dans les questions ethnographiques et linguistiques, familiarisé avec la flore et la faune du Soudan, il était à même de rendre de grands services. Il lui était réservé une belle place tant parmi les explorateurs que parmi ses camarades du corps de santé de la marine.

La science perd en lui un dévoué collaborateur et la France un pionnier qui se dépensait pour elle sans calculer. Tous ceux qui l'ont approché ont pu apprécier combien ses sentiments étaient élevés et combien les qualités de cœur dominaient chez lui.

Le Comité de l'Afrique française se joint à nous pour envoyer à sa mère, qui le pleure, l'hommage de sa douloureuse sympathie.

Capitaine BINGER.

— On annonce la mort de M. Pierre, agent de cultures, directeur du jardin d'essai à Libreville. M. Pierre était un ancien élève de l'École d'horticulture de Versailles, correspondant du Muséum de Paris.

BIBLIOGRAPHIE

MANUEL PRATIQUE des cultures tropicales, par MM. P. SAGAT et L. RAOULS, Paris, Challamel. Prix 18 francs.

Nombre de bons esprits, même parmi ceux qui portent l'intérêt le plus sincère à notre expansion coloniale, ne remarquent pas sans inquiétude combien le champ actuel d'exploitation des régions africaines semble limité.

En matière commerciale, quand on a nommé l'ivoire, le caoutchouc, l'ébène, l'huile de palme, on a presque énuméré tous les objets de trafic du Continent Noir utilisés à l'exportation. Or, l'ivoire sera bientôt épuisé et le caoutchouc lui-même deviendra bientôt rare, si l'on n'en réglemente pas l'exploitation. C'est là le présent, ce ne peut être l'avenir.

L'avenir, il faut le chercher dans les produits du sol, minéraux et végétaux. Déjà l'extrême sud de l'Afrique a fourni son contingent à l'industrie par les riches mines qu'il a révélées. Le Centre-Afrique, à partir du Katanga, nous ménage sans doute d'autres surprises. Toutefois il semble bien que la richesse minérale de l'Afrique ne puisse pas être comparée à celle de l'Europe.

Au contraire, on est en droit d'espérer que, grâce à l'humus accumulé, à la chaleur humide du climat, la presque totalité des terres africaines réserve un champ d'action presque illimité à la culture, sous toutes ses formes. Mais la culture est une science expérimentale. Ce sont des siècles d'expérience qui l'ont amenée au haut degré de perfection où elle est parvenue en Europe.

En Afrique, tout est neuf, tout est mystérieux. C'est un problème où les données sont rares, les inconnues innombrables. Etant donné une nature de terre, un climat, quelles cultures seront préférables? Comment en utiliser, en exporter les produits?

M. P. Sagot et M. E. Raouls ont rendu un signalé service à l'œuvre de colonisation en publiant, ces jours passés, leur *Manuel pratique des cultures tropicales*. Le titre indique suffisamment le but de l'ouvrage, qui fournit la donnée la plus importante du problème que nous signalons plus haut. C'est là une œuvre de la plus grande utilité et dont devront désormais se munir tous les Français qui partiront pour l'Afrique : quels que soit leur condition et leur but, ils y trouveront les indications pour faire leur fortune ou simplement accroître leur confortable.

L'ouvrage débute par une intéressante préface de M. Maxime Cornu, professeur-administrateur au Museum, qui indique l'utilité des études sur les cultures coloniales, en signalant les changements si caractéristiques survenus dans les productions de certains pays chauds, sous l'influence de causes diverses.

Nous souhaitons maintenant que le remarquable ouvrage de MM. Sagot et Raouls soit complété par un manuel analogue consacré aux exploitations forestières des pays tropicaux.

H. A.

RENSEIGNEMENTS DIVERS

Décorations. — Nous sommes heureux d'apprendre la décoration de M. Jean Dybowski, fait chevalier de la Légion d'honneur au 1er janvier.

Prix. — Parmi les lauréats que l'Académie des Sciences vient de couronner dans sa séance publique annuelle de 1892, nous avons le plaisir d'enregistrer le nom d'un membre du Comité de l'Afrique Française, M. Georges Rolland, ingénieur des mines, auquel la commission du prix Delalande-Guérineau a décerné ce prix à l'unanimité pour son grand ouvrage sur la Géologie du Sahara.

Le prix Delalande-Guérineau est donné, tous les deux ans, « au voyageur français ou au savant qui aura rendu « le plus de services à la France ou à la Science. » Les travaux de M. Rolland revêtent précisément ce double caractère d'intérêt colonial et scientifique; il est le premier géologue qui ait exploré l'Extrême-Sud algérien.

Conférence. — Le 27 novembre dernier, M. Eugène Bardou, adjoint au maire de Perpignan, a fait, dans cette ville, une conférence sur le *Congo et le Soudan français*; *missions Crampel, Mizon, Dybowski et Maistre*. Cette conférence a obtenu le plus grand succès.

Il serait à souhaiter que M. Bardou ait beaucoup d'imitateurs et que des personnes de bonne volonté, occupant, comme lui, une situation autorisée, se missent à faire connaitre à leurs concitoyens — comme l'an dernier M. de Beugny d'Hagerue dans le nord — la grande œuvre que la France accomplit, en ce moment, en Afrique.

Le Gérant : H. Percher.

10516. — Imprimerie de la Bourse de Commerce (F. Bivort).

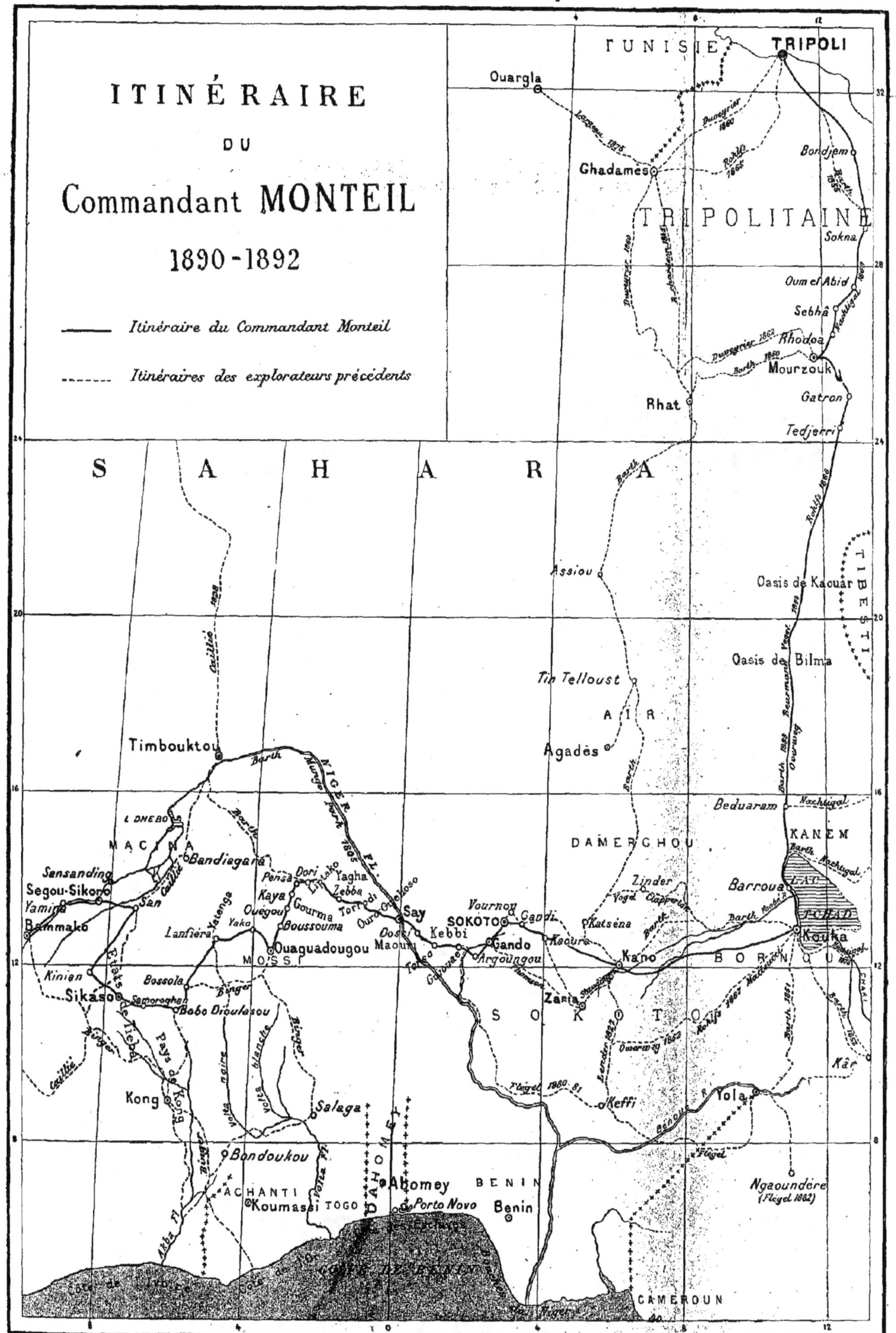
ITINÉRAIRE
DU
Commandant MONTEIL
1890-1892
Itinéraire du Commandant Monteil
Itinéraires des explorateurs précédents
TUNISIE
TRIPOLI
Ouargla
Ghadamès
Bondjem
TRIPOLITAINE
Sokna
Oum el Abid
Sebhâ
Rhodoa
Mourzouk
Rhat
Gatron
Tedjerri
SAHARA
Assiou
Oasis de Kaouar
TIBESTI
Oasis de Bilma
Tin Telloust
AIR
Agadès
Beduaram
Nachtigal
DAMERGHOU
KANEM
Timbouktou
L. DHEBO
NIGER
Barth
MACINA
Bandiagara
Zinder
Barroua
LAC
TCHAD
Sansanding
Dori
Yagha
Pensa
Zebba
Segou-Sikoro
Kaya
Gourma
Torrodi
Vournou
Gandi
Yamina
San
Ouégou
Say
Katséna
Bammako
Yako
Boussouma
Dosso
Kebbi
SOKOTO
Kaoura
Kouka
Lanfiéra
Yatenga
Maouri
Gando
Kano
BORNOU
Ouaguadougou
Argoungou
MOSSI
Zaria
Kinian
Bossola
Sikaso
Binger
Bobo Dioulasou
SOKOTO
Kaé
Kong
Salaga
Keffi
Yola
Bondoukou
Abomey
BENIN
Ngaoundéré
(Flegel 1882)
ACHANTI
Koumassi
TOGO
Porto Novo
Benin
DAHOMEY
CAMEROUN
Côte de l'Ivoire
GOLFE DE BENIN

Troisième Année. N° 2. — Février 1893

BULLETIN DU COMITÉ

DE

l'Afrique Française

PUBLIÉ MENSUELLEMENT

Sous la direction de **M. Harry Alis,**
avec la collaboration de **MM. Henry Frisch de Fels,**
Raymond Kœchlin, etc.

Adresser toutes les communications à M. le Secrétaire général du **Comité de l'Afrique Française** 15, rue de La Ville-l'Évêque, Paris.	**Prix du Numéro : 2 FRANCS** Tout Souscripteur du Comité reçoit de droit ce BULLETIN.

SOMMAIRE

Avis

Nous serions reconnaissants à ceux de nos Souscripteurs qui ont signé des engagements annuels de vouloir bien envoyer, dès maintenant, à notre Trésorier, **M. Armand Templier,** **79, boulevard Saint-Germain,** *le montant de leur souscription pour 1893.*

EXTRAIT

DES

Délibérations du Comité pendant le mois de janvier 1893

Séance du 12 janvier.

Membres présents : MM. le prince d'ARENBERG, président, le prince Roland BONAPARTE, Georges PICOT, BERGER, marquis de MOUSTIER, MILNE-EDWARDS, PERCHER, PATINOT, TEMPLIER, capitaine BINGER, PEREIRE, RENOUST DES ORGERIES, général DERRECAGAIX, POUBELLE, de KERJÉGU, de VOGÜÉ, LOREAU.

Excusé : M. GAUTHIOT.

Le président donne lecture d'une lettre de M. Siegfried, ministre du commerce, qui envoie au Comité sa démission de vice-président; le Comité décide de laisser vacante la place de M. Siegfried.

Le président lit une lettre de M. Dybowsky, qui exprime au Comité sa gratitude pour la démarche qui a contribué à le faire nommer chevalier de la Légion d'honneur; il profite de l'occasion, dit-il, pour demander au Comité de s'employer auprès du conseil municipal afin que Paris possède une rue Crampel, comme Nancy en possède une depuis plusieurs mois. Cette démarche est décidée.

Le président propose de nommer le commandant Monteil membre du Comité de l'Afrique française; cette proposition est votée à l'unanimité; puis l'on s'occupe de la préparation du banquet du 26 janvier.

Le trésorier rend compte de la situation financière.

LISTE DES SOUSCRIPTEURS[1]

(Suite)

Report.....	259.712 45
Comar...........................A	10 »
**A. Gestrand*........................A	3 »
**Joyant*	24 »
A reporter.	259.749 45

[1] Les noms des nouveaux souscripteurs sont ceux en face desquels se trouve un astérisque.

MM.	Report...	259.749	45
Le commandant Donau, à Châlons-sur-MarneA		10	»
Bartkowski.....................A		5	»
Amédée Roux, à Ecole...............A		20	»
Les missionnaires d'Alger...............A		24	»
Le comte de la Selle.................A		10	»
Sellier.........................A		15	»
H. de Poli, capitaine au long cours...... A		5	»
P. Trantoul, à Sfax..................A		2	»
Un représentant de la publicité des *Guides*			
Joanne....................		20	65
Chariot, à Lyon..................A		15	»
L. Leau, à Rennes.................A		10	»
Le Cercle militaire de Gabès.............A		24	»
La Jeune Afrique Française, à Bordeaux....		86	»
J.-A. Girard, curé, à Saint-Yeurre d'Ay....A		5	»
Fays, sous-brigadier des douanes, à PauillacA		2	»
Charrier.......................A		20	»
G. Lévy-Alvarès...................A		10	»
Delaporte, à Dunkerque...............A		10	»
Madame la comtesse Greffülhe, née La Roche-			
foucauld.....................		2000	»
D^r Le Baron		5	»
H. Tarry, adjoint spécial, à Tigzirt, AlgérieA		10	»
Allain.........................A		5	»
A. Letellier, à Rouen................A		36	»
A. Souclier, avocat, au Mans...........A		10	»
Dubain, à Orléans..................A		100	»
P. Lefebvre......................A		10	»
Beau de Rochas, à Vincennes.........A		1	»
René Avelot.....................A		10	»
Th. Laforgue, à Toulouse.............A		20	»
E. Labouchère, à Nîmes.............A		10	»
L'abbé Mann, curé de Jessains...........		3	»
Madame Albert Boyer, à Bordeaux.......A		5	»
Georges Bruel, élève de l'Ecole Coloniale....		5	»
Denis, à Manzat..................A		5	»
P. Hergaut, à Grand-Bassam...........A		10	»
Julien Havet.....................A		10	»
Saint-Clair-Delacroix, à Nancy..........A		5	»
Gilbert, à Bonnières.................A		5	»
L'abbé Servonet, à Annonay.............A		2	50
A. Marchal, à Lyon................A		12	»
A. Jeanne, curé de Vieux-Fumé..........A		5	»
Espinasse.......................A		10	»
Rousselot, au Saule-Flacé..............A		10	»
H. Schirmer.....................A		10	»
Le comte de Saint-Saud...............A		15	»
Georges Berger, député................		200	»
Emile Moreau, à Laval................A		10	»
Le commandant de Morchesne, à Beauvais..A		5	»
R. Kœchlin......................A		10	»
J. Dalin, à Saint-Etienne..............A		25	»
Justin Sarciron, avocat, à Aubusson.......A		10	»
Carlos Lefebvre, brasseur, à Mazingarbe.A-10		30	»
Louis Meurs, directeur des mines, à Za-			
ghouan.......................A		10	»
Dr de Montgolfier, à Annonay.............A		50	»
Weimreb.......................A		5	»
L'abbé Ingold, à Colmar.................		10	»
Leprince, garde d'artil. de marine, à Lorient.		5	»
G. Salet........................A		20	»
Dr Eugène Soula, à Pamiers.............A		30	»
Le marquis de Turenne d'Aynac..........A		40	»
Le lieutenant Graud, à Dijon............A		10	»
Tellier, président de la Société de géographie			
de Douai........................		5	»
J.-P. Bobin, curé de Thuré..............A		5	»
	A reporter.......	262.752	60

	Report....	262.752	60
G. Croquevielle...................A		10	»
Emile Dubois, à Reims...............A		10	»
Maurice L. de Vilmorin..............		250	»
C. Vergine, à La Pointe-à-Pitre..........A		10	»
Marchadier, à Cognac................A		10	»
J. Aubert.......................A		15	»
Chabaille, à Choisy-le-Roi.............A		4	»
Baudouin-Houdet, à Nantes.............A		24	»
Martin, directeur de la Compagnie du Gaz de			
Port-Saïd....................A		10	»
F. Teissère, à Port-Saïd..............		1	»
Galley, —		1	»
André Cucat, maison Worms, Josse et Cie, à			
Port-Saïd...................A		5	»
Paul Teissier, maison Worms, Josse et Cie, à			
Port-Saïd....................A		5	»
Capitaine A. de Beaucourt, à Beauvais......		5	»
Maxime Cornu, professeur au Muséum.....A		25	»
E. Delacroix, à Nice................A		10	»
Demarque, à Blois.................A		5	»
A. Salles, sous-commissaire de la marine, à			
Toulon....................A		20	»
L. de Chazotte, à Saint-Victor...........A		10	»
Union géographique du Nord............A		20	»
Ch. Vivet.......................A		15	»
L. Vivet........................A		15	»
Terwagne.......................A		20	»
Hottinger.......................A		20	»
Gallet.........................A		10	»
Le Cercle républicain de l'Union, à Nantes.A		10	»
Goulet-Gravet, à Reims................		20	»
M. Gallice, à Reims.................		50	»
Le commandant Monteil...............		100	»
Baron Gustave de Rothschild............A		100	»
Sous-lieutenant Bacot, Ecole d'application de			
Fontainebleau..................A		30	»
F. Sauquet, Le Havre................A		25	»
Georges Noufflard, à Rouen.............A		100	»
De Schacken, à Nancy...............A		6	»
Meurinne.......................A		100	»
A. Violette, Le Havre................A		20	»
Capitaine Guillemin.................		5	»
R. Normand.....................A		10	»
V. Riston, à Malzéville...............A		10	»
H. Bobichon, chef de poste au Congo français		5	»
Héberlé, à Soulzmatt (Alsace)...........A		10	»
Emile Fischer, Le Havre...............A		24	»
A. Carlier, propriétaire, à Vervins........A		100	»
	Total général....	264.008	60

Le banquet offert au Commandant Monteil

Le jeudi 26 janvier a eu lieu, dans les salons de l'Hôtel Continental, le banquet offert au commandant Monteil par le Comité de l'Afrique française, la Société de Géographie commerciale, la Société africaine et la Société d'Etudes industrielles et commerciales.

M. Etienne, vice-président de la Chambre, président du groupe colonial parlementaire, présidait, ayant à sa droite MM. Siegfried, ministre du commerce, de l'industrie et des colonies, l'amiral Dupont, sous-chef d'état-major du ministre de la marine, le prince d'Arenberg, président du Comité de l'Afrique française, le général Borgnis-Desbordes, le président du Conseil municipal de Paris, Meurand, président de la Société de Géographie commerciale de Paris, le vicomte Melchior de Vogüé, Bouquet de la Grye ; à sa gauche, MM. le commandant Monteil, le capitaine Binger, le colonel Courtès-Lapeyrat, Jamais, ancien sous-secrétaire d'Etat des Colonies, l'amiral Vallon, le président du Conseil général de la Seine, Tharel, Milne-Edwards, Cambefort, Lourdelet, Ballay, l'adjudant Badaire, Rolland, etc... En face de l'explorateur avait été placée la maquette d'un groupe de Mercié, qui lui sera offert en souvenir et qui représente l'Afrique s'éveillant à la civilisation.

Au dessert, M. Etienne a pris la parole et, après avoir porté la santé du président de la République, il a fait, en termes éloquents, le récit du voyage du commandant Monteil, que lui-même a tant contribué à organiser ; il l'a suivi de Paris à Saint-Louis, à Ségou, à Kinian, au Mossi, à Say, à Kano, à Kouka, et enfin, sur le chemin de retour, du Bornou à Mourzouk et à Tripoli. Voici la fin du discours de M. Etienne, qui a été saluée par d'unanimes applaudissements :

Monteil, a-t-il dit, ne s'est pas fait faute de rendre justice à ses devanciers, Barth, Nachtigal, Schweinfurth, Duveyrier, mais combien leur tâche était plus aisée! Personne alors ne parlait de l'Afrique. Les noirs n'étaient pas effrayés. On parcourait l'Afrique à cette époque presque sans danger. Mais quand Monteil est parti, est-ce que toute l'Afrique n'était pas soulevée ? Est-ce que nous n'avions pas eu la trouée sanglante et négative de Stanley ?

Monteil, lui, a pu pénétrer partout sans avoir jamais à brûler une cartouche.

Voilà, Messieurs, ce qu'a fait Monteil, et je crois que l'histoire placera son exploration au premier rang de celles de ce siècle. Jamais homme n'a obtenu comme lui ce grand résultat humanitaire : faire aimer partout le nom de sa patrie.

Messieurs, les peuples et les individus rencontrent sur leur route de tragiques événements. La France en a subi, mais elle a pu se reconstituer, et malgré le cauchemar qui semble nous envelopper en ce moment, on peut dire qu'elle a repris la place qui lui appartient dans le monde, grâce au concours de tous, hommes d'Etat, travailleurs, financiers, commerçants, artistes, lettrés et explorateurs. La France est toujours, grâce à tous ses enfants, la première des grandes nations civilisées. C'est pourquoi je vous demande de porter à Monteil et à Binger le toast d'admiration qu'ils méritent. Je bois à Monteil et à Binger !

M. Siegfried, ministre du commerce et des colonies, et membre du comité de l'Afrique Française, félicite Monteil au nom du gouvernement, puis, après quelques mots de M. Jamais, ancien sous-secrétaire d'Etat aux colonies, l'explorateur prend la parole :

Messieurs, je vous prie d'excuser la faiblesse de mes moyens tant oratoires que vocaux. Je vous remercie de m'avoir convoqué à ce banquet, que je considère comme une grande manifestation de l'idée coloniale. M. Etienne a oublié un point important. Il a oublié de vous dire combien il a facilité mon départ. Or, en exploration tout dépend du départ. En me témoignant une confiance sans limite, il m'a fait trouver le même concours sur tout mon trajet. Aussi, moins de deux mois après mon départ, j'étais en pleine exploration.

Merci à vous, M. Etienne. Vous m'avez accordé la confiance qui commande le succès. Sans doute Crampel, Ménard, Crozat ont disparu, et combien d'autres ont succombé. Toute idée de progrès a son martyrologe. Mais toujours plus nombreux seront ceux disposés à recueillir de leurs mains défaillantes le drapeau prêt à s'échapper.

Quel Français ne s'exposerait aux dangers et aux privations pour être l'objet d'une manifestation comme celle dont je suis l'objet ce soir.

Honneur à ceux qui sont morts! honneur à ceux qui luttent encore! C'est à eux qu'est dévolue la solution pacifique du problème économique.

Je lève mon verre à l'honneur de tous les explorateurs français sur tous les points du globe!

M. le prince d'Arenberg ajoute ces quelques paroles :

Depuis que le commandant Monteil est revenu dans les pays civilisés, chacun de ses pas est devenu le signal d'une nouvelle ovation. Ce sont là des rayons de gloire qui viennent parfois éclairer des jours sombres.

L'Afrique nous ménage d'ailleurs de nombreux sujets de patriotique satisfaction.

Quand il s'est agi de montrer notre force, Archinard, Humbert, Dodds ont montré que la valeur française ne vivait pas de souvenirs.

De l'exploration de Monteil, je ne veux retenir que ce point : désormais, il est établi que l'empire du Bornou ne relève pas de l'empire de Sokoto. Nous faisons valoir cette constatation.

Nous voulions donner un témoignage spécial de notre admiration à l'explorateur. Lorsque cette idée nous est venue, nous en avons été chercher la forme dans la grande école de sculpture dont la France a le droit de s'enorgueillir. Dès que M. Mercié a su qu'il s'agissait d'offrir un témoignage d'admiration à Monteil, l'auteur de *Gloria victis* a voulu dire à sa façon : *Gloire aux victorieux*! et la sculpture est de toutes les voix celle qui se fait le mieux entendre à travers les âges !

Lorsque le voyageur jettera les yeux sur l'objet que nous lui avons offert, il se dira que personne plus que lui n'a contribué à tirer l'Afrique de son long sommeil, il songera au grand artiste qui a donné une forme impérissable à notre affection et à notre reconnaissance.

Enfin M. Delpeuch, député de la Corrèze, au nom des compatriotes de Monteil, et Meurand, au nom de la Société de Géographie commerciale, présentent à l'explorateur l'hommage de leurs félicitations.

Monteil à la Société de Géographie. — Le dimanche 29 Janvier, c'était au tour de la Société de Géographie de recevoir Monteil ; elle l'a fait dans le grand amphithéâtre de la Sorbonne, en présence des représentants de tous les grands corps de l'Etat, et d'une foule énorme d'assistants.

Après une très courte allocution du docteur Hamy, qui présidait en l'absence de M. d'Abbadie, la parole a été donnée à l'explorateur.

Monteil rend d'abord un hommage mérité à ses illustres devanciers, René Caillié, Barth, et Nachtigal, qui ont laissé, ces deux derniers entre autres, les meilleurs souvenirs dans les régions qu'ils ont traversées. « Ils ont servi, dit l'orateur, la cause de la civilisation et facilité la route à ceux qui les ont suivis. » Et tout de suite, Monteil arrive à son voyage ; en un bond, il est à Ségou, sur le Niger. Pour lui, c'est encore la France ; mais, dès qu'il abandonnera les rives de ce fleuve, c'est l'inconnu. Jusqu'à San, aucune difficulté: les misères inhérentes à toute les explorations africaines ; et le très regretté docteur Crozat lui a frayé le chemin jusqu'au Mossi. A Ouagadougou commencent les épreuves: la caravane de Monteil a un des siens atteint de variole ; on lui refuse l'entrée et ordre lui est donné de déguerpir au plus vite. Monteil se dirige d'abord à l'Est, puis il prend la direction du Nord, malgré le peu de goût qu'il a pour une excursion dans le Liptako. Jusqu'à Ouro-Guélioso, les relations avec les populations sont difficiles, les chefs refusent d'entrer en relation directe avec l'explorateur, et puis la peste bovine décime la région. Heureusement, à Ouro-Guélioso, le chef se souvient des bonnes relations de son père avec Barth. Il accueille le voyageur blanc et lui procure le moyen de continuer la route jusqu'à Say.

Dans toutes les régions qu'il vient de parcourir, le vol est une sorte d'institution nationale ; on vole, non pour garder les objets, mais pour les restituer moyennant finances. On se vante de ce qu'on a pris, on le dit très haut afin que le volé n'en ignore. Et l'habileté des voleurs est telle qu'une nuit, malgré la présence d'un factionnaire, on a dévalisé la tente où reposaient Monteil, Badaire et leur domestique. — Une autre fois, un indigène demande à Monteil : « Où est ta canne ? — Tiens ! elle a disparu. — C'est moi qui l'ai volée », dit son interlocuteur. Un marché à discuter ! Le voleur en voulait vingt sous ; Monteil lui en offre dix.

Mais voilà le Niger dans sa branche descendante. A Say, le fleuve a 400 mètres de large et 5 et 6 mètres de profondeur. De cette localité, en route sur le Sokoto. Le pays est infesté de pillards qui travaillent aux dépens des caravanes. Grâce à sa fermeté, Monteil s'en tire. Il rend un grand service au Sultan du Sokoto, et celui-ci le reconnaît en le faisant escorter jusqu'au premier poste du Bornou. Là, à force de diplomatie et de tact, Monteil reçoit un bon accueil. On lui donne l'entrée du Bornou et plus tard il est reçu à Kouka en grande pompe comme un très haut personnage. Il a su éviter l'écueil dans lequel était tombée la mission anglaise de Mac Intosh ; il ne parlait pas du Tchad, de commerce sur le lac, et ne portait pas ombrage aux Arabes, les maîtres du trafic de cette région. Avant d'entrer à Kouka, une scène, que raconte Monteil avec beaucoup d'humour : le Sultan avait envoyé au-devant de l'officier français une escorte imposante ; tout d'un coup apparaissent quelque chose comme 200 cavaliers, les uns couverts d'armures étincelantes, les autres d'une cuirasse ouatée de grande épaisseur, et ces cavaliers de se précipiter au galop et de s'arrêter à quelques pas des voyageurs, la lance en avant. C'est ce qu'on appelle le salut des lances ; on veut voir ainsi si l'hôte auquel on rend ce grand honneur est un brave. Monteil ajoute qu'il était assez mal à l'aise pendant cette cérémonie. Il le dit, nous le croyons, mais gageons qu'il est resté impassible et que pas un muscle de sa figure n'a bougé.

Mais s'il est difficile d'entrer au Bornou, il n'est pas aisé d'en sortir. Enfin Monteil obtient de prendre la route de Tripoli ; il chemine avec une petite caravane, passe à Barroua, dont il détermine la position — c'est la limite Sud d'influence française, — et traverse le désert du Sud au Nord, faisant des étapes de seize et parfois de vingt heures : il atteint en vingt-cinq jours l'oasis de Kaouar.

La route a été dure pour ses hommes ; ils n'ont plus la belle prestance qu'ils montraient à l'entrée de Kouka, quand, baïonnette au canon, ils escortaient leur commandant. Monteil et Badaire les surveillent, les encouragent, les empêchent de rester en arrière, dans le désert qui dévore ceux qui perdent la piste fugitive des caravanes. Enfin, après vingt-cinq autres jours de misères plus grandes, on arrive à Gatron, le sud du Fezzan où Nachtigal a laissé les meilleurs souvenirs. On s'y rappelle avec sympathie l'Européen, comme on se souviendra du passage de Monteil. A Mourzouk, le voyageur est l'hôte du gouverneur turc ; le restant de la route est facile, grâce aux prévenances des autorités ottomanes.

Quelques jours après, Monteil arrivait à Tripoli : il revoyait la Méditerranée et était accueilli chaleureusement par le consul général, M. Destrées, et par la colonie européenne toute entière. Les épreuves étaient finies. Il avait accompli un des plus périlleux voyages de notre siècle, sans tirer un coup de fusil, et nous revenait l'égal des plus grands explorateurs.

La conférence de Monteil a été saluée des chaudes acclamations de l'assistance et quand il s'est assis, on l'a applaudi avec une nouvelle vigueur. Lorsque M. Hamy a pris la parole pour annoncer que la Société de géographie décernait à Monteil sa plus haute récompense, la grande médaille d'or, les acclamations ont été plus ardentes encores.

La réception du commandant Monteil et du capitaine Binger par le Conseil municipal de Paris. — Le 3 février, à neuf heures du soir, a eu lieu, dans la salle des séances du Conseil municipal, à l'Hôtel de Ville, la réception du commandant Monteil et du capitaine Binger, par la municipalité de Paris.

M. Sauton, président du Conseil municipal, a pris la parole pour féliciter les explorateurs de leur dévouement et de leur patriotisme. Après avoir signalé le rôle économique qu'est appelé à jouer dans l'avenir le continent africain, il a annoncé aux deux officiers que le Conseil municipal de Paris leur avait voté, à chacun une médaille d'or qui leur serait remise en séance solennelle.

M. Poubelle, préfet de la Seine, a prononcé un éloquent discours où il a exposé toutes les ressources que l'Afrique offrait à l'industrie de la France et de Paris.

Le commandant Monteil et le capitaine Binger ont remercié en termes émus le Conseil municipal de l'honneur qu'il leur a fait, en ajoutant que ce témoignage restera pour eux un encouragement qu'ils n'oublieront jamais.

COLONIES FRANÇAISES
ET PAYS DE PROTECTORAT

ALGÉRIE

Le Chemin de fer de Biskra-Ouargla. — Le projet de chemin de fer de Biskra à Ouargla dont M. Georges Rolland poursuit avec persévérance la réalisation, vient de faire un pas important.

A la date du 12 décembre dernier, et conformément à l'avis du Conseil général des Ponts et Chaussées, M. le ministre des Travaux publics a prescrit de soumettre à l'enquête administrative, préalable à la déclaration d'utilité publique, « l'avant projet de la voie ferrée de Biskra à Ouargla, présenté par la *Société d'études pour la construction d'une voie ferrée de Biskra à Ouargla et prolongements* ». A la suite de cette décision ministérielle, le préfet de Constantine et les généraux commandant les divisions de Constantine et d'Alger, remplissant les fonctions de préfets en territoire militaire, ont pris des arrêtés en vertu desquels l'enquête est ouverte du 8 janvier au 8 février 1893.

Voici quelques indications sur le tracé :

La première section, de Biskra à Tougourt, comporte 210 kilomètres, avec six gares intermédiaires. La seconde section de Tougourt à Ouargla, comporte 170 kilomètres, avec cinq gares intermédiaires.

Le tracé s'écarte notablement de la piste actuelle, sauf le long de la vallée de l'Oued-Rir'. Les conditions de tracé sont très favorables, tant pour ce qui est des éléments en plan que du profil en long. De Biskra à

Tougourt, les alignements droits forment les 9/10 du parcours total, et le rayon minimum des courbes est de 1.000 mètres. Ce même minimum a été adopté de Tougourt à Ouargla, sauf un rayon de 500 mètres à l'entrée de l'oasis de Temocin. La déclivité maxima est de 0 m. 010 sur 3,900 mètres de la première section, et de 0 m. 016 sur 11.600 mètres de la seconde.

L'emploi d'une couche spéciale de ballast est prévu sur toute la longueur de la ligne.

La voie aura 1 mètre 055 de largeur ; elle sera entièrement métallique et comportera des rails à patin de 20 kilogrammes par mètre courant, reposant sur des traverses en acier qui pèseront 36 kilogrammes.

Le capital de premier établissement de la ligne entière est évalué à 24.730.000 fr., soit 65,000 fr. par kilomètre en moyenne.

Les tarifs de grande vitesse pour voyageurs seront de 0.12 par kilomètre en première classe, 0.08 en deuxième classe, et 0.05 seulement en troisième classe. Les tarifs de petite vitesse pour marchandises varient de 0.24 à 0.10 par kilomètre suivant les classes et les conditions de transport.

Comme conclusion, les avantages de la ligne projetée sont indiqués comme il suit dans la note explicative jointe au dossier d'enquête :

Au point de vue politique, extension considérable vers l'intérieur de la sphère d'action directe de la France ; affirmation de la puissance française aux yeux des populations du Grand Sahara ; relèvement du prestige du nom français devant tout l'islamisme africain.

Au point de vue stratégique, faculté d'envoyer rapidement des troupes dans le sud des provinces de Constantine et d'Alger ; facilité et bon marché relatifs de ravitaillement des postes éloignés, tels que El Oued, Ouargla, El Goléa, etc., etc.

Au point de vue économique, encouragement de l'initiative française en vue des forages artésiens et des plantations de palmiers, dattiers ; développement des relations commerciales avec l'Oued Rir' et le Mzab ; ouverture, notamment à Ouargla, de grands marchés d'approvisionnement et de ravitaillement pour les populations Sahariennes.

Ajoutons que la Société qui demande la concession a pour président M. Tharel ; elle a pour Directeur M. G. Rolland, et pour représentant en Algérie, M. Fock.

SÉNÉGAL

Le conflit. — Un conflit a surgi récemment entre le gouverneur et le Conseil général de la colonie, à propos d'un arrêté de M. de Lamothe, plaçant sous le régime du protectorat, c'est-à-dire désannexant certains territoires d'administration directe de l'arrondissement de Dakar. Comme on va le voir par les documents ci-dessous, le Conseil général proteste non seulement contre l'arrêté du gouverneur, mais aussi contre un arrêté de même nature pris par son prédécesseur pour des territoires de l'arrondissement de Saint-Louis et contre la séparation du Soudan et des Rivières du Sud.

Voici l'arrêté du gouverneur actuel :

Le gouverneur du Sénégal,
Arrête :

Art 1er. — Les territoires du 2e arrondissement, actuellement placés sous le régime de l'administration directe, seront, à compter du 1er janvier 1893, placés sous celui du protectorat.

Art. 2. — Seront toutefois réservés, comme territoires d'administration directe, l'île de Foundiougne, les escales de Joal, Niannig, Fatik et Koalakh, avec leurs territoires de culture, le territoire de Thiés, la pointe de Sangomar, le poste militaire de Nioro avec un rayon à déterminer ultérieurement, et l'emprise du chemin de fer.

Art. 3. — Les citoyens français, possesseurs de concessions régulières dans les territoires remis sous le régime du protectorat, devront, dans un délai de six mois, faire connaître, par une déclaration remise à l'administrateur de leur cercle, s'ils entendent user du droit de faire assimiler ces concessions aux territoires réservés par l'article 2.

Art. 4. — Des conventions et arrangements ultérieurs détermineront la constitution de ces pays et le *modus vivendi* qu'ils devront adopter dans leurs relations entre eux et avec le gouverneur du Sénégal.

Dans la séance du 19 décembre, le Conseil général a pris les délibérations suivantes :

Le Conseil général proteste contre les arrêtés de désannexion du 15 janvier 1890 et du 13 décembre 1892 :

Demande qu'ils soient rapportés ;

Charge son président de transmettre par câblogramme sa protestation à M. le ministre de la marine et à M. le sous-secrétaire d'État aux colonies,

Et décide de se pourvoir, le cas échéant, par toutes les voies de droit contre les arrêtés de désannexion susrelatés.

(Adopté à l'unanimité, moins une voix.)

Le Conseil général,
Vu les articles 33, n° 1 ; 35, n° 8 ; 37, n°s 2 et 3 du décret du 4 février 1879,

Proteste contre la séparation des rivières du Sud sans avis préalable, prie son président d'en référer sans retard, par câblogramme, au département et au député.

(Adopté à la majorité, 1 voix contre et 1 abstention.)

Le Conseil général,
Vu les articles, etc.,

Proteste contre la séparation du Soudan sans avis préalable, prie son président d'en référer sans retard par câblogramme au département et au député.

(Adopté à l'unanimité.)

SOUDAN FRANÇAIS

La colonne du Niger est arrivée à Siguiri, avec son commandant, le lieutenant-colonel Combes, de l'infanterie de marine, un vieux Sénégalais dont la vigueur est légendaire dans tout le Soudan. De Siguiri, le colonel Combes s'est dirigé sur nos postes avancés, et comme on assure que Samory a construit un tata fortifié à une cinquantaine de kilomètres de Sanankoro, c'est en réalité la nouvelle forteresse de l'almamy qui est l'objectif de la colonne. Celle-ci (il est bon de le rappeler) comprend une compagnie de la légion étrangère, actuellement réduite à 100 hommes, un escadron de spahis, plusieurs compagnies de tirailleurs sénégalais, d'auxilliaires sénégalais et une batterie d'artillerie. Ses pertes à la suite de maladies ont été beaucoup moins fortes que l'an dernier ; trois décès dans la légion étrangère ; par contre, une quinzaine d'hommes ont dû être rapatriés.

Samory est probablement le seul adversaire que nous trouverons devant nous. Tiéba se maintient dans une stricte neutralité ; nous avions compté l'an dernier sur son concours et il n'a pas bougé ; mais peut-être le commandant Quiquandon sera-t-il plus heureux que son prédécesseur et parviendra-t-il à faire de Tiéba, auquel il a rendu les plus grands services, un allié plus sérieux. En 1892, lorsque le commandant Péroz, de l'infanterie de marine, a été envoyé à Sikasso, il a reçu de l'almamy un accueil assez froid. Aux demandes de concours qu'il lui faisait, Tiéba lui répondait qu'il nous avait rendu d'énormes services en faisant la guerre à Samory ; le commandant Péroz lui objectait que, si nous ne l'avions aidé, Samory n'eût fait qu'une bouchée de ses Etats. Mais Tiéba avait son siège fait et nous tenait pour ses obligés. De plus, il se méfiait de nos intentions, car il fortifiait Sikasso d'une façon formidable, avec des murailles en pisé de six mètres d'épaisseur, flanquées d'énormes bastions.

En réalité, Tiéba cherchait à construire une forteresse à l'abri des coups de nos canons. Comme on le voit, la tâche du commandant Quiquandon n'est pas des plus faciles ; il a à lutter contre les préventions de Tiéba et contre l'influence de l'entourage du roi qui rêve pour celui-ci les destinées de Samory avant ses défaites et la création d'un grand empire soudanien dont nous serons naturellement exclus.

CONGO FRANÇAIS

L'entente franco-belge. — Les journaux qui se sont passionnés sur la question du M'Bomou ont rivalisé de précision pour donner des informations exactement contraires sur l'état des négociations francobelges.

D'après les uns, on se serait mis d'accord sur une nouvelle délimitation ayant pour lignes principales le M'Bomou, le bas Schinko et permettant au nord l'accès de la France au Bahr-El-Ghazal.

. D'après les autres, rien ne serait arrêté et il faudrait décidément recourir à la médiation.

Nous n'avons pas la prétention de connaître l'état exact des négociations ; il nous paraîtrait pourtant surprenant qu'elles fussent de nouveau rompues après une seconde série de séances laborieuses.

Nous nous contentons d'exprimer de nouveau le désir qu'on nous fasse connaître au plus vite la solution, quelle qu'elle soit, qui confirme notre entente complète avec l'Etat Indépendant et nous permette de prendre pied solidement avec le Bahr-El-Ghazal, avant que les Anglais n'y remontent de l'Ouganda.

La mission de Brazza. — On écrit de Brazzaville à la *Politique coloniale* :

La situation dans la Haute-Sangha s'améliore tous les jours ; l'assassinat des deux sénégalais a été vengé et le calme s'est rétabli. M. de Brazza a quitté Bania depuis quelque temps avec MM. Bloum et Fredou et quelques sénégalais pour établir des communications entre notre poste et celui qui vient d'être créé à Gaza en plein pays musulman, à sept jours de Bania.

Il y a à Bania un certain nombre d'Haoussas qui ont été très utiles à M. de Brazza, lui ont servi de guides comme à Mizon. Ces musulmans nous sont acquis et ils seront pour nous de précieux auxiliaires.

Le poste de Gaza a été confié à M. Goujon, un excellent fonctionnaire originaire d'Algérie et parlant et écrivant admirablement l'arabe.

Quand les communications seront tout à fait sûres entre Gaza et Bania, notre expansion au nord sera en très bonne voie.

Tout le monde s'accorde à dire que le pays est beaucoup plus beau et plus fertile qu'au Congo. La température y est supportable ; les nuits y sont fraîches et humides.

Je ne vous cacherai pas, en terminant, qu'il ne serait pas impossible qu'avant peu M. de Brazza quittât la Sangha et laissât la direction de la région à M. Goujon.

M. de Brazza se rendrait ensuite dans le Haut-Oubangui.

La mort de M. Laval. — M. Laval, agent du Congo, a été tué le 18 novembre 1892 par les indigènes bassoundis, à Condo-Bondo, village situé à cinq heures de marche de Comba.

D'après le rapport du chef de station à Londima, qui n'avait, à la date du 25 novembre, reçu de son collègue de Comba que des détails fort incomplets sur cet événement, les indigènes de Condo-Bondo auraient volé pendant la nuit des sacs aux miliciens du détachement qui se rendait à Brazzaville sous la conduite de M. Laval. C'est au cours d'un palabre engagé pour exiger la remise des effets volés que M. Laval aurait été tué ainsi que deux de ses hommes.

Le corps de M. Laval a été inhumé, le 20 novembre, par les soins du chef de poste de Comba.

Ce dernier, dès qu'il a eu connaissance de cet événement, s'est transporté avec des miliciens chez les Bassoundis pour faire une enquête sur les circonstances qui ont amené cette attaque et pour venger la mort de son infortuné camarade.

GUINÉE FRANÇAISE

Côte de Bénin. — *L'affaire de l'Adjarra.* — On se souvient que les autorités anglaises de Lagos avaient récemment installé au milieu de la rivière d'Adjarra, limitrophe du territoire de Porto-Novo, un bateau de douane qui percevait des droits, contrairement aux dispositions de l'article 5 de l'arrangement du 10 août 1889, sur les embarcations montant et descendant ce cours d'eau.

Sur les réclamations de la France, le gouvernement anglais vient de donner au gouvernement de Lagos l'ordre formel de ne pas entraver la libre navigation de l'Adjarra.

Le poste de douanes sera transféré sur la rive anglaise.

— M. d'Albéca, sous-lieutenant de réserve attaché à l'état-major du général Dodds, a été désigné pour remplir les fonctions de chef du bureau politique des établissements du golfe du Bénin.

MADAGASCAR

Le tribunal français de Tamatave, a été solennellement installé au mois de novembre.

Les Hôpitaux. — Un vaste terrain destiné à la construction d'un hôpital vient d'être loué à Tamatave, pour cinquante ans, avec bail renouvelable, par la résidence générale. A Tananarive, les Anglais ont construit un hôpital monumental qui frappe la vue du voyageur dès l'arrivée aux environs de la capitale. La Mission norvégienne a installé dans une maison confortable une trentaine de lits où un chirurgien très expert opère avec succès un grand nombre de malades. En deux ans, il a guéri 200 Malgaches de la cataracte. Au contraire les œuvres hospitalières française laissent encore beaucoup à désirer à cause des faibles ressources dont elles disposent. Au dispensaire français, le médecin de la résidence générale donne des consultations à tout venant et distribue gratuitement les médicaments nécessaires. Les malades affluent. On n'en compte pas moins de 120 par jour, mais ni le local ni le budget dont on y dispose ne permettent d'en soigner un seul à demeure. La Mission catholique a réuni dans quelques cases un petit groupe de lépreux qui se soignent de leur mieux dans leur isolement et font souche à l'écart des autres hommes. Mais il n'y a là ni un hôpital proprement dit, ni même un médecin attaché à l'établissement. A Fianarantsoa, les missionnaires français viennent d'établir une nouvelle léproserie, tandis que le vice-résident de France, le docteur Besson, prodigue ses soins à une foule de clients et pratique un grand nombre d'opérations chirurgicales. Mais ce ne sont encore là que des essais.

Il faut le dire bien haut, tant que la France ne soutiendra pas d'une façon plus efficace les œuvres de bienfaisance française à Madagascar, la lutte contre les Associations étrangères restera inégale. L'hôpital de Tamatava est un premier pas fait dans une voix excellente.

EGYPTE

Le pays a traversé une crise, non du fait de ces derviches que les journaux anglais s'étaient efforcés de nous montrer comme si terribles et que les troupes d'occupation n'ont pas eu trop de peine à battre et à mettre en fuite, le 2 janvier, au combat d'Ambigol, à près de 100 kilomètres en avant de la frontière actuelle, mais en suite de l'acte d'indépendance auquel l'intolérable tutelle où prétendaient le tenir les fonctionnaires britanniques poussa le jeune Khédive, Abbas-Pacha.

Le 16 janvier, Abbas congédiait, sans autre forme de procès, le président de son Conseil des ministres, Mustapha Fehmi Pacha, et deux des collègues de ce dernier, les ministres de la justice et des finances. On savait depuis longtemps que les relations entre Abbas Pacha et son Cabinet étaient loin d'être cordiales ; le Khédive était outré de ne trouver dans ses ministres que des brouillons, incapables de le renseigner sur aucune affaire, prêts seulement à présenter à sa signature, sans jamais les discuter, les décrets que préparaient pour eux les conseillers britanniques attachés à leurs départements. Abbas Pacha est jeune, il n'avait pas renoncé, comme jadis son père, Tewfik, à user d'initiative et à faire valoir sa volonté dans ses Etats : lassé de la nullité et de la complaisante faiblesse de ceux dans lesquels il prétendait mettre sa confiance, il les disgraciait, les remplaçait par des hommes qui lui paraissaient plus propres à le conseiller. Il les choisissait d'ailleurs, de façon à ne laisser planer aucun doute sur ses sentiments : Fakhri Pacha, son nouveau président du Conseil, était précisément ce ministre de la justice qui avait refusé, il y a deux ans, de se prêter aux fantaisies britanniques dans l'affaire du juge Scott, dont on n'a pas perdu le souvenir, et ses deux collaborateurs, pour être moins connus par leur opposition, n'en étaient pas moins, de bons Egyptiens.

Pour préparée que fût l'opinion anglaise à quelque éclat, — car chacun savait à Londres combien se tendaient peu à peu les relations entre le Khédive et lord Cromer, le représentant de la Reine, il n'y en eût pas moins à la nouvelle de ce « coup d'état » une explosion d'indignation. Le premier mouvement fut d'accuser la France et la Russie d'avoir conspiré avec Abbas Pacha, et, tandis que le *Times* menaçait le Khédive du sort d'Ismaïl, « qui lui non plus n'a pas réussi dans son opposition contre ceux qui détenaient le pouvoir

réel », le *Daily News*, l'agent officieux, annonçait que les autorités britanniques ne reconnaîtraient pas les nouveaux ministres. Et en effet, obéissant à des instructions venues de Londres et délibérées en Conseil des ministres, lord Cromer se rendit aussitôt chez le Khédive, et avec la hauteur qui caractérise le fonctionnaire britannique à l'étranger, lui déclara tout net qu'il avait à demander à Fakhri Pacha sa démission immédiate et à reprendre Mustapha Fehmi, les derniers événements ne pouvant être tenus que pour non-avenus. Abbas, indigné, protesta, mais tout ce qu'il put obtenir de ses protecteurs, fut qu'en place de Mustapha Fehmi, il lui soit permis d'appeler aux affaires Riaz Pacha. Lord Cromer crut pouvoir faire cette concession, et il ne s'opposa pas non plus au maintien dans leurs fonctions des deux ministres nommés en même temps que Fakhri, Boutros et Mazloum Pacha, acceptant également que Fakhri, en manière de compensation, reçût le grand cordon de l'Osmanée et la charge de grand maître des cérémonies.

L'affaire eût été déjà singulièrement grave, si elle se fût terminée ainsi, car l'abus de pouvoir et l'intimidation déjà étaient flagrants. Mais les Anglais s'aperçurent que l'opinion de tout ce qui compte en Egypte avait soutenu le Khédive ; des ovations lui avaient été faites dans les rues et au spectacle et il n'était pas douteux que son acte d'autorité avait consacré sa popularité, car l'esprit public a fait en Egypte de grands progrès depuis quelques années, et les classes éclairées savent aujourd'hui vouloir. C'est à quoi il fallait porter remède avant tout, et le gouvernement britannique décida aussitôt de renforcer les garnisons anglaises de l'Egypte. Des bataillons vinrent des Indes et de Malte, comme si la liberté du canal et la civilisation se trouvaient gravement menacées, — excellent prétexte pour permettre à l'Angleterre de ne pas tenir les engagements qu'elle a pris solennellement devant l'Europe.

SOUDAN ÉGYPTIEN

Il est difficile de savoir exactement ce qui se passe dans le Soudan égyptien ; cependant le major Wingate, chef du service des renseignements au ministère de la guerre égyptien, outre le livre qu'il a publié, l'an passé, intitulé : *Mahdiism and the Egyptian Sudan*, publiait tout récemment *Ten Years Captivity in the Mahdi's Camp* 1882-1892, d'après les notes du P. Ohrwalder, qui s'est enfui d'Omdurman pendant l'hiver dernier, et ces deux ouvrages contiennent tout ce que les Anglais veulent laisser connaître du Soudan ; ils ne parviennent guère, d'ailleurs, à lui donner un bien dangereux aspect. Inutile de dire que le journal du P. Ohrwalder a été soigneusement remanié par son éditeur ; il contient des réflexions sur l'attitude de Gordon, des détails sur les opérations militaires, enfin des observations sur la terreur que le nom anglais seul peut inspirer aux Soudanais ; et tout cela n'a jamais germé dans le cerveau d'un prêtre tyrolien.

On sait que la mort du Mahdi suivit de peu la prise

de Kartoum ; il y mourut le 22 juin 1885, après avoir désigné pour son successeur le Khalife Abdullah-el-Taïshi. Les premières années du règne d'Abdullah furent glorieuses et le commencement de l'année 1889 marqua l'apogée de sa puissance.

Débarrassé de toutes les compétitions du début, en possession d'un pouvoir solidement affermi, il était le maître du Nil depuis la deuxième cataracte jusqu'au pays d'Emin Pacha ; le Kordofan était tranquille ; la révolte d'un antimahdi venait d'être étouffée dans le Darfour. Il avait anéanti les tribus restées fidèles au Khédive et qui tenaient le désert entre la Nubie et le Kordofan ; il régnait à Sennaar et à Kassala ; le roi Jean d'Abyssinie, que la diplomatie anglaise avait lancé, pour son malheur, dans une guerre contre les derviches, était vaincu et tué. Enfin, deux émirs renommés, Wad-en-Nejumi, sur le Nil, et Osman Digma sur la mer Rouge, inquiétaient par des raids incessants les garnisons égyptiennes de Souakim, Korosko et Wadyhalfa ; puis, brusquement, toute cette puissance s'effondra. Le 3 août 1889, Wad-en-Nejumi venait se heurter contre les troupes khédiviales à Toski, un peu au nord de la deuxième cataracte, à la tête d'une armée où il y avait plus de femmes et d'enfants que d'hommes en état de combattre. L'émir ne survivait pas à sa défaite. En même temps, les derviches d'Osman Digma cessaient de presser Souakim, si bien que, en février 1891, Handoub et Tokar étaient facilement réoccupés. Dans le Sud-Ouest, les garnisons mahdistes avaient dû évacuer le Darfour. Une épouvantable famine désolait le Soudan, ruiné par tant d'années de guerre ; la faim avait poussé vers l'Egypte les bandes en désordre de Wad-en-Nejumi et chassé Osman Digma des déserts voisins de la mer Rouge. Depuis lors les mahdistes se sont abstenus de toute agression sur les frontières égyptiennes.

Le P. Ohrwalder a vécu toute cette histoire de la grandeur et de la décadence du mahdisme ; rien n'est plus attachant que le roman de sa captivité. C'était un religieux appartenant aux Missions autrichiennes de Mgr Sogaro, vicaire apostolique du Soudan ; il tomba, en 1882, dans les mains du Mahdi, lors de la prise d'El-Obéid, capitale du Kordofan. A son égard, le Mahdi se montra bon prince ; il ne lui fit point payer de sa vie son refus d'embrasser la foi musulmane et daigna même causer avec lui de temps à autre sur le sujet de leurs religions respectives. Ses récentes victoires avaient mis le comble à la popularité du nouveau prophète : il s'appliquait, d'ailleurs, à y contribuer par son sourire constant, ses façons agréables et sa générosité. Il était l'objet d'une véritable adoration ; les femmes s'en montraient particulièrement enthousiastes et le considéraient comme le plus beau des hommes. On ne faisait de serment que par son nom ; et, dans le Soudan tout entier, armées en marche, travailleurs aux champs, femmes à la fontaine, artisans dans les bazars chantaient un refrain en son honneur qui commençait par ces mots : « Le Mahdi est la lumière de nos yeux ». Comme on le voit, les formes de la popularité ne changent pas avec les climats... La fin de l'aventurier fût également conforme à la loi commune : jusqu'à la prise de Kartoum, il avait fallu se battre et maintenir par l'austérité de sa vie le fanatisme de ses troupes. Une fois le triomphe assuré, le

Mahdi se livra aux plaisirs les plus déréglés ; on ne le vit plus à la mosquée, son harem s'enrichit de toutes les races soudanaises, il mangea et but trop, devint démesurément gros et mourut au bout de quelques mois de ce régime, auquel sa vie précédente ne l'avait pas habitué.

Le P. Ohrwalder resta à El-Obéid jusqu'en 1886 ; il y avait passé par des alternatives d'espérance et de désespoir. Des avis envoyés de Kartoum lui avaient annoncé la venue du général Hicks, puis celle de Gordon. On comprend sa douleur quand il apprit le désastre de Shekan et la prise de Kartoum. Un jour, en août 1884, on le manda pour interroger un Européen qui arrivait on ne savait d'où. C'était Olivier Pain. Notre malheureux compatriote fut envoyé au camp du Mahdi, qui marchait alors contre Gordon. Il fut mal accueilli par le Mahdi ; atteint de la dysenterie et de la fièvre, il tomba de son chameau, sans connaissance, et les derviches l'enterrèrent aussitôt sous le sable, sans s'inquiéter s'il était mort.

En 1886, l'un des missionnaires, le P. Bonomi, s'étant échappé d'El-Obéid, on en fit partir tous les prisonniers pour Omdurman, où ils arrivèrent après un mois de voyage. Le P. Ohrwalder y retrouva tout un ramassis de prisonniers des plus extraordinaires. Il y avait là l'Autrichien Slatin Bey, ancien gouverneur du Darfour ; l'Anglais Lupton Bey, pris dans le Bahr-el-Ghazal ; un domestique berlinois, Gustave Klootz, qui avait déserté avant le désastre de Hicks ; des missionnaires et des sœurs, des Eyyptiens, des Grecs, des Syriens et des Coptes. Quelques femmes européennes échappées aux massacres de Kartoum avaient trouvé place dans des harems. L'année suivante, on vit arriver un Allemand original, nommé Neufeld, qui venait au Soudan comme voyageur de commerce ; il y resta.

De temps à autre, on assistait à de grandes parades militaires, puis on apprenait le succès des armes mahdistes, et un chameau promenait triomphalement à travers les rues les têtes des chefs vaincus ; le P. Ohrwalder vit ainsi promener la tête du Négus ; puis toutes ces têtes étaient jetées pêle-mêle dans un puits près du bazar et exposées aux outrages de la foule.

Pendant tant d'années, notre religieux avait eu des fortunes diverses : tout d'abord, on le laissa jouir à El-Obéid de quelque liberté ; les produits de son jardin suffisaient à sa subsistance ; puis, lors de la marche du Mahdi vers Kartoum, il devint l'esclave d'un derviche, auquel il servit de chamelier. A Omdurman, il dut chercher un métier pour vivre, et, après avoir fabriqué du savon avec Lupton comme associé, il apprit à confectionner des rubans. Tous les « blancs » vivaient ensemble dans un quartier spécial, sous la surveillance d'un moqaddem et devaient se présenter au Khalife les jours de fête pour lui offrir leurs hommages. Enfin, en novembre 1891, le P. Ohrwalder parvint à s'enfuir avec deux sœurs. Les fugitifs traversèrent le désert à dos de chameau et arrivèrent en sept jours au puits de Mourat, dans le désert, entre Korosko et Abou-Hamed. Ils avaient parcouru cinq cents milles et se trouvaient désormais sur le territoire égyptien. Lupton était mort ; mort aussi le Berlinois Klootz, en cherchant à s'enfuir vers l'Abyssinie. Beaucoup de Syriens, Grecs, Egyptiens ou Coptes avaient disparu, morts ou en fuite. Parmi ceux qui restaient encore à Omdurman, Slatin et Neufeld, ce dernier s'y employait à la fabrication de la poudre.

La capitale du madhisme est Omdurman, sur le Nil blanc, en face de Kartoum, qui n'est plus qu'un monceau de ruines. La ville se compose de maisons en boue ou de paillottes, dominées par la haute coupole qui recouvre le tombeau du Mahdi. Elle contient cent cinquante mille habitants environ, appartenant à toutes les races soudanaises.

Le Khalife Abdullah a maintenant quarante-trois ans. Le P. Ohrwalder le dépeint comme intelligent et énergique, s'occupant avec soin des affaires, mais défiant et dénué de toute éducation : il ne sait ni lire ni écrire. La vie dissolue qu'il mène a entièrement ruiné sa santé. Pour organiser ses Etats, il s'est écarté des formes purement religieuses adoptées par le Mahdi et tend à se servir des procédés administratifs introduits au Soudan par les Egyptiens. En outre de la contrée d'Omdurman, il a divisé ses territoires en neuf provinces, gouvernées par des émirs, investis du commandement suprême, à la fois civil et militaire. C'est à eux qu'appartient de désigner le chef des services financier et judiciaire, l'émin beit-et-mal et le cadi de la province. Les émirs doivent compte au Khalife de leur administration et sont souvent appelés dans ce but à Omdurman ; les beits-el-mal et les cadis provinciaux relèvent de l'émin beit-et-mal et du grand cadi de la capitale, nommé par le Khalife. Le beit-el-mal reçoit le butin pris à la guerre en céréales ou en esclaves, et le produit des impôts, à savoir la dîme et la zeka ou taxe de 2 1/2 0/0 en faveur des pauvres. Il a le monopole de la fabrication du savon et du commerce de la gomme et des plumes d'autruche. Le commerce se fait par Berber, vers Souakim ou Korosko et Assouan, depuis la réouverture des relations commerciales entre le Soudan et l'Egypte. Le beit-el-mal d'Omdurman contient également une monnaie et une imprimerie pour les proclamations du Khalife.

L'état économique du pays est lamentable : depuis 1889, les beits-el-mal, qui se remplissaient surtout du butin fait à la guerre, ont commencé à se vider. D'autre part, en 1888, il n'y eut pas de pluies et la récolte fut nulle. Les guerres continuelles avaient empêché la culture, et les derviches s'étaient mis à ravager les rives du Nil blanc, qui avaient suffi jusqu'alors à nourrir le Soudan... Il en résulta, en 1889, une épouvantable famine ; le blé et la doura (sorgho) montèrent à des prix fantastiques ; la mortalité fut énorme. Les années suivantes furent également mauvaises : les sauterelles et les rats dévastèrent les plantations. En outre, les guerres avaient détruit la plupart des chameaux et des bœufs ; une épizootie consomma le désastre en 1889 ; il n'y a plus guère au Soudan, en fait de bétail, que des moutons, des chèvres et des ânes. Le commerce est presque nul ; les routes ne sont pas sûres, car la misère a développé le brigandage ; enfin le beit-el-mal vient de mettre sur les marchandises une taxe de 10 0/0 en sus de la zeka ; et cette taxe est exigée deux fois — à Berber et à Omdurman

— pour les marchandises importées, ce qui équivaut à un droit de douane de 25 0/0 *ad valorem*. Dans ces conditions, le commerce extérieur est très faible : les importations portent principalement sur les tissus de coton, les parfums, les produits pharmaceutiques, le riz, le sucre et les fruits secs. Le commerce intérieur, qui se borne à l'échange des produits naturels des diverses provinces, est plus actif : Omdurman en est le grand marché.

Le pays n'est pas moins troublé au point de vue politique : le mahdisme avait d'abord été adopté au Soudan avec beaucoup d'enthousiasme. Le fanatisme religieux d'une part ; de l'autre, les exactions des autorités égyptiennes et les intérêts lésés par la suppression de la traite des esclaves avaient soulevé l'ensemble de la population. La mort du Mahdi porta le premier coup au mahdisme : le mouvement religieux s'affaiblit ; on commença à douter du prophète et de la réalité de sa mission. Puis le gouvernement du Khalife s'exerça par la terreur : Abdullah fit venir des plaines et des forêts du sud-est entre le Nil blanc et le Bahr-el-Ghazal, la tribu des Arabes baggaras, à laquelle il appartenait ; il leur distribua les meilleures terres tout le long du Nil en les chargeant de maintenir dans la soumission les populations au milieu desquelles il les établissait. Les émirs des provinces furent également choisis parmi les Baggaras. Race active, entreprenante, endurcie par une vie de travail et de misères, les Baggaras traitèrent en vaincus les indigènes ou Oulad Belad amollis, avec lesquels ils se trouvaient en contact. Il en résulta un antagonisme très vif, qui se serait déjà traduit par un soulèvement général, si Abdullah n'avait eu le soin de détruire de prime abord tout l'ancien groupement des Soudanais par tribus. A Omdurman même, les membres de la famille du Mahdi, les aschraf (plur. de chérif), conspirent ouvertement contre le Khalife ; et ce sera probablement de ce côté, s'il ne leur vient du Caire, que les mécontents chercheront quelque jour, à la fois un chef et un mot d'ordre. Par-dessus le marché, la poudre commence à se faire rare ; le Khalife a désarmé ses troupes de leurs fusils par mesure de prudence, et les Baggaras, fort désunis entre eux, se mettent à regretter leur pays d'origine.

Dans ces conditions, le Soudan, ruiné par la diminution des cultures et du bétail, affaibli par des dissensions intestines, ne peut plus être considéré comme un danger pour l'Egypte ; et les Anglo-Egyptiens feraient œuvre d'humanité en cessant d'accréditer une légende inutile, et dont le seul résultat sera de prolonger un peu plus longtemps la misère des anciennes provinces égyptiennes.

MAROC

Les affaires du Maroc ont donné quelque inquiétude à l'Europe ces temps-ci. L'Angleterre a commencé par protester bien haut contre l'assassinat, à Tanger, d'un individu originaire de Gibraltar, le nommé Trinidad, et a demandé au gouvernement chérifien une indemnité ; l'indemnité ne venant pas assez vite, le chargé d'affaires britannique a adressé un ultimatum au Maroc et l'on a failli voir le moment où l'Angleterre partirait en guerre : il n'était question de rien moins dans la presse que de faire croiser l'escadre dans les eaux de Tanger. L'indemnité a fini par arriver et par être payée, mais déjà l'Angleterre avait donné un nouveau sujet d'émoi : le jour même où l'interprète de la légation, M. de Vismes de Ponthieu, revenait à Tanger d'une mission à Fez, lord Rosebery chargeait d'une mission spéciale dans l'Empire chérifien, en remplacement de sir Charles Euan Smith, un colonel, sir West Ridgeway, particulièrement connu pour la part qu'il avait prise jadis au règlement des affaires de la frontière afghane : sir West devait, disait-on, reprendre les négociations pour un traité, exactement au même point où les avait laissées son prédécesseur et s'efforcer de les mener à bon terme, mission qui n'était guère rassurante pour l'Europe, pour peu qu'on se souvienne des avantages politiques immenses que l'Angleterre avait prétendu obtenir à côté des nombreux avantages commerciaux. Des protestations se sont fait entendre de toutes parts, notamment en Espagne et en France contre cette politique : il ne paraît pas que l'Angleterre en doive faire grand cas. Tout ce qu'on sait, c'est que sir West Ridgeway, en se rendant à Tanger, s'est arrêté plusieurs jours à Madrid : il y a eu une longue entrevue avec le ministre des affaires étrangères ; quant à dire ce qui s'y est passé, cela est impossible, car, tandis que les officieux britanniques prétendent qu'il s'agissait d'une simple visite de politesse, quelques journaux espagnols ont laissé entendre que sir West aurait cherché à calmer les susceptibilités de l'Espagne en lui offrant une action commune, à laquelle, d'ailleurs, le marquis de la Vega de Armijo se serait refusé, déclarant que son gouvernement ne désire que le maintien du *statu quo* et qu'il n'a aucune raison d'accentuer en ce moment sa politique.

ETAT INDÉPENDANT DU CONGO

Les expéditions en cours. — Nous avions annoncé récemment que de mauvaises nouvelles avaient été reçues des deux expéditions anti-esclavagistes du lac Tanganjka, commandées par les capitaines Jacques et Joubert, et que l'on se hâtait à Bruxelles de leur envoyer des secours ; cette expédition n'est pas partie encore, mais comme on a appris que le capitaine Long, qui leur avait été adressé il y a quelques mois et avait dû demeurer assez longtemps à Tabora, dans l'Afrique orientale allemande, est arrivé à bon port et a pu les ravitailler, leur situation doit être aujourd'hui un peu moins critique. On n'en travaille pas moins ardemment à leur envoyer les renforts nécessaires.

La situation dans les territoires orientaux de l'Etat est d'ailleurs assez mauvaise. Sans doute, le capitaine Dhanis qui commande dans la région du Lomami a pu établir sur cette rivière une série de postes pour empêcher le passage des Arabes esclavagistes et il a pris l'offensive contre un de leurs chefs, Munié-Moharra, mais il paraîtrait que les Arabes des Stanley-Falls, qui s'étaient montrés assez calmes depuis les graves événements de cet été, l'assassinat de Hodister et de ses compagnons et les soulèvements du Haut-Fleuve, commenceraient à s'agiter et que l'on ne serait pas sans craintes sur le maintien de l'ordre dans ces vastes territoires.

Quant à l'expédition Van Kerkhoven, on n'en a pas de nouvelles fraîches et on continue à croire qu'elle est à Lado, sur le Nil, au nord de Ouadelaï et des anciennes provinces d'Emin. La presse anglaise et le *Times* notamment se sont très sérieusement inquiétés de sa présence dans ces parages : le journal de la Cité a fait à ce propos plusieurs charges à fond contre l'état du Congo, invitant le gouvernement britannique à exécuter sans retard le traité anglo-allemand du 1er juillet 1890, qui étend la sphère d'influence anglaise depuis l'Ouganda jusqu'aux frontières de l'Egypte, et réclamant l'occupation immédiate d'une partie au moins de ces territoires. Il ne paraît pas jusqu'ici, cependant, que lord Rosebery ait tenu compte de ces exhortations : on ne saurait douter d'ailleurs que, conformément à une expression du *Times*, l'Angleterre se soit décidée à « agir dans le territoire occupé nouvellement par les Congolais, uniquement suivant ses propres intérêts ».

Les finances du Congo. — Le *Bulletin Officiel* de l'Etat indépendant du Congo a publié un décret fixant les dépenses ordinaires de l'Etat pour l'année 1893 à 5,410,681 francs ; les recettes (provenant des taxes d'enregistrement, vente et location de terre, coupes d'arbres, droits de sortie et d'entrée, impositions directes et personnelles, péages, taxe sur les coupes des bois, produit des postes, taxes maritimes, recettes judiciaires, droits de chancellerie, transferts, taxes sur le portage, patente spéciale due par les Arabes, produits du domaine, des tributs et impôts payés en nature par les indigènes) sont évaluées à 2,540,183 francs, soit un déficit de 2,900,498 francs, comblé par l'avance de deux millions de francs faite par le Trésor belge et un versement de 900,498 francs fait par le Roi-Souverain. Une note constate que dans les prévisions des recettes, les produits du domaine figurent pour une somme notablement inférieure au rendement de 1892, parce qu'il y a lieu de prévoir une sérieuse diminution de recettes de ce chef, par suite du décret du 30 octobre « qui abandonne exclusivement aux particuliers l'exploitation du caoutchouc dans la majeure partie de l'Etat ».

— M. Camille Janssen, gouverneur général honoraire, secrétaire d'Etat des finances, a remis la démission de ses fonctions au Roi-Souverain. Cette démission a été acceptée. M. van Etvelde, secrétaire d'Etat à l'intérieur, remplira, outre ses fonctions, l'intérim des finances.

POSSESSIONS ANGLAISES

Afrique orientale anglaise. — *Ouganda*. Le 23 janvier, à la Chambre des députés, M. le prince d'Arenberg a adressé au ministre des affaires étrangères une question, dont il a brièvement exposé l'objet en ces termes.

Au mois de janvier de l'an dernier, des massacres ont eu lieu dans l'Ouganda. Quatorze missionnaires français qui s'y trouvaient ont échappé à la mort, mais toutes les propriétés ont été pillées et cinq d'entre eux ont été emprisonnés pendant six semaines, puis relâchés dans le plus complet dénuement. Il me semble que, dans ces conditions, ces Français ont droit à une indemnité du gouvernement anglais. (Très bien ! très-bien !)

Leurs propriétés consistaient en six stations comprenant des écoles, des orphelinats, sans parler des oratoires et des églises. Elles leur avait coûté assez cher à établir, en sorte que le chiffre des indemnités auxquelles ils ont droit est assez élevé. A combien faut-il l'évaluer? Je serais embarrassé pour le dire : mais, si les Anglais traitaient les autres comme ils veulent que leurs nationaux soient traités, nous aurions un précédent à invoquer. Il y avait, en 1883, à Madagascar, un pharmacien qui était aussi missionnaire, ou un missionnaire qui était aussi pharmacien, je ne sais laquelle des deux qualifications primait l'autre. (On rit.)

Il fut accusé d'un des plus grands crimes, d'avoir voulu empoisonner nos troupes. On l'arrêta. Il passa six semaines sur un bâtiment français, où il fut aussi bien logé et aussi bien nourri que le comportaient les règlements. Savez-vous ce que le gouvernement anglais demanda comme indemnité en sa faveur? 25,000 fr. Et le gouvernement français a, quatre mois après, payé ces 25.000 fr. Eh bien ! il y a plus d'un an que nos compatriotes ont été pillés, saccagés, et, jusqu'à l'heure actuelle, ils n'ont absolument rien touché.

M. DE MAHY : Cependant ils n'avaient empoisonné personne.

M. LE PRINCE D'ARENBERG : M. Ribot a bien voulu me dire que le gouvernement anglais reconnaissait le principe de l'indemnité. C'est quelque chose ; mais un peu de réalité ferait beaucoup mieux notre affaire. (Très bien ! très bien!)

Je demande au gouvernement de ne pas perdre de vue cette question. Les Anglais ont raison de protéger leurs nationaux et de se montrer exigeants en ce qui les concerne ; ils ne peuvent pas trouver mauvais que nous fassions de même pour les nôtres. J'ai ferme confiance dans le gouvernement de la République et dans M. le ministre des affaires étrangères. J'espère qu'il obtiendra les indemnités qui sont légitimement dues à nos nationaux. (Applaudissements.)

M. Develle, ministre des affaires étrangères, a répondu :

Fidèle aux engagements qui avaient été pris devant la Chambre par mon honorable prédécesseur, M. Ribot, le gouvernement français, soucieux tout autant que peut l'être le gouvernement anglais de la protection due à ses nationaux, a pris en main la cause des missionnaires d'Afrique (très bien ! très bien!) et s'est attaché à défendre les intérêts des Français dont les établissements ont été saccagés au cours des scènes de carnage qui ont soulevé l'indignation du monde civilisé. (Très bien ! très bien !)

J'ai la satisfaction d'apprendre à la Chambre que le gouvernement anglais nous a donné l'assurance que, si une enquête approfondie établissait des faits de nature à donner lieu, d'après les principes du droit des gens, à une réparation pour les pertes subies par des citoyens français et dont ceux-ci n'auraient pas été indemnisés par la Compagnie (Est Africa Company), le gouvernement de la reine n'hésiterait pas à s'acquitter de ses obligations à cet égard. L'enquête se poursuit ; nous avons lieu d'espérer qu'elle ne se prolongera pas trop longtemps...

M. DE MAHY: Le bon billet !

M. LE MINISTRE : ... et nous en attendons les résultats. (Très bien ! très bien !)

M. DE MAHY: En attendant, ils ont pris le pays qui était à nous.

M. le prince d'Arenberg a remercié le ministre de sa réponse. Il lui a fait remarquer, toutefois, que les évènements qu'il venait de rappeler dataient de plus d'un an et que, si l'enquête du gouvernement anglais durait un temps égal, les indemnités dues s'accroîtraient d'un chiffre assez élevé d'intérêts à ajouter au capital.

Afrique australe. — *Transvaal.* Le 1ᵉʳ janvier a été inaugurée la ligne de chemin de fer mettant en relations directes le Cap avec Prétoria, la capitale du Transvaal. C'est l'aboutissement des efforts de toute la politique britannique durant ces dernières années : mais il se trouve que des évènements imprévus peuvent encore se produire, capables de donner de nouvelles difficultés aux colonies anglaises. Le président Kruger, qui avait prêté la main, ces derniers mois, aux ambitions des amis de la future Fédération sud-africaine et avait contribué pour beaucoup à faire sortir la République du prudent isolement volontaire où elle se tenait depuis tant d'années, était soumis, ces temps-ci, à la réélection, et, d'après les dépêches du Cap, son succès, qui paraissait certain d'abord, serait devenu assez problématique ; le général Joubert, son concurrent, le serrerait de fort près et il n'est pas certain que, si ce dernier est élu, il suive la même politique qu'avait inaugurée récemment son prédécesseur.

Lagos. — On se souvient des démêlés que la colonie de Lagos a eus l'an dernier avec les Egbas, qui prétendaient empêcher les traitants anglais de traverser leur pays pour commercer avec la population de l'intérieur : à la suite de négociations infructueuses, une expédition fut envoyée contre les Egbas, et, en quelques semaines, elle s'empara d'Abeokouta, leur capitale. Mais, à peine était-elle de retour à la côte que les Egbas, un moment soumis, se remirent à couper les routes : en conséquence, le gouverneur de Lagos, M. Carter, vient de se rendre en personne dans la capitale des Egbas ; il a été très bien reçu, mais on annonce que les Egbas ont refusé de signer le traité formel qui leur était soumis et d'accepter un résident anglais. Ils ont signé toutefois un arrangement dans lequel ils affirment leur amitié pour le gouvernement anglais, et promettent de se mettre en rapports directs avec le gouvernement dans le cas où une difficulté se présenterait.

Voici les articles publiés de ce traité :

Les chefs principaux des Egbas déclarent que la paix et l'amitié existent désormais entre les sujets de la reine Victoria et la nation des Egbas. Si un malentendu quelconque venait à surgir, il en serait référé au gouvernement britannique. Le commerce entre la colonie de Lagos et le pays des Egbas est déclaré, dès ce jour, entièrement libre, et comme la fermeture arbitraire des routes lui porte un sérieux préjudice, le roi et les autorités principales déclarent qu'à l'avenir aucune ne pourra être fermée sans la permission préalable du gouverneur de Lagos.

Le roi et les autorités principales s'engagent à encourager par tous les moyens le commerce dans les pays voisins et à protéger et aider de toutes manières les négociants.

Le roi et les autorités locales déclarent autoriser tout sujet britannique à acheter des terrains, bâtir des habitations, faire le commerce, se livrer à la fabrication dans n'importe quelle partie du pays des Egbas.

Les Egbas s'engagent également à ne céder aucune partie de leur territoire à des puissances étrangères : en revanche, l'Angleterre prend l'engagement de ne point chercher à annexer leur pays contre la volonté du roi et des autorités principales.

Sierra-Leone. — Le président de la chambre de commerce de Manchester a adressé la lettre suivante au marquis de Ripon, secrétaire d'Etat pour les colonies :

Le comité de la section africaine me prie de porter à votre connaissance que ses membres ont discuté pendant longtemps les moyens de développer les ressources commerciales de la colonie de Sierra-Leone et de relier la ville de Freetown avec le « Hinterland » de la colonie et avec les territoires environnants. Après avoir mûrement considéré cette question, ils sont unanimes à conclure qu'il est impossible d'espérer des progrès rapides, en l'absence de chemins de fer. Je saisis donc cette occasion de vous exprimer respectueusement notre désir qu'une étude des pays entre Freetown et Talaba soit officiellement ordonnée en vue de juger de la possibilité de la construction d'un chemin de fer à voie étroite. Nous serions désireux également que, le cas échéant, vous voulussiez bien conférer avec le gouvernement de Sierra-Leone, afin de savoir si, dans le cas où la construction d'un chemin de fer serait jugée possible et utile, la colonie s'engagerait à garantir 3 0/0 sur les débours nécessaires.

On voit que, d'après ce projet, il ne s'agit de rien moins que de nous enlever tout le commerce de la région située entre le Haut-Niger et la côte ; le gouvernement suivra sans doute cette affaire avec toute l'attention qu'elle mérite.

POSSESSIONS ALLEMANDES

Afrique orientale. — Les troupes de police ont eu un nouvel engagement avec les Wahéhés, ces tribus du sud-est de la colonie qui ont infligé l'an dernier une si cruelle défaite au lieutenant de Zelewski ; mais cette fois l'avantage a été du côté du contingent colonial , commandé par le médecin Arning, qui avec 36 hommes, a mis en déroute 2.000 sauvages et, au moyen de feux de salve, en a tué un grand nombre. Au reste les nouvelles de la colonie sont généralement bonnes : le sultan Sikké, de l'Ounyayembé, aux environs de Tabora, avec lequel les Allemands avaient eu ces derniers temps de graves difficultés et contre lequel il avait fallu diriger une petite expédition, s'est soumis et a signé un traité de protectorat : il se reconnaît sujet de l'empereur Guillaume, dont le drapeau flottera dorénavant sur sa demeure, s'engage à ne plus faire la guerre sans la permission des autorités allemandes, et promet aide et secours aux caravanes qu'il avait beaucoup plus l'habitude de piller jusqu'ici. Au Nord, de même, le calme se rétablit peu à peu sur la frontière anglo-allemande et dans le pays des Moshis qui s'étaient soulevés l'été dernier, sous l'impulsion, dit-on, des missionnaires anglais du voisinage ; la commission de délimitation de la frontière a continué son travail et les missionnaires britanniques, après accord, ont évacué le territoire allemand ; cette commission, où siège le Dr Peters, comme délégué allemand, ne rencontre pas de graves difficultés et s'entend bien.

De toutes les expéditions en cours vers l'intérieur celle qui, jusqu'ici, a le mieux réussi est celle du

Dr Baumann : ayant quitté le lac Victoria-Nyanza au commencement d'août, il s'est dirigé vers l'Ouest et a atteint, à travers les régions visitées par Stuhlmann et Emin-Pacha, la frontière commune aux sphères d'influence de l'Allemagne et de l'Etat du Congo. Se tenant alors à proximité de cette frontière, il a pris la direction du Sud ; il a parcouru le pays d'Ouroundi, sur lequel nous avons eu peu de renseignements depuis le voyage de Stanley à la recherche de Livingstone et qui est en possession du traitant Roumaliza. Ayant gagné la pointe septentrionale du lac Tanganyika, Baumann en a suivi la rive orientale et a enfin rejoint Tabora, d'où il ne tardera pas à venir à la côte. Le comte Schweinitz, vient de passer deux mois au lac Victoria et il a pu, grâce à des canots établis par l'expédition du baron Fischer, parcourir tout le lac et ses côtes, eu dresser la carte et en reconnaître les abords ; il estime que, contrairement aux avis donnés jadis, il y a du bois en quantité suffisante dans la région pour la construction et pour alimenter la machine d'un steamer. Le correspondant du *Berliner Tagblatt*, M. Eugène Wolff, qui avait entrepris une expédition, est arrivé lui aussi sur le lac et compte se diriger vers l'Ouganda. Enfin, on a de bonnes nouvelles de l'expédition Wissmann qui, comme on sait, a passé par le Zambèze pour monter sur le Tanganyika des canonnières ; seulement le transport à bras des bateaux démontés par la route qui contourne les rapides du Shiré, présente, parait-il, d'extrêmes difficultés ; les Anglais pourtant ont su les surmonter et une canonnière battant pavillon britannique ne tardera pas à naviguer sur le Tanganyika ; elle aura pris l'avance sur celle de M. de Wissmann.

— L'ingénieur Wunder et deux assistants partiront sous peu pour Tanga, où ils vont se livrer aux travaux préparatoires pour la construction de la voie ferrée de Tanga à Korogoué.

Cameroun. — L'explorateur du Cameroun bien connu, le docteur Zintgraff, a fait savoir à l'Office colonial qu'il quittait le service de l'empire. Il avait eu avec le gouverneur de la colonie de graves démêlés, l'accusant d'avoir entravé sa politique et de l'avoir obligé, par sa parcimonie, de demeurer immobile dans la station de Baliburg sans pouvoir aller plus loin dans l'intérieur ; le gouvernement a donné raison à son représentant et le docteur Zintgraff a démissionné. Cette retraite a causé une vive émotion dans les cercles coloniaux d'Allemagne qui reconnaissent la haute valeur de l'explorateur. Le Dr Zintgraff est, en effet, un des hommes qui, par ses beaux voyages, avaient le plus fait pour la colonie et son développement vers l'intérieur.

Statistique des colonies allemandes. — Mouvement commercial pour Togo en 1890-91 :

Importations....	1.156.326 marcs
Exportations....	1.650.000 —

En 1891-92

Importations....	2.064.380 marcs
Exportations....	2.881.034 —

Mouvement commercial au Cameroun :

Pour 1890-91

Importations....	4.000.000 marcs
Exportations....	Néant

Pour 1891-92

Importations.... 4.547.059 marcs
Exportations.... 4.306.625 —

Se subdivisant pour l'importation en 45 0/0 en cotonnades, 21 0/0 en rhums et genièvres, 11 0/0 en armes et 11 0/0 en poudre, le reste en importations de sel, tabac et verroterie.

Mouvement commercial dans l'Afrique orientale :

Pour l'importation

Première année.. 2.485.162 marcs
Deuxième année. 8.473.147 —
Troisième année. 9.000.843 —

Pour l'exportation

Première année.. 4.270.652 marcs
Deuxième année. 7.523.872 —
Troisième année. 7.482.429 —

POSSESSIONS ITALIENNES

L'Italie joue de malheur avec l'Erythrée. L'année 1891 s'était achevée dans le scandale « des tueries » du fameux lieutenant Livraghi ; les derniers jours de 1892 auront vu s'ouvrir l'ère d'une nouvelle politique qui peut faire courir les plus graves dangers à la domination italienne dans sa jeune colonie africaine. Si les nouvelles parvenues du Massaouah sont exactes, et la parfaite concordance des dépêches reçues jusqu'ici ne permet guère de douter qu'elles ne le soient, la rivalité entre le ras Mangascia, chef du Tigré, et le négus Menelick a pris fin ; le ras Aloula, que sa haine mortelle pour Menelick avait rendu l'ami de Mangascia, a dû s'enfuir dans la montagne avec quelques centaines d'hommes, et les Italiens, qui avaient divisé pour régner, vont se trouver menacés jusque dans le triangle Massaouah-Kéren-Asmara, auquel la prudence de M. di Rudini avait fait modestement limiter l'occupation militaire. Le cabinet de Rome, il est vrai, a toujours laissé croire au public que ses relations avec le négus étaient sinon cordiales, du moins amicales et correctes, et que l'on n'avait rien à craindre du côté de l'Abyssinie ; mais c'étaient là des affirmations fantaisistes auxquelles les événements risquent de donner à bref délai un sanglant démenti.

Quelques efforts que l'on ait tentés à Rome pour dissimuler la véritable situation, les dissentiments entre Menelick et le gouvernement italien ont fini par éclater au grand jour. Aucun homme politique n'ignore aujourd'hui que le traité d'alliance d'Ouccialli a juste la valeur d'un chiffon de papier, que le « roi des rois », comme s'appelle le successeur de Joannès, a été cruellement mortifié du rôle de vassal que l'on prétendait lui faire jouer vis-à-vis du roi Humbert, grâce à une traduction perfide de certains termes du traité, et qu'il a adressé à ce sujet une protestation formelle aux puissances européennes. Loin de se laisser prendre aux avances des messagers de paix qu'on lui a dépêchés de Rome à plusieurs reprises, il s'est hâté de rembourser les avances d'argent qui lui avaient été consenties, et s'est mis en devoir de se préparer à toutes les éventualités. C'est alors que, renonçant à surmonter sa répugnance contre la conclusion d'un nouvel accord, le gouvernement italien résolut de se mettre en garde

contre lui en traitant directement avec les chefs demi-indépendants du Tigré. A la fin de l'année dernière, le général Gandolfi, gouverneur de l'Erythrée, se rencontra sur la rive droite du Mareb avec les ras Mangascia, Aloula et Agos, fixa avec eux la limite de leurs possessions respectives à la ligne du Mareb-Belesa, et leur fit prendre l'engagement écrit « de haïr les ennemis du gouvernement italien et d'aimer ses amis, de respecter l'état de choses actuel, et de ne pas entreprendre le moindre acte qui pût déplaire à l'Italie ». Peu après, au mois de février, on apprit que les hostilités avaient éclaté entre le Tigré et le Choa. On ne pouvait donc douter de la nature des arrangements signés par le général Gandolfi et les ras du Tigré.

Depuis le printemps, on n'avait reçu aucune nouvelle de la guerre d'Abyssinie, et voilà que l'on annonce aujourd'hui que le ras Mangascia s'est soumis publiquement à Menelick. Evidemment, cette réconciliation s'est faite contre l'Italie. Obligé de choisir entre deux ennemis, le négus a préféré s'entendre avec son rival pour rester libre de se retourner au moment propice contre l'étranger envahisseur. Quant à l'arrangement du Mareb, il n'embarrassera guère Mangascia ; le ras se contentera de déclarer qu'il n'avait pas qualité pour traiter et que, par conséquent, ses engagements sont nuls. De toute façon, le gouvernement italien est exposé à une vilaine aventure. Si les desseins de Menelick sont bien tels que le font supposer tous ses actes depuis deux ans, ils réservent à l'Erythrée un avenir terriblement agité.

VARIÉTÉS

UNE RECONNAISSANCE HYDROGRAPHIQUE

Sur le Haut-Niger et le Tinkisso en 1889-90

Dans le courant du mois de décembre 1889 je fus chargé par M. le chef d'escadrons d'artillerie Archinard, commandant supérieur du Soudan français, de reconnaître et d'étudier le cours du Niger, entre Bamako et Siguiri, afin de déterminer la navigabilité pratique de cette partie du fleuve.

Je partis de Bamako le 10 décembre. J'emmenais avec moi un second maître pilote indigène et deux laptots détachés de la canonnière le *Niger* que je commandais, ainsi que cinq tirailleurs fournis par la garnison de Bamako.

Comme instruments, j'avais dû me réduire au strict nécessaire : un sextant et un horizon artificiel, un compteur soigneusement réglé au départ, mais dont malheureusement les marches se montrèrent très irrégulières à cause des secousses occasionnées par le transport, un compas de relèvement, une boussole de topographie, une ligne de sonde et une ligne de loch.

Je ne pouvais compter pour me transporter sur le fleuve que sur les pirogues du pays, machines peu perfectionnées, composées de deux troncs d'arbres évidés et cousus ensemble avec des cordes de da, plante indigène dont la fibre est remarquable par sa résistance à la pourriture.

Avec des moyens aussi rudimentaires je ne pouvais compter sur quelque exactitude dans l'appréciation de la vitesse de ma route qu'en prenant sur son parcours des points de repère bien établis astronomiquement de préférence, ou par une topographie préalable.

Je me décidai, pour ces raisons, à me rendre d'abord par terre à Siguiri. Je ne ferai pas le récit de ce voyage. Nul n'ignore plus ce que sont ces étapes soudanaises à travers les hautes graminées et les arbres clairsemés de la vallée du Niger. La route serait d'ailleurs bonne en général, n'étaient les cours d'eau peu profonds, mais aux berges souvent difficiles qui descendent des monts du Manding pour se déverser dans le fleuve.

Au delà de Kenieroba je dus même faire un détour pour aller chercher un passage facile de l'Amarakoba. Cela me donna l'occasion de voir près de Terekouloubougou un pont indigène en lianes d'une douzaine de mètres de long, le plus beau et le mieux construit de tous ceux que j'ai rencontrés au Soudan.

Forcé de marcher seulement le jour à cause de mes observations topographiques, je ne pouvais, comme on a coutume de le faire, profiter pour voyager de la fraîcheur des heures matinales en me mettant en route vers 3 heures du matin. Ce n'est que vers 5 heures que le jour commençait à être assez clair pour la lecture de la boussole et l'inscription des notes sur mon carnet. Je marchais jusque vers midi et repartais à 3 heures, profitant des trois heures de repos que je m'accordais pour mettre immédiatement au net les minutes de mes croquis et faire une observation de latitude.

Le 17 j'atteignis Siguiri. De nouvelles instructions m'y attendaient : je devais prendre en ce poste vingt tirailleurs en supplément, et, avec la petite troupe qui était ainsi réunie sous mon commandement, visiter les villages riverains du Haut Niger, entre Siguiri et Kouroussa et les rassurer par la présence de nos soldats contre toute agression du chef malinké Samory.

Depuis l'établissement de notre poste de Kouroussa, nombre de villages de la rive droite du fleuve, maltraités, pressurés par les sofas de Samory, avaient abandonné leurs anciens établissements et étaient venus chercher à l'abri du pavillon français la possibilité de se livrer en paix à leurs cultures et à leur commerce, sans courir le risque de se voir pillés par les troupes indisciplinées du prophète noir ou même enlevés et vendus comme captifs.

Samory, au bout de quelques mois seulement, ne possédait plus sur sa rive que les trois villages de Sansando, Dialiba et Babila.

Furieux de cette émigration qu'une bonne politique et le sentiment de ce que nous devions comme nation civilisée à des malheureux paisibles et dignes de tout intérêt nous prescrivaient d'admettre sinon d'encourager, Samory essaya de venir razzier sur nos propres territoires ceux qui avaient fui devant la rapacité et la sauvagerie de ses soldats.

Il prescrivit à Kali et à Diaoulé Karamoko son fils, bien connu en France pour le voyage qu'il y a fait, de passer le fleuve en face de Kangaba et de Kouroussa. Kali ne bougea pas ; Karamoko fit une démonstration en face de notre poste, mais n'attendit pas le second obus envoyé par nos canons pour s'enfuir.

En revanche Seriba, chef sofa qui se trouvait dans le Sankaran sur la rive droite, passa le Niger et, après avoir à peu près complètement détruit Nono, vint s'établir à Nono. Sa puissance ne fut pas de longue durée ; 15 tirailleurs conduits par le sous-lieutenant indigène Biram Faye suffirent pour le chasser de cette place. Vivement poursuivi dans la direction de l'ouest, repoussé par les habitants de Toumanea qui refusèrent de lui fournir des moyens de passage pour franchir le Tinkisso, il ne dut qu'à quelques heures d'avance de ne point être complètement anéanti lui et les siens. Il avait, pour traverser la rivière, tendu une corde d'un, bord à l'autre et les derniers sofas étaient encore suspendus à ce pont improvisé quand nos tirailleurs arrivèrent sur la berge.

Leur premier soin fut naturellement de couper la corde ; 3 ou 400 ennemis étaient déjà passés et une trentaine seulement furent noyés dans les eaux rapides du Tinkisso.

Une grande quantité de captifs faits par Seriba dans les villages de Oulada et du Baleya furent délivrés et rendus à leurs parents aussi étonnés qu'heureux de les retrouver.

C'était à rassurer les émigrés de la rive droite aussi bien que les primitifs possesseurs du sol qu'il m'était prescrit de m'employer, et ma tâche ne fut pas difficile, car depuis les évènements de Nono, ni Samory, ni ses chefs de guerre n'avaient rien tenté contre nos protégés.

J'eus aussi à purger le pays de quelques brigands qui, à la faveur des troubles, avaient commis, parfois en se disant nos envoyés, des vols et des assassinats.

Telle est la crédulité des noirs, que j'eus grand peine à me faire renseigner même par ceux qui avaient été lésés. De peur d'une vengeance ultérieure, malgré mes encouragements, ils refusaient obstinément de se plaindre du mal qui leur avait été fait.

Je dus menacer d'une punition les chefs de village qui ne me préviendraient pas des actes délictueux commis à leur égard ou à celui de leurs administrés. Grâce à ce genre d'enquête assez étrange, je pus m'emparer de quelques coupables qui furent envoyés à Séguiri pour être mis entre les mains de la justice locale.

J'arrivai à Kouroussa le 26 ; le village, autrefois immense, et qui conserve encore une réelle importance, s'étend aux bords du fleuve, au pied d'une petite élévation jadis couverte d'arbres qu'on a dû raser pour établir une redoute qui constitue notre point d'occupation le plus avancé vers l'amont du Niger.

Le fortin construit en briques séchées au soleil a la forme d'un rectangle bastionné. Sur le bastion de gauche en regardant le Niger, on a placé une pièce de 4 de montagne qui commande admirablement le fleuve et la plaine de la rive droite.

A l'intérieur de l'enceinte sont les logements et les magasins. La garnison de tirailleurs habite dans les cases indigènes groupées en village, à une cinquantaine de mètres du poste.

A Kouroussa, le Niger a encore 300 mètres de large ; ses rives sont bordées de beaux arbres. Il y existe un gué praticable en saison sèche et où passe la route du Fouta Djallon au Ouassoulou.

Désireux d'étendre quelque peu en dehors des chemins battus mon exploration hydrographique, j'avais demandé à mon départ de Siguiri l'autorisation de pousser, s'il était possible, mon voyage sur le Niger en dessus de Kouroussa. Le commandant supérieur ne put m'accorder cette permission. En amont de Kouroussa, le Niger coule entre le Firia et le Sankaran, en lutte à ce moment avec Samory. Le roi du Sankaran avait pris la fuite et était venu se réfugier chez nous ; Samory, pour l'instant, faisait le siège de Bantoun, gros village situé à quelque distance du Niger.

Je n'aurai pas pu passer sur le fleuve sans être aperçu de ses sofas et le moins qu'il eût pu m'arriver eût été d'être forcé de me rendre auprès de l'Almany. Je ne crois pas qu'il m'eût causé rien de fâcheux, mais j'aurais été entre ses mains un trop précieux otage pour qu'il ne cherchât pas à me conserver auprès de lui. Dans ces conditions une visite de politesse eût pu durer longtemps et l'exemple de Mage à Segou, gardé trois ans par Ahmadou Cheikou, était de nature à faire réfléchir. Le commandant supérieur était donc prudent en m'interdisant d'aller plus loin et d'ailleurs, il me donna, comme je vais le dire, une compensation digne, ainsi que me l'écrivait le capitaine Besançon, commandant de Séguiri de diminuer mes regrets.

Il me prescrivait en effet de remonter le Tinkisso et en faisant une hydrographie rapide jusqu'au point où cette rivière sort du territoire du Fouta-Djallon et me laissait toute latitude sur les moyens à employer, sous réserve de ne pas engager de relations avec le Dinguiray où commandait Aguibou, frère d'Amadou.

Je repartis immédiatement de Kouroussa, n'ayant pris que le temps de faire quelques observations astronomiques. Mon escorte de tirailleurs suivait par la rive gauche en reprenant le chemin déjà parcouru, tandis qu'avec mes laptots je levai le cours du fleuve.

Je ne m'étais point trompé sur les difficultés que devait présenter une hydrographie en pirogue. Il me fut impossible de me servir du loch, et mon compas de relèvement, affolé par les brusques secousses de l'embarcation, ne me servit de rien. C'est avec la boussole de topographie fixée sur le couvercle d'une de mes malles et soigneusement orientée que je dus faire mon levé.

Sauf un barrage de roches situé à 1 kilom. 1/2 en dessous de Kouroussa, le Niger ne présente aucun danger entre ce point et Siguiri. Le fond est à peu près partout de sable et les quelques écueils qu'on y rencontre sont des plus faciles à éviter. Malheureusement, comme tous les cours d'eau de la région, le Niger ne conserve pendant la saison sèche que très peu d'eau, environ 30 centimètres sur certains points. De décembre à juillet, ce n'est qu'avec des pirogues, des chalands plats ou des bateaux à vapeur spécialement construits et de peu de calage que le commerce pourra l'utiliser pour ses transports.

Pendant quatre mois, en revanche, à l'époque de la crue, des bâtiments de fort tonnage pourront naviguer sur ce fleuve.

Le Niger reçoit sur sa rive gauche le Tinkisso dont j'aurai à reparler et le Nienou qui vient se jeter près de Nora et, sur sa rive droite, le Sankaranko, grande rivière navigable jusqu'à Balan pendant l'hivernage et le Milo dont l'embouchure a plus de 400 mètres de large et que l'on peut remonter toute l'année en pirogues au moins jusqu'à l'important village de Kankan.

Dès son confluent avec le Sankaranko, le Niger atteint une largeur moyenne de 500 mètres et forme de nombreuses îles dont quelques unes sont recouvertes au moment de la plus grande crue.

J'ai dit que trois villages restaient seulement sur la rive droite. Ils sont au contraire très nombreux sur la rive gauche. Les populations riveraines sont surtout composées de Malinkés avec quelques Dialloukés et Marcas.

On rencontre en outre de nombreux Somonos pêcheurs et des Bozos chasseurs d'hippopotames analogues à leurs congénères du Niger, en dessous de Bamako, et comme eux parlant une langue spéciale qui tient un peu du Soninké. Ils emploient pour tuer l'hippopotame un poison nommé « soubakha mouso » (littéralement, sorcière) et qui paraît analogue au kouna des Bambaras du Baninko et du Miniankala. La plante appelée kouna entre d'ailleurs dans sa composition.

Le 3 janvier, j'atteignis Siguiri dans la matinée ; je passai la journée et le lendemain à préparer mon voyage dans le Tinkisso.

Jusqu'au village de Kereouané, la rivière était connue des Somonos de Siguiri ; au delà, de mémoire de nègre, personne ne l'avait jamais suivie en pirogue.

Même lorsque des villages, ruinés depuis, existaient à proximité de ses rives, les noirs ne s'étaient jamais servis de pirogues que pour opérer les traversées d'un bord à l'autre. Jamais ils ne l'avaient utilisée pour faire communiquer leurs territoires avec le Niger. Mille légendes existaient sur les Djinés du Tinkisso, esprits malfaisants dont nous aurions à souffrir en route et dont les moindres méfaits devaient être d'éteindre nos feux et de renverser nos marmites.

Ce qui était certain, c'est que je ne pouvais songer à transporter par eau tout mon détachement et ses vivres, pas plus d'ailleurs qu'à le faire suivre, parallèlement à la rivière, un chemin qu'il eût fallu tracer à travers une végétation vierge, sans points de repère où nous soyons sûrs de pouvoir nous donner rendez-vous pour nous retrouver la journée finie.

J'abandonnai à Siguiri les vingt tirailleurs de ce poste et c'est avec le détachement de Bamako que je partis le 4 avec trois pirogues montées par les Samonos du pays.

Le Tinkisso, dont le vrai nom indigène est Bafin, se jette dans le Niger près du village de Tiguiberi, à 5 kilomètres de notre poste de Siguiri. A son embouchure il a, même en saison sèche, 250 mètres de large, et son cours profond et bien dégagé se maintient navigable en toute saison jusqu'à Krounian.

Nous possédons sur ses bords les six villages de Nientakhoto, Ouara, Medina, Kamakhan, Krounian et Kereouane.

Le 8, je quittai ce dernier village où passe une très importante route de caravane ; dès lors j'entrais dans l'inconnu.

En dessus de Krounian, le Tinkisso se rétrécit un peu et son fond diminue ; en même temps les barrages de cailloux deviennent plus nombreux ne laissant en saison sèche que d'étroits passages.

Les rives sont couvertes d'assez beaux arbres dont la verdure est entretenue par l'eau qui baigne leurs pieds. Au delà de cette bordure verdoyante, une plaine inondée en hivernage couverte de hautes herbes s'étend jusqu'aux premières ondulations du sol, parfois rapprochées jusqu'à tomber à pic dans le Tinkisso, parfois distantes d'une dizaine de kilomètres.

Les roniers sont très abondants, et l'on voit des traces fréquentes d'éléphants qui viennent chercher à leurs pieds les noix dont ils sont très friands.

La faune est d'une incomparable richesse ; on rencontre fréquemment de nombreux troupeaux d'antilopes de diverses espèces, et l'air est troublé pendant la nuit des rugissements des fauves.

Mais les hippopotames surtout pullulent dans la rivière. C'est par troupeaux de cinquante qu'on rencontre ces énormes amphibies.

Ils ne sont dangereux d'ailleurs sur le Tinkisso qu'à l'époque du rut où ils se précipitent volontiers sur les pirogues, pensant voir un de leurs congénères. Leur curiosité est pourtant fâcheuse, et j'eus une de mes embarcations à demi remplie et chavirée par le coup de tête que lui donna en remontant à la surface un monstrueux hippopotame.

Quelques chasseurs du Bouré et du Dinguiray seuls s'égarent jusqu'aux bords de la rivière pour les chasser. Ils emploient le fusil, et, cachés derrière les arbres des rives, ils tirent presque à bout portant sur la bête lorsqu'elle veut atterrir.

Souvent d'ailleurs, l'animal coulant au fond ou étant entraîné par le courant, ils perdent le fruit de leurs peines.

Le lit du Tinkisso est tellement sinueux que la navigation en est fort longue ; souvent après dix à douze heures de pirogue je n'avais pas fait plus de 15 kil. en suivant la ligne directe.

Le 14, j'atteignis l'embouchure du Bania dont le confluent avec le Tinkisso forme un port naturel bien abrité et l'un des points les plus pittoresques qu'il m'ait été donné de voir au Soudan.

Mes provisions — une partie avait été perdue— diminuaient rapidement ; ne pouvant, vu le manque de temps, recourir souvent à la chasse, je fus réduit à employer la viande d'hippopotame fumé dont un chasseur, rencontré sur la rive un peu au delà de Kerouane, m'avait fait cadeau.

Cette venaison peu fraîche et fumée constitue bien le plus détestable repal qu'il se puisse imaginer. J'aspirais avidement au moment où il me serait possible d'avoir des vivres frais, mais ce ne fut que le 17 que nous vîmes reparaître les indices certains de la proximité des lieux habités.

C'étaient des casiers à poisson formés d'une cage cylindrique en lattes de bambous dans laquelle on a ménagé une ouverture que peut fermer une porte à coulisse chargée d'une pierre et maintenue par un très léger obstacle que la moindre secousse suffit à rompre.

Les coups de queue du poisson qui a pénétré dans la cage décrochent la porte qui se referme sur l'animal, en glissant de haut en bas et le maintient prisonnier jusqu'au moment où le pêcheur vient ramasser sa capture.

Le 18, vers 3 heures de l'après-midi, nous apercevions une caravane en train de traverser à gué le Tinkisso et apprenions que sur notre gauche était le village de Sacoya d'où elle venait se rendant à Dinguiray distant seulement de trois heures de marche.

Sacoya est un village de sarracolets, sujets d'Aguibou, anciens colporteurs pour la plupart, qui sont venus, il n'y a que quelques années, fonder un établissement dans la fertile vallée de Tinkisso.

J'étais fort perplexe, car j'avais, comme on l'a lu, reçu ordre d'éviter toute relation avec le chef Toucouleur de Dinguiray. D'autre part, il me fallait faire des vivres, d'autant que les sinuosités du Tinkisso ne me permettaient pas de me prononcer avec certitude sur la durée du restant de ma navigation.

Je me décidai à envoyer vers le chef de Sacoya mon second maître pilote Birama qui me servait d'interprète.

Birama est un Ouassoulounke élevé par les saracolets du Sénégal chez lesquels il avait été amené esclave et qui est entré comme laptot dans la marine de guerre où il sert depuis une douzaine d'années.

Sans vouloir profiter de la liberté qu'il acquérait en venant parmi nous, il s'est racheté par son travail, envoyant tous les ans à ses anciens maîtres une partie de sa solde convertie en pièces d'étoffe.

Il parle avec une égale pureté la plupart des langues nègres du Soudan et ferait un très bon interprète, s'il s'exprimait en un français un peu plus correct. Il est vrai que, l'ayant gardé trois ans auprès de moi il s'était formé entre nous un jargon avec lequel nous arrivions à très bien saisir notre pensée.

Birama se donna aux Saracolets de Sacoya comme un des leurs et non des moindres, car je le vis revenir au bout d'une heure suivi du chef de Sacoya et d'une foule d'habitants lui faisant fête.

Il avait dû dans ses conversations donner une haute idée de ma position sociale, car le chef se répandit en louanges hyperboliques et en flatteries qui me laissaient à peine contenir une violente envie de rire, tandis que mon Birama, d'une gravité à la hauteur des circonstances, me les traduisait en son meilleur français.

Ce qui m'était plus agréable, c'est la quantité de vivres que le chef de Sacoya m'apportait : moutons, œufs, volailles, riz, beurre etc... Nous eûmes bientôt de quoi nourrir un bataillon.

Je récompensai de mon mieux les braves gens de Sacoya, et le lendemain, sans attendre qu'Aguibou, prévenu, m'eut envoyé des messagers, je quittai Sacoya ravitaillé comme pour un voyage de circumnavigation.

Un peu au delà de Sacoya, le Tinkisso reçoit le Bouga sur sa rive gauche. Cet affluent qui sort du massif du Fouta Djallon coule entre la rivière et le Bafing, un des deux cours d'eau dont la réunion va former le Sénégal.

En amont de l'embouchure du Bouga, le Tinkisso se rétrécit jusqu'à ne plus présenter qu'une largeur d'une trentaine de mètres et conserve tout juste assez d'eau à la fin de janvier pour donner passage aux pirogues.

Enfin le 21, j'étais arrêté par une petite chute de 1 mètre de hauteur, à quelques centaines de mètres au dessous du débarcadère de Toumanea, dernier village indépendant ou à peu près avant d'entrer dans le Fouta Djallon.

Toumanea est peuplé de Dialloukés, anciens habitants du Dembela, pays situé sur la rive droite du Tinkisso, entre cette rivière et le Bania. Il y a une soixantaine d'années le Dembela était composé d'une vingtaine de gros villages. Il fut conquis par Bakary, roi de Tamba, le premier adversaire d'El Hadi Omar; ses habitants fuyant devant le vainqueur vinrent se mettre sous la protection des Almamys du Fouta Djallon qui leur permirent de s'établir à l'emplacement qu'ils occupent encore.

En 1880, les Dialloukés de Toumanea essayèrent de revenir peupler leur ancien pays infiniment plus riche, mais ils en furent empêchés par les incursions des Sofas de Samory et des toucouleurs du Dinguiray.

Grâce aux hautes murailles qui l'enceignent, le village, quoique bien éprouvé par sa lutte avec Aguibou a pu conserver une demi-indépendance sous la protection lointaine du gouvernement de Timbo.

Pendant l'hivernage de 1889, le chef de Toumanea avait envoyé à Kouroussa au devant du commandant du cercle de Siguiri, son frère afin de demander à traiter avec nous et à se mettre sous notre protection.

Le capitaine Besançon n'avait pu lui donner satisfaction immédiate, sans auparavant soumettre la question au commandant supérieur. Ce dernier ayant approuvé un texte de traité, j'étais chargé de le discuter avec Toumanea et de le faire signer.

Cette partie de ma mission ne présentait aucune difficulté puisque nous ne faisions qu'accéder au désir que les Dialloukés avaient eux mêmes manifesté. « Vous êtes les plus forts, me dit le chef, avant tout; vous seuls pouvez nous protéger contre nos ennemis, de même que vous pourriez nous détruire si nous nous joignons à eux ; inutile donc de lire le papier du commandant supérieur, nous acceptons sa parole .» Je n'en fis pas moins par acquit de conscience un palabre à la population réunie au pied du drapeau français que j'avais planté sur la grande place du village. Je doute que mon discours les ait beaucoup frappés, mais ils s'en souviendront peut-être quand, par expérience ils auront pu comparer notre façon d'agir avec celle des chefs indigènes et qu'ils verront la paix succédant aux troubles des guerres de pillards leur permettre de reconstituer leur Dembela qui sera certainement plus tard un des cantons les plus riches du Soudan.

Ma mission sur le Tinkisso pouvait être considérée comme terminée. Un point pourtant me tenait à cœur. J'étais vivement désireux de me relier avec la route de Caillé et pour cela de fixer la position de Cambaya, village où le grand voyageur français avait traversé le Tinkisso en allant vers l'Est.

A Toumanea personne n'avait entendu parler de Cambaya.

Enfin, le 23 au soir, arriva, soi-disant pour me rendre visite, le fils d'Alioum Kaba, chef de Biskrima, village Malinké situé dans le Fouta Djallon, à 35 kil. de Toumanca en suivant le Tinkisso.

Il se rappelait avoir entendu parler de Cambaya comme d'un ancien village voisin détruit autrefois par les Houbous, mais, lui non plus ne pouvait m'en indiquer la situation exacte, connue seulement, me disait-il, des chasseurs de son pays.

Je déclarai que j'allais partir le lendemain avec lui afin de rendre à son père la visite qu'il m'avait envoyé faire, mais il m'opposa quelques résistances que je mis sur le compte d'une crainte vague que ressentent toujours les noirs quand ils ne nous connaissent pas bien, et je passai outre.

Peu de temps après, je sus par sa sœur Fatimata, jolie malinkaise de seize à dix-sept ans qu'il avait amenée avec lui et dont je m'étais acquis la sympathie par quelques cadeaux, que ce qui rendait son frère hésitant était la présence à Djogofo à une journée de marche de Biskrima de Seriba (chef de guerre de Samory dont j'ai parlé plus haut) avec ses sofas. Une vingtaine même étaient dans Biskrima. On disait que j'étais venu à Toumanea avec une colonne de tirailleurs, afin de compléter la défaite du chef sofa chassé de Nono pendant l'hivernage. C'était pour voir ce qu'il en était qu'Alioum Kaba avait envoyé son fils près de moi.

Je tançai vertement le jeune malinké, le rendant responsable de ce qui pourrait arriver et je le gardai avec moi comme otage tout en retardant d'un jour mon départ. Alioum Kaba fut certainement prévenu du petit nombre d'hommes que j'avais avec moi, mais pas fâché sans doute de se débarasser des sofas qui sont toujours des hôtes gênants et peu discrets, il dut les fortifier dans leur idée au lieu de leur dire la vérité, car j'appris le soir que les Sofas de Biskrima s'étaient retirés sur Djogofo et que Seriba lui-même se trouvant trop près de mes troupes était parti dans l'intérieur.

Rien ne s'opposait plus à mon projet, je pus aller à Biskrima ou je fus très bien reçu et je pus fixer la position de Cambaya dont les ruines gisent à 25 kil. au S. 35 O. de ce village.

Le lendemain, après avoir passé la nuit à Biskrima, je revins à Toumanea et me préparai au retour.

Deux voies s'ouvraient devant moi ; ou bien revenir en pirogues par le chemin déjà parcouru, ou suivre la route des caravanes qui vont du Fouta à Kouroussa.

Bien que n'ayant pas de cheval, forcé par conséquent de faire mes étapes à pied, ce qui ne laisse pas que d'être assez fatigant sous le soleil soudanien, c'est cette dernière que je choisis.

La route est très praticable ; elle rejoint à Siraleya celle suivie par René Caillé; elle coupe de nombreux marigots dont le passage est facilité par des ponts indigènes en lianes, et le Bania qui constitue la seule difficulté un peu sérieuse à cause de ses berges vaseuses où l'on enfonce jusqu'à mi-cuisse.

Je mis six jours à faire la centaine de kilomètres qui sépare Toumanea de Kouroussa. Le pays est superbe: malgré la guerre qu'il venait de supporter, les récoltes de riz se montraient d'une incroyable richesse. De nombreux cours d'eau l'arrosent dont les rives sont plantées d'arbres élevés. Partout on rencontre en abondance la liane à caoutchouc (gueïdj) dont le latex coagulé avec la décoction légèrement acide des feuilles du niama donne les boules de caoutchouc qui s'exportent à la côte. Le bananier et l'ananas croissent très bien ; on y rencontre une espèce de coton à grande laine qui atteint la hauteur et le port d'un bel arbuste, le karté y est abondant et l'arbre à kolas y existe, quoique en petite quantité.

Ma route se confondant comme je l'ai dit dans une partie de son parcours avec celle de Caillé ; il m'a été donné de remarquer à ce propos une particularité assez curieuse. J'étais tout étonné de voir sur les cartes le chemin de Caillé s'incliner beaucoup plus vers le Sud que ne le voulait la réalité. Je pensais qu'il fallait en accuser les erreurs inhérentes à la difficulté qu'avait rencontrée le voyageur français à faire ses observations. Quelle ne fut pas ma surprise plus tard, à mon retour à Koulikoro où se trouvait l'ouvrage de Caillé de voir que ses routes, exactement portées d'après son journal de marche, coïncidaient à très peu de chose près avec les miennes.

J'ai donc été forcé de supposer que c'était pour faire cadrer les observations de Caillé d'une part, avec celles de Sir Walter Reade de l'autre, avec la position de Siguiri établie par nos officiers du Soudan français qu'on avait arbitrairement déformé son itinéraire.

J'avoue que ce n'est pas sans quelque patriotique satisfaction que j'ai vu les faits donner un démenti à l'anglais Reade et confirmer, malgré toutes les difficultés qu'avait rencontrées notre grand et illustre Caillé l'entière vérité et la bonne foi de ses observations.

A Nocourombo, à deux étapes de Toumanea, je reçus la visite de deux envoyés d'Aguibou. Loin de s'être faché comme je le craignais de mon passage incognito à travers ses états, il me faisait faire ses compliments et ses souhaits. Il se déclarait ami des français fort content de les avoir pour voisins. On a pu constater depuis qu'à la même époque dans les lettres envoyés à son frère à Nioro, il appelait sur nous toutes les malédictions d'Allah. Je suis persuadé pourtant que, dans le fond, Aguibou nous préférait encore à son aîné qui a voulu le faire tuer à Segou autrefois. C'est pour donner satisfaction à la haine intolérante et aveugle de ses compatriotes qu'il a écrit à Ahmadou. La facilité avec laquelle il a admis depuis notre protectorat est d'ailleurs la preuve de ce que j'avance.

Vrais ou faux ces témoignages d'amitié me firent pourtant plaisir en me rassurant sur la sécurité de mes pirogues, qui revenaient, comme je l'ai dit, avec leurs armements de Somonos. Je traitai le mieux possible les envoyés d'Aguibou et les renvoyai contents avec quelques cadeaux.

Le 4 février j'étais à Kouroussa. J'y eus la nouvelle de la prise de Bautoun par les troupes de Samory. C'est un captif du village, échappé Dieu sait comment, aux Sofas vainqueurs, qui nous apprit cet évènement. Il était dans un état de misère et de maigreur incroyable et n'avait pas mangé depuis quatre jours. Il engloutit en un instant la ration de mes trois tirailleurs qui se trouvait prête à être mangée, au moment où il vint tomber exténué dans la case où j'étais campé. Après avoir failli mourir de faim, je m'attendais à le voir crever d'indigestion. Au bout de trois ou quatre heures de sommeil, il se releva au contraire en parfait état. Nous n'en pûmes d'ailleurs tirer grands renseignements, car il ne disait que quelques mots de Bambara, étant originaire d'un pays situé très loin dans le sud d'après ce que nous pûmes comprendre. Il était d'ailleurs encore fou de terreur.

Plus tard j'ai entendu raconter sur la prise de Bautoun l'histoire — ou la légende — suivante :

Il parait que plusieurs assauts infructueux avaient été donnés par Samory, et il avait perdu bien du monde.

Croyant la victoire chose impossible, il s'était décidé à lever le siège et, prudemment, était parti lui-même pour retourner à Bissaudougou.

Mais il avait laissé au camp une de ses femmes, Seranké, celle qu'il préfère et dans laquelle il a le plus de confiance.

Seranké réunit les chef Sofas, leur fit honte de leur lâcheté et les exhorta à tenter encore une fois la fortune des armes. Elle réussit à redonner un peu de courage aux chefs de guerre. Pourtant personne n'osait encore transgresser les ordres du maître. Elle déclara alors assumer toute la responsabilité de la désobéissance. Sachant l'amour de Samory et l'influence de Seranké sur lui, les Sofas se décidèrent à suivre ses exhortations et cette fois le village fut emporté.

Seranké est la seule femme à qui Samory permette de préparer sa nourriture. Pourtant, par une dérogation à la coutume des noirs, il la force à manger avant lui de tout ce qu'elle lui présente. La confiance des chefs nègres dans leurs épouses n'est pas bien grande comme on le voit et je me rappelle qu'un jour à Segou une hyène ayant été tuée aux environs de la ville, tous les notables en grand émoi se précipitèrent sur l'animal pour constater que personne n'avait enlevé sa vésicule biliaire qu'ils brûlèrent avec toutes sortes de précaution. Le fiel de hyène administré par une femme à son mari est en effet, parait-il, un poison mortel que tous craignaient de voir employer par mesdames leurs épouses.

Je revins en pirogue à Siguiri, où, après trois jours de repos je recommençai mon pénible travail hydrographique entre ce poste et Bamako.

J'atteignis ce point à la fin du mois ayant parcouru, tant par terre que par eau, plus de 1600 kilomètres depuis mon départ.

Le fleuve présente deux aspects bien tranchés sur cette dernière section parcourue. Chose curieuse, c'est en amont de Kaugaba qu'il est le plus facilement navigable. En aval, sur la longueur de 90 kilomètres qui sépare ce point de Bamako il devient rocheux, semé de cailloux dangereux. En trois endroits même, j'ai trouvé des petits rapides que mes pirogues franchirent sans trop de peine toutefois. Cette partie du Niger exigera plus tard un balisage de quelques uns de ses passages. L'opération sera d'ailleurs facile ; des barres de fer surmontées d'un voyant et scellées dans la roche suffiront à marquer le chenal. Jusque là, des bateaux à vapeur circulant même en hivernage devront avoir à bord un bon pilote, non à cause du manque de fond, mais pour éviter de se jeter sur un écueil.

J'ai dit toutes les difficultés que présentait un levé en pirogues. Il ne faudrait donc point prendre pour des documents comparables à des cartes marines les feuilles que je donnerai d'après mes observations, à l'échelle du 1/50,000. Pour me résumer et donner un terme de comparaison, je dirai que mon travail est à l'hydrographie ce que peut être un itinéraire fait à la boussole de poche et à la montre à de la topographie exacte. Tel qu'il est, j'espère qu'il pourra être utile pourtant à ceux qui seront plus tard destinés à conduire des bateaux à vapeur dans cette partie du Niger que j'ai été le premier à relever.

Outre ce travail et les quelques résultats politiques obtenus, ma petite exploration a permis de tracer la route directe de Kouroussa à Toumanea, route qui n'avait pas encore été suivie dans une de ses parties.

Enfin, et pour terminer, j'énoncerai quelques considérations sur la navigation du Tinkisso.

Nous avons vu qu'elle est possible pour des pirogues et des chalands à faible tirant d'eau, jusqu'au mois de janvier, praticable pendant quatre mois pour des embarcations à vapeur de quelque calage,

Mais les sinuosités de la rivière sont telles qu'il me semble impossible d'y faire naviguer des bâtiments dont la longueur dépasserait une vingtaine de mètres. Elles triplent, de plus, la distance à parcourir.

Enfin, derrière Toumanea, s'étend le massif âpre et difficile du Jouta-Djallou.

Un marca, ancien conducteur, auxiliaire du Soudan, dioula de son état quand je l'ai rencontré, m'a bien indiqué, il est vrai, un itinéraire non encore suivi dans lequel, disait-il, nos voitures Lefebvre pourraient à la rigueur passer.

Je me demande de quelles difficultés le mot « à la rigueur » est l'indication. En outre je suis payé pour me défier des renseignements des noirs.

Pour peu qu'ils croient faire plaisir au questionneur, ils ne se gênent pas pour altérer la vérité, pensant par là le rendre plus content et... plus généreux.

J'étais à ce moment tellement frappé de l'avantage qu'il y aurait à trouver une route plus praticable entre le Niger et la côte, par le Tinkisso que je crains bien d'avoir quelque peu influencé l'esprit de mon Marca.

Depuis, j'ai interrogé bien des gens connaissant le Jouta Djallou et j'avoue que leurs renseignements n'ont pas été aussi favorables. Je demeure persuadé que le tracé d'une route dans ce pays sera une grosse entreprise, matériellement parlant, outre les difficultés politiques ou militaires que les Almamys, peu soucieux de voir les blancs à côté d'eux, ne manqueront pas de soulever. Notre présence leur enlèverait d'ailleurs une grosse source de revenus, même si les caravanes continuaient à leur payer le droit du 1/10 légal d'après le Coran : c'est le produit des petites exactions, des impositions injustifiées, des cadeaux plus ou moins extorqués, qu'eux, leurs parents ou même tout chef de village parviennent à soutirer des marchands. La chose est tellement admise que ceux-ci ne songent même pas à s'en plaindre, mais nous ne pourrions, nous, y consentir pour nos nationaux ou leurs employés, et les Almamys le savent si bien qu'ils s'opposeront autant qu'ils le pourront à l'ouverture d'une voie européenne et à plus forte raison à la construction d'un chemin de fer. Il en résultera une situation tendue et peut-être serions nous forcés de la dénouer par les armes.

Enfin le Tinkisso doit avoir en hivernage un courant très rapide, si j'en juge par les dégats qu'il fait à ses rives.

Dans ces conditions faut-il le prendre à contre-courant ? Faut-il au contraire en faire un chemin latéral desservant la grande voie du Niger, artère centrale reliée en un de ses points à l'Europe commerçante par un chemin de fer vers la côte. Quelle que soit mon peu de compétence dans les questions commerciales, je suis persuadé que c'est sa vraie utilisation pratique, que le chemin de jonction aille vers le Sénégal selon l'idée du général Faidherbe ou vers tout autre point par une route quelconque (dont le tracé exact et scientifique manque encore), peu importe, mais il ne pourrait suivre le cours du Tinkisso qu'avec des travaux de canalisation qui me paraissent au-dessus des ressources que l'on peut raisonnablement engager dès le début dans l'exploitation d'une colonie en l'avenir de laquelle j'ai foi, mais où il ne faut pas pousser, avant l'heure, à des dépenses exagérées.

Quoique le Tinkisso puisse passer pour une belle rivière, ce n'est qu'un filet d'eau à côté du Sénégal et du Niger.

Son importance semble précisément proportionnée aux pays qu'il pourra desservir. Exagérer cette importance, serait, je pense, une erreur. Je suis d'autant plus à mon aise pour conclure dans ce sens, que, moi aussi dans mes premières années de Soudan, j'avais été frappé de la commodité de cet affluent pour se rapprocher de la mer et que ce n'est qu'après mûres réflexions que j'ai été forcé de changer d'avis.

HOURST,
Lieutenant de Vaisseau.

RENSEIGNEMENTS DIVERS

Les missions protestantes. — Un érudit danois, M. J. Vahl, vient de publier un travail de statistique d'un réel intérêt sur la situation comparative des Missions protestantes en terre païenne en 1845 et en 1890. Cette étude, faite d'après les innombrables rapports des nombreuses Sociétés de mission, marque des progrès remarquables et montre la puissance d'un mouvement sans précédent dans l'histoire de la civilisation chrétienne. Nous nous bornerons à relever ici quelques chiffres. En 1846, on comptait 1.256 missionnaires ; en 1890, ce nombre s'est élevé à 4.137. Pendant ce même temps le nombre des stations a passé de 953 à 10.514. Si on ne relevait en 1845, que 173 pasteurs indigènes, en 1890, ce nombre s'élevait à 3.126. On sait que la question de la formation d'un clergé indigène est la plus difficile de celle que doit résoudre l'Œuvre missionnaire ; or, sur ce point sa marche en avant est décisive. Non moins intéressants, ses progrès constatés dans l'œuvre scolaire ; de 118.000 en 1845, le nombre des écoliers a dépassé 721.000 en 1890. Relevons encore le chiffre des communiants : 765.000 en 1890 contre 185.000 en 1845.

Il n'est pas d'Œuvre plus populaire dans les Eglises protestantes que celle des Missions ; on en jugera par les sacrifices considérables qu'elles s'imposent dans ce but. On doit à M. Vahl une statistique des dons faits en faveur des Missions qui permet de se rendre compte de la grandeur de ses efforts.

L'Angleterre, qui, en 1845, donnait 10.600.278 francs, a souscrit, en 1889, 25.736.012 francs. L'Allemagne, dans le même temps, passait de 817.942 francs à 3.249.845 francs ; mais le développement le plus remarquable est celui des Etats-Unis où nous relevons, pour 1845, 3.340.000 francs, et, pour 1889, 18.042.000 francs. Au total général qui, à la première époque, s'élevait à la somme de 15.783.000 francs s'oppose la somme énorme de 57.688.000 francs consacrés à l'œuvre missionnaire pendant l'année 1889.

BIBLIOGRAPHIE

CASAMANCE ET MELLACORÉE. Pénétration au Soudan, par le capitaine Brosselard-Faidherbe, Paris, Librairie illustrée, 106 p.

Le capitaine Brosselard-Faidherbe qui, au retour de son voyage d'exploration dans la Mellacorée, avait publié au *Journal Officiel* un rapport qu'a longuement analysé le *Bulletin*, vient de développer ce rapport dans le petit volume que nous annonçons, et il y a ajouté divers chapitres d'un haut intérêt. L'ouvrage est divisé en deux parties; dans la première, l'auteur étudie la région de la Casamance et donne sur ce riche pays, sur la façon dont on a tiré parti jusqu'ici de ses ressources, et sur son avenir, les renseignements les plus précis; il a remonté le fleuve jusqu'à son extrême point de navigabilité et en décrit non seulement toute les stations européennes, factoreries et comptoirs, mais aussi toutes les peuplades et toutes les productions; de très bonnes gravures faites sur les photographies de l'auteur permettent de vérifier ses assertions et facilitent la lecture. La seconde partie, intitulée la Mellacorée, est consacrée à l'étude de la question du chemin de fer de pénétration dans le haut Niger par les rivières du Sud, chemin de fer dont le capitaine Brosselard-Faidherbe a relevé une partie du futur tracé; on retrouve dans cette étude tous les arguments développés jadis dans le rapport officiel du brillant officier, mais il ne paraît pas qu'il en ait trouvé aucun nouveau, aussi jugeons-nous aujourd'hui encore comme par le passé que, pour le moment la meilleure route pour arriver au Soudan est toujours celle du Sénégal, la route traditionnelle. On le voit, nous ne sommes pas d'accord avec l'auteur, mais son livre n'en est pas moins intéressant et mérite d'être sérieusement discuté.

ALBUM DES SERVICES POSTAUX français et étrangers, par MM. Jaccottey et Mabyre, publié sous la direction de M. E. Levasseur. Paris, Delagrave.

Voici un ouvrage en cours de publication et qui paraît appelé à rendre les plus grands services; les auteurs, MM. Jaccottey et Mabyre, ont eu l'idée de réunir en un seul Atlas clair et complet à la fois tout ce qui a trait aux services postaux et aux correspondances internationales. On y trouvera par exemple le tracé des lignes de paquebots, avec tous les renseignements relatifs aux itinéraires, groupés dans des tableaux placés au bas de la carte et donnant, avec la plus grande précision, les dates et heures des départs, tant à l'aller qu'au retour; celles du passage des navires aux escales; les distances de port à port; la longueur totale de chaque ligne, en milles marins; le temps consacré à chaque voyage, etc... Rien ne sera plus utile qu'un tel recueil et le prix en sera accessible à tous puisque chaque carte, vendue séparément, ne dépassera guère la somme de 2 à 3 fr. Voici la liste des cartes parues :

1° Carte des Services Maritimes postaux Français.

2° Carte des Services Maritimes postaux Étrangers.

3° Carte des Services Maritimes postaux de la Méditerranée et de la mer Noire.

4° Carte des Services Maritimes postaux des Antilles et du Mexique.

Restent à paraître encore la Carte des grandes communications postales françaises et étrangères de la Côte orientale d'Afrique (*Madagascar, Maurice et la Réunion*), de l'Asie (*Inde, Indo-Chine, et Japon*); de l'Océanie (*Australie, Nouvelle-Calédonie*) des Côtes Ouest et Nord-ouest de l'Europe; de l'Atlantique Sud (*Côtes occidentales d'Afrique : Sénégal, Congo, etc., et Côtes orientales de l'Amérique du Sud : Brésil et la Plata*), et la Carte des principales lignes de navigation du Pacifique (*Asie, Amérique, Océanie*); sans compter deux annexes : une Carte d'ensemble des grandes communications télégraphiques du Globe, et une Carte d'ensemble des pays avec lesquels la France et les colonies françaises échangent des colis postaux. L'ensemble ainsi sera complet et d'une évidente utilité pour tous ceux qui voyagent ou sont dans les affaires.

LE CONGO FRANÇAIS, conférence faite à la Société de géographie de Paris, le 17 juin 1892, par Louis Dunod, explorateur. Paris, imprimerie Larousse, brochure in-8.

En cette très courte plaquette de 27 pages, M. Dunod n'a pas prétendu faire tenir toute la description du Congo français; mais il y donne des souvenirs très personnels et qui seront bons à connaître pour tous ceux qui s'intéressent à ce pays. Le côté observation scientifique y est développé, tout comme le côté anecdotique, et quelques bonnes photogravures complètent un bon ensemble.

Le Gérant : H. PERCHER.

10756. — Imprimerie de la Bourse de Commerce (F. Bivort).

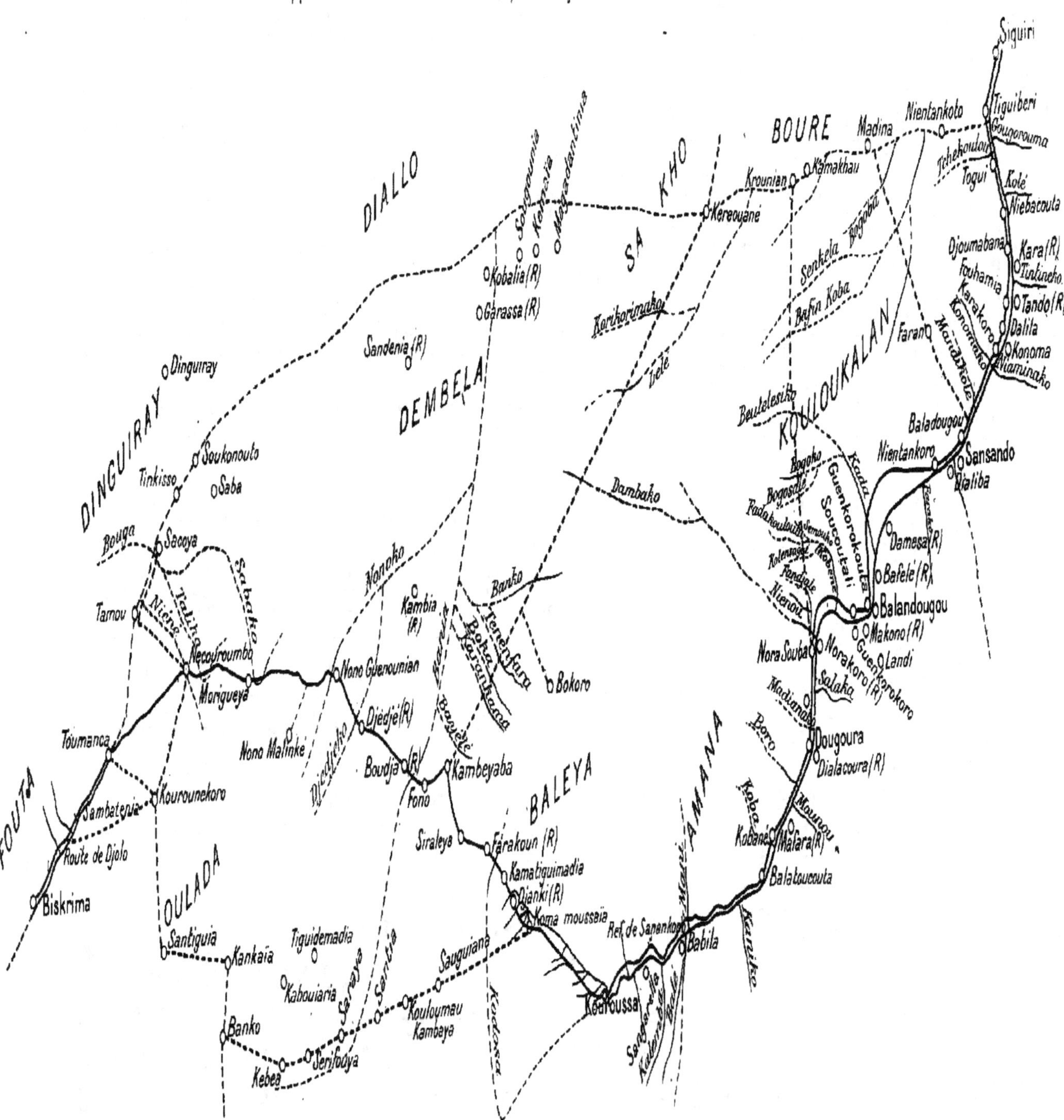

Carte de la reconnaissance hydrographique du Haut-Niger et du Tinkisso, par le lieutenant de vaisseau Hourst

Troisième Année.   N° 3. — Mars 1893

BULLETIN DU COMITÉ

DE

l'Afrique Française

PUBLIÉ MENSUELLEMENT

Sous la direction de **M. Harry Alis,**
avec la collaboration de **MM. Henry Frisch de Fels,**
Raymond Kœchlin, etc.

Adresser toutes les communications à M. le Secrétaire général du **Comité de l'Afrique Française** 15, rue de La Ville-l'Évêque, Paris.	**Prix du Numéro : 2 FRANCS** Tout Souscripteur du Comité reçoit de droit ce BULLETIN.

SOMMAIRE

Avis

Nous serions reconnaissants à ceux de nos Souscripteurs qui ont signé des engagements annuels de vouloir bien envoyer, dès maintenant, à notre Trésorier, **M. Armand Templier, 79, boulevard Saint-Germain,** *le montant de leur souscription pour 1893.*

EXTRAIT

DES

Délibérations du Comité pendant le mois de février 1893

Séance du 1er février

Membres présents : MM. le prince d'ARENBERG, président, le commandant MONTEIL, de VOGÜÉ, le prince Roland BONAPARTE, PICOT, AYNARD, GUICHARD, ROLLAND, POUBELLE, MORILLOT, RENOUST DES ORGERIES, PEREIRE, le capitaine BINGER, le général DÉRRÉCAGAIX, PATINOT, PERCHER, MILNEEDWARDS, comte GREFFULHE.

La séance est consacrée toute entière à entendre une très intéressante causerie du commandant Monteil.

LISTE DES SOUSCRIPTEURS[1]

(Suite)

Report.....	264.008 60
MM.	
Ernest Barral, à Frontignan................	2
A. Sartiaux...........................A	40
Chemin.................................	2
Fr. Gilardoni, à Pargny-sur-Saulx.........A	20
Le Conseil municipal de Lunéville...........	25
Emile Moreau, à Laval....................	10
La Belle Jardinière, à Paris	25
Eugène Despeyroux, à Vincennes...........	10
Menaut.................................A	20
H. Bonfils, à Toulouse...................A	20
Bernard, au Havre.....................A	5
Albert Jolit, à Cognac.....................	25
La Section Meusienne de la Société de Géographie de l'Est..............................	20
La Société Bretonne de Géographie, à Lorient	20
H. de Poyen-Bellisle, à Lorient............A	20
Mat...................................A	30
Eugène Bardou, à Perpignan..............	10
La Banque d'Algérie......................	300
Mme veuve H. Clauzel, à Tournay (Ardèche)A	5
Léo Clauzel.............................	5
Le comte J. de Carné....................A	40
A. Delebecque, à Thonon ....A	20
Marseilles, à Ezanville..................A	30
Charrier................................A	5
Le marquis de Vendeuil-Vignet............A	20
Dr V. Arnulphy, à Nice ....A	5
Léon Jolinon, au 4e tirailleurs, à Zaghouan.A	10
Léchalas, ingénieur en chef des ponts et chaussées, à Rouen ....A	10
Templier, à Saint-Germain-en-Laye.......A	80
Jousselin, maréchal des logis au 20e régiment d'artillerie, à Poitiers	5
A reporter.	264.847 60

(1) Les noms des nouveaux souscripteurs sont ceux en face desquels se trouve un astérisque.

	Report..... 264.847 60		Report..... 266.562 60
Fouillaron, négociant, à Chollet ....A	12	*Clunet*...........A	5
Général Poizat, à Alger................	25	*Collardeau du Heaume*.... ....A	20
L. Wittorski, au Havre.................A	2	*Capperon*.... .... A	20
L'Observatoire de la marine du parc de Mont-		*Conrad*........................A	20
souris ....A	30	*commandant Coquet* ....A	10
Morillot.............................A	100	*Mme Darantière*...................A	15
Léon Dyé........................A	20	*l'intendant général Demons*...............A	20
E. Lecocq, à Rouen.................A	10	*Deschamps*........................A	10
le capitaine Péchiné, à Dijon......	2	*Després*........................A	5
la Bibliothèque populaire de Rénève........	2	*Dethan*.......................A	20
Greff, brasseur, à Nancy.................A	30	*Dewez*, directeur du « Journal des Voyages » A	50
Collesson....................A	10	*Dionis du Séjour*...................A	10
Louis Teste, à la Mothe-Saint-Héray.......A	10	*Dormois*, à Saint-Germain-en-Laye.. ....A	10
S. Santerre.....................A	20	*Dubois*........................A	25
Legrand, percepteur, à Vigny ....A	5	*Duchanoy* ....A	10
E. Bouillon de Waudré..............A	50	*Dumont* .... A	100
E. Bénard-Luce, à Bonnières.........A	2	*Duchartre* ....A	10
le commandant Barager, à Versailles.......A	5	*Général d'Espeuilles*, à Sedan..........A	100
Anthonias, à Stenay.................A	5	*Favre*, à Loërrach.. ....A	100
Bellemin, à Montbrison................A	20	*Félix*........................A	50
Audion, à Bourges...................A	5	*Ferrari*, directeur de la « Revue bleue »...A	20
Aubert, aux Loges................A	2	*le colonel Fix* ....A	5
Blanc, à Lyon....................A	5	*Fonçin*........................A	10
Masseron-Outin, à Laval.. .. ..A	10	*Fontaine* ....A	50
Beauvais, à Réthel...................A	10	*Fournier* ....A	10
Baille, à Gray....................A	25	*Menaut*.......................A	20
Baratte, à Douai....................A	10	*Général de Franchessin*... ....A	30
Auguste Perret, à Lyon..................	20	*Garnuchot*.....................A	10
Bernault, à Clermont-Ferrand............A	10	*Mme Garreau* ....A	25
Allain-Launay...... ... .A	20	*Gaume*.......................A	10
Allegret.... .. ....,............ .....A	2	*Gauthiez* ....A	10
Ancel-Seitz.... ....A	20	*Mme Girot* ....A	10
Arquet.........................A	5	*Godillot* ....A	20
Arrivets...... .. ..A	10	*de Goldschmidt*.....................A	20
J. Aubert...... ....A	15	*Goudchaux* ....A	20
M. Audéoud. ....A	100	*Goupy*........................A	20
Auffray................ .....A	20	*Greban.* :.....................A	10
Bachellier.......................A	20	*Général Grouvel* ....A	25
R. Bacot.....................A	200	*Dr Gruby*.....................A	25
Badois........................A	50	*E. Guériot*......................A	5
Radius........................A	10	*P. Guériot*......................A	5
A. Baron-Larcanges.... ....A	10	*Guillou*.......................A	10
Barrot.........................A	50	*Mme Guy*.. ....A	20
de Bassano.. .. ..A	50	*Hansen* ....A	5
Béraud.....................A	25	*Haton de la Goupillière*.............A	10
Berstène, à Saint-Pétersbourg............A	100	*Mme A. Herbet*... ....A	50
J. Bertrand.....................A	10	*Dr Mirchberg*.....................A	5
Bétolaud........................A	50	*Hubinet* ....A	50
Boinet.......................A	10	*Baron Hulot*.....................A	10
Roizel.........................A	5	*Jœger*.......................A	5
Boncompagne.......................A	20	*Comte de Kergorlay*.............. ...A	20
Bonnet........................A	10	Total..... 267.717 60	
Boudier.......................A	20		
comte R. de Bouillé....................A	50		
Bouissin.......................A	20		
Bourgoin.......................A	3		
Emile Boutmy.....................A	10		
Brocard.......................A	10		
Brossault.......................A	20		
Cambon, ambassadeur, à Constantinople....A	25		
général de Villenoisy.................A	80		
Camus .. ..A	50		
Canuet ....A	10		
Cartier.......................A	100		
Caulier........................A	20		
Chaneel ....A	20		
Chatenay ....A	25		
Chemin........................A	2		
A reporter..... 266.562 60			

COLONIES FRANÇAISES
ET PAYS DE PROTECTORAT

ALGÉRIE

La mission Foureau. — On annonce l'heureux retour de la mission dont M. Foureau avait été chargé chez les Touareg.

D'après les premiers renseignements arrivés, M. Foureau se serait dirigé d'El Biodh sur Ghadamès, sans toutefois y entrer. Il a été mis en rapport avec de nobles Azdjer, qui étaient campés dans ces parages et, en particulier, avec un chef influent, du nom de Ouan Titi Ag Abd el Kakem. Il a exposé les intentions pacifiques de la France, en vue de relations commerciales, et a rappelé que l'ambassade targuie, venue l'an dernier à Alger avait produit le meilleur effet.

Ouan Titi s'est déclaré tout disposé à venir lui-même à Alger. Il a promis d'assister à la réunion prochaine que les grands chefs touareg doivent organiser pour envoyer une nouvelle ambassade en Algérie. Actuellement nous croyons savoir que ces grands chefs se trouvent dans les environs de Rhat.

Bien qu'encore fort incomplets, ces premiers renseignements montrent combien M. le Gouverneur général Cambon était bien inspiré dans la politique qu'il suivait vis à vis des Touareg et à laquelle se reliait la mission Foureau. Si, comme nous l'espérons, cette politique est couronnée de succès, et si, en effet, une nouvelle ambassade targuie, mieux qualifiée que la précédente, est envoyée cet été en Algérie, les anciennes traditions pourraient être renouées et le traité si clairvoyant que le colonel de Polignac avait passé en 1862 à Ghadamès avec les Touareg Azdjer redeviendrait la base rajeunie de notre pénétration vers le Soudan central par l'Algérie

Le chemin de fer de Biskra à Ouargla. — Nous avons annoncé dans le dernier numéro de notre *Bulletin*, la mise aux enquêtes du projet de chemin de fer de Biskra-Ouargla (projet Rolland).

Depuis le 8 février, les dépositions sur les registres d'enquêtes sont closes. Actuellement fonctionnent les commissions d'enquêtes chargées de les dépouiller et de présenter leurs conclusions au gouverneur général de l'Algérie et au ministre des travaux publics.

Nous avons dit qu'il y avait deux commissions nommées à cet effet, l'une à Constantine, l'autre à Alger. A vrai dire, la ligne projetée se maintient presque toute entière, de Biskra jusqu'au delà Tougourt, sur le territoire de la province de Constantine. Mais son terminus, Ouargla, se trouve faire partie de la province d'Alger, par suite d'une singulière anomalie administrative (fatalement appelée, d'ailleurs, à disparaître) : c'est pourquoi une seconde commission d'enquête a été nommée pour Alger.

Dans le département de Constantine, il résulte des registres de l'enquête que la ligne de Biskra à Ouargla est demandée par toute la province.

Au nombre des dires les plus significatifs, il y a ceux des Mozabites et des notables d'Ouargla, appuyant vivement le projet de M. Jus, directeur des sondages dans le Sud, transmettant les vœux pressants des Sahariens, du commandant supérieur de Biskra, interprétant les désirs des djemâas et des caïdats des Zibbans, des Arabes cheraga, de Tougourt, de Temacin, etc.

Les chambres de commerce de Constantine, de Philippeville et de Bône, les conseils municipaux de Constantine, de Philippeville, de Batna, de Biskra, etc. demandent la prompte déclaration d'utilité publique. Enfin, le commerce d'exportation français s'associe par un dire signé par les représentants de 270 maisons.

Dans le département d'Alger, d'autre part, les registres de l'enquête portent 30 dires favorables, sur environ 35. Mais le plus grand nombre pose la condition *sine qua non* qu'un raccordement soit établi avec la ligne d'Alger à Laghouat.

Une sous-commission a été nommée pour faire un rapport. Elle a mandat de conclure favorablement pour la section de Biskra à Tougourt.

En ce qui concerne la section de Tougourt à Ouargla, elle doit envisager les prolongements éventuels et ne conclure qu'après une étude comparative des projets transsahariens des trois départements. La commission s'est ajournée à une date indéterminée ; elle se réunira sur avis de la sous-commission.

A ce propos, la *Politique coloniale* présente les observations suivantes, auxquelles nous nous associons :

Notre impartialité, dans cet organe, dévoué à tout ce qui concerne nos divers intérêts coloniaux, n'est pas douteuse ; mais nous ne voudrions pas voir naître de confusion à propos d'un projet déterminé. Certes, nous comprenons et partageons le désir légitime d'Alger de voir se réaliser sa ligne de pénétration sur Laghouat, et nous sommes convaincus qu'elle se fera un jour ou l'autre. Mais actuellement c'est de la ligne de Biskra à Ouargla, depuis si longtemps et si justement réclamée, qu'il s'agit. Un groupe autorisé s'offre pour construire les 380 kilomètres que comporte cette ligne, et il a réussi à trouver une combinaison fort avantageuse pour l'Etat, attendu que la ligne, une fois construite, serait exploitée sans aucune garantie de sa part et entièrement aux risques et périls des concessionnaires. C'est parfait ; mais alors comment imposer à ce même groupe un raccordement d'autant de kilomètres à construire et à exploiter de Ouargla sur la ligne d'Alger à Laghouat (qui elle-même reste à construire sur près de deux tiers de son parcours)? Que les partisans de cette ligne et de ce raccordement trouvent aussi une combinaison convenable, nous en serons fort heureux ; mais, en attendant, qu'on ne paralyse pas les initiatives là où elles se présentent.

Autre observation. La commission d'Alger semble vouloir renouveler les sempiternelles dissertations sur la valeur respective des tracés transsahariens.

Mais, dans le cas particulier, ce n'est pas du Transsaharien qu'il est question : c'est simplement d'une ligne de pénétration nécessaire à notre politique saharienne et rentrant dans le programme d'ensemble du gouverneur général de l'Algérie lui-même. Vouloir la limiter à la 1re section de Biskra à Tougourt, et en distraire la 2e section de Tougourt à Ouargla, serait lui enlever sa portée principale Car, c'est la position de Ouargla, en plein Sahara, qu'il faut atteindre, et le plus tôt, sera le mieux. Or, la seule route facile et rapide qui s'ouvre devant nous, en l'état actuel des chemins de fer algériens, c'est celle de Biskra par Tougourt. Faisons donc cette ligne dans l'intérêt général, en nous élevant au-dessus des compétitions de clocher, et les raccordements utiles viendront bientôt par surcroît.

TUNISIE

Le nouveau résident général de France à Tunis, M. Rouvier, a fait une tournée dans la régence qui lui a pris la plus grande partie du mois de février ; il a visité les principales villes.

— Le 19 février, la câble direct entre Tunis et Marseille a été inauguré par le résident général ; la première dépêche câblée a été pour transmettre à M. le Président de la République les félicitations du bey.

SÉNÉGAL

Une mission composée de MM. le capitaine Compagnon, de l'escadron de spahis; le docteur Eourdon, médecin de

2ᵉ classe; Hostains, administrateur de 4ᵉ classe; Adam, administrateur stagiaire, a quitté Saint-Louis, le 17 janvier, par le *Brière-de-l'Isle*, se rendant à Bakel. Cette commission doit procéder, de concert avec le capitaine Roux, commandant du cercle de Bakel, à la délimitation des nouveaux territoires rattachés à la colonie du Sénégal, par le décret du 27 août 1891. Le capitaine Compagnon doit choisir l'emplacement des deux nouveaux postes d'administrateurs qui sont à créer sur ce territoire.

— Le Conseil général, dans sa dernière session, a voté les crédits nécessaires pour la construction d'une ligne télégraphique devant relier le réseau actuel au Saloum, en partant de Tivaouane et passant par Lambaye, Fissel, Fatik et Foundiougne. La ligne sera prête vers le 15 mars.

SOUDAN FRANÇAIS

Le colonel Archinard est arrivé à Nioro. Le commandant supérieur du Soudan français a fait un séjour assez long à Kayes, pendant lequel il s'est occupé de l'administration et de la mise en valeur de la région. Les dernières lettres reçues du Sénégal disaient qu'il avait eu quelques accès de fièvre causés par l'excès de travail, mais qu'il était en bonne voie de guérison.

Il est probable que, de Nioro, le colonel se rendra à Ségou; il suivra ainsi une route qu'il connaît déjà et qu'il a parcourue en 1890-91, alors que la colonne qu'il commandait était aux prises avec Ahmadou-Cheikou. On se rappelle que c'est le commandant actuel du Soudan français qui a enlevé Nioro, après une campagne très brillante contre ledit Ahmadou, ex-sultan de Ségou, maintenant le chef du Macina.

La mort de Tiéba. — Le Commandant Quiquandon, arrivé le 2 février à Sikasso, a trouvé la ville en deuil : le fama Tiéba était mort le 28 janvier. Il a eu pour successeur son frère Demba. Le nouveau fama a toujours entretenu des relations amicales avec les français. Il est venu autrefois à Bammako et il se trouvait avec nos troupes, lors de la prise de Ségou. L'accueil fait au commandant Quiquandon à Sikasso a été aussi cordial que possible.

Voici le portrait que fait de Tiéba, le commandant Quinquandon, qui a eu dans sa mission 1890-1891 des relations très intimes avec le fama ; il a vécu auprès de lui, pendant dix mois, et l'a aidé puissamment dans ses opérations militaires.

Un homme foncièrement bon, dit-il, un chef habile et brave, un conquérant heureux. S'il n'est pas grand organisateur, la faute en est moins à lui qu'au milieu dans lequel il se trouve. Il n'est pas le puissant souverain tenant d'une longue ligne d'ancêtres une autorité solidement établie et incontestée qu'on semble avoir cru à un certain moment ; mais il s'élève et grandit tous les jours. Il est resté jusqu'ici dans le Kénédougou occupé à réduire des villages révoltés. Sa renommée date surtout de sa lutte avec Samory. Elle s'est augmentée encore par la chute de Loutana, et surtout par celle de Kinian, l'ennemi héréditaire si souvent victorieux. « Massa-Daoula était un grand chef disait-on jusqu'au Mossi, et nous ne pensions pas que les Taraoulés puissent grandir encore ; mais le nom de Tiéba brille aujourd'hui jusqu'à éclipser le nom de son père ».

Il a dit plus d'une fois qu'il ne désirait que de commander les villages auxquels son père lui-même avait commandé. En réalité, Tiéba n'a jamais arrêté son esprit sur un aussi lointain avenir. Il ne semble cependant pas être un de ces conquérants à grande envergure. Son amour pour le Kénédougou le préservera peut-être de ces promenades triomphales et sanglantes à travers l'Afrique d'un El-Hadj-Omar ou d'un Samory. Il n'est pas, du reste, comme eux, poussé sans cesse en avant par le fanatisme de faux prophètes.

S'il en est ainsi, s'il sait borner son ambition, alors seulement on pourra détourner son activité sur un autre objet et lui apprendre à organiser ses nouvelles provinces, œuvre difficile à laquelle, dans les circonstances où il se trouve il n'a pas encore eu le temps de songer. Alors seulement pourra réellement commencer la conquête du Kénédougou par la civilisation. Il ne serait pas difficile alors, sans doute, de faire accepter à Tiéba des missionnaires qui ne devraient rien heurter de front, qui initieraient peu à peu le pays aux usages et aux croyances européennes.

Entre Tiéba et Samory, il existe une haine que rien ne saurait éteindre. Tenter de réconcilier ces deux hommes serait courir à un échec certain. J'admets que nous voulions un jour faire la paix avec Samory, tout improbable que puisse me paraître cette supposition, les noirs considéreraient comme une reculade de notre part ce fait qui jetterait sur notre influence un discrédit dont elle ne se relèverait que difficilement et qui, en tous cas, nous ôterait toute chance de pénétrer plus avant dans la boucle du Niger. Eh bien, même si nous étions amis de Samory, Tiéba ne nous attaquerait pas, mais chercherait très probablement, poussé par son entourage, à arrêter tous nos efforts vers l'intérieur, et nos deux alliés, qui ne le seraient que de nom pour nous, guerroieraient sûrement l'un contre l'autre. Tiéba ne pardonnera jamais à Samory d'être venu chez lui, alors qu'il ne lui avait rien fait, de lui avoir tué sous ses murs un de ses frères et une bonne partie de ses meilleurs sofas.

La haine de Samory contre Tiéba est plus grande encore, si c'est possible ; ses plus grands chefs de colonne sont restés sous les murs de Sikasso, où il a laissé également une partie de sa colonne ; Sikasso, qu'il comptait prendre, lui a résisté victorieusement ; et lui, qui avait juré de ne pas rentrer à Bissandougou sans la tête de Tiéba, a été obligé de s'enfuir honteusement devant ce dernier, lui, ce grand vainqueur, qui n'avait jamais reculé que devant nos armes. Si Tiéba ne s'était pas trouvé sur sa route, qui sait où serait aujourd'hui Samory ?

Après le départ de M. Quiquandon, nous avons perdu une grande partie du terrain qu'il avait gagné dans l'esprit de Tiéba. L'an dernier, le fama a fait la sourde oreille quand nous avons fait appel à son amitié pour combattre Samory ; et non seulement il nous a refusé l'appui de ses contingents, mais encore il a fortifié Sikasso, non contre les noirs, mais contre nous. Il est vrai que nos procédés à l'égard de Tiéba ont manqué de correction à cette époque; nous lui devions quelque argent pour des achats de vivres, et nous tardions à le payer ! De plus, nous étions trop ménagers de ces cadeaux qui servent tant à entretenir de bonnes relations avec les rois nègres et leur entourage. Il faut ajouter qu'on a donné au commandant Quiquandon, lorsqu'il est reparti dernièrement pour Sikasso, les moyens de réparer ces erreurs, mais il est arrivé trop tard pour offrir à Tiéba les présents qu'il était chargé de lui remettre de la part du gouvernement français.

Des avis du Macina annoncent aussi la mort, à Bandiagara, de Mounirou, ancien roi de ce pays. On croit qu'il a été assassiné par son frère Ahmadou qui s'est, comme on le sait, emparé du pouvoir peu de temps après son arrivée en fugitif dans le Macina. Mounirou avait toujours été hostile à la France.

GUINÉE FRANÇAISE

La réorganisation administrative. — On annonce que le sous-secrétaire d'Etat aux colonies songe à une réorganisation administrative de la Guinée française, et qu'au lieu d'une seule colonie administrée, comme aujourd'hui, par un gouverneur, qui est M. le docteur Ballay, nous en aurons trois, c'est-à-dire qu'on détachera de la Guinée française les établissements du Bénin d'une part, et ceux de la Côte d'Or de l'autre ; les premiers seraient placés sous la direction de M. Ballot, et les autres sous celle du capitaine Binger. Ces deux nominations seront accueillies avec faveur, car M. Ballot est fort à même de mener à bien la tâche délicate de pacifier le Dahomey ; de son côté, nul plus que le capitaine Binger n'est capable de mettre nos possessions du littoral en valeur et d'établir des relations commerciales avec le pays de Kong et les régions qui le séparent de la côte.

La délimitation franco-allemande. — Une commission mixte formée par le gouvernement français et par le gouvernement allemand, et qui comprend trois officiers pour chacun des deux pays, va se réunir au Bénin pour fixer la limite de notre colonie et de celle de Togo. Cette limite, en vertu du protocole du 24 décembre 1885, est constituée par une ligne dont le point de départ sur la côte est la pointe Est de l'île Bayol, située entre Agoué et Petit-Popo ; de là cette ligne suit le méridien passant en ce point. La commission, qui fixa ce point de départ en 1887, a borné là son travail. Au-delà, il reste à fixer la frontière jusqu'au 9e degré de latitude. C'est de cette opération que sera chargée la commission mixte qui va être nommée.

Dahomey. — Le *Journal officiel des établissements et protectorats français du golfe du Bénin* publie une proclamation adressée, du palais d'Abomey, le 18 novembre, par le général Dodds aux habitants du Dahomey. Dans cette proclamation, le commandant en chef engage les Dahoméeens à accepter franchement le protectorat de la France, et promet aide et protection à ceux qui se soumettront. Revenu à Porto-Novo, le général a fait afficher la proclamation suivante :

Au nom de la République Française :

Nous, général de brigade, commandant supérieur des établissements français du Bénin, commandeur de la Légion d'Honneur ;

En vertu des pouvoirs qui nous ont été conférés ;

Déclarons :

Le roi Béhanzin Ahy-Djéré est déchu du trône de Dahomey et banni à jamais de ce pays.

Le royaume de Dahomey est et demeure placé sous le protectorat exclusif de la France, à l'exception des territoires de Whydah, Savi, Avrékété, Godomé et Abomey-Calavy, qui constituaient les anciens royaumes de Ajudá et de Jacquin, lesquels sont annexés aux possessions de la République Française. Les limites des territoires annexés sont : à l'Ouest, la rivière Ahémé ; au Nord et à l'Est, la rivière de Savi et les frontières Nord-Est du territoire d'Abomey-Calavy ; au Sud, l'océan Atlantique.

Fait à Porto-Novo, le 3 décembre 1892.

A. DODDS.

La situation s'améliore au Dahomey. La population, heureuse de la défaite de Behanzin qui l'opprimait, reprend confiance et se livre aux travaux de culture, suspendus par la guerre. Le colonel Grégoire qui occupe Abomey avec 800 hommes, composés principalement de tirailleurs haoussas et sénégalais, a eu, le 12 janvier, une escarmouche avec un parti de Dahoméens. Le lendemain, il a opéré une reconnaissance avec 300 hommes et s'est porté à 20 kilomètres dans le nord d'Abomey, sans rencontrer âme qui vive. Les Egbas avaient infligé, huit jours auparavant, aux guerriers restés fidèles à l'ex-roi de Dahomey, une sanglante défaite.

D'ailleurs, les nouvelles reçues de Behanzin, par des informations diverses, sont excellentes pour nous. Les Mahis, lassés de cet hôte dangereux, gagnés d'ailleurs à notre cause par des émissaires du général Dodds, ont définitivement rompu avec Behanzin. Celui-ci, pris par la famine, les Mahis lui ayant coupé les vivres, a été obligé de quitter leur territoire et est venu se réfugier, avec la centaine de noirs qui l'accompagnent, à une trentaine de kilomètres au nord d'Agony. Cette ville est la seule qui, à l'heure actuelle, n'ait pas encore été visitée par nos colonnes et l'on suppose qu'elle renferme quelques derniers partisans de Behanzin, capables de se dévouer pour lui. Aussi les mesures sont-elles prises pour y faire monter les canonnières dès que la hauteur des eaux de l'Ouémé le permettra. Le général Dodds a déclaré à des émissaires de Béhanzin que, si ce dernier se soumettait, il lui promettait la vie sauve. Behanzin a fait répondre qu'il acceptait, mais qu'il mettait comme condition de résider à Wydah. Le général a refusé.

La question de l'organisation des trois régions dahoméennes, qui doivent constituer des sortes de royaumes protégés et dont le général Dodds s'occupe activement, semble rencontrer partout de sérieuses difficultés. Le projet de confier le gouvernement des trois territoires à des indigènes marquants placés sous l'étroite surveillance de résidents est retardé par l'impossibilité, dans l'état actuel, de trouver des cabécères offrant des sécurités suffisantes de fidélité et de valeur. Aussi, le général songe-t-il à confier provisoirement la direction de ces protectorats à des officiers ou fonctionnaires.

Le général Dodds a fait procéder à Wydah à une enquête sur l'importation des armes par les factoreries étrangères. L'inspection des livres de trois maisons de Hambourg et d'une maison de Bâle ont donné la preuve que, du mois de février 1891 à avril 1892, elles ont vendu à Behanzin 2,330 fusils rayés, parmi lesquels des armes à répétition, 6 canons Krupp de montagne, 4 mitrailleuses, 600,000 cartouches, 1,000 obus, etc. Ces fournitures ont été échangées pour la plupart contre des esclaves exportés au Cameroun par des vapeurs de la Compagnie Wœrmann. Le général Dodds a pris, en conseil privé, un arrêté d'expulsion à l'égard de quatre agents des maisons allemandes, qui ont fourni des armes à Behanzin. Ainsi se trouve confirmée une nouvelle qui avait déjà été donnée par les correspondances du Dahomey.

MADAGASCAR

Un télégramme annonce qu'un ouragan des plus violents s'est déchaîné sur Madagascar, le 28 janvier. Tananarive et

Mahanoro ont été très éprouvés. On signale beaucoup de sinistres maritimes sur le littoral.

EGYPTE

La situation n'a guère changé en Egypte depuis la dernière crise : le peuple égyptien a continué à manifester le plus vivement qu'il a pu son attachement au jeune khédive, que son acte d'indépendance a rendu singulièrement populaire, et le voyage qu'il a fait dans la haute Egypte pour inaugurer le chemin de fer d'Assiout à Girgeh a été un long triomphe. Cependant le gouvernement anglais n'a pas cessé de prendre des mesures de précaution, bien inutiles assurément, et l'on annonce que lorsque la totalité des renforts sera arrivée en Egypte, le corps d'occupation comptera environ 5.500 hommes. Pour l'entretien des 3.000 hommes qui le composaient jusqu'à présent, l'Egypte payait annuellement 4 millions de francs à peu près.

Les journaux anglais ont continué de parler d'Osman Digma et des dangers que les derviches faisaient courir à Souakim et à l'Egypte tout entière ; mais on sait le fond qu'il faut faire sur ces informations, et c'est là une invasion dont il n'y a guère à s'inquiéter sans doute.

ÉTAT INDÉPENDANT DU CONGO

Les dernières nouvelles reçues de l'Etat indépendant du Congo sont des plus intéressantes : sans doute elles ne parlent pas de la fameuse expédition du capitaine van Kerkhoven, et nous continuons à ne pas savoir au juste si, oui ou non, cet officier est arrivé avec ses hommes à Lado, sur le haut Nil, et si, par conséquent, les inquiétudes des journaux anglais, qui craignaient de voir l'Ouganda coupé de la haute Egypte, sont véritablement fondées ; mais nous voici au moins renseignés sur le sort des expéditions Jacques et Delcommune, et aussi, jusqu'à un certain point, sur le mouvement arabe qui s'était si fort aggravé l'automne dernier sur le haut Congo.

On se souvient des craintes très vives éprouvées un moment pour la sûreté de toute la région des lacs : un soulèvement venait d'éclater parmi les Arabes entre le Tanganyika et le Congo ; ils avaient massacré la mission commerciale de M. Hodister ; le bruit courait que d'autres expéditions, celles des capitaines Jacques et Joubert, stationnées sur les rives mêmes du lac Tanganyika, et celle que M. Delcommune dirigeait plus vers le Sud, vers le Katanga, avaient péri dans la même tourmente et l'on se demandait si l'insurrection, se propageant peu à peu, n'allait pas gagner les postes les plus anciens de l'Etat, le plus important, celui de Stanley-Falls, et le camp situé à l'embouchure du Congo et du Lomami.

Peu à peu, cependant, on avait pu apprécier la situation avec plus de calme : les expéditions antiesclavagistes du capitaine Joubert et du capitaine Jacques n'étaient point anéanties, mais elles tenaient avec peine ; aussitôt des renforts leur furent envoyés ; M. Long partit avec des provisions et des munitions de toutes sortes, et s'il n'était pas encore arrivé aux dernières nouvelles, il doit l'être aujourd'hui. En même temps, une nouvelle expédition de secours s'équipe à Bruxelles : elle va partir dans quelques jours, emportant jusqu'à des canonnières démontables, et, sans doute, avec ces nouvelles forces, la petite armée antiesclavagiste pourra continuer sa lutte contre l'élément arabe. De même, M. Delcommune, dont on pouvait à bon droit être inquiet, car rien ne prouvait que l'agitation ne se fût pas répandue jusque dans les lointaines régions du Katanga qu'il explorait, vient de rentrer à Léopoldville, la capitale de l'Etat indépendant.

Mais ce n'était pas tout que d'être rassuré sur le sort de ces hardis pionniers de la civilisation, et des désastres autrement effroyables pouvaient survenir si les Arabes parvenaient à briser les défenses assez faibles que l'Etat leur opposait sur le fleuve même ; heureusement, le capitaine Dhanis, nous dit-on, est parvenu à les refouler dans deux rencontres et pour le moment au moins le danger serait écarté. Un point pourtant nous étonne : on avait assuré jusqu'ici que Tippoo-Tib s'était désintéressé de ce soulèvement, et cette fois c'est son propre fils qui serait à la tête des assaillants arabes. Nous nous bornons à constater le fait qu'on nous transmet, sans nous charger de l'expliquer, mais en espérant qu'il est inexact ; car c'est grâce à l'abstention de Tippoo-Tib qu'on avait pu jusqu'à présent refouler les Arabes ; mais si ce personnage, le plus puissant du pays, entre en lice et se fait leur champion, la victoire des antiesclavagistes devient extrêmement douteuse.

POSSESSIONS ANGLAISES

Ouganda. — Les documents officiels que le Foreign Office a communiqués au Parlement anglais au sujet de l'Ouganda sont intéressants à plus d'un titre. S'ils n'indiquent pas avec la précision que souhaiterait notre curiosité les secrets desseins du Cabinet et la politique qu'il compte suivre dans une affaire aussi délicate, ils contribuent du moins à éclairer un certain nombre de points sur lesquels nous n'avions jusqu'à aujourd'hui que des indications assez confuses : et peut-être même que, en analysant avec exactitude les instructions données à sir Gerald Portal, il n'est point impossible d'y découvrir la pensée intime de lord Rosebery.

« Sir Gerald Portal, dit la dépêche du 10 décembre, est envoyé dans l'Ouganda pour étudier les choses sur place et pour faire, après un mûr examen, un rapport, aussi motivé que possible, sur les meilleurs moyens d'établir des relations avec ce pays soit par Zanzibar, soit d'une autre manière. » (Article 2.) Un autre paragraphe de la même dépêche (article 4) dicte à sir Gerald la conduite qu'il doit tenir vis-à-vis du roi Mouanga : « Votre premier devoir est d'établir d'amicales relations avec le roi Mouanga. Il peut être nécessaire, pour ce dessein, de lui adresser des cadeaux, et même de lui accorder momentanément des subsides... »

Nous ne voulons retenir de cette dépêche qui comprend en tout onze articles très détaillés que les deux passages que nous venons d'extraire : ils suffisent pour que nous nous fassions une idée passablement nette des desseins, encore voilés, de lord Rosebery ;

ils indiquent, en effet, que le gouvernement anglais ne songe point à repousser la demande de l'East-African Company, et que sans doute des fonctionnaires d'Etat remplaceront à bref délai, à Mengo, les agents de sir William Mackinnon. En effet, cette question des communications entre l'Ouganda et la côte, que la dépêche représente comme le fait capital à instruire, est vidée depuis longtemps. Le chemin de fer de Mombase aux lacs, que le gouvernement de lord Salisbury avait subventionné pour une assez forte somme, est en voie d'exécution, et si c'était là l'objet principal de l'enquête, elle était d'ores et déjà superflue.

Mais l'article 4 nous donne un renseignement précis. Sir Gerald Portal est chargé de porter des cadeaux au roi Mouanga ; son premier devoir est de lier d'amicales relations avec le souverain de Mengo ; il lui promettra même un secours annuel en bon argent anglais. Mais, alors, ce n'est plus un roi indépendant qui reçoit son hôte, le commissaire anglais ; c'est un vassal auquel on veut accorder des subsides, et la visite de sir Gerald Portal, consul britannique à Zanzibar, ne fait que préparer les voies à une occupation officielle.

En somme, si le gouvernement anglais ne songeait pas à une occupation, pourquoi ce luxe de prévenances, ces cadeaux, ces subsides surtout ? Pourquoi ces autres articles de la dépêche officielle qui fixent point par point à sir Gerald la conduite qu'il doit tenir, et vis-à-vis du roi, et vis-à-vis des chefs, qui lui recommandent de bien persuader à Mouanga qu'il a tout intérêt à suivre docilement les avis des agents anglais ? Nous sommes loin de l'enquête ; et voilà des passages qui doivent singulièrement réjouir le cœur des fervents ougandistes qui, l'automne dernier, acclamaient de si chaleureuse façon le bouillant capitaine Lugard.

Afrique orientale. — Dans les premiers jours de février, de graves désordres se sont produits parmi les Somalis à Kismayu. Des Somalis ayant maltraité un agent de de la Compagnie de l'Afrique orientale, le vaisseau de guerre *Vidgeon* a tiré sur la ville ; huit Somalis ont été tués, les autres se sont retirés. Aucun Européen n'a été blessé. A la suite de l'échauffourée, les quartiers indigènes de la ville ont été livrés aux flammes.

On n'a permis aux Somalis de rentrer à Kismayu qu'après avoir exigé d'eux qu'ils se soumissent à la suzeraineté de l'East-African Company.

Zambézie britannique. — Cette vaste région située dans le prolongement des territoires britanniques de l'Afrique australe sur la rive nord du Zambèze, est à peine depuis deux ans aux mains de l'Angleterre et déjà le commissaire Johnston qui, comme on sait, en a l'administration, peut en donner des nouvelles très satisfaisantes. Sans doute il n'y a encore qu'une assez petite partie du pays qui soit occupée, celle qui avoisine les lacs Nyassa et Moero et plusieurs chefs sont assez loin d'avoir accepté la domination anglaise, comme l'ont prouvé certaines récentes escarmouches ; mais déjà 126 Européens ont émigré et le commerce, d'octobre 1891 à octobre 1892, s'est élevé pour l'importation à 42.000 livres et à 37.000 pour l'exportation. Le gouvernement a d'ailleurs fait tout ce qu'il fallait pour rendre la vie plus facile à ses nationaux, et non seulement il a acquis du Portugal une station navale à l'embouchure du Zambèze où naviguent quatre steamers anglais, sans compter les deux canonnières qui ont atteint le lac Nyassa, mais il a organisé 7 bureaux de poste à l'usage des planteurs et des missionnaires. Le pays est divisé en huit districts, à la tête de chacun desquels est un administrateur, et il y a environ 250 hommes de police, tant soldats de l'armée des Indes que Zanzibaris.

POSSESSIONS ALLEMANDES

Afrique orientale. — Le bruit a couru une fois de plus que le baron de Soden, gouverneur de l'Afrique orientale, qui est, en ce moment, en congé, ne rentrerait pas dans la colonie, mais cette nouvelle a été mise en circulation trop souvent pour qu'on y ajoute une foi entière ; il faut reconnaître pourtant que le gouverneur intérimaire, M. de Schele, agit en maître, ce qui tenderait à faire croire qu'il doit quitter la position de subordonné. Il vient d'entreprendre un tour dans l'intérieur et il paraît qu'il fait toutes sortes de réformes au cours de ses visites des stations. C'est jusqu'à Tabora qu'il poussera sans doute, et là il trouvera pour le recevoir, le nouveau chef de station, lieutenant Sigl, qui a reçu des renforts considérables pour surveiller cette importante région ; les difficultés de son prédécesseur avec le Sultan Sikki et la peine qu'on avait eu à en venir à bout ont ouvert les yeux au gouvernement et le lieutenant Sigl aura sous ses ordres 150 Souahélis et 50 Zanzibarites avec une douzaine d'Européens ; il a ordre d'ailleurs d'employer toute sa diplomatie pour maintenir la paix sur la route des caravanes et de n'user de rigueur contre les petits sultans locaux qu'à la dernière extrémité et quand le succès sera assuré. Il faut d'ailleurs ne pas se faire d'illusion sur la portée de ces instructions : tous les chefs de poste en reçoivent de semblables, ce qui ne les empêche pas de guerroyer sans cesse. Tout récemment encore le chef Johannès, le même qui avait amené des renforts à la station du Kilimanjaro après le désastreux combat avec les Moshis, vient d'avoir maille à partir avec les tribus pillardes des Massaï, mais cette fois avec succès et, après leur avoir tué une cinquantaine d'hommes, il leur a razzié plus de deux cents chèvres.

On ne s'occupe pas seulement de guerre et d'administration dans la colonie et il paraît que la culture y fait de grands progrès. La Société d'Ouzambara, pour la culture du café, a fait parvenir des nouvelles excellentes sur l'état prospère des affaires qu'elle a entreprises. Une nouvelle extension va être donnée aux cultures de café ; la compagnie a fait choix, à 60 kilomètres de la côte d'un pays très fertile et bien arrosé, où l'on cultivera des plants de Bourbon qui réussissent très bien ; la population pacifique et laborieuse fournit la main-d'œuvre nécessaire ; par la suite on établira une voie ferrée qui reliera cette nouvelle plantation à Tanga, qui est desservi régulièrement par les vapeurs de Hambourg, de la Compagnie subventionnée.

De même les explorations en cours réussissent, et s'il n'y a rien de particulier à dire cette fois de celles qui avaient le lac Victoria Nyanza pour but, au moins sait-on que celle du major de Wissmann est en bonne voie, il a pu remonter la Zambèze et le Shiré avec son navire et, après avoir démonté le steamer au pied des rapides, ses gens l'ont déjà porté jusqu'à Blantyre, presqu'au sommet du plateau qu'il y a à traverser pour arriver au lac Nyassa. Au reste, quelqu'intéressante que fût la tentative du major de Wissmann, il était peu douteux qu'elle ne réussît pas dans cette première partie au moins, car les Anglais ont déjà su transporter deux canonnières sur le lac et une troisième est en route.

Les journaux anglais ont annoncé ces temps-ci que d'après les nouvelles venues d'Ouganda, Emin Pacha aurait succombé à ses maladies dans une station des environs du lac Victoria Nyanza et que le capitaine Williams en aurait averti officiellement le lieutenant Hermann, qui commande à Boukoba la station allemande. Mais le bruit de la mort du Pacha a couru si souvent déjà qu'il est bon d'en attendre la confirmation pour y croire.

Cameroun. — Des communications télégraphiques viennent d'être établies entre la colonie et l'Allemagne.

NÉCROLOGIE

On annonce la mort de :

M. le chef de bataillon d'infanterie de marine Oswald, décédé le 23 janvier au Soudan, des suites d'une insolation. Le commandant Oswald n'avait pas encore quarante-huit ans, il était dans sa vingt-septième année de service. Il avait fait plusieurs séjours au Sénégal et avant son départ pour le Soudan, il commandait à Saint-Louis un bataillon de tirailleurs.

— M. l'enseigne de vaisseau Baratte, adjudant du commandant de la marine du Sénégal, emporté à l'âge de 25 ans par une maladie contractée l'an dernier dans la campagne qui a précédé la guerre du Dahomey.

— M. Gustave de Barral mort à Grand-Lahou, des suites d'une fièvre algide qu'il avait contractée dans son exploration du Cavaly.

BIBLIOGRAPHIE

LA FRANCE EN ALGÉRIE, par Louis VIGNON, Paris, 1893, Hachette et Cie, in-8 (avec six cartes dans le texte).

Bien des livres ont paru depuis quelques années sur l'Algérie, et des livres qui certes sont excellents, pour ne parler que de ceux de MM. Gaffarel et Wahl; en voici un nouveau qui n'est pas moins recommandable et qui est peut-être le plus complet de tous. M. Vignon a étudié toutes les données du problème algérien et il les expose avec un singulier luxe de détails : après avoir, en quelques pages, raconté la conquête française, il montre quelles difficultés la France a eues à résoudre dans l'organisation de sa nouvelle colonie et il les passe toutes en revue; toutes les questions y sont traitées, celles de la colonisation officielle et de la colonisation privée, celle du régime des terres, des cultures et des institutions de crédit, sans compter les questions administratives, telles que le régime douanier, les travaux publics et le budget de la colonie. Mais le problème qui a attiré le plus vivement l'attention de l'auteur est le problème indigène; il trace un tableau fidèle de l'état de la société indigène après soixante ans d'occupation française et étudie la politique à suivre à l'égard de cette société, examinant les diverses théories en présence et les contrôlant au moyen des faits; c'est ainsi qu'il est successivement amené à s'occuper des écoles, des forêts, de la justice, du service militaire, etc. Nous ne saurions suivre M. Vignon dans les infinis développements où il est entré, dans ce gros volume de plus cinq cents pages, bien qu'il ne puisse y avoir qu'intérêt à marcher sur ses traces et aussi que plusieurs de ses conclusions nous paraissent au moins hasardées; mais il faudrait, pour discuter avec lui, autre chose que les quelques lignes d'un simple article bibliographique; au reste, quelles que soient les différences d'appréciation, assez sérieuses certes sur divers points, qui nous séparent de lui, nous ne pouvons que louer la force de travail qu'il a déployée et la méthode qui a présidé à ses recherches et à leur exposition, de façon à faire d'un ouvrage de science un livre abordable et intéressant pour tous.

Le Gérant : H. PERCHER.

11073. — Imprimerie de la Bourse de Commerce (F. Bivort).

Troisième Année.　　N° 4. — Avril 1893

BULLETIN DU COMITÉ

DE

l'Afrique Française

PUBLIÉ MENSUELLEMENT

Sous la direction de **M. Harry Alis,**
avec la collaboration de **MM. Henry Frisch de Fels,**
Raymond Kœchlin, etc.

Adresser toutes les communications
à M. le Secrétaire général
du **Comité de l'Afrique Française**
15, rue de La Ville-l'Évêque, Paris.

Prix du Numéro : 2 FRANCS

Tout Souscripteur du Comité reçoit
de droit ce BULLETIN.

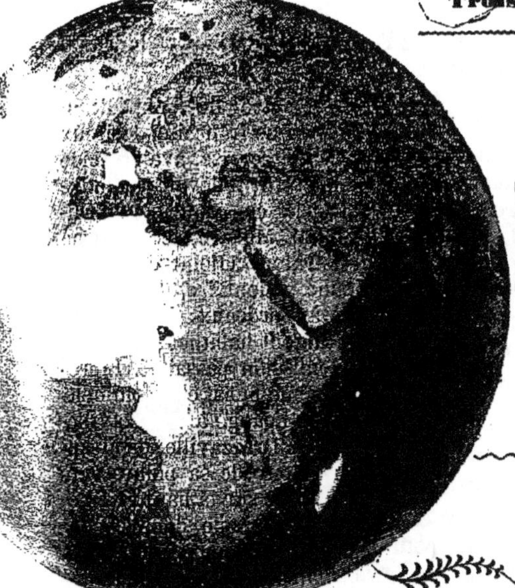

SOMMAIRE

Avis

Nous serions reconnaissants à ceux de nos Souscripteurs qui ont signé des engagements annuels de vouloir bien envoyer, dès maintenant, à notre Trésorier, **M. Armand Templier,** *79, boulevard Saint-Germain, le montant de leur souscription pour 1893.*

EXTRAIT

DES

Délibérations du Comité pendant le mois de Mars 1893

Séance du 9 mars

Etaient présents : MM. le prince d'ARENBERG. président; le général de GALLIFFET; de KERJÉGU; TEMPLIER; GAUTHIOT;

PÉREIRE; MORILLOT; RENOUST DES ORGERIES; PERCHER, secrétaire général.

M. le Secrétaire général fait un exposé détaillé de notre situation dans la région des lacs.

Deux voyageurs, MM. Mioskovitz et Dantier, qui doivent partir prochainement pour une expédition scientifique et commerciale au pays de Kong, en suivant la route du capitaine Binger, sont présentés au Comité par M. le Secrétaire général.

M. le Président leur exprime les vœux que le Comité forme pour le succès de leur entreprise.

Séance du 30 mars

Etaient présents : MM. le prince d'ARENBERG, président; de VOGÜÉ; général de GALLIFFET; GAUTHIOT; Georges BERGER; TEMPLIER; HAUSSMANN; MORILLOT; de MOUSTIER; général BORGNIS-DESBORDES; PERCHER; PÉREIRE; RENOUST DES ORGERIES; capitaine BINGER; général DERRÉCAGAIX; GUICHARD; PATINOT; LOREAU.

Toute la séance est consacrée à la discussion des mesures à prendre à l'occasion de l'heureux retour de la mission Maistre.

LISTE DES SOUSCRIPTEURS[1]

(Suite)

		Report.....	267.717	60
MM.				
Labordère...........................A			15	»
Laferrière ....A			20	»
Marquis de La Guiche ....A			50	»
Lalance............................A			20	»
Colonel Lamey......................A			20	»
Baron de Langsdorff ....A			50	»
Lebel............................A			20	»
Lecaudey ....A			20	»
Max Leclerc ....A			10	»
A. Lefebvre........................A			20	»
		A reporter.	267.972	60

Report.....	267.972	60
Lehideux ....A	25	»
Le Roux................................A	20	»
Lerasseur..............................A	20	»
Mairesse..............................A	10	»
E. Mallet..............................A	20	»
J. Mallet ....A	20	»
Marie Lionel... ....A	10	»
Menaut ....A	20	»
Meurand ....A	40	»
Mézières..............................A	5	»
Milne-Edwards..................... ...A	25	»
Monnier...............................A	24	»
R. de Monti de Rezé..................A	20	»
Moreau................................A	20	»
Mme Vve F. Nolte..... .. ..A	100	»
Palausi ....A	10	»
Du Paty de Clam ....A	20	»
Paul Pelet. ....A	100	»
Pénard................................A	10	»
Petit ....A	5	»
Picot ... .A	10	»
De Pouydraguin ....A	50	»
Prillieux...........................A	20	»
Reboul ... .A	20	»
Richet................................A	25	»
Richeux...............................A	25	»
Rochard... ... .A	20	»
Duc de La Roche-Guyon................A	50	»
Rochette..............................A	10	»
Salone ... ...A	20	»
B. Saint-Hilaire. ....A	10	»
Salomon..............................A	25	»
Sartiaux..............................A	40	»
Marc Sauzet..........................A	30	»
R. Schiff..............................A	20	»
Schlumberger.........................A	20	»
Victor Souchon.......................A	20	»
Vacheron.............................A	10	»
Vandal................................A	20	»
E. Vaquez ....A	20	»
A. Vernes.............................A	50	»
Vesigné ....A	40	»
Vidal de la Blache.. ....A	20	»
Vignon................................A	20	»
Vuillot....... ....A	50	»
Total.....	269.141	60

LE RETOUR DE MAISTRE

Le 26 mars, M. Delcassé, sous-secrétaire d'Etat des colonies, a reçu de M. Maistre, chef de la mission d'exploration du Baghirmi, le télégramme suivant, daté de Brass (Bouches-du-Niger) 25 mars :

J'arrive à Akassa avec Brunache, Clozel, de Béhagle, Bonnel de Maizières et Briquez, en santé parfaite. Nous avons traversé pacifiquement le sud du Baghirmi, reliant ainsi à l'Oubangui l'itinéraire de Nachtigal. Après avoir passé des traités sur le Chari et sur le Logon, nous avons gagné l'Adamaoua, par une route inexplorée, au prix de nombreuses difficultés et en livrant des combats où nous avons eu plusieurs tués.

MAISTRE.

Le Comité de l'Afrique française a, de son côté, reçu le télégramme suivant :

Brass (Bouches-du-Niger).

Je vous confirme la dépêche adressée au sous-secrétariat d'Etat des colonies. Je rapatrie 55 hommes au Sénégal, 50 au Gabon, 5 à Konakry. Nous serons à Dakar vers le milieu d'avril.

C'est au lendemain du désastre de l'expédition Crampel que le Comité de l'Afrique française, désireux d'assurer l'avenir de l'œuvre entreprise, avait décidé le départ immédiat de M. Maistre; il devait rejoindre au plus vite M. Dybowski, déjà en route pour l'Oubanghi. Le 10 janvier 1892, M. Maistre, accompagné de M. Clozel, d'un administrateur-adjoint d'Algérie, M. de Béhagle, et d'un jeune volontaire, M. Bonnel de Maizières, s'embarquait à Bordeaux; il recrutait en passant, à Dakar, le contingent habituel de laptots sénégalais; le 1er février, la mission passait à Libreville et, vers le milieu du même mois, elle commençait les transports par terre de Loango à Brazzaville. Le 30 mars, Maistre arrivait à Brazzaville, où il apprenait que Dybowski, au retour de sa pointe vers El-Kouti, était allé créer un poste sur la haute Kémo. Maistre se disposait à le joindre lorsque, dans le courant d'avril, le chef de la précédente mission arriva sur le Pool. Vaincu par la maladie, il avait abandonné la Kémo et revenait en France. Il n'y avait pas une minute à perdre pour reprendre la marche en avant.

A Brazzaville, Maistre avait eu la joie d'assister au retour triomphal de Mizon; il s'était entendu avec lui sur la direction à choisir pour le retour.

La mission reprit aussitôt sa marche; elle remonta le Congo, puis l'Oubangui, passa devant Bangui, ancien poste avancé de la France, avant les missions du Comité de l'Afrique française. Au commencement de juin, elle atteignait le poste de la Kémo et opérait sa jonction avec les lieutenants de Dybowski, MM. Brunache et Briquez. Ceux-ci, pleins d'énergie et d'enthousiasme, se plaçaient aussitôt sous le commandement de Maistre. Et tous commençaient avec ardeur les derniers préparatifs, avant de s'enfoncer dans l'inconnu.

La mission quitta, au commencement de juillet, le poste de la Kémo. Dans une dernière lettre, Maistre avisait le Comité de l'Afrique française de son intention de longer le sud du Baghirmi et de revenir par l'Adamaoua. C'est ce programme qu'il vient de réaliser en reliant, comme il l'a télégraphié, l'itinéraire de Nachtigal à nos postes d'occupation sur l'Oubangui, en traversant ensuite la région inconnue du Logon et rejoignant l'Adamaoua, où il a dû rencontrer Mizon.

Quelque incomplets que soient les renseignements qui nous ont été transmis de l'embouchure du Niger, on peut déjà apprécier l'importance de l'œuvre accomplie par Maistre. Au point de vue politique, il a doublé la ligne française déjà opposée par Mizon à la pénétration des Allemands de Cameroun vers l'intérieur. Les traités signés sur le Chari et sur le Logon reportent le domaine de la France jusqu'au delà du 10e degré de latitude nord et assurent l'extension de notre influence jusqu'au Tchad déjà atteint par le nord. Au point de vue scientifique, Maistre et ses compagnons Brunache, Clozel, Briquez, de Béhagle, Bonnel de Maizières, — tous en bonne santé, dit la dépêche, — vont pouvoir remplir l'un des derniers blancs de la carte d'Afrique, ce triangle mystérieux situé entre l'Oubangui, le Chari et le Logon.

Les difficultés que la mission paraît avoir rencontrées ont dû se produire dans les pays frontières, sur ces sortes de marches, théâtre incessant des luttes entre Foulanis musulmans et noirs fétichistes, également prêts les uns et les autres à s'alarmer de la venue d'un étranger et à le traiter en ennemi.

Grâce à Mizon, à Monteil, à Maistre, le voilà donc réalisé, ce plan de Crampel, qu'au début les hardis, les plus bienveillants considéraient comme une touchante chimère! Encore quelques efforts et, comme il l'écrivait en février 1890 à M. Etienne, lequel a droit à sa part de gloire dans toutes ces entreprises :

L'Algérie-Tunisie, le Sénégal et le Congo tendent à s'agrandir vers le lac Tchad, devenu pour ainsi dire le point géométrique de leur union. Nous devons réaliser cette union. En France, on ne se passionne point pour des théories compliquées : il faut une formule simple et un fait qui la synthétise, qui la concrétise, pour ainsi dire. Eh bien, la réunion sur les bords du Tchad de nos possessions de l'Algérie-Tunisie, du Soudan français et du Congo français sera cette formule et, que je vive ou que je meure, mon voyage sera le fait symbolique.

Voilà désormais le Congo français continué par des traités authentiques jusqu'au Baghirmi, dominant ce pays et, par conséquent, le Tchad par le sud. Après le commandant Monteil, nos résidents dirigent les actes des famas du Haut-Niger et de sa boucle; au sud de l'Algérie, les postes avancés installés par M. Cambon, jalonnent les futurs marchés du Biskra-Ouargla. Et derrière ces avant-coureurs de la France, les puits artésiens jaillissent du sol saharien, recréant la vie agricole et commerciale sur le vieux continent desséché; les agents du syndicat du Soudan français vont trafiquer jusqu'aux extrêmes régions nigériennes où s'étend l'influence protectrice de nos armes; des voyageurs de commerce, munis de tonnes d'objets français, accompagnent Mizon à Yola; d'autres commerçants entreprenants — mercantis, si l'on veut, mais quel métier est noble en soi? — ont suivi les missions du Comité de l'Afrique française jusqu'aux confins de Baghirmi, en attendant que des concessions intelligentes, sinon de chartes souveraines, du moins de territoires exploitables, permettent aux capitaux français de mettre en valeur les richesses incalculables de ces régions hier encore presque mythiques.

HARRY ALIS.

LA MISSION MIZON

M. Delcassé, sous-secrétaire d'Etat des colonies, a reçu le 27 mars de M. Mizon, par la voie de Kotonou un télégramme sans indication de date ni de lieu, mais qui paraît être postérieur au 6 janvier.

M. Mizon se déclare très satisfait de ses relations avec le Sultan de Mouri. Il dit être sans nouvelle de la mission Maistre. Toute l'expédition est en bonne santé, à l'exception de MM. Ward et Waughan, qui rentrent malades.

COLONIES FRANÇAISES
ET PAYS DE PROTECTORAT

ALGÉRIE

La mission Méry. — L'explorateur Méry est rentré le 21 mars à El Oued, après avoir rempli avec succès la seconde mission dont il avait été chargé chez les Touareg Azdjer.

On sait que cette mission avait été organisée par le *Syndicat de Ouargla au Soudan*, fondé par les promoteurs de l'idée d'une entente pacifique et commerciale avec les Touareg Azdjer, et présidé par M. Georges Rolland, membre du Comité de l'Afrique française.

D'après les premiers renseignements parvenus, la mission a d'abord remonté l'Igharghar, en parcourant des régions encore inexplorées, puis dépassé Timassinin et atteint Aïn et Hadjadj, au prix de nombreuses difficultés. Arrivé là, M. Méry a renvoyé les Chaamba qui lui avaient été donnés comme escorte, et il s'est audacieusement avancé au-delà, accompagné seulement de M. Guilloux et de cinq indigènes fidèles.

Il a poussé ainsi une pointe hardie vers le Sud-Est, dans la direction de Rhat, et a gagné le lac Menkhough, situé à 270 kilomètres environ au Sud-Est de Timassinin. Depuis le massacre de la mission Flatters, aucun explorateur, parti d'Algérie, n'avait poussé aussi loin dans le Sahara central.

A Menkhough, M. Méry s'est rencontré avec le grand chef Mouley et d'autres chefs Adzjers, qui l'ont reçu, assemblés en djemaâ. Il a eu avec eux plusieurs entrevues importantes, et nous serons bientôt fixés sur les résultats politiques et commerciaux de ces négociations.

M. Méry a échangé ses armes avec Mouley, ce qui est, chez les Touareg, le meilleur gage d'amitié. Il rapporte des lettres de ce grand chef pour le Président de la République et pour le Gouverneur général de l'Algérie.

En attendant de plus amples détails, nous ne voulons pas tarder à rendre hommage à l'énergie et au courage admirables qu'a déployés M. Méry.

Nous adressons également nos félicitations au syndicat dont la généreuse initiative a permis à M. Méry d'accomplir cette mission, et à M. le Gouverneur général de l'Algérie, dont la politique clairvoyante a encouragé cette initiative.

La voie ferrée de Biskra à Ouargla. — Les commissions d'enquête de Constantine et d'Alger ont terminé leurs travaux et transmis leurs conclusions.

La commission d'Alger a conclu, à l'unanimité, à la déclaration d'utilité publique de la section Biskra-Tougourt, mais la majorité est opposée à la section de Tougourt-Ouargla.

Par contre, la commission de Constantine a émis, à l'unanimité, en faveur de la ligne entière un avis favorable.

La famine. — Une terrible famine sévit actuellement dans la plaine du Cheliff. Un comité de secours s'est aussitôt formé à Paris, sous la présidence de M. Guichard, sénateur de l'Yonne, membre du comité de l'Afrique Française. M. Henri Pensa, ancien secrétaire de la délégation sénatoriale en Algérie, a été chargé de réunir les adhésions.

Les souscriptions peuvent être adressées au compte du comité de secours que M. Denormandie a ouvert au Comptoir national d'escompte, M. Guichard y a versé une somme de 1,000 fr.

SÉNÉGAL

Les troubles du Fogny. — La situation dans le Fogny est fort troublée, et pour y mettre quelque ordre, le gouverneur du Sénégal a expédié en Casamanse le *Brandon* et le *Myrmidon* avec 60 tirailleurs sénégalais auxquels s'adjoindra une partie de la garnison de Sedhiou. L'administrateur de Carabane,

M. Laplène, va remonter au Fogny pour prêter son concours au chef du détachement, avec ordre de constituer un cordon de surveillance et de tracer une route, le long de la frontière de Gambie. Nous parviendrons peut-être ainsi à arrêter les incursions des Mandingues anglais sur notre territoire et à établir sérieusement notre autorité sur des villages fortifiés qui nous appartiennent et jouent volontiers un double jeu ; ils devraient obéir à Foddé-Kabba que nous avons reconnu roi du Fogny, mais selon leurs caprices ou leurs intérêts du moment, ils se réclament de la possession française ou de celle des Anglais. En réalité, ils n'ont jamais accepté notre protection et le gouverneur a donné pour instruction d'en finir avec ces gens-là et de leur imposer notre drapeau de gré ou de force. Mais sans doute l'exécution de cet ordre amènera un conflit, et probablement il causera dans cette riche région une agitation qui ne peut que nuire au commerce.

Comment est-on arrivé à cette extrémité, d'être obligé d'agir militairement dans le Fogny ? La faute date de loin. Nous avons mis des Diolas sous la coupe d'un chef mandingue qui ne cesse de les piller et de les rançonner. Foddé-Kabba, notre protégé, n'est autre chose qu'un chef de bande venu des bords du Sénégal et il n'a aucune attache dans le pays. Dans le Combo, où une situation analogue a été créée l'an dernier, la paix sera troublée avant longtemps et pour les mêmes raisons. Le chef, un certain Maugonné, originaire du Cayor, nous gênait dans son pays natal ; nous l'avons installé du jour au lendemain au Combo. Jusqu'à présent, il ne pressure pas trop les Diolas, mais il vient de défendre la traite des caoutchoucs qui se dirigeaient sur la Gambie et l'on parle aujourd'hui de le remplacer. Comme il n'obéira pas, il faudra agir de vive force, partir en guerre contre ce chef, qui n'est pas bien redoutable ; mais enfin tout cela remue la région et ne fait pas les affaires des traitants.

Somme toute, la situation est assez difficile ; les dernières nouvelles du Fogny rapportent que Foddé-Kabba ne se contente pas de piller les Diolas ; il s'attaque aussi à nos caravanes. Les Diolas se réfugient en masse sur la rive gauche de la Casamance. Voilà ce qui se passe du côté de la frontière anglaise, et il est bon de signaler ces faits, ne fût-ce que pour être en garde contre les versions qui partent de Sainte-Marie-de-Bathurst.

SOUDAN FRANÇAIS

La campagne. — Nous avons déjà annoncé que le colonel Archinard avait quitté Kayes pour se rendre à Ségou-Sikoro en passant par Nioro, d'où, on se le rappelle, il a chassé Ahmadou-Sheikou dans le cours de sa dernière campagne. Le colonel est parti de Kayes avec une simple escorte, mais il comptait ramasser, sur sa route, plusieurs centaines d'auxiliaires et faire son entrée à Ségou avec une certaine pompe, et voici pourquoi. On sait que Mounirou, chef du Macina, a été détrôné et mis à mort par son frère Ahmadou ; Mounirou n'était pas de nos amis, mais il ne se livrait à aucun acte d'hostilité ; il voyait d'un œil inquiet notre établissement à Ségou et nos agran-

dissements au Soudan ; il éconduisait volontiers nos agents, mais son hostilité n'était que platonique. Son frère Ahmadou, au contraire, a de nombreux comptes à régler avec la France : nous lui avons enlevé le Ségou, le Kaarta, etc., et il doit ruminer une revanche. C'est pourquoi le colonel Archinard tient à se présenter devant l'ancienne capitale d'Ahmadou avec un appareil militaire qui donnera à réfléchir à son vieil adversaire. De Ségou, le commandant supérieur du Soudan remontera le Niger afin de visiter nos postes avant la mauvaise saison.

Cependant le colonel Combes ne perd pas son temps ; on avait été assez longtemps sans nouvelles de lui, mais voici un télégramme reçu du colonel Archinard par le sous-secrétaire d'Etat des colonies ; il résume en quelques mots les faits de guerre accomplis dans cette première partie de la campagne et qui sont tels qu'on peut dire anéantie la puissance de Samory :

Sama, le 24 mars.

Le colonel Combes est de retour de Kerouané après une course de 650 kilomètres dans l'Est, qui a duré trente-quatre jours. Il a visité Gueleba où s'étaient concentrées les bandes de sept chefs de Samory et Samory lui-même. Une de ces bandes comportait 700 fusils à tir rapide et 300 chevaux.

Le colonel a tout bousculé, malgré la force des positions choisies par l'ennemi. Les combats ont eu lieu presque toujours en forêt.

Toutes les bandes que Samory avait dans l'Est ont subi un véritable désastre, leurs débris ont été repoussés fort loin. Samory est abandonné. Sa préoccupation est de cacher sa retraite, même à ses fidèles. On le croit dans le Sud.

La fraction de la colonne partie avec le colonel Combes comptait 103 Européens ; il n'y a pas eu un seul décès parmi eux. Au total nos pertes sont, pendant cette magnifique campagne, de : 3 Européens légionnaires blessés ; 34 indigènes tués ou blessés, ou disparus.

Aucune perte dans le personnel non combattant. La fraction commandée par le capitaine Dargelot est de retour avec plein succès de sa tournée au Sud-Ouest en Sanankoro ; elle a ramené 1,100 prisonniers enlevés à Samory et fait un gros butin. La fraction commandée par Briquelot poursuit le peu qui reste des bandes de Balali. Il a fait un butin considérable. Les pertes de ces deux côtés ont été aussi très faibles.

La puissance de Samory est complètement détruite par ces résultats. Je vous recommande Combes qui s'est montré organisateur, chef et soldat.

C'est la tactique de Borgnis-Desbordes contre Samory, de Galliéni contre Mahmadou-Lamine, d'Archinard contre Ahmadou-Sheikou que le colonel Combes vient de mettre si brillamment en pratique. Samory n'a trouvé ni trêve, ni répit dans la chasse extraordinaire que lui a donnée la colonne du Niger, mais ce qu'il ne faut pas oublier, c'est qu'il faut au chef qui dirige de tels raids un singulier prestige sur ses hommes pour obtenir d'eux l'effort indispensable pour supporter les grandes fatigues et les énormes privations qui accompagnent ce genre d'expéditions. Et non seulement, il a rejeté Samory si loin dans l'Est qu'on ne sait où il s'est réfugié, mais encore il a désagrégé toute la force de résistance de l'almamy en bousculant dans l'Ouest les bandes de ce grand chef qui occupaient la route du littoral, vers la Mellacorée, en s'appuyant sur la frontière anglaise.

Le colonel Combes, en effet, s'est efforcé en même temps, qu'il traquait Samory avec la colonne de l'Est, de couper, avec celle de l'Ouest, les communications entre Samory et Sierra-Leone et de commander la route des caravanes qui se dirige vers la colonie anglaise, d'où l'almamy tirait son armement et ses approvisionnements de guerre; il y a eu naturellement à ce sujet des polémiques de presse, les journaux anglais accusant les troupes françaises d'avoir pénétré jusque sur le territoire anglais, et ceux de ce côté de la Manche leur faisant de vertes répliques; il est d'ailleurs bien difficile de prendre parti dans cette affaire en connaissance de cause pour l'excellente raison que bien des noms ne sont pas marqués sur les cartes peu complètes que nous possédons de ces régions et que d'autres points y sont marqués d'une façon seulement très approximative. Nous ne doutons pas pourtant que le colonel Combes n'ait agi, en tout cela, avec prudence et que les plaintes britanniques ne soient, comme d'habitude, empreintes d'une forte exagération.

Le groupe de la colonne du Haut-Fleuve, qui a été détaché vers les sources du Niger, effectuera son retour à la côte par la vallée de la Mellacorée. Il montrera ainsi le drapeau français dans une région peu fréquentée jusqu'à ce jour et que les sofas de Samory ont pillée à maintes reprises.

La mission Deporter. — On écrit de Nioro, à la date du 30 janvier, à la *Politique Coloniale* :

Le commandant Deporter, chargé d'une mission dans les pays musulmans qui bordent le nord de nos possessions du Sénégal et du Soudan est arrivé à Nioro.

Il a visité tout le pays au nord de Bakel, la province de Guidémakka, celles du Sen, de Diafounou, du Ka et du Kéniaréinguima. Il est entré en relations avec les Maures qui fréquentent ces provinces et a fait ample provision de documents géographiques, historiques, etc. Il a réussi à se procurer des renseignements sûrs au sujet des ordres religieux, de leur prosélytisme et de leurs relations avec les pays musulmans du Nord. Dans les provinces parcourues, tous les habitants sont musulmans fervents. Deux ordres religieux sont très répandus celui de Tidjania, actuellement en décadence, et celui des Kadria de Sidi Abd-el-Kader Djelani, qui est le plus répandu et qui tend à supplanter les Tidjania. Ceux-ci perdent depuis quelques années beaucoup de *kouans* (affiliés). La Jaouïa, mère des Kadria est à Bagdad, mais les Maures et les noirs affiliés à cette secte prennent leur mot d'ordre du Maroc chez les Mokadem de Oualata, Tichit et les marabouts nomades.

Le commandant Deporter quittera Nioro dans quelques jours pour continuer son voyage, visiter les provinces du Bakhounou, du Ouagadou, du Kotou, passera quelque temps à Gombou, et de là rejoindra à Sansanding le colonel Archinard.

Gombou est une ville assez importante, située au nord de la ligne Nioro-Ségou.

— Le rapport du colonel Humbert sur les opérations militaires de la campagne de 1892 contre Samory a paru dans le *Journal Officiel* ; nous regrettons que la longueur de cet intéressant document ne nous permette pas de le placer sous les yeux des lecteurs du *Bulletin*.

— Afin de mettre un terme aux abus qui ont été la conséquence du système de concessions gratuites des terrains de Kayes, le commandant supérieur au Soudan français vient de décider qu'à l'avenir les terrains ne seront plus délivrés gratuitement et que ceux qui ont été concédés précédemment, et dont les propriétaires n'ont pas rempli les conditions exigées pour devenir possesseurs définitifs, feront retour à la colonie.

GUINÉE FRANÇAISE

La réorganisation administrative. — La réorganisation de nos établissements de la côte de Guinée est un fait accompli. Un décret du 10 mars vient de constituer en trois colonies distinctes celles de nos possessions africaines qui sont situées entre la Guinée portugaise et la colonie anglaise de Lagos.

La Guinée française, la côte d'Ivoire et le Bénin, auront dorénavant leur autonomie complète et seront administrés chacun par un gouverneur, assisté d'un secrétaire général. De plus comme nos possessions ont un hinterland, le gouvernement a délimité de la manière suivante les sphères d'action des trois nouveaux gouverneurs.

Celui de la Guinée française, qui est le docteur Ballay, est chargé de l'exercice du protectorat de la République sur le Fouta-Djallon et les territoires avoisinants.

Le gouverneur de la Côté-d'Ivoire, qui est le capitaine Binger, est chargé de l'exercice du protectorat de la République sur les États de Kong et les autres territoires de la boucle du Niger. Toutefois, les États de Samory et de Tieba restent sous la juridiction du commandant supérieur du Soudan français.

Quant à l'action du gouverneur du Bénin, qui sera très probablement M. Ballot, elle s'étendra sur tous les établissements compris entre la colonie anglaise de Lagos et la colonie allemande du Togo et sur les territoires de l'intérieur.

Les recettes des douanes. — Le sous-secrétaire d'État des colonies vient de recevoir des renseignements statistiques sur le commerce de la colonie du Bénin pour les trois premiers mois de l'année 1893.

Du 1er janvier au 25 mars, les recettes douanières pour toute la colonie se sont élevées à 231,000 francs, qui se décomposent ainsi : Porto-Novo, 125,000; Kotonou, 30,000; Wydah, 36,000; Grand-Popo, 40,000.

Le mouvement commercial de Wydah pour la même période présente les chiffres suivants : 473,000 francs à l'importation et 520,000 à l'exportation.

La route du Fouta-Djallon. — L'administration de la colonie pousse très activement les travaux de la route commerciale qui doit relier la côte au Fouta-Djallon. C'est une piste, large de quatre mètres, établie dans la brousse, avec des vallonnements et des fossés latéraux pour l'écoulement des eaux. En outre, et c'est l'un des avantages les plus appréciables, des ponts et des ponceaux sont établis sur les rivières et les marigots. La route de Konakry à Timbo, la capitale du Fouta-Djallon, devra avoir de 400 à 450 kilomètres. En ce moment, il n'y a en construction que deux tronçons, d'une longueur totale d'environ 100 kilomètres, destinés à mettre en communication la capitale de la Guinée française avec un point situé sur le Badi, affluent de la rivière Koucouré ou Dubréka. A ce point serait établi un bac pour le passage des caravanes venant du Fouta-Djallon.

La route de Konakry au Badi passe par le poste français de Dubréka, situé à l'embouchure du Koucouré. La section de Konakry-Dubréka, longue de quarante-cinq kilomètres environ, est achevée sur une longueur de 20 kilomètres environ. La section Dubréka-Badi, qui aura cinquante-kilomètres, est ouverte sur plus de la moitié du parcours.

L'avenir économique de la colonie est dans le développement commercial avec le Fouta-Djallon.

C'est à cette tâche très délicate, où l'on ne doit mettre en œuvre que des procédés pacifiques, que se consacre le gouverneur de la Guinée, le docteur Ballay, qui va rejoindre son poste par le courrier du 25 mars.

COTE D'IVOIRE

Le capitaine Binger, qui, aussitôt nommé gouverneur de la côte d'Ivoire, a adressé à l'amiral Rieuner sa démission de capitaine d'infanterie de marine, partira vers le mois de juin pour rejoindre son nouveau poste.

Tout est à créer dans la colonie qu'il va diriger, mais les ressources de cette région sont telles que l'argent ne manquera pas. En effet, on compte qu'à elles seules les douanes produiront, cette année, environ 700,000 fr., somme qui suffira pour payer le personnel et lui donner des installations confortables. Dès son arrivée, le capitaine Binger fera procéder méthodiquement à l'occupation de toute la ligne du littoral entre le Lahou et Cavalli, et prendra des mesures pour faire affluer vers nos établissements le commerce de l'intérieur.

Ajoutons qu'on va construire à Grand-Bassam un wharf afin de faciliter les communications entre les bâtiments et la plage. Il y a à Grand-Bassam une barre dans le genre de celle de Kotonou, mais bien qu'elle soit moins dangereuse, elle ne laisse pas d'entraver très sérieusement les mouvements de la rade à la terre et réciproquement ; de là une augmentation du prix des marchandises et de longs séjours des bâtiments qui sont en chargement. Le wharf facilitera beaucoup toutes les transactions et amènera une réduction des dépenses qui grèvent les produits.

La mission Marchand et Manet. — On sait que le capitaine Marchand, de l'infanterie de marine, est chargé, de concert avec le capitaine Manet, également de l'infanterie de marine, d'explorer les fleuves côtiers de la côte d'Ivoire et de reconnaître les voies de pénétration allant de l'Atlantique vers la boucle du Niger. Les deux officiers sont accompagnés de M. de Jocas. Ce dernier est parti récemment pour Grand-Bassam avec deux chaloupes en acier que la mission compte utiliser pour remonter le Lahou.

Le capitaine Marchand est arrivé à Dakar le 13 mars et s'est rendu à Saint-Louis pour recruter les 8 tirailleurs sénégalais et les 8 laptots qui serviront d'escorte. Il a pris passage à bord de la *Ville-de-Maranhao*, des Chargeurs-Réunis, qui avait à bord le capitaine Manet, parti de Bordeaux le 10.

Après quelques jours de séjour à Grand-Bassam, les deux officiers, leur compagnon et leur escorte partiront pour Tiassalé, village situé sur la partie inférieure de Lahou. La durée de la mission est évaluée à un an.

COTE DE BÉNIN

Dahomey. — Quels que soient les bruits qui ont été répandus dans le public, il semble que la situation s'améliore chaque jour dans la région centrale du Dahomey. Pourtant, dans le nord de l'ancien royaume, les colonnes légères continuent à effectuer de fréquentes reconnaissances, afin de montrer notre pavillon. Au cours d'une de ces opérations, une compagnie mixte, composée de légionnaires et de soldats indigènes, détachée de la colonne du commandant Audéoud, a rencontré une bande de rôdeurs qu'elle a vivement poursuivie. On a capturé la plupart de ces pillards, qui ont été passés par les armes, et dans ce petit engagement, le capitaine Millet et deux légionnaires ont reçu de légères blessures.

La grosse difficulté est pour le moment le ravitaillement des postes que nous occupons dans l'intérieur. Les noirs du Porto-Novo embauchés comme porteurs ont été littéralement décimés pendant la campagne et l'on a grand'peine maintenant à recruter parmi eux le personnel indispensable au service des convois : aussi, pour cette raison, le général a-t-il cherché à recruter comme porteurs des indigènes de la cote de Krou, lesquels sont très vigoureux et s'engagent volontiers dans les factoreries et sur les bâtiments qui pratiquent la navigation côtière. Et cette question du ravitaillement est d'autant plus difficile que l'Ouémé et les petites rivières ne sont pas navigables dans la saison actuelle, en raison de la baisse des eaux. De plus, les convois suivant les voies terrestres, à travers forêts et marécages, les déchets de route sont très considérables. On dit qu'ils ont perdu de 1.500 à 2.000 hommes. Dans ces conditions, le corps d'occupation ne peut tenter que des reconnaissances à petite distance de ses points de stationnement, et il lui faut attendre la crue pour se porter par l'Ouémé dans le nord d'Abomey, avec l'aide de la flotille ; c'est pour cela que le général Dodds disait, dans un de ses derniers télégrammes, qu'on ne verrait clair dans notre situation et dans celle de Behanzin qu'après la grande saison des pluies, alors que le pays aura été fouillé du côté d'Agony, et qu'on aura des indications exactes sur ce qui reste du pouvoir de résistance de l'ex-roi du Dahomey.

Pour le moment, il a lancé un manifeste qu'ont publié les journaux anglais et que, dans une correspondance, M. Bayol, qui fut gouverneur de nos établissements du Bénin, croit pouvoir attribuer à un noir, sujet anglais, du nom de Hendry Dosciovo Kagadou, qui a une grande influence sur Behanzin, auprès de qui il représente l'influence anglaise.

Notre devoir, dit l'ex-souverain du Dahomey, envers notre pays et nos ancêtres nous commande de nous défendre jusqu'à la mort. Notre pays ne peut se rendre qu'après l'extermination de la nation dahoméenne.

Je sais que nous ne sommes nullement égaux à la grande nation française, mais, comme roi du pays, je ne puis me dispenser de défendre mon trône et mon royaume.

J'en appelle aux grandes et instruites nations du monde pour qu'elles ne permettent pas qu'une grande puissance comme la France, possédant les armes modernes les plus destructives, foule aux pieds et extermine un peuple qui ne lui a rien fait et dont le seul crime est d'être ignorant et faible. Je fais cet appel à cet égard à la philanthropie et à l'humanité chrétienne des grandes nations civilisées.

Sachant que la continuation de la guerre ne peut résulter qu'un grand sacrifice des deux côtés, je suis désireux de conclure la paix à des conditions compatibles avec l'honnêteté et la justice, et je fais appel aux sentiments d'honneur si élevés dans le peuple français, en faveur de la ratification du traité conclu par le général Dodds et moi-même à Cana.

Les dernières nouvelles de Behanzin indiquent qu'il est toujours réfugié à Kana-Gomé et, malgré le ton de son manifeste, il semble devoir rencontrer dans cette localité, autrefois l'un des centres militaires les plus importants de son royaume, les mêmes difficultés que chez les Mahis. Les indigènes de Kana-Gomé ont été, en effet, avertis par des émissaires du général que nos colonnes sauraient, après la crue des eaux, aller chercher leur ancien roi dans son ancien camp de guerre. Les chefs ont donc montré moins de dévouement à Behanzin après ce message et nous savons de source sûre que des contestations se sont élevées entre eux et sa suite pour des fournitures de vivres.

Quant aux Mahis, après avoir envoyé des émissaires au général Dodds pour s'assurer de sa bienveillance, ils se proposent maintenant en grand nombre pour des engagements dans nos troupes indigènes et constitueront certainement, par les traditions guerrières de leur race, d'excellentes troupes auxiliaires le jour où nous aurons à organiser des corps de troupes locaux au Dahomey.

Néanmoins, dans une dépêche communiquée au Conseil des ministres, le général Dodds exprime l'avis que, tant que Behanzin n'aura pas disparu complètement, il ne faut pas réduire les troupes et qu'il importe de maintenir à Abomey une compagnie blanche, trois compagnies indigènes et une section d'artillerie, ces troupes étant reliés à Porto-Novo et à Wydah par des postes intermédiaires qui exigeront trois compagnies européennes et 4 compagnies indigènes. Le général Dodds ajoute qu'on s'occupe de porter de 50 à 200 l'effectif de la garde civile : il y a lieu suivant lui de maintenir sur le littoral, pour la relève, quatre compagnies européennes.

La dépense prévue pour 1893 doit être évaluée à 5 millions.

CONGO FRANÇAIS

Par un télégramme daté de Libreville et reçu par M. Delcassé, sous-secrétaire d'Etat aux colonies, le lieutenant-gouverneur au Congo français fait savoir qu'il a reçu simultanément plusieurs courriers de M. de Brazza.

Un premier rapport du commissaire général, en date de Bania, 25 septembre, indique que des mesures ont été prises pour créer une organisation stable dans le bassin supérieur de la Sangha et pour assurer nos relations avec les Foulbés.

Un deuxième rapport, en date de Bania, 5 décembre, confirme les renseignements précédents ; le commissaire général a remonté la Mambéré en compagnie de Sergui M'Fada, envoyé du chef Abbou, sur le vapeur *Courbet*, conduit par l'administrateur Gentil jusqu'au village de Boubova, 5° latitude Nord, 13° longitude Est, puis il est revenu à Bania.

Un autre rapport, en date de 12 janvier, campement de Nédissa, dit que des mesures ont été prises pour assurer le rapatriement de Sergui M'Fada, qui a dû être accompagné de M. Ponel, chargé de remercier le chef musulman ; des troubles légers, fomentés par une tribu hostile aux Foulbés, ont pu être repoussés heureusement.

Enfin, une quatrième lettre du commissaire général, en date du 13 janvier, dit que, d'après des bruits parvenus à Gaya, M. Mizon arrivé à Yola serait parti avec le sultan Zoubir, dans la direction du Nord-Est.

MADAGASCAR

Un cyclone a sévi à Tananarive le 28 janvier et a causé d'énormes dégâts en divers points de l'île. Fénérive, Vatoumandry, Mahanoro, Andevoranto et Mananzary ont été en partie anéantis : heureusement Tamatave a peu souffert.

Les récoltes sur presque tout le littoral oriental sont perdues, et l'on craint une disette. On croit que le centre du météore a passé dans le voisinage de Vatoumandry : en ce point, toutes les cases malgaches ont été détruites : le fort Nova et tous les établissements européens ont beaucoup souffert. Le baromètre est descendu à 728 millimètres.

A Manoro, désastre complet : les malheureux habitants ont eu à lutter contre trois fléaux : le cyclone, un raz de marée et une inondation ; ils se sont réfugiés, sur le conseil d'un Européen, dans la ville haute, et c'est grâce à cette mesure de précaution qu'on n'a pas eu de morts à enregistrer. La ville basse a été entièrement submergée. Quant aux récoltes, elles sont anéanties, ainsi que les approvisionnements de riz et de marchandises qui se trouvaient dans les magasins.

Un autre cyclone a sévi, le 21 février, à Sainte-Marie de Madagascar, qui a causé le naufrage du croiseur le *La Bourdonnais* ; on a à déplorer la perte de 21 hommes de l'équipage.

TRIPOLITAINE

Le gouvernement Ottoman a proposé au gouvernement Français de procéder à la délimitation de la frontière entre la Tunisie et la Tripolitaine, assez incertaine jusqu'ici. Le ministre des affaires étrangères y a consenti et des commissaires doivent être nommés incessamment.

ÉTAT INDÉPENDANT DU CONGO

Les heureuses nouvelles qu'on avait reçues des expéditions en cours et aussi des contingents employés dans la lutte contre les Arabes, sont confirmées. Les capitaines Jacques et Joubert tiennent toujours, malgré la supériorité des forces qui les entourent et les armes perfectionnés que ne cessent de recevoir d'Angleterre et d'Allemagne les traitants ; ils tiendront assez certainement pour recevoir les renforts que leur amènera le plus tôt possible M. Descamps. Quant à l'expédition Delcommune, qui revient du Katanga, non seulement, elle rapporte un grand nombre de renseignements géographiques de premier ordre sur l'hydrographie du Haut-Congo, mais elle a eu des nouvelles de première main de l'expédition du lieutenant Dhanis, chargé de tenir tête à l'invasion arabe de Sefou, le fils de Tippoo-Tib : ainsi qu'on l'avait dit, M. Dhanis, avec 500 hommes des troupes de l'État indépendant et 1.000 recrutés par les chefs indigènes voisins ennemis des arabes, a complètement mis en déroute les 15.000 soldats de Sefou, à Goï-Moïssa, et en a débarrassé la région pour plusieurs années sans doute.

POSSESSIONS ANGLAISES

Afrique orientale. — Le Parlement anglais s'est occupé de l'Ouganda et de la mission qu'y remplit Sir Gerald Portal et à cette occasion, il a longuement discuté toutes les éventualités qui pouvaient être envisagées. Naturellement une partie des conservateurs a préconisé l'occupation par les autorités impériales, substituées à la compagnie de l'Est africain; mais telle ne saurait être l'intention du gouvernement, et, M. Gladstone l'a très nettement expliqué, le commissaire est chargé d'une inspection et de la confection d'un rapport, mais de rien de plus. Ce n'est pas une raison d'ailleurs pour que l'avenir ne donne pas satisfaction aux conservateurs : ils savent que lord Rosebery est de cœur avec eux, et lord Rosebery connaît les dispositions de la Chambre, qui s'est montrée extraordinairement favorable à l'expansion coloniale dans l'Ouganda. Les journaux de plus ont organisé la campagne en faveur de l'occupation, aussi est-il vraisemblable que M. Gladstone devra se laisser forcer la main et, la mort dans l'âme, acquérir une colonie de plus à l'Angleterre.

Zanzibar. — Le sultan de Zanzibar, Saïd-Ali, est mort le 5 mars. Son fils Saïd Bargash, aussitôt l'événement connu, essaya de se saisir du pouvoir, fût-ce en tenant tête à l'autorité du représentant britannique, M. Rennel Rodd, fort mal disposé pour lui, et en effet, il se barricada dans le palais, avec quelques fidèles. Les soldats anglais, naturellement, n'eurent pas grand peine à le déloger et M. Rennel Rodd put nommer consul un personnage tout à sa dévotion, Ahmed ben T'haïn. On peut dire qu'avec Saïd Ali disparaît vraiment le sultanat; quelques jours avant sa mort, il avait dû souscrire à de nouveaux envahissements de l'Angleterre et investir les fonctionnaires britanniques de tout ce qui lui restait d'autorité ; son successeur sans doute ne sera qu'un instrument parfaitement docile.

Lagos. — La colonie de Lagos continue à s'efforcer d'étendre sans cesse le champ d'activité de son commerce vers l'intérieur. Le gouverneur de Lagos vient de pénétrer et d'être bien accueilli dans le pays ilorin situé derrière celui des Egbas et des Yoroubas, avec lesquels, on s'en souvient, les agents britanniques ont récemment conclu un traité. Ce pays, fort riche, paraît-il, occupe depuis longtemps déjà l'attention des Anglais. En 1887, l'expédition Macdonald, partie du Niger, y pénétra par le nord et signa une convention avec les chefs. Mais on ne tira pas grand parti de cet arrangement : la voie du nord n'est pas pratique, c'est par la côte et le rivières de Lagos que le trafic doit se faire. Le principal obstacle de ce côté a consisté jusqu'ici dans les luttes incessantes entre les Egbas et les Yoroubas. Complétant l'œuvre du traité conclu avec les Egbas,

le gouverneur est parvenu à mettre fin à ces luttes et à ouvrir ainsi par le sud le pays ilorin au commerce britannique.

Oil-Rivers. — Le vice-consul d'Angleterre au Vieux-Calabar, M. Wall, vient de publier son rapport sur le commerce du protectorat des Rivières d'huiles dans l'année finissant le 31 juillet dernier.

La valeur des importations a été de 748,423 l., dont 589,177 provenant du Royaume-Uni, 80,000 d'Allemagne, à peu près autant des Pays-Bas, et 2 l. seulement (50 fr. de France. Dans le chiffre des importations, les cotonnades figurent pour 177,393 l., les spiritueux pour 57,907, les armes et munitions pour 10,000.

Le chiffre des exportations a été de 780,139 l., dont 427,268 pour le Royaume-Uni, 197,352 pour la France, 114.807 pour l'Allemagne. L'huile de palme exportée vaut 462,859 l., les noix de palmes 274,756.

POSSESSIONS PORTUGAISES

Mozambique. — Une compagnie, au capital de 1 million de livres sterling vient de se fonder pour l'exploitation de la colonie, sous le nom de Compagnie du Nyassa ; son programme comporte la création d'un chemin de fer conduisant des bouches du Zambèze au lac Nyassa en passant par Blantyre et le Shiré.

POSSESSIONS ALLEMANDES

Afrique orientale. — Divers engagements ont eu lieu entre les troupes de police et les indigènes, mais il ne paraît pas qu'ils aient eu une grande importance, et il n'y a rien à signaler cette fois dans cette partie du domaine colonial allemand, en dehors des explorations. L'une, à la vérité, celle du major de Wissmann, qui s'annonçait assez bien, a à peu près échoué ; la société anti-esclavagiste qui en avait fait les frais est à bout de ressources et le major, malade et découragé, est sur le point de rentrer en Europe. Sans doute ses fatigues n'auront pas été tout-à-fait inutiles, puisqu'il laissera sur le Nyassa un steamer destiné à combattre la traite ; mais c'est peu auprès des efforts qu'il avait faits et des espérances qu'on avait conçues de lui.

L'autre expédition, celle du Dr Baumann, va rentrer aussi, mais après avoir accompli en partie au moins sa tâche. M. Baumann a commencé par faire des sondages dans le Victoria Nyanza, dont l'hydrographie était fort peu connue encore et il a reconnu qu'il était navigable pour des navires d'un faible tirant d'eau, puis il s'est avancé vers le Sud et a reconnu toute la région entre le Victoria et le Tanganyika.

Stanley en avait parlé autrefois, mais un peu légèrement : M. Baumann a rectifié beaucoup des assertions du fameux explorateur et démontré entre autres que les sources du Nil étaient celles de la Kajéra, par 4 degrés de latitude sud ; il a rapporté encore de son voyage plusieurs notions intéressantes sur lesquelles nous reviendrons, quand elles seront plus exactement connues.

Cameroun. — Comme jadis les succès des lieutenants de M. de Brazza sur la Sangha et de M. Mizon, le succès de Maistre a vivement ému les coloniaux allemands. Bien qu'on ne connaisse pas encore l'itinéraire de notre compatriote, il est certain qu'il a contribué à asseoir notre influence dans l'Adamaoua et dans toute la région qui sépare Cameroun du lac Tchad, dans ce qu'on appelle en Allemagne le hinterland de la colonie ; aussi a-t-on aussitôt songé en Allemagne à entreprendre quelque chose qui pût rétablir l'équilibre et les princes de Wied et de Hohenlohe-Langenburg feraient leurs efforts pour envoyer une expédition nouvelle dans le hinterland. Sera-t-elle plus heureuse que les précédentes ? peut-être ; en tout cas, il est urgent que la France ne s'endorme pas sur ses lauriers et qu'elle conserve l'avance que, grâce à ses hardis pionniers, elle a pris sur sa rivale.

VARIÉTÉS

BISKRA-OUARGLA

J'ai sous les yeux l'avant-projet de la ligne de Biskra-Ouargla, accompagné d'une note explicative. La carte au 1/400,000^e, en est très claire, et il est aisé d'imaginer déjà le train qui partira bientôt du pied de l'Aurès pour s'enfoncer dans le vrai désert du Sud. Sa gare sera dans Biskra même, à peu de distance de celle du chemin de fer de Constantine et de Philippeville. Il sera composé de voitures légères et aménagées, dit expressément la note explicative, en vue de la circulation dans les fortes chaleurs. Ceux qui ont eu le mauvais sort d'aller de Constantine à Biskra, vers le 15 juillet, dans ces wagons capitonnés que nos Compagnies de chemins de fer gardent pour défier le sens commun, comprendront bien ce que cela veut dire. L'écartement de la voie sera de 1^m,05 entre les bords intérieurs des champignons des rails ; les traverses seront toutes en acier ; les ouvrages, peu nombreux d'ailleurs, seront élégants et solides. Voyageurs et marchandises glisseront sur une pente très douce, de 122 mètres, à 4 mètres au-dessus du niveau de la mer, puis se relèveront lentement, comme sur une ondulation marine, jusqu'à 67 mètres, cote de Tougourt, et 156, cote de Ouargla. La ligne restera presque toujours droite ; le rayon minimum des courbes sera de 1,000 mètres.

La petite locomotive et ses quatre ou cinq wagons feront l'effet d'un torpilleur qui s'avance dans la haute mer. En arrière grandiront les montagnes de l'Aurès et de l'Ahmar Khaddou découpées par des échancrures au fond desquelles des villages gris et de sombres bois rappelleront les petits ports normands entaillés dans nos falaises. En avant, la courbe du désert s'arrondira, et, dans le lointain, l'oasis d'Oumach, élevée par le mirage comme les fermes de la Crau, deviendra peu à peu plus nette, alignant en front de bataille ses colonnades de palmiers. Les voyageurs auront alors la sensation de l'Océan de sable et de pierre, et, pour peu que le temps soit clair, la notion nouvelle du ciel d'airain. Oumach

traversé, l'ouàd Djedi franchi, leurs yeux se fixeront, à gauche, sur une région plus étrange encore, très basse et luisante, fuyante et diffuse, sans horizon, confondue avec le ciel en lames lumineuses, ni eau ni terre, bas fonds d'anciennes mers desséchées, suite de chotts salins et traîtres, le Melr'ir, le Merouan, qui engloutissent encore des caravanes après avoir vu sombrer des navires. La station de Chegga, la station de Bir Setil, la station d'Oum et Tiour, toutes trois pareilles, avec leurs blockhaus de pisé percés de meurtrières, seront comme des jalons posés par des génies sur cette route dangereuse, puis les palmiers d'El Ourir apparaîtront, et je suis bien certain qu'un drapeau tricolore sera planté en avant de leurs piliers gris, comme un signe de réjouissance et d'orgueil.

A partir de ce point-là, les wagons rouleront sur un dallage de soixante mètres d'épaisseur, au-dessous duquel grondent des fleuves anciens appelés par les Arabes « Mà et Toufan », l'eau du déluge. On perce ce dallage avec une vrille énorme : l'eau en jaillit comme le sang d'une artère piquée, et, sous les flammes du ciel, cette eau féconde le sol aride qui se couvre de moissons d'orge, de grenadiers, de pêchers, d'abricotiers, d'orangers, et de ces dattiers de l'ouàd Rir' plus étonnants encore, deux fois plus hauts que nos chênes, flexibles comme des joncs, couronnés de panaches rigides, inclinés sous le poids de grosses grappes de fruits couleur de bronze. Les deux petites bandes de la voie ferrée passeront comme des serpents d'acier d'une cuvette d'émeraude cerclée de l'or fin des sables dans une autre semblable, mais toujours plus grande, d'Ourir à Mraïer, à Ourland, à Tamernd, à Sidi Rached où les oasis font un cercle d'îles, à Tougourt enfin, capitale de boue de cet étrange pays artificiel. Entendre crier : « Tougourt, cinquante minutes d'arrêt, buffet ! », quelle profanation ; mais avoir enfin violé ce désert, quel triomphe !

Une heure après, Tougourt elle-même ne sera plus qu'une tache obscure dans le Nord. La machine aura repris son souffle et se sera lancée toujours en plein Sud, dans un désert nouveau. Devant les glaces des wagons passeront des collines de sable, des plaines roussâtres et vides, des roches pointues et entaillées comme des dents de squales, d'autres plates en-dessus comme des tables, témoins du passage effroyable des torrents préhistoriques ; des troupes de gazelles bondiront entre les buissons noirs, et parfois une tribu en marche déploiera sur un seul front ses chameaux de luxe tout couverts de tapis lourds. Les bêtes lentes s'avanceront comme des monstres, chargées de palanquins très larges, rouges, rayés de bandes blanches, surmontés de panaches de plumes d'autruche mâle, et dans ces palanquins, oscillant comme des berceaux, seront des femmes parfumées de musc et de gingembre, aux yeux noirs voilés de paupières bleues, aux mains teintes de pourpres, aux coiffures tressées de cordes de laine et de chaînettes d'or. A droite, des cavaliers blancs, assis sur des chevaux harnachés de rouge et d'azur, moutonneront comme la barre d'un fleuve ; à gauche, des fantassins misérables, presque tout nus, allongeront sur le sol leurs longues jambes brunes. En arrière, des chameaux de bât et des ânes chargés de tentes et de bagages, des chameaux libres épandus par centaines, des chèvres noires, fourmilleront comme des criquets, puis des moutons innombrables donneront l'illusion de champs en marche, tout couverts de blocs de pierre.

Dans le sud-est, par de larges trouées, on apercevra l'ouâd Mya qui vient presque d'In-Salah, les deux villages de Baghdad l'ancien et de Baghdad le petit, aujourd'hui ruinés, El Hadjira à demi-noyée dans les sables, Ngoussa toujours entretenue par les noirs, ses créateurs, et, dans leurs intervalles, de longues coulées de broussailles et de petites forêts sauvages, épineuses, infestées par des scorpions, des vipères à corne et des najas noirâtres qui gonflent leurs gorges blanches. Vers le Sud-Est, les sables et les roches, fuyant dans les profondeurs de l'horizon, paraîtront s'arrêter devant une ligne tracée du Sud au Nord, et cette ligne sera la longue vallée de l'ouâd Igharghar dont la tête est au milieu des montagnes du Hoggar encore inaccessibles, l'Igharghar, avenue redoutable du Sahara oriental, route des pillages et des massacres, consacrée déjà par plus d'un martyr.

La voie passera ainsi entre l'ouâd Mya et l'ouâd Igharghar, assez près du premier, sur un plateau solide et sans obstacle, puis elle s'infléchira vers l'Ouest, et brusquement les touristes partis la veille de Philippeville auront devant eux le tableau final d'une région presque soudanienne, beaucoup plus large et riche que celle de Tougourt, mais visiblement négligée, et d'une indicible tristesse, un chot immense, couvert d'efflorescences salines, brillant sous le soleil comme un lac de plomb fondu, une énorme forêt de palmes surmontée de deux minarets pareils à des cheminées d'usine, des blocs gris de maisons, l'enceinte à demi ruinée d'une grande ville, Ouargla, enfin, fondée, dit-on, par Alexandre aux deux cornes, agrandie bien avant les temps d'Annibal et de Scipion par les Ethiopiens blancs, métropole du grand désert, maintenant misérable, mais toujours féconde. En arrière l'élégante ville de Sedrata dort sous des dunes de sable, avec ses jolies sculptures, comme Pompéi sous les cendres du Vésuve, la forteresse de Ba Mendil enveloppée de tours carrées couronne un rocher, Rouissat dresse ses bosquets de palmes, la Gara Krima et la Gara Kriem semblent toujours inviter des vaincus à se réfugier sur leurs plateaux pareils à des fûts de colonnes brisées, puis rien au delà qu'un cercle bas de collines affreusement arides, et la bordure vibrante d'un ciel blanc, métallique, au-dessous duquel tout paraît noir.

Voilà le rêve, voilà l'avenir. Que nous dit maintenant la réalité ?

Ce chemin de fer aura 210 kilomètres de Biskra à Tougourt, et 170 de Tougourt à Ouargla, en tout 380. Un syndicat l'a fait étudier dans tous ses détails par des ingénieurs de mérite. Le prix moyen du kilomètre sera de 65,000 francs. En somme, cette voie de pénétration, déjà longue et hardie, coûtera 24,700,000 francs. L'argent est prêt. Or, il est utile, indépendamment de toute autre considération saharienne, et même transsaharienne, que le chemin de fer qui descend actuellement de Constantine à Biskra soit prolongé dans le Sud jusqu'à Ouargla. Premièrement, l'oasis d'Ouargla est un poste militaire d'où nous rayonnons dans un large segment du Sahara oriental et central. Les tribus de Chaamba qui l'entourent sont mobiles autant que belliqueuses, et le souvenir est encore présent des dépenses qu'exige une colonne engagée dans leurs solitudes. Ouargla occupe le sommet d'un angle dont les côtés vont toucher le Tidikelt, d'une part, et le territoire des Azjer, de l'autre. Bien que nous ne redoutions rien pour le moment dans le Sahara, et quel que soit notre désir d'entretenir avec tous nos voisins des relations amicales, il faut que la France soit prêt à tout événement. Nous ne savons pas ce que nous réservent certaines intrigues européennes. Secondement, les bords du chott Melr'ir peuvent être en partie cultivés : les produits de l'ouâd Rir' peuvent être doublés ; la partie de l'ouâd Mya, comprise entre El Hadjira et Nyoussa, n'attend que quelques sondages pour être vivifiée : il faut qu'on tente de mettre en valeur les débouchés de l'ouâd Niza et de l'ouâd Mezab dans l'ouâd Mya ; enfin les produits du bassin de Ouargla, dans lequel l'eau est si abondante, et dont la prospérité antique est devenue légendaire, peuvent être quadruplés et quintuplés en moins de dix ans. Sans remonter jusqu'à Ibn Khaldoun, qui fait autorité, on peut s'en fier sur ce point au petit livre de Largeau, « le Pays de Rirha ». Il est certain que les cultures de l'ouâd Rir', et en particulier de Tougourt, quelque belles qu'elles soient, ne sont qu'un essai au prix de ce que peuvent devenir toutes les parties fertilisables de la longue région rectangulaire qui comprend l'ouâd Mya, depuis Ouargla jusqu'au chott Melr'ir, et la partie inférieure du cours de l'Igharghar.

Nous admettons fort bien que la multiplication des sondages doive avoir une influence sur l'abondance des puits, et même que les nappes artésiennes de l'ouâd Mya, de l'Igharghar et du chott Melr'ir ne soient pas inépuisables. Un jour arrivera peut-être où le nombre des puits forés dans toute cette région ne pourra pas être dépassé, et, s'ils sont savamment distribués en raison du régime des eaux souterraines qui les alimentent, il en résultera une des œuvres les plus curieuses de ce siècle ; mais, d'ici là, nul ne peut assigner un terme à la culture du dattier sur un si grand espace, et on sait qu'elle est aussi lucrative que celle de la vigne. Les cultures industrielles qui doivent s'y ajouter sont encore dans l'enfance. Tout le bassin d'Ouargla qui demeure libre à cette heure peut être transformé en champs de coton, d'indigo, de henné et autres plantes textiles ou tinctoriales. La main-d'œuvre indigène y est excellente, peu coûteuse, et peut être décuplée par l'introduction des noirs du Soudan qui ne redoutent ni la chaleur ni la fièvre. Dans les parties désertiques, excepté quelques plateaux et quelques dunes, il est possible de créer des réservoirs d'eau, de construire avec des planches de palmier des abris et des hangars.

Ce serait le salut des troupeaux de moutons qui y périssent de soif pendant l'été ou de froid pendant l'hiver, et nous ne ferions là que ce que font depuis cinquante ans les Boërs du cap de Bonne-Espérance. Enfin, Ouargla était autrefois dans le Sahara qui nous avoisine ce que sont aujourd'hui In-Salah et Ghadamès, un grand marché d'où partaient sans cesse et où venaient s'approvisionner les caravanes de l'extrême Sud. Supposez que les marchandises françaises y affluent, et que notre gouvernement sache y attirer les tribus maraboutiques qui font exclusivement le commerce à travers le désert, il faut espérer qu'on y verra renaître quelque peu de la prospérité fabuleuse du temps d'Alexandre *d'ou el Korneïn*. Un chemin de fer nous donnera cela, tout cela, et, si nous y trouvons quelque mécompte, nous n'aurons qu'à nous en prendre à notre activité,

L'exécution de ce chemin de fer est-elle possible à bref délai ? Assurément oui, si le gouvernement peut donner à la Compagnie qui s'en chargera la garantie et la concession qui lui semblent indispensables, et pourquoi ne les lui donnerait-il pas ? Cette Compagnie, dit on, n'existe pas encore. Elle sera constituée demain si son existence est assurée. Le syndicat d'études qui en est comme le messager laisse entendre qu'elle se contentera d'une garantie d'intérêt de 4 0/0 du capital engagé dans la construction de la ligne. Elle ne demandera pas de garantie d'intérêt d'exploitation, mais seulement une concession de cent mille hectares de terres désertiques susceptibles d'être mis en valeur par une irrigation artificielle.

La Compagnie de Bône-Guelma et celle de l'Ouest algérien, qui exploitent les régions cultivées du Tell, ont eu de bien autres exigences, et vous pouvez vous en référer sur ce point au rapport de M. Burdeau. L'Est algérien a, pour les lignes qui ont été concédées jusqu'en 1880, une garantie de 6 0/0 sur un capital forfaitaire, avec des barêmes d'exploitation fixes de 7,000 à 7,460 francs. Le Bône-Guelma a une garantie de 6 0/0 sur un capital forfaitaire pour ses lignes de Bône à Guelma, de Guelma au Kroubs et de Duvivier à Souk-Ahras ; une garantie de 5 0/0 sur un capital forfaitaire pour ses lignes de Souk-Ahras à Sidi-el-Hemessi et de Souk-Arhas à Tebessa. Pour toutes, il a des barêmes forfaitaires d'exploitation, qui lui assurent une rente minimum de 7,700 francs, ou de 7,000 francs, ou de 5,000 francs, suivant les lignes. Or, c'est autre chose, assurément, d'exploiter les sables, les steppes et les dalles de pierre des environs de Tougourt et de Ouargla que de se faire des rentes avec les terres noires, les cultures profondes et les forêts superbes du nord du département de Constantine. Une concession de cent mille hectares paraît énorme ; mais il faudrait les voir de près, dans leur état actuel, ces cent mille hectares. Ils ne produisent, aujourd'hui, rien absolument, où qu'on les prenne. J'imagine qu'on les découpe dans l'ouâd Mya, dans le bassin d'Ouargla ou encore sur les bords du chott Melr'ir. Ce ne sont, en dehors des oasis, que des plaines caillouteuses traversées de bancs de sable, hérissées par ci par là de buissons ou des fonds d'anciens étangs desséchés et nus comme la main.

On en tirera parti sans doute, on y creusera des puits, on en couvrira le cinquième de cultures merveilleuses, on élèvera sur le reste des troupeaux de mérinos ; mais au prix de quels efforts et encore de quels sacrifices ! En réalité, une pareille demande de concession est le plus hardi défi jeté à la face des incrédules qui sourient quand on leur parle de l'avenir du Sahara, et rien de plus pour le présent. La Compagnie qui sollicitera comme une faveur de s'engager dans une telle entreprise sera forcée, sous peine de mort, de donner un bel exemple d'industrie, d'éco-

nomie et d'énergie, et le gouvernement n'aura qu'à l'encourager en la félicitant de son audace. Reste, il est vrai, un point obscur. A qui appartient bien le désert, j'entends le désert inculte, depuis le sénatus-consulte de 1863 ? Est-ce à l'Etat ? Est-ce aux tribus qui le parcourent ? Cette question, qui vous paraît peut-être surprenante, donnera lieu à une discussion délicate ; mais la solution n'en est est pas douteuse, Justinien et Mahomet s'y sont rencontrés et mis d'accord pour déclarer que les terres désertiques sont à ceux qui les vivifient.

E. MASQUERAY.

(Journal des Débats).

PROPAGANDE & RENSEIGNEMENTS DIVERS

Sont promus ou nommés dans la Légion d'honneur, pour faits de guerre :

Au grade d'officier

MM. Ruault, chef d'escadron d'artillerie de la marine : Rilba, capitaine aux tirailleurs sénégalais ; Barallier, médecin principal de la marine ; Rangé, médecin principal des colonies.

Au grade de chevalier

MM. Richard, Delataste, Le Baron, lieutenants de vaisseau ; Pallier, mécanicien principal de 1re classe ; Moyon, mécanicien principal de 2e classe ; Germain, lieutenant d'artillerie de marine ; Hugot, capitaine d'artillerie de marine.

Laurent, lieutenant d'infanterie de marine ; Cristofori et Conrard, capitaines d'infanterie de marine ; Poittevin-Lafrégonnière, lieutenant d'infanterie de marine ; Grandmontagne, lieutenant aux tirailleurs sénégalais ; Millou et Mercié, médecins principaux de 1re classe de la marine ; Grace, médecin principal des colonies.

Carrière, médecin de 1re classe des colonies ; Crayssac, commissaire-adjoint des colonies ; Louisy, sous-commissaire des colonies ; Merleaux-Ponty, commis de l'administration centrale des colonies ; Reust, Le Bouter et Le Goff, premiers maîtres de manœuvre.

Cours. — M. Maxime Cornu, professeur, a commencé son Cours de Cultures coloniales, le vendredi 10 mars 1893, à neuf heures du matin, dans l'amphithéâtre de la galerie de Minéralogie du Muséum ; il le continuera à la même heure, les lundis, mercredis et vendredis.

Ce cours a pour objet l'exposé des cultures coloniales, principalement dans nos possessions d'Asie (Cochinchine, Tonkin, etc.), l'étude des espèces végétales ou des variétés qui peuvent être utilisées par les colons, et la comparaison avec les cultures usitées dans les régions voisines ou analogues.

Les leçons du mercredi sont des leçons pratiques (étude des végétaux et des produits en relation avec le Cours); elles ont lieu au Laboratoire de Culture, rue de Buffon n° 61, à neuf heures, pendant la durée du Cours.

Conférence. — Lundi soir, 6 mars, à la section de colonisation de la Société de Topographie de France (mairie du Panthéon), M. Gustave Pérès, président, a exposé les droits historiques de la France en Egypte, l'œuvre de Mariotte-Bey, et enfin a démontré le but patriotique poursuivi par l'*Alliance française*, par l'*Œuvre des Ecoles d'Orient* et par la *Société française des Ecoles coptes* pour faire revivre et prospérer en Egypte notre prestige moral et nos intérêts commerciaux, par l'enseignement de notre langue et de nos idées. Le R. P. Le Menant des Chesnais, procureur des missions coptes d'Egypte, dont le siége est à Paris, 5, rue de Tournon, a fait ensuite une conférence sur la haute vallée du Nil, où s'est exercée sa mission. Avec une éloquence toute vibrante de patriotisme, il a parlé de cette œuvre française des Écoles coptes d'Égypte, toute de dévouement et de désintéressement, qui mérite toutes les sympathies et tous les concours.

Une assistance nombreuse et choisie a chaleureusement applaudi la parole éloquente du R. P. Le Menant des Chesnais, l'apôtre de cette œuvre patriotique, pour le succès de laquelle on ne saurait trop former de vœux.

Banquet. — Le 23, a eu lieu, à l'Hôtel des Sociétés savantes, le banquet annuel de la *Société Africaine de France*. Plus de cinquante personnes y assistaient, sous la présidence de M. le Roy, député de la Réunion et président de la Société. M. Ordinaire, chef du cabinet du Sous-Secrétaire d'État aux Colonies, représentait M. Delcassé, que son état de santé avait empêché d'assister à cette réunion.

BIBLIOGRAPHIE

DISCOURS prononcés au banquet offert au commandant Monteil, le 26 janvier 1893. — Paris, Quantin, in-8.

Les amis du commandant Monteil ont été bien inspirés en réunissant, en une brochure, les discours prononcés au dîner qui lui a été offert le mois dernier : ce sont des documents intéressants et qu'on aura plaisir à retrouver.

Le Gérant : H. PERCHER.

11313. — Imprimerie de la Bourse de Commerce (F. Bivort).

Troisième Année.

BULLETIN DU COMITÉ

DE

l'Afrique Française

PUBLIÉ MENSUELLEMENT

Sous la direction de **M. Harry Alis,**
avec la collaboration de **MM. Henry Frisch de Fels,**
Raymond Kœchlin, etc.

N° 5. — Mai 1893

Adresser toutes les communications
à M. le Secrétaire général
du **Comité de l'Afrique Française**
15, rue de La Ville-l'Évêque, Paris.

Prix du Numéro : **2 FRANCS**

Tout Souscripteur du Comité reçoit
de droit ce BULLETIN.

SOMMAIRE

Avis

Nous serions reconnaissants à ceux de nos Souscripteurs qui ont signé des engagements annuels de vouloir bien envoyer, dès maintenant, à notre Trésorier, **M. Armand Templier, 79, boulevard Saint-Germain,** *le montant de leur souscription pour* 1893.

EXTRAIT

DES

Délibérations du Comité pendant le mois d'Avril 1893

Séance du 27 Avril

Membres présents : MM. le prince d'ARENBERG, président, PERCHER, secrétaire général, SIEGFRIED, GAUTHIOT, PICOT, PATINOT, Georges ROLLAND, MORILLOT, Commandant MONTEIL, Général DERRÉCAGAIX, DE LA MARTINIÈRE, H. PEREIRE, MILNE-EDWARDS, ELIENNE, RENOUST DES ORGERIES, BOUTMY, TEMPLIER.

Excusés : MM. DE VOGÜÉ, Général DE GALLIFFET, Capitaine LE CHATELIER, Capitaine BINGER.

M. Gaston Méry, présenté par M. Georges Rolland, fait un intéressant récit de son voyage au pays des Touareg et reçoit les félicitations du Comité.

M. Percher donne au Comité des nouvelles des missions Maistre et Mizon; le Comité décide que deux de ses membres iront recevoir Maistre à Bordeaux.

LISTE DES SOUSCRIPTEURS

(Suite)

Report.....	267.717	60

MM.

Tirard......................................	A	10	»
Comte de Turenne.........................	A	40	»
Waddington	A	10	»
Mme Weisgerber de Strassevie	A	10	»
Baron, à Narbonne........................	A	25	»
Cambuzat-Roy, à Seignelay................	A	5	»
Déchelette à Roanne	A	20	»
L'Administrateur de la faïencerie de Gien..	A	60	»
Malard à Saint-Mihiel....................	A	6	»
Lanne à Senones..........................	A	6	»
Guillou à Orléans........................	A	10	»
Briez à Douai	A	5	»
Bodart, à Margaux........................	A	20	»
Belhommet, à Chasseneuil.................	A	3	»
Coiffard, à Cluny........................	A	10	»
Ct Ducassé, à Stenay.....................	A	10	»
Guérin, à Bonnières......................	A	6	»
Glachant, à Bourges......................	A	6	»
Marin, à Bourges.........................	A	5	»
J.-M. Coueslant, à Dieulefit.............	A	5	»
G. Ard, à Cozes..........................	A	5	»
Jollois père, à Versailles...............	A	5	»

A reporter.	267.999	60

Report.....	267.999	60
A. Jollois, à Versailles............A	5	»
Capitaine Imhaus, à Versailles............A	5	»
Marseilles, à Ezanville............A	30	»
Auzières, à Neuilly-sur-Seine............A	10	»
Robbe, à Bellesme............A	5	»
Crouan, à Nantes............A	50	»
de Felcourt, à Maisons............A	2	»
Martel, à Garches............A	5	»
Deullin, à Epernay............A	10	»
Ballande, à Bordeaux............A	25	»
Gilardoni, à Sermaize............A	20	»
Gilardoni, à Pargny-sur-Saulx............A	20	»
Huot, à Pargny-sur-Saulx............A	5	»
Cartier, à Celles-sur-Plaine,............A	10	»
Boucher, à Cognac............A	20	»
Ingold, au Thillot............A	10	»
Leroy, à Aire-sur-la-Lys............A	10	»
Crampel, à Aire-sur-la-Lys............A	25	»
Leroy, à Argentan............A	10	»
H. Fournel, à Rennes............A	10	»
Hébert, à Rouen............A	25	»
Roger de la Salle, à Châteauroux............A	25	»
Marcel Lescot, au Logis............A	10	»
Dr Lortet, à Lyon............A	25	»
Garin, à Lyon............A	10	»
Mlle Lacharrière, à Lyon............A	5	»
Ch. Lumpp, à Lyon............A	5	»
Gillet, à Lyon............A	50	»
Isaac, à Lyon............A	20	»
Dame, à Lyon............A	20	»
Gentelet, à Laissoy............A	10	»
De la Ville, à Besançon............A	20	»
Bernard, au Havre............A	5	»
Dr Arnulphy, à Nice............A	5	»
Bardou, à Perpignan............A	10	»
Gaultier, à Lapalud............A	5	»
Ach. Martin, à Vallon............A	10	»
Jacquemier, à Pontcharra............A	4	»
Visseaux, à Stenay............A	5	»
Mamet, à Pinols............A	3	»
Chaucet, à Béthune............A	20	»
A. Leclerc............A	40	»
Guillain, à Maubeuge............A	50	»
Cornaille, à Cambrai............A	30	»
Aron, à Marseille............A	10	»
Jacquemin, à Boulogne-sur-Seine............A	20	»
Jacob, à Nantes............A	60	»
Girardin, à Malesherbes............A	5	»
Lataix, à Malesherbes............A	10	»
Imbaud, à Cognac............A	50	»
Robin, à Cognac............A	20	»
Weill, à Orléans............A	5	»
Delorme, à Mortagne............A	15	»
Grison, à Guiscard............A	5	»
Delebecque, à Thonon............A	20	»
Ruzan, à Valence............A	10	»
Rostolland, à Valence............A	2	»
du Grosriez, à Chambéry............A	5	»
Deléglise, à Saint-Jean-de-Maurienne............A	20	»
le général Lenault, à Bourg............A	30	»
Lory, à Grenoble............A	10	»
Lafargue, à Gap............A	20	»
Montaland, à Lyon............A	10	»
Ollivier, à Lyon............A	5	»
Riboud, à Lyon............A	10	»
Poy, à Lyon............A	20	»
Moucot, à Lyon............A	25	»
Bernès, à Lille............A	10	»
A reporter.....	269.085	60

Report.....	269.085	60
Mme veuve A. Maquet, à Lille............A	15	»
Bardy, à Belfort............A	20	»
Picert, à Laval............A	10	»
Pépion, à Laval............A	.5	»
Girard, à Montlhéry............A	5	»
le commandant Ancelle, à l'Ecole supérieure de guerre............A	20	»
Bailloud, à Tours............A	12	»
de Saint-Geniz, à Vitry-le-François............A	2	»
Lefebvre, à Elbeuf............A	10	»
Simon, à Elbeuf............A	5	»
Moreau, à Brécy-sur-Cher............A	5	»
le C^t Quérillon, au Havre............A	10	»
Favre, à Mulhouse............A	25	»
Juteau, à Mulhouse............A	50	»
Monclar, à Albi............A	10	»
Bonfils, à Toulouse............A	20	»
Lerouge, à Laval............A	2	»
Levrault, à Laval............A	20	»
Franck, au Havre............A	20	»
V. Fol, au Havre............A	5	»
E. Siegfried, au Havre............A	100	»
Sajoux, au Havre............A	10	»
Total.....	269.466	60

LA MISSION MAISTRE

Nous avons publié, dans notre dernier numéro, la dépêche par laquelle M. Maistre nous annonçait l'arrivée de sa mission à l'embouchure du Niger, après avoir traversé la région inconnue du haut Chari et l'Adamaoua. Ce télégramme était fort concis et l'on ne pouvait guère apprécier quel avait été l'itinéraire exact de la mission.

Le *Journal des Débats*, désireux d'avoir, dès maintenant, des détails plus circonstanciés, a, dans ce but, télégraphié à M. Maistre, à Dakar (Sénégal). Voici sa réponse :

Dakar, le 27 avril, 3 h. 30.

En partant du camp de la Kémo, nous avons d'abord marché vers le Nord en traversant les tribus N'Drys. A cette région peuplée ont succédé neuf jours d'une zone déserte, très pénible à traverser.

A la sortie de cette région, nous avons trouvé devant nous la tribu des Mondjia qui nous a fait un accueil hostile. Nous avons dû lui livrer quatre combats en un mois. Puis nous avons conclu la paix et signé un traité avec Aouakasakounga.

A Retou (?), nous avons traversé et suivi pendant 100 kilomètres le Gubingui, nom indigène du cours supérieur du Chari.

Nous avons reçu un accueil favorable chez les Saras qui habitent entre le Chari et le Logon.

Il n'existe pas de communication fluviale entre ces deux rivières, mais un marais où nous avons beaucoup souffert.

Les musulmans du Baghirmi nous ont fait un excellent accueil. Nous avons coupé l'itinéraire de Nachtigal. A Palem, le manque absolu de marchandises nous a obligés à revenir directement vers l'Ouest en traversant le pays inexploré des Gaberis.

Au-delà, nous avons encore parcouru un pays inexploré. Nous avons traité sur le Logon avec la capitale des Gaberis qui est une ville de 10,000 habitants.

Au-delà, nous avons été attaqués traîtreusement par des ennemis nombreux. Dans cette chaude affaire, nous avons eu plusieurs tués. Nous avons traité avec l'importante tribu des Laga.

Entrés dans l'Adamaoua, on nous a fait une excellente réception, notamment à Yola. Nous avons atteint Ibi par Kotcha-Bakoundi.

Mizon était arrêté à Chirou avec tout son personnel en bonne santé. J'ai vu M. Nebout et M. Chabredier.

La Royal Niger Company a rapatrié notre mission jusqu'à Akassa. Nous arriverons à Bordeaux par le paquebot *Pernambuco*.

MAISTRE.

M. Maistre, on le voit, a rendu de sérieux services à la science en parcourant l'un des pays de l'Afrique demeurés avant lui le plus désespérément fermés aux explorations européennes, et il aura eu l'honneur de remplir un des vides les plus larges qui subsistaient encore sur la carte. Et ce n'est pas tout sans doute, car la politique a aussi sa part dans toute mission africaine : il fait mention dans sa dépêche de divers traités qu'il aurait passés avec les chefs indigènes au nom de la France ; aussi bien si, après les voyages de MM. Mizon et de Brazza, il restait encore aux Allemands de Cameroun quelque espoir de prolonger avant dans l'intérieur leur hinterland, il leur y faudra renoncer après celui de M. Maistre et, grâce à lui, notre influence se trouvera consolidée dans toute cette région si ardemment disputée.

LA MISSION MIZON

Un de nos amis a reçu des nouvelles de la mission Mizon. Aux dernières nouvelles, elle était toujours auprès du Sultan de Mouri, à mi-chemin entre le Niger et Yola. M. Mizon attendait la montée des eaux pour dégager le *Sergent Malamine* et repartir vers Yola.

Le paquebot le *Faria*, venant du Dahomey, est arrivé à Marseille le 28 avril, avec M. Vaughan fils, membre de la mission, qui rentre en France pour raison de santé.

LA MISSION MÉRY

L'explorateur Gaston Méry est arrivé le 15 avril dernier à Paris. Il a été reçu à la gare par de nombreuses personnes venues pour lui témoigner leur sympathie, entre autres MM. le prince d'Arenberg, président du Comité de l'Afrique française, Georges Rolland, président du Syndicat d'Ouargla au Soudan, Tharel, président de la Société d'Economie industrielle et commerciale de Paris, Gauthiot, secrétaire général de la Société de Géographie commerciale, etc.

M. Georges Rolland a pris la parole en ces termes :

Mon cher Méry,

Au nom du Syndicat de Ouargla au Soudan, au nom de quelques amis qui ont bien voulu répondre à l'appel de M. Tharel et au mien, je vous souhaite la bienvenue.

La mission dont nous vous avons chargé chez les Touareg Azdjer et qui avait reçu les encouragements précieux de M. le Gouverneur Général de l'Algérie, fait grand honneur à votre énergie, à vos qualités d'explorateur, à votre intelligence de la politique saharienne.

Vous avez rompu le sort qui, depuis le massacre de la mission Flatters, semblait s'attacher à la pénétration de l'Afrique française par le Nord, par l'Algérie, et bien que votre voyage de cette année ne puisse sans doute encore rivaliser, par son étendue et sa durée, avec ceux de nos plus célèbres explorateurs, il a une portée considérable, tant par l'exemple que vous avez donné que par les résultats importants que vous nous rapportez.

Vous avez pénétré plus loin qu'aucun Européen, depuis Flatters, dans le Sahara central. Le premier, vous avez osé aborder de front le sphinx touareg.

Presque seul, suivi seulement de cinq indigènes fidèles et de votre compagnon européen, M. François Guilloux, — que nous vous associons ici dans un tribut de chaleureuses félicitations, — vous avez eu le courage de vous avancer hardiment en plein territoire des Touareg Azdjer, résolu que vous étiez à sacrifier votre vie, et vous avez réussi.

Grâce à votre diplomatie, vous vous êtes ménagé, au lac Menkhough, une série d'entrevues du plus vif intérêt avec les grands chefs des principales tribus de cette confédération, avec ceux qui ont vraiment qualité pour parler en leur nom.

Au bout de trente ans d'interruption, vous avez constaté qu'ils étaient disposés à renouer avec nous les relations pacifiques et commerciales dont notre ami, le colonel de Polignac, avait jeté les bases par le traité de Rhadamès, et vous avez démontré le bien fondé de la politique africaine que notre école n'avait cessé de soutenir.

Vous avez le droit, mon cher Méry, d'être fier de ces premiers résultats, et au nom de tous nos amis, je vous en félicite de tout cœur, et je vous en remercie.

Voici quelques nouveaux renseignements fournis par M. Méry lui-même devant le Comité de l'Afrique française.

On sait que le but de la mission que lui avait confiée le Syndicat de Ouargla au Soudan était d'aller chez les Touareg Azdjer, pour s'entendre directement avec eux et obtenir le libre passage sur leur territoire de nos futures caravanes à destination du Soudan central. C'est là, en effet, logiquement, la première étape du programme de pénétration de l'Afrique française par le nord, tel que l'avaient compris, avec une rare perspicacité, les négociateurs du traité de Rhadamès, en 1862.

Au préalable, dès le mois d'août de l'année dernière, le Syndicat avait envoyé M. Méry à Tripoli, afin qu'il s'y renseignât sur le mouvement d'échanges existant entre ce port et le Soudan, et sur la nature des marchandises échangées. M. Méry était revenu de Tripoli avec des renseignements précis, puisés aux meilleures sources et ne laissant aucun doute sur l'importance du courant commercial établi entre la Méditerranée et le Soudan central par l'intermédiaire des Touareg Azdjer et Kel Oui, c'est-à-dire des confédérations touareg dont les territoires se trouvent précisément au sud de l'Algérie.

Le 31 décembre 1892, l'explorateur quittait El-Oued avec une forte escorte, nécessitée par la traversée de la zone dangereuse qui sépare notre Extrême-Sud algérien du pays touareg. Le 14 janvier 1893, il passait à Bel Heïran, puis, se dirigeant droit au sud, remontait directement le lit desséché de l'Igharghar, suivant les instructions qu'il avait reçues. M. Méry confirme le fait que l'Igharghar est une voie naturelle, absolument libre d'obstacles.

Le 3 février, la mission atteignait Timassinin, où

commence le pays des Touareg. Mais ce n'est qu'à sept journées de marche plus au sud qu'elle rencontrera leurs premiers campements.

De Timassinin, M. Méry avait envoyé en avant un émissaire sûr et dévoué, pour prévenir de son arrivée les chefs Azjer et leur donner rendez-vous, pour une entrevue, au lac Menkhough, aux environs duquel il savait les trouver. On se rappelle que le lac Menkhough est le point extrême atteint par la première mission Flatters.

La mission, réduite à quelques hommes par suite de la défection des Chaanba, reçut, dès son arrivée aux premiers campements touareg, l'accueil le plus cordial. On l'accompagna jusqu'au lac Menkhough, où elle arriva le 15 février.

Le même jour, à quelques heures d'intervalle, les chefs Azjer, prévenus à temps, venaient y camper également.

Le lendemain et le surlendemain, M. Méry eut avec Guedassen, le neveu de Mouley, aménokal actuel des Azdjer, plusieurs entrevues du plus haut intérêt. Guedassen déclara que les « Français venant sur son territoire avec la paix, seraient traités en amis, qu'ils passeraient en paix et en paix pourraient retourner », et il ajouta fièrement : « Nous serons fidèles à la parole donnée à Rhadamès. La parole d'un chef est un sceau qui ne s'efface jamais. Mais, pas de soldats ; il en viendrait 10, puis 100, puis 1,000 ! Nous ne voulons pas être esclaves ! »

Les mêmes assurances d'amitié furent données trois jours plus tard à l'explorateur, au confluent de l'Oued Sanen et de l'Oued Tedjoudet, par le grand chef Mouley lui-même, cousin et successeur d'Ikhenoukheu, qui arrivait lui aussi au rendez-vous.

— Tiens, dit-il, voilà la route du Soudan. Elle n'a pas de porte. Allez et venez en paix, tes frères et toi.

Pressenti par l'explorateur sur la construction d'un bordj commercial à Timassinin, Mouley répondit par ces simples mots :

— Cela m'est égal. Nous serons plus rapprochés.

M. Méry conclut de ses pourparlers que la route du Soudan par le Nord nous est virtuellement ouverte si nous voulons la suivre, et ajoute qu'il est urgent de profiter des bonnes dispositions qu'il vient de constater chez les Touareg Azdjer, en allant franchement chez eux, avec nos caravanes.

LES EXPLORATEURS DU KATANGA

La Belgique a fait le 20 avril une réception solennelle aux « héros du Katanga », aux hardis explorateurs qui lui reviennent de cette région qu'ils ont reconnue, à Alexandre Delcommune avant tout ; elle a donné en même temps un souvenir ému aux absents, à ceux que leur devoir retient pour quelque temps encore au Congo, comme Paul Le Marinel, et à ceux qui y sont tombés, frappés par la maladie et victimes de la plus noble des ambitions, les Bia et les Stairs.

Cette quadruple exploration du Katanga est une des plus importantes qui aient été entreprises ces dernières années, et l'une de celles qui remplissent un des plus larges blancs qui subsistaient encore sur la carte d'Afrique. Le Katanga est, on le sait, la partie la plus méridionale de l'Etat indépendant du Congo, au sud-ouest des grands lacs, vers la source de rivières qui formeront le fleuve lui-même, et dans le voisinage immédiat des sphères d'influence anglaise et portugaise. L'Etat indépendant avait des intérêts de toute sorte à ce que cette région fût explorée, des intérêts politiques et commerciaux d'abord, — car il ne lui convenait pas que ce territoire, qui passait pour l'un des plus riches de l'Afrique centrale, fût reconnu et exploité par d'autres que par ses agents ; des intérêts scientifiques ensuite, — car il tenait à honneur de compléter cette hydrographie du bassin du Congo qu'il a commencée, et qui ne pouvait se terminer qu'au Katanga. C'est dans le triple but de reconnaître le Katanga au point de vue politique, commercial et géographique, que quatre expéditions y furent envoyées presque simultanément, au cours des années 1891 et 1892.

Le lieutenant Le Marinel se mit en route le premier, le 29 décembre 1890 : parti de Lousambo, un poste qu'il venait de fonder sur le Sankourou, à l'entrée occidentale, si l'on peut dire, de la grande marche inexplorée, il la traversait jusqu'au centre et arrivait, en quatre mois de route, à travers une région, véritablement merveilleuse, dit-il, à Bunkeïa, la résidence du terrible chef Msiri, auquel il imposait le protectorat du Congo. Il fit un séjour de sept semaines chez Msiri, mettant le temps à profit pour explorer le district. Il fonda à ce moment le camp de Lafoï, situé à peu de distance de Bunkeia, et dont il confia la garde au lieutenant Legat, qui s'y trouve toujours. Enfin, il repartit le 11 juin 1891, par un itinéraire septentrional et moins long pour Lousambo, où il arriva le 11 août. Il revenait ainsi à son point de départ, non sans avoir relevé avec certitude les sources et le cours supérieur du Lomami, l'un des plus vastes affluents du moyen Congo.

C'est le 13 mai 1891, que Delcommune partit de N'Gongo Lutete sur le Lomami, à l'extrême nord des terres inconnues. Après avoir exploré la région entre Lomami et Sankourou, c'est-à-dire le nord-ouest de ces marches, il s'avança vers le Sud pour atteindre, lui aussi, Bunkeia, la résidence de Msiri ; mais le chemin qu'il parcourut fut terrible à son expédition : non seulement il y perdit l'un des meilleurs entre ses lieutenants, le suédois Hakansson, assassiné par les indigènes qui voulaient lui voler ses bagages et ses munitions, alors qu'il était détaché à l'arrière-garde ; de plus, toute la contrée, ravagée par les Arabes chasseurs d'esclaves, ne fournit plus rien. Pour se mettre à l'abri des incursions de ces razzieurs, les indigènes au lieu de se grouper en petites communautés, rapprochées, d'un millier d'individus environ, fondent de fortes agglomérations de 9 à 10,000, extraordinairement éloignées les unes des autres. Et entre ces villes indigènes, formidables pour le centre de l'Afrique, c'est le désert, l'aridité la plus complète, la famine inévitable, la mort. L'expédition endure des souffrances effroyables. Elle arrive enfin à Bunkeïa.

Très bien reçus par le roi Msiri, ils font des explorations autour de Bunkeïa. Ces parages sont riches en mines de cuivre, dont la principale est celle de Carabi ; elle est exploitée par les indigènes depuis des siècles et fournit du cuivre à tout le Congo. Mais plus loin, le pays est complètement désert ; Delcommune a voulu s'avancer vers le Sud, vers les sphères d'influence anglaise et portugaise et, comme dans la première partie de son voyage, il y a enduré les plus cruelles privations ; l'effectif de son expédition est réduit au tiers et il est contraint, pour ne pas mourir de faim, de rentrer à Bunkeïa.

C'est à partir de ce moment que commencent les grandes découvertes de Delcommune : l'on ignorait encore quel est, de tous les hauts fleuves de la région, celui qui est véritablement le Congo. Delcommune résolut la question. Ce n'est ni le Loualaba, le grand cours d'eau de l'Ouest, ni le Loukouga, celui de l'Est qui unit le lac Tanganyika au Congo ; c'est le cours central, la Louapoula, qui sort du lac Moéro et est bien l'origine du Congo. Toutes ces rivières, Delcommune les reconnut ; il reconnut aussi le lac Kassali, sur le Loualaba, à peine entrevu avant lui, et s'aperçut que le lac Landji, marqué sur toutes les cartes, n'existait pas. En même temps qu'il faisait ces notables découvertes, qui précisent toutes nos idées sur l'hydrographie de la région, il se mettait en rapport, à Rumbi, sur le Tanganyika, avec le capitaine Joubert, de l'expédition antiesclavagiste, et prêtait main-forte au lieutenant Dhanis occupé à réprimer la révolte des Arabes. L'expédition Delcommune est certes une des plus considérables qui aient été faites en Afrique et son auteur rentre en Belgique avec les plus grands projets, notamment sur les moyens de communication pratiques à établir entre le Bas-Congo et le Katanga. D'après lui, il serait indispensable d'établir un chemin de fer entre le Lomami et le Loualaba et il rapporte un tracé très étudié à cet égard.

Sans doute, a-t-il dit à un rédacteur de l'*Indépendance belge*, la voie du Sankuru suivie de Lusambo vers Bunkeïa par Paul Le Marinel semble à première vue la plus rapide. Cela est peut-être vrai pour des expéditions qui se servent des voies navigables et au besoin abandonnent leurs canots pour continuer, pour des expédions de reconnaissance. Mais le Sankuru ne sera jamais pratiquement utilisable par les commerçants qui voudront entretenir des relations au Katanga. Mon avis est qu'il faudrait établir entre le Lomami, jusqu'au point où il est navigable, un peu au nord du cinquième degré, et le Lualaba, une ligne de chemin de fer. Cette voie ferrée serait facilement construite, car à cet endroit le sol est peu accidenté, presque plat.

Moins importante est l'expédition de Bia, qui, partie le 11 novembre 1891 de Lousambo, sur le Sankourou, point de départ de Le Marinel, se dirigea vers Bunkeïa, et explora le sud du Katanga, où Delcommune avait éprouvé de telles difficultés. Pour Stairs, il eut l'idée d'entrer au Katanga par l'Afrique orientale allemande, et, comme son prédécesseur, en traversant le Tanganyika, marcha droit sur Bunkeïa. C'est Stairs, on s'en souvient, qui mit fin à la puissance de Msiri, et qui, à la suite du meurtre de son compagnon Bodson, tua d'un coup de revolver ce potentat, fléau de la contrée depuis tant d'années ; il revint à la côte par le Zambèze et les possessions portugaises ; malheureusement il n'a pas été là pour recueillir le fruit de ses travaux : comme Bia, il mourut avant son œuvre ter-

minée. C'est notre compatriote, le marquis de Bonchamps, qui ramena l'expédition en Europe.

Il est superflu d'insister sur les grands résultats acquis à la science par cette quadruple exploration, grâce à laquelle les itinéraires des anciens voyages au Congo sont réunis à ceux du Zambèze. Ce n'est pas nous, certes, dont la sympathie pour l'Etat indépendant ne saurait être suspectée, qui nous ferons faute de lui adresser, cette fois encore, toutes nos félicitations et nous joindrons avec joie nos compliments à ceux qui ont été adressés à Bruxelles par leurs compatriotes à ces illustres pionniers de la civilisation et de la science.

COLONIES FRANÇAISES
ET PAYS DE PROTECTORAT

SÉNÉGAL

Le voyage du gouverneur. — M. de Lamothe a quitté Saint-Louis le 20 mars ; il est allé inaugurer les nouvelles routes du Baol, du mont Badane, du Sine et la ligne télégraphique qui dessert Tivaonane, Lambaye, Fisoel, Fatick et Foundiougne.

A Tivouane, il a été reçu, à la descente du train, par Tanor Gogue, roi du Baol, à la tête de ses contingents, 500 à 600 cavaliers et plusieurs centaines de fantassins échelonnés le long de la voie ferrée. A son arrivée, ces guerriers ont exécuté une fantasia avec salves de coups de fusil. Le lendemain, M. de Lamothe se rendait en voiture à N'Daucoumane (15 kilomètres), par une nouvelle route construite récemment par les indigènes. Il était accompagné de MM. Molleur, l'administrateur du cercle ; Farque, son chef de cabinet ; du lieutenant d'infanterie de marine Cluzeau, son officier d'ordonnance ; du lieutenant de spahis de Tavernost, du capitaine d'infanterie de marine Roubard, qui revient du Dahomey. Tanor escortait le gouverneur avec ses guerriers. A Daucoumane, séjour de vingt-quatre heures ; le 22, départ pour Lambaye, capitale du Baol. Dans cette localité, la réception est vraiment enthousiaste ; les volontaires du Dahomey forment la haie présentant les armes ; toute la population émerveillée se presse sur le parcours du cortège en acclamant le chef de la colonie. C'était la première fois qu'ils voyaient une voiture attelée ; ils en étaient émerveillés et montraient leur joie par des manifestations bruyantes à coups de tam-tam et de fusil.

Après avoir passé deux jours à Lambaye, le cortège continua sur Fissel, chef-lieu des provinces Sérères, toujours escorté par le roi du Baol. A la frontière de ses possessions, Tanor Gogue fait, dans un noble langage, ses adieux au gouverneur ; celui-ci le remercie de l'accueil chaleureux qu'il a reçu et lui exprime sa satisfaction des progrès réalisés en ces dernières années, et du concours qu'il a donné pour la construction de la ligne télégraphique qui relie maintenant Tivouane à Foundiougne. Mais dans cette brillante réception sur tout le parcours suivi par le représentant de la France, il faut voir autre chose qu'une démonstration banale : c'est la première fois qu'un gouverneur du Sénégal fait une tournée pacifique dans ce pays. Ceux de ses prédécesseurs qui y sont venus autrefois étaient toujours entourés d'un appareil militaire imposant, mais aujourd'hui la région est complètement acquise à l'influence française, et grâce à la paix qui y règne depuis plusieurs années, la condition des indigènes s'est sérieusement améliorée. Ils nous en sont reconnaissants, et c'est pour cela qu'un gouverneur a pu traverser tout le pays sans colonne militaire, rien qu'avec quelques officiers et fonctionnaires. Particularité à noter : sur tout le parcours du cortège, sur son territoire, Tanor avait fait balayer la route et poser de distance en distance des masses de pavillons français.

A Foundiougne, M. de Lamothe s'est embarqué à bord de l'aviso le *Brandon* pour se rendre à Kaolak et de là dans le Casamance.

— Le *Journal officiel du Sénégal* du 18 mars donne les renseignements suivants :

Cercle de Podor. — Les cultures ont partout fort bonne apparence, particulièrement dans le Lao, où la récolte est de beaucoup plus avancée que dans les autres provinces.

Les indigènes s'occupent avec activité de leurs lougans.

Les graines mises à la disposition de la population par la direction des affaires politiques donnent de bons résultats.

L'arachide est surtout cultivée du côté de Gobrie et de Médina-N'Djabé.

L'indigo et le coton viennent également très bien dans les provinces du Cercle de Podor.

Un vol de sauterelles a dernièrement causé des dégâts assez considérables entre Alcibé et Oualaldé. Le fléau ne s'est heureusement pas étendu au-delà de ces localités.

Le commerce de la gomme est peu actif ; les Maures, trouvant trop bas le prix de 0 fr. 50 que leur offrent les traitants, attendent des cours plus élevés pour se défaire de leurs chargements.

SOUDAN FRANÇAIS

La campagne contre Samory. — Le *Journal officiel du Sénégal et Dépendances* a publié la note suivante sur la situation au Soudan français :

Le commandant supérieur du Soudan télégraphie, à la date du 19 mars, que le colonel Combes est de retour à Kérouané, après une course de 650 kilomètres dans l'Est qui a duré 31 jours. Il a visité Guéléba, Odjende et parcouru le Nafara. Au delà, il a combattu les bandes de sept des chefs de Samory, tantôt isolées, tantôt réunies ; l'une d'elles comprenait sept cents fusils à tir rapide et trois cents chevaux.

Les rencontres avaient lieu presque toujours en forêt. Le colonel Combes a tout bousculé, malgré la force défensive des positions choisies par l'ennemi. Les bandes que Samory avait dans l'Est ont subi de véritables désastres et les débris en sont rejetés fort au loin dans le sud-est. Samory est abandonné, et sa grande préoccupation est de cacher sa retraite, même à ses fidèles. Aucun des prisonniers ne peut donner de renseignements précis à ce sujet. Le détachement du colonel Combes comprenait 102 Européens. Il n'y a pas eu un seul décès parmi eux. Pendant cette magnifique course en pays ennemi, nos pertes se bornent à trois légionnaires blessés et à trente-quatre indigènes tués, blessés, morts ou disparus. Il n'y a eu aucune perte dans le personnel non combattant.

. Le détachement du capitaine Dargelos est de retour avec plein succès de sa campagne dans le sud-ouest de Sanankoro. Le capitaine Briquelot poursuit le peu qui reste des bandes de Bilali. Les pertes sont également très faibles de ces deux côtés.

La puissance de Samory est absolument détruite. Le résultat obtenu est que nous occupons Faranah et Erimankono. Des garnisons s'y trouvent depuis le 10 février.

Au sujet de cette dernière nouvelle, le *Temps* a publié les renseignements que voici :

Nos lecteurs n'ont pas oublié que, dans la brillante expédition commandée par le lieutenant-colonel Combes, une des opérations les plus heureuses et les plus nécessaires du début de la campagne fut l'occupation de la ville d'Erimankono, où campaient les sofas de Bilali, le lieutenant de Samory, sous l'œil bienveillant d'un détachement de police anglaise. A l'arrivée des troupes françaises, tandis que le colonel Combes faisait son entrée par un côté de la ville, le détachement anglais se retirait de l'autre.

Cet incident provoqua les protestations de la colonie de Sierra-Leone et de la chambre de commerce de Liverpool, qui se traduisirent par une adresse à lord Ripon, secrétaire d'Etat des colonies, adresse dans laquelle nos voisins oublièrent d'expliquer pourquoi et comment, si Erimankono était sur le territoire anglais, elle pouvait servir de centre de ralliement aux sofas du lieutenant de Samory. Or on sait qu'Erimankono dépend du pays des Houbbous, que la convention anglo-française du 10 août 1889 place dans la sphère d'action de la France. L'occupation de ce point ne devait donc susciter aucune observation de la part des autorités anglaises.

Il n'en a pas, toutefois, été ainsi. Quand la petite colonne du capitaine Briquelot entra à Erimankono, les forces de Samory s'enfuirent précipitamment avec le détachement de police indigène de la colonie anglaise de Sierra-Leone. A la nouvelle de notre occupation, le gouverneur de Sierra-Leone donna l'ordre au capitaine Lendy de partir avec quatre officiers et un détachement du West India régiment pour réoccuper Erimankono et y hisser le pavillon anglais. Le détachement quitta Freetown le 26 mars.

Dans ces conditions, un conflit avec les troupes françaises était inévitable. Dès que le gouvernement français apprit les dispositions du gouverneur de Sierra-Leone, il présenta des observations au gouvernement anglais. Le cabinet Gladstone admit leur justesse, et ordre télégraphique a été donné au gouverneur de Sierra-Leone de prendre d'urgence des mesures pour empêcher le capitaine Lendy d'agir contre les forces françaises du capitaine Briquelot.

Cet incident montre combien le cabinet Salisbury a fait fausse route quand il a laissé le capitaine Kenny rendre impossibles les travaux de la commission franco-anglaise de délimitation. Si ces travaux étaient terminés aujourd'hui, aucune difficulté n'aurait surgi au moment où la France faisait son dernier effort pour réduire les contingents de Samory.

Macina. — Le sous-secrétaire d'Etat aux colonies a reçu un télégramme daté du 20 avril par lequel le colonel Archinard lui rend compte d'une opération de guerre contre les partisans d'Ahmadou, ex-sultan de Ségou, son vieil adversaire. On se rappelle que c'est le commandant actuel du Soudan français qui s'est emparé du Ségou, de Nioro, et qui a forcé Ahmadou à se réfugier dans le Macina. Là régnait alors Mounirou, un frère du sultan détrôné. Mounirou n'était pas de nos amis ; mais, comme il tenait à vivre en paix, il évitait tout acte d'hostilité pouvant attirer nos armes de son côté.

Ahmadou brûlait, au contraire, du désir de se venger et de reconquérir son royaume ; arrivé en vaincu dans les Etats de son frère, il dressa ses batteries avec la prudence cauteleuse qui est dans son caractère, multiplia les intrigues de Mounirou, et, quand il jugea le moment venu, il le fit assassiner et prit sa place. Lorsque cette nouvelle parvint en France, on se douta bien qu'elle précédait de peu une levée de boucliers. On ne se trompait pas.

Le colonel Archinard se préoccupait de la situation dans le royaume de Sansanding, à la frontière de nos possessions. Ayant réglé les affaires qui le retenaient à Kayes, il prit la route de Ségou-Sikoro par Nioro, et, ramassant dans la région des volontaires, il fit son entrée dans Ségou avec un appareil militaire des plus imposants. De là, il se rendit à San, point qui se trouve à une centaine de kilomètres de Ségou, où il reçut avis des mouvements des bandes d'Ahmadou. Celui-ci avait imaginé le plan de campagne suivant : nos deux canonnières du Niger ancrées à Diafarabé, localité située au confluent du Niger et du marigot de Diaka, devaient être attaquées par une colonne et par une flottille de pirogues, la première formée à Bandiagara, la seconde réunie à Mopti.

Mais l'arrivée du colonel Archinard dérouta le sultan ; le commandant supérieur qui disposait de contingents respectables, mit de l'ordre dans nos affaires au Sansanding, puis de San où il se trouvait au moment où il fut avisé des rassemblements du Macina, il se mit en route pour marcher sur les troupes d'Ahmadou et de son allié Aly-Boury. Celles-ci n'attendirent pas ; elles battirent en retraite précipitamment en laissant toutefois une garnison à Djenné, à cent kilomètres environ dans le nord-est de San. La colonne française vint alors établir le siège du tata fortifié établi en ce point et l'enleva, non sans quelques pertes car le capitaine d'infanterie de marine Lespiau, fils du général de division Lespiau, a été tué dans cette affaire ainsi qu'un autre officier. Djenné pris, le colonel y laissa une garnison : en même temps il donnait l'ordre aux canonnières de s'établir à Mopti, en aval de Diafarabé, c'est-à-dire en plein Macina. Mopti était le point de stationnement des pirogues du chef du Macina ; c'est à ce village que le lieutenant de vaisseau Caron laissa la canonnière le *Niger*, avec laquelle il a descendu le Niger jusqu'à Korumié, port de Tombouctou, lorsqu'il se rendit par la voie de terre à Bandiagara, la capitale du Macina, où régnait alors Tidiani. Mopti, sur le bras occidental du Niger, et Djenné, sur le Mayel-Balevel, sont donc actuellement nos postes avancés dans la direction de Tombouctou.

COTE D'IVOIRE

La mission Manet et Marchand. — Les capitaines Manet et Marchand, de l'infanterie de marine, chargés d'explorer les fleuves de la côte d'Ivoire et de reconnaître les voies de pénétration allant de l'Atlantique vers la boucle du Niger, sont arrivés à Grand-Bassam, point de départ de leur expédition. Ils doivent se mettre en marche au premier jour.

COTE DE BÉNIN

Dahomey. — Le général Dodds rentrera en France vers le milieu de mai ; en attendant qu'il lui soit fait fête, voici quelques arrêtés intéressants qu'il a signés et dont le *Journal Officiel* de nos possessions du Bénin a publié le texte :

1° Nomination de la commission française de délimitation entre nos possessions du Bénin et la colonie allemande du Togo ; cette commission se compose de trois membres, savoir : MM. Colson, lieutenant de vaisseau, attaché à l'état-major du général, commandant supérieur ; le lieutenant d'artillerie de marine Steiner et l'enseigne de vaisseau Labarre.

2° Création de deux compagnies franches constituées par des volontaires européens et indigènes ; l'une à Abomey, l'autre à Porto-Novo. Chacune de ces compagnies est composée d'une section d'Européens et de trois sections de tirailleurs indigènes (Sénégalais ou Haouassas). Leur effectif est de 110 hommes dont 3 officiers, 32 sous-officiers ou soldats européens et 75 indigènes.

Le rôle de ces compagnies franches est de concourir activement à la sécurité de nos établissements du Bénin, principalement dans les régions qui ne sont pas encore pourvues de postes et dans celles qui sont troublées par des rôdeurs.

Le commerce des armes. — Le *Temps* a publié les renseignements suivants sur les difficultés auxquelles a donné lieu le trafic des armes de la part de certaines maisons allemandes durant la dernière campagne :

Les maisons allemandes établies au Dahomey étaient, l'an dernier, au nombre de quatre, sous les raisons sociales suivantes : Wœlber et Brohm, Gœdelt, Barth et Joss, Trogott et Saulner. Leur siège principal était à Whydah, mais elles avaient aussi quelques succursales à Avrékété et à Godomey.

Quand le général Dodds arriva à la côte, après l'occupation d'Abomey, il fit procéder à une enquête sur le commerce des armes et, à la suite des investigations effectuées, il décida l'arrestation préventive des agents des trois premières maisons. Les agents de la maison Trogott et Saulner ne furent pas soumis à cette mesure, par ce motif qu'ils avaient quitté le Dahomey depuis plusieurs mois. Les agents arrêtés le 13 décembre étaient MM. Schramm, Busch et Wit, des maisons Wœlber et Brohm et Gœdelt, et M. Barth, qui dirigeait lui-même ses factoreries. Ils furent conduits à bord du transport *Mytho*. Mme Barth demanda et obtint l'autorisation de suivre son mari, dont elle partagea ainsi la captivité.

Cette captivité, du reste, quoi qu'en aient dit les journaux étrangers, n'eut rien de bien pénible. On permit même aux prisonniers de communiquer avec le commandant d'un navire de guerre allemand, le *Habicht*, qui croisait dans ces parages.

Le 26 décembre, le général arriva à Whydah et ouvrit aussitôt une information contre les agents allemands. Le juge instructeur choisi fut M. Liebrecht d'Albéca, ancien résident à Grand-Popo, alors attaché au bureau des affaires politiques à Porto-Novo et qui vient tout récemment d'être nommé administrateur provisoire du cercle de Whydah.

M. d'Albéca recueillit les témoignages des chefs indigènes demeurés dans le pays pendant la guerre et procéda à l'interrogatoire des inculpés. Tous avouèrent leur participation aux faits qui leur étaient reprochés ; ils y mirent même, pour la plupart, une ostentation arrogante.

Barth, entre autres, déclara que, s'il n'avait plus vendu d'armes aux Dahoméens après la proclamation du blocus, ce n'était pas par obéissance aux injonctions des autorités françaises, mais simplement parce qu'il manquait d'approvisionnements en magasins.

Quant à Wit, représentant de la maison Gœdelt, qui remplissait, en outre, à Whydah les fonctions d'agent consulaire allemand, il refusa de prêter serment et répondit avec la plus grande insolence aux questions qui lui furent posées. Comme ses co-inculpés, du reste, il avoua les faits qui lui étaient reprochés.

Toute dénégation aurait, d'ailleurs, été superflue, les livres de comptabilité saisis au début de l'instruction démontrant de la façon du monde la plus évidente l'importance du trafic d'armes.

De l'examen des registres il résulta que les différentes maisons allemandes avaient vendu au roi de Dahomey, depuis plusieurs mois, 1,724 fusils à tir rapide (Mauser, Chassepot, Winchester, etc.), environ 600,000 cartouches appropriées à ces armes, 6 canons Krupp et 4 mitrailleuses avec environ 20,000 obus. En outre, on constata la vente d'une certaine quantité de balles explosibles Ce sont ces projectiles dont on constata les ravages lors de l'attaque de Cana.

La plupart de ces fournitures, on s'en souvient, furent payées par Behanzin en nature, c'est-à-dire par la livraison de plusieurs centaines de noirs, destinés à aller travailler dans la colonie allemande du Cameroun ou au chemin de fer du Congo. Notamment, 450 d'entre eux furent embarqués, le 2 mai, à Avrékété sur un vapeur de la Compagnie Wœrmann, de Hambourg.

On affirmait alors que c'étaient des travailleurs libres, contractant un « engagement volontaire ». Mais, sur les registres commerciaux, on pouvait lire : *Received from the king of Dahomey 300 ou 400 sclaves, men, women and children* (reçu du roi de Dahomey 300 ou 400 esclaves, hommes, femmes et enfants).

Au bout de huit jours, l'instruction fut close, et le dossier transmis au général Dodds, qui réunit aussitôt le conseil d'administration des établissements du Bénin. Il exposa à l'assemblée les faits de la cause et lui en communiqua tous les documents.

A l'unanimité, le conseil adopta les conclusions du général et rendit la sentence suivante, que nous donnons en substance :

1º Les maisons Trogott et Saulner, Wœlber et Brohm et Barth seront fermées et leurs biens mis sous séquestre jusqu'à ce que le gouvernement français ait prit une décision à leur sujet. (La maison Gœdelt ne fut pas comprise dans cette mesure parce que la dernière livraison d'armes faite par ses agents avait précédé de quelques jours la notification du blocus.)

2º Tous les agents allemands des maisons ci-dessus spécifiées seront expulsés, non seulement du Dahomey, mais de tous les établissements français du Bénin. Ils devront avoir quitté le territoire dans un délai de quarante-huit heures après la notification à eux faite de l'arrêté d'expulsion.

L'agent de la maison Gœdelt, bien que n'ayant pas participé au trafic illicite des armes, fut compris dans cette mesure à cause du danger que ses menées antifrançaises présentaient pour notre colonie.

Vingt-quatre heures après, tous ces agents étaient partis, sauf M. Wit, qui, voulant résister jusqu'au bout, ne s'en alla qu'à la dernière minute du délai fixé. Tous les expulsés se réfugièrent dans la colonie allemande du Togoland.

Aucune réclamation ne s'est élevée contre ces expulsions. Ni le commandant du *Habicht*, ni le gouverneur du Togoland n'ont fait des réserves sur les arrêtés d'expulsion du général Dodds, et le gouvernement allemand a observé le même silence, malgré les objurgations de ses nationaux.

Dans une séance du Parlement allemand, voici ce qu'a répondu le ministre des affaires étrangères à une question qui lui était posée :

Je n'ai pas protesté contre cette expulsion des Allemands, a déclaré le baron de Marschall, par la raison que, si le gouvernement français s'empare, en temps de guerre, d'un territoire ennemi, il a le droit d'éloigner les personnes que, pour une raison ou pour une autre, il considère comme gênantes. Dans un cas semblable, le gouvernement allemand aurait, lui aussi, repoussé l'intervention d'un tiers.

Mais il n'en fut pas de même en ce qui concerne la fermeture des maisons de commerce, fermeture qui avait été prononcée par le général Dodds, par application de l'Acte général de Bruxelles. Les négociants allemands de Hambourg firent valoir d'une part que, si, par mesure de police, on pouvait expulser d'un territoire ceux de leurs agents qui avaient dérogé aux lois locales, on ne pouvait *fermer* leurs établissements commerciaux et les empêcher de renvoyer en Afrique de nouveaux agents. Et ils ajoutèrent que, dans l'espèce, l'Acte général antiesclavagiste de Bruxelles ne pouvait leur être appliqué, le Dahomey ne rentrant pas dans la catégorie de pays africains où il a été promulgué.

C'est précisément parce que la question était litigieuse que le général Dodds, conformément à l'avis de son conseil d'administration, décida la fermeture *provisoire* des maisons allemandes et la mise sous séquestre des marchandises, en attendant la décision du gouvernement français.

Cette décision a été telle que l'impose le droit international. Malgré les réclamations des maisons allemandes transmises par le gouvernement allemand, il a été décidé que la maison Wœlber et Brohm serait définitivement fermée, que les établissements de la maison Barth et Joss seraient fermés jusqu'à nouvel ordre et enfin que la maison Trogott et Saulner serait réouverte. Cette différence de traitement s'explique par ce fait que la maison Wœlber et Brohm a continué ses livraisons d'armes après la déclaration du blocus.

Nous croyons savoir, au surplus, que des négociations sont encore pendantes entre les cabinets de Paris et de Berlin sur le point de savoir si les mesures prises s'appliquent à toutes les factoreries d'une même maison ou seulement à celles dans lesquelles des faits délictueux ont été commis.

Mouvement commercial au Bénin. — Voici le tableau du mouvement commercial de nos anciens établissements du Bénin, Porto-Novo, Kotonou, Grand-Popo et Agoué, pendant l'année 1892. Il n'est pas question de Wydah, qui figurera dorénavant dans les statistiques et dont le commerce avait une très grande importance avant la dernière campagne.

Les importations se sont élevées à 6,432,701 francs; les exportations à 7,259,910 francs, soit, en tout, 13,692,611 francs, sur lesquels la part du mouvement français est de 3,420,054 francs, qui se répartissent ainsi : 1,836,881 francs, importations de France ; 1,583,173 francs, exportations pour France.

En 1890, l'ensemble du mouvement commercial, s'était chiffré par 9,406,388 francs ; en 1891, par 13,468,289 francs; il y a eu donc en 1892 une augmentation de 224,321 francs. Les importations ont augmenté d'environ 700,000 francs, au contraire, les exportations ont fléchi d'un peu plus de 400,000 fr. ; mais il est à remarquer que 1892 a été une année très troublée au Bénin, que le commerce a été éprouvé par les opérations de guerre.

CONGO FRANÇAIS

M. de Chavannes, lieutenant-gouverneur du Congo, est arrivé à Paris où il séjournera quelque temps. Il a eu plusieurs entrevues avec le sous-secrétaire d'Etat aux colonies, pour conférer avec lui sur la situation politique du Congo français.

L'œuvre de M. de Brazza. — La *Politique coloniale*, publie les renseignements suivants que lui communique un ami de Libreville et qui résument l'œuvre de M. de Brazza et de ses collaborateurs depuis quelques mois :

L'on sait par les nouvelles que nous avons publiées il y a quelques mois, que M. de Brazza s'était mis en rapport avec un chef musulman important qui, d'après les renseignements recueillis, commandait sur un vaste territoire au nord-ouest de Bania. Son nom était Abbou ben Aïssa. C'est par l'intermédiaire d'un Sénégalais de son escorte, le Marabout lettré Niahin Nieng, que M. de Brazza étai entré en relations de correspondance avec lui ; attendant une réponse à sa lettre, notre commissaire général se mit en route au milieu de juillet dernier pour se rendre à Gaza où M. Gouzou avait déjà établi un poste avancé ; il quitta Bania accompagné de MM. Bloum et Fredon et d'une petite escorte. Mais arrivé à moitié route, il rencontra M. Gouzou qui venait à sa rencontre en toute hâte pour lui présenter l'envoyé spécial que le grand chef Abbou avait chargé d'apporter la réponse à la lettre de M. de Brazza. Cet ambassadeur était le Serki M'Fada et l'on apprit par lui que son chef n'était autre que le sultan de N'Gaoundéré, centre important de l'Adamaoua, placé sous la dépendance plus ou moins effective de Zoubir, sultan de Yola.

Les lettres dont le Serki M'Fada était porteur, témoignaient des sentiments favorables avec lesquels son maître avait accueilli les ouvertures de M. de Brazza.

La rencontre de M. de Brazza et de l'envoyé du sultan de N'gaoundéré qu'accompagnait M. Gouzou, chef du poste de Gaza, se fit chez le chef Ngouachoba qui était depuis longtemps notre allié.

En raison de cette rencontre, M. de Brazza ne crut pas devoir pousser jusqu'à Gaza, comme il en avait l'intention, et avant de rentrer à notre poste de Bania, il prit des mesures pour réprimer certaines tribus qui avaient autrefois trempé dans l'attaque de la mission Fourneau et qui depuis avaient arrêté plusieurs de nos courriers isolés. Cette opération de police une fois terminée, il rentra à Bania où il arriva fin août.

Là, M. de Brazza s'occupa des moyens propres à assurer notre extension pacifique au nord et à asseoir notre influence sur les pays situés entre Bania, Gaza et N'Gaoundéré. A cet effet il convoqua à une grande réunion, en présence de l'envoyé spécial du sultan, tous les chefs de la région qui répondirent à son appel : il leur expliqua quel était le but de la France, comment elle entendait s'établir dans le pays et vivre au milieu de ces populations qui n'avaient eu jusqu'ici aucun rapport avec les Européens. Il n'est pas douteux que les résultats favorables de cette entrevue ne tarderont pas à se faire sentir.

De plus, M. de Brazza, voulant montrer que notre intention était bien de prendre pied dans la contrée, s'occupa d'assurer les communications par terre entre Gaza et Bania et par eau avec les territoires de la Haute-Mambère.

A cet effet, la construction d'une route a été aussitôt commencée, et d'autre part des travaux ont été entrepris pour permettre au vapeur *Courbet*, mouillé au pied des rapides de Bania, de contourner ce barrage infranchissable et de flotter sur le bief supérieur de la rivière qui est navigable.

On a fait pour cette dernière opération des travaux considérables qui ont duré plus d'un mois ; il s'agissait en effet de faire pour le *Courbet* une voie de terre sur une longueur d'un demi-kilomètre; le vapeur a été préalablement désarmé pour être plus facilement traîné. et ce n'a pas été sans beaucoup de difficultés qu'on a pu le remettre à flot au-dessus des rapides. Néanmoins l'opération a pleinement réussi et c'est le 22 octobre que le bateau tout pavoisé a flotté sur le bief supérieur, au grand étonnement des indigènes.

C'est sous le commandement de M. de Brazza que le *Courbet* a fait sa première exploration du cours de la rivière ; l'administrateur Gentil, ainsi que MM. Predon, Ponel et Decressac-Villagrand l'accompagnaient : le voyage a duré plusieurs jours et s'est effectué sans encombres ; les populations riveraines accouraient pour voir le vapeur et ont conclu avec nous des traités de protectorat. Arrivés à Bouboua, la navigation n'était plus possible ; on se trouvait en présence de rapides dangereux. Le bateau dut s'arrêter, on était par 5° 07' 30" de latitude Nord et 13° 28' 30" de longitude Est de Paris. Là on apprit qu'au-dessus de ces rapides la rivière avait un nouveau bief navigable s'étendant jusque vers le 6e degré. Le bief de Bania et le bief de Bouboua sont ouverts à la navigation pendant trois mois de l'année, août, septembre, octobre.

Le *Courbet* rentra ensuite à Bania, d'où il repartit quelque temps après pour une nouvelle exploration de la rivière qui fut dirigée cette fois par l'administeur Gentil, qui est enseigne de vaisseau de réserve.

Après avoir conservé près de lui le serki M'Fada, M. de Brazza s'est préoccupé de lui faciliter les moyens de rentrer auprès de son maître le sultan de N'Gaoundéré : il a organisé à cet effet une petite mission dont la direction a été confiée à M. Ponel, chef d'exploration, qui a déjà fait plusieurs reconnaissances du pays autour de Bania. M. Ponel est chargé d'accompagner le serki M'Fada et d'entrer au nom de M. de Brazza, en rapports directs avec le sultan de N'Gaoundéré. Il est accompagné d'une escorte de cinq Sénégalais. Parti dans les premiers jours de 1893, M. Ponel devait arriver à N'Gaoundéré dans le courant de février et de là, après avoir séjourné le temps nécessaire pour accomplir la mission spéciale dont il était chargé auprès du sultan, gagner Yola, la capitale de l'Adamaoua.

MADAGASCAR

Une pétition des sujets anglais de Madagascar. - Le *Journal de Maurice* du 15 février publie la pétition suivante, rédigée par le rédacteur du *Madagascar News*, et adressée à la reine d'Angleterre ; nous reproduisons ce document à titre de curiosité :

10 février 1893.

‹ Qu'il plaise à Votre Majesté.

« Nous soussignés, loyaux et fidèles sujets de Votre Majesté, résidant à   dans la colonie de Votre Majesté Maurice, désirons très respectueusement faire entendre notre protestation très vigoureuse contre les instructions émises, au sujet de Madagascar, par l'ancien et le présent gouvernement de Votre Majesté

« Nous sommes convaincus que, si les faits réels étaient connus, il y aurait unanimité d'opinion dans tout l'Empire indien de Votre Altesse impériale, ainsi que dans les colonies de Votre Majesté dans l'Afrique Sud et Est et dans l'Australie qui sont avec raison appelées la plus Grande Bretagne, et aussi dans toutes les communautés britanniques établies en Asie — pour protester contre l'action des conseillers responsables de Votre

Majesté, qui a facilité à la France les moyens de devenir maîtresse de l'île-continent de Madagascar, qui, située dans l'angle Sud-Est de l'Afrique, commande le cap, la véritable route de l'est.

« Cette position stratégique constitue la principale des différentes raisons importantes qui nous font, nous les sujets loyaux et fidèles de Votre Majesté résidant à Maurice, vous adresser respectueusement cette pétition dans le but de protester contre la politique que les conseillers de Votre Majesté ont poursuivie depuis 1890, au sujet de Madagascar.

« Nous avons l'honneur de rappeler à l'attention de Votre Majesté que Maurice n'est devenue colonie anglaise qu'en raison du préjudice considérable que l'utilisation de sa position stratégique par les croiseurs français permettait d'infliger au commerce anglais avec l'Est. Un examen rapide de Madagascar, de sa côte occidentale couverte de ports, et des intérêts considérables que l'Angleterre possède actuellement en Orient montre que l'île de Madagascar, si elle était placée sous le contrôle de la France, constituerait, pour les intérêts anglais dans l'Est, un danger beaucoup plus grand.

« Nous protestons, en conséquence, d'une façon particulière contre les instructions que le présent Secrétaire d'Etat de votre Majesté pour les affaires étrangères a adressées aux officiers des croiseurs anglais, de s'abstenir de faire des visites à bord des navires soupçonnés d'être employés au commerce des esclaves dans les eaux de Madagascar. Car il n'est pas improbable que la France se prévaudra de ces instructions pour maintenir une escadre navale plus considérable dans ses eaux, ce qui la placera dans une situation avantageuse, si des hostilités européennes s'élevaient inopinément.

« Dans ce cas la colonie de Votre Majesté, Maurice, en raison de l'histoire de sa prise de possession par la couronne britannique, serait placée dans une situation bien dangereuse.

« Nous demandons aussi à votre Majesté d'empêcher le gouvernement de Votre Majesté de rien faire qui diminue l'influence britannique à Madagascar, attendu que cette île-continent a, pendant plus d'un demi-siècle, été un facteur important dans le commerce de vos loyaux et fidèles sujets de Maurice. Et nous le demandons respectueusement aussi parce que la politique industrielle que le gouvernement éclairé de Madagascar, a commencé à inaugurer développera rapidement l'important commerce qui se fait actuellement entre Maurice et Madagascar, et offrira un débouché utile à l'énergie et à l'esprit d'entreprise de la jeune génération de notre île surabondamment peuplée.

« Dans le ferme espoir qu'il n'est pas trop tard pour que justice soit faite et que les traités soient respectés, nous soussignés adressons cette humble pétition à votre très gracieuse Majesté.

« Et vos humbles pétitionnaires, comme c'est leur devoir, prieront toujours etc., etc. »

Comité de secours aux victimes du cyclone du 21 février 1893. — Nous recevons la lettre suivante que nous insérons très volontiers :

Monsieur,

Un épouvantable cyclone vient de ravager Sainte-Marie-de-Madagascar, Tamatave et la côte de Madagascar.

A Sainte-Marie, terre française depuis 250 ans, les belles plantations de girofliers dont l'île était couverte, de cacaoyers, de caféiers, de cannes à sucre, toutes sont complètement détruites. C'est un désastre terrible : l'administration locale estime que c'est une ruine totale dans le présent et dans l'avenir, si nous ne portons quelques secours à nos infortunés compatriotes et aux indigènes.

A Tamatave, où la mer a balayé tous les établissements du rivage et où les quartiers ont autant souffert que le port, les dégâts sont estimés à plusieurs millions.

Les habitants de Sainte-Marie-de-Madagascar et les Français de Madagascar implorent votre secours.

Je vous prie de leur venir en aide : ne nous refusez pas un don quelque faible qu'il soit. Aux heures difficiles de notre histoire nationale, les créoles de la mer des Indes ont largement donné à la Métropole leur argent et leur sang ; les volontaires créoles, qui furent admirables de courage et d'abnégation, nous ont ouvert Madagascar en 1885.

Une occasion nous est offerte de leur témoigner notre reconnaissance et les sentiments de solidarité qui unissent tous les Français.

Les fonds de souscriptions seront encaissés par le Comptoir national d'escompte, qui, par son agence de Tamatave, les fera parvenir partie à l'administrateur de Sainte-Marie, partie au résident de France à Tamatave.

A titre de remerciements, nous adresserons à chaque souscripteur quelques produits aromatiques de Sainte-Marie-de-Madagascar.

Veuillez agréer, Monsieur, l'assurance de ma haute considération.

Pour le Comité de secours :
Le délégué de Diégo-Suarez et de Sainte-Marie-de-Madagascar, membre du Conseil supérieur des Colonies,
                              HENRI MAGER.

Paris, 21, rue des Martyrs.

ÉTAT INDÉPENDANT DU CONGO

La mort de M. van Kerkhoven. — C'est au milieu des fêtes que Bruxelles offrait aux vaillants explorateurs du Katanga qu'est arrivée la nouvelle de la mort du commandant van Kerkhoven, et ce triste événement n'aura certes pas été sans jeter quelque tristesse sur ces solennités.

Le commandant van Kerkhoven était, en effet, l'un des officiers sur lesquels l'État indépendant était en droit de fonder les plus légitimes espérances. Est-il besoin de rappeler que c'est lui qui avait entrepris de pousser une pointe hardie à travers les régions inconnues au nord-est du Congo, et de s'établir, avec son expédition, sur le haut Nil? Les journaux anglais avaient déjà annoncé son arrivée à Lado, au nord des anciennes provinces d'Emin, et le *Times* entre autres, était parti en guerre à maintes reprises contre une telle « flibusterie », qui consistait à s'emparer d'une position que l'Angleterre ambitionnait, mais où elle était incapable d'atteindre, soit par l'Égypte, soit par l'Ouganda. Toutes ces colères étaient vaines, puisque van Kerkhoven a succombé en route, victime d'un vulgaire et déplorable accident, et sans doute avant d'avoir atteint le Nil, où tout son désir avait été de prendre pied.

Le *Times* a tenté d'épiloguer sur la nouvelle de la mort de l'explorateur et prétendu que c'était un de ses homonymes dont l'Etat avait à déplorer la perte ; mais les nouvelles les plus précises reçues à Bruxelles né permettent guère, malheureusement, de croire encore à la fausseté des premiers rapports.

La prise de Nyangoué. — On se souvient que l'automne dernier, à la suite du massacre de l'expédition Hodister et du soulèvement arabe dans toute la région du Haut-Congo, le lieutenant Dhanis, à la tête de 450 hommes appartenant à la petite troupe de l'Etat indépendant, avait tenu tête à la révolte et l'avait empêchée de se propager sur le fleuve moyen. De la défensive, il a pu bientôt, grâce à l'aide de 7,000 indigènes environ qui lui furent amenés par les chefs adversaires des Arabes, passer à l'offensive, et nous annoncions dans notre dernier numéro qu'il avait remporté une première victoire sur Sefou, le fils de Tippoo-Tib, et Munié Mohara, que l'on tient pour responsable du massacre de Hodister et de ses compagnons. Une seconde victoire, à Angoi, entre le Lomami et le Loualaba, a bientôt suivi la première ; en suite de quoi l'expédition Dhanis a poussé vigoureusement vers l'Est, et assiégé, puis emporté Nyangoué, agglomération de 20,000 Arabes et nègres soumis aux Arabes. Nyangoué est situé au carrefour de toutes les routes qui conduisent au Tanganika ; c'était le boulevard même de la puissance des Arabes esclavagistes qui ravagent le Congo, et la prise de la ville est pour le jeune État un événement des plus importants. Les Arabes soulevés sont mâtés. L'État du Congo est délivré de son principal ennemi.

On peut espérer que le lieutenant Dhanis portera plus loin encore ses succès : le capitaine Joubert et le capitaine Jacques, des expéditions antiesclavagistes, continuent sans doute à tenir sur les bords du lac Tanganyka, et même l'expédition Long, envoyée à leur secours, doit les avoir rejoints ; mais il ne sera pas moins bon pourtant que Dhanis puisse aller les débarrasser du voisinage toujours dangereux des chasseurs d'esclaves qui les serrent de près. Il pourrait arriver avant le capitaine Descamps, parti le 10 avril avec des provisions de toutes sortes et des munitions, et qui, passant par l'Afrique orientale allemande, ne pourra joindre le Tanganyka avant plusieurs mois.

POSSESSIONS ANGLAISES

Lagos. — Le rapport annuel du gouverneur de Lagos sur la situation de cette colonie vient de paraitre pour l'année 1891.

En 1891, les recettes de la colonie ont été de 78.624 liv. st. ; en augmentation de 21.744 sur les prévisions (en raison de l'augmentation des droits de douane sur les spiritueux et le tabac). Les recettes ont été de 66.388 liv.

En 1862, les recettes étaient seulement de 7.430 liv. Elles se sont élevées, dès 1864, à 21.335 liv.; en 1870, à 41.683 ; en 1880, à 47.987 ; en 1890, à 56.340.

La valeur des importations a été, en 1891, de 607.748 liv.; celle des exportations, de 716.642 liv.

Pour 1862, les chiffres étaient : 77.932 liv. et 61.933 ; dès 1863, ils atteignaient 171.138 et 158.341, en 1867, 321.977 et 543.157, en 1869, 446.874 et 669.598.

Les principaux articles d'importation sont les cotonnades (262.370 liv.), le genièvre (55.515 liv.), le rhum (41.343 liv.), le tabac (15.402 liv.), les poteries (7.063 liv.), le sel (7.647 liv.), les soieries (7.336 liv.) ; les articles d'exportation : l'huile de palme (252.958 liv.) et la noix de palme (341.349 liv.)

Zambézie britannique. — L'Agence Havas a reçu, à Zanzibar, la dépêche suivante, datée de Chilomo (rivière Chiré), du 20 février, qui relate d'intéressants événements survenus dans les domaines britanniques du voisinage :

La région du lac Nyassa est en ce moment le théâtre d'événements très sérieux : des milliers d'indigènes se sont soulevés et ont attaqué les stations anglaises. Fort-Johnson, au sud du lac Nyassa est bloqué. M. H. Johnston, le commissaire anglais, est coupé de toutes les communications avec le Sud. Plusieurs engagements ont eu lieu, dans lesquels le capitaine Johnson a été tué et deux autres Anglais grièvement blessés. Un autre Anglais a été assassiné. Blantyré parait menacé et l'on craint un soulèvement général sur la rivière Chiré. Les Anglais sont en fort petit nombre, et leur situation parait fort critique.

POSSESSIONS ALLEMANDES

Afrique orientale. — Le correspondant africain du *Berliner Tageblatt* écrit de Kampala (Ouganda) qu'au dire d'un égyptien ayant fait partie de la suite d'Emin, l'explorateur et tout son monde auraient été massacrés le 13 mars 1892 sur les bords de la rivière Ituri par des Manyemas, sous la conduite d'un chef arabe. Emin était parti de Kavalli le 9 mars, se dirigeant vers le Congo.

Cameroun. — Il a été beaucoup question ces temps-ci dans la presse anglaise et dans la presse allemande des négociations entamées à Berlin, où a passé plusieurs semaines sir Claude Mac-Donald, gouverneur des Oil-Rivers, pour arriver à délimiter la frontière anglo-allemande au nord de Cameroun. Voici ce que dit le *Times* à ce sujet :

« Il faut espérer que la mission de Sir Claude Mac Donald à Berlin, aura pour résultat la détermination définitive des frontières séparant la sphère d'influence anglaise dans la région du Niger et les territoires allemands du Cameroun. La limite provisoire constituée, au Nord-Est vers Yola, par la rivière dite Rio del Rey est extrêmement vague, et laisse place à des complications irritantes entre la Compagnie du Niger et le protectorat des « Oil Rivers » d'une part, et le Cameroun de l'autre. Le rôle de Sir Claude Mac Donald n'est pas facile, si la délimitation porte sur toute la frontière, car la Compagnie du Niger revendique, croyons nous, des droits que les Allemands ne sont pas disposés à reconnaître. Mais, plus tôt nous serons d'accord, au Sud, avec nos voisins, et mieux cela vaudra pour les intérêts, en Afrique, des deux puissances, car elles seront libres alors de surveiller les efforts que font des aventuriers français pour prendre pied derrière leurs sphères réciproques d'influence. Sir Claude, nous le pensons, retournera sans doute aux « Oil Rivers » le mois prochain, et comme il aura sous ses ordres des vapeurs spécialement destinés à la navigation fluviale, il pourra vraisemblablement faire beaucoup pour développer le commerce des nombreuses rivières de la côte. »

Il ne parait pourtant pas que la négociation soit aussi aisée que veut bien le dire le journal de la Cité ; une première fois en 1890, Sir Claude Mac Donald s'était rendu à Berlin et il avait signé un traité modifiant la convention provisoire de délimitation de 1886, mais ce traité n'a pas été ratifié ; aura-t-il été plus heureux cette fois-ci ? Un secret absolu a été gardé sur les pourparlers, et rien n'en a transpiré dans la presse ; mais, si l'attitude des journaux peut laisser deviner celle du gouvernement, on peut prédire que Sir Claude aura eu peine à faire prévaloir ses vues et à amener l'Allemagne à des concessions.

POSSESSIONS PORTUGAISES

Le *Journal officiel* de Lisbonne a publié un décret autorisant le gouvernement à concéder à deux ingénieurs portugais un chemin de fer allant de Quilimane à la rive gauche du fleuve Chiré, avec embranchement, qui le reliera à Mopeia sur la rive gauche du Zambèze.

Au décret est joint un contrat de concession, portant que la voie aura un mètre de largeur, qu'elle sera établie avec des rails d'acier.

La concession est faite pour une durée de quatre-vingt-dix-neuf ans, durant laquelle le gouvernement s'engage à ne pas concéder d'autre chemin de fer concurrent dans le district de Quilimane et au nord du Zambèze, dans une étendue de 100 kilomètres de chaque côté de la ligne.

L'État cède aux concessionnaires les terrains à occuper par la ligne, ainsi que la moitié des terrains latéraux dans une zone de 2.000 mètres de chaque côté de la voie et, en outre, cent mille hectares de terrain dans le district de Quilimane pour des exploitations agricoles ou minières.

Les concessionnaires reçoivent un pourcentage variable du droit de transit de 3 0/0, établi par le traité anglo-portugais du 31 janvier 1891, sur les marchandises traversant le district de Quilimane, et l'exploitation d'un domaine de l'État, à déterminer d'un commun accord et, autant que possible, sur le parcours de la voie ferrée. Enfin, l'État accorde l'exemption du droit d'importation pendant sept ans, pour tous matériaux nécessaires à la construction et à l'exploitation de la ligne et de ses embranchements.

Le chemin de fer devra être construit dans les trois années de la constitution de la Société anonyme, que les concessionnaires seront tenus de former dans dix-huit mois à partir de la date de la concession. Le siège de la Société sera à Lisbonne et ses statuts devront être approuvés par le gouvernement.

D'après les journaux de Lisbonne, c'est le capitaine Cameron qui, avec un groupe financier portugais, est à la tête de l'entreprise à laquelle la concession est destinée.

BIBLIOGRAPHIE

LA FRANCE COLONIALE. — Histoire, géographie, commerce. — Par M. Alfred RAMBAUD, professeur à la Faculté des lettres de Paris, avec la collaboration de MM. le colonel L. Archinard, de l'artillerie de marine, gouverneur du Soudan; le colonel A. Bouïnais, de l'infanterie de marine; le capitaine V. Nicolas, de l'infanterie de marine; Pierre Foncin, inspecteur général de l'instruction publique; Dutreuil de Rhins, Charles Lemire, Paul Soleillet, explorateurs; Paul Bonnetain, ancien directeur de l'*Armée coloniale*; A. Paulus, J. Tissot, Henri Deloncle, G. Marcel, H. Schirmer, géographes; Brétignère, Béraud, négociants à la côte de Guinée; l'abbé Bouche, missionnaire à la côte de Guinée; Isaac, sénateur; Hurard, député; Jacob de Cordemoy, ancien membre du conseil général de de la Réunion; A. Goupil, membre des conseils privé et colonial de l'archipel Tahiti; Jules Leveillé, professeur à la Faculté de droit de Paris, chargé de mission à la Guyane. 6ᵉ édition. Armand Colin et Cie, éditeurs, 5, rue de Mézières, Paris. Prix : 8 fr.

Le seul titre de ce livre en est le meilleur éloge, et l'on ne saurait s'étonner que, rédigé par d'aussi éminents spécialistes, il soit arrivé, en peu d'années, à sa sixième édition. Bien que l'histoire de nos colonies, cette histoire si noble et si peu connue, y tienne une grande place, l'ouvrage est très complet sur l'état actuel de notre empire colonial et les auteurs ont eu à cœur de le tenir régulièrement au courant. Il est aujourd'hui classique et aucun manuel ne vaut celui-là pour entrer dans l'étude de la France coloniale.

Le Gérant : H. PERCHER.

11518. — Imprimerie de la Bourse de Commerce (F. Bivort).

Troisième Année.   N° 6. — Juin 1893

BULLETIN DU COMITÉ

DE

l'Afrique Française

PUBLIÉ MENSUELLEMENT

Sous la direction de **M. Harry Alis,**
avec la collaboration de **MM. Henry Frisch de Fels,**
Raymond Kœchlin, etc.

Adresser toutes les communications
à M. le Secrétaire général
du **Comité de l'Afrique Française**
15, rue de La Ville-l'Évêque, Paris.

Prix du Numéro : 2 FRANCS

Tout Souscripteur du Comité reçoit
de droit ce BULLETIN.

SOMMAIRE

Avis

Nous serions reconnaissants à ceux de nos Souscripteurs qui ont signé des engagements annuels de vouloir bien envoyer, dès maintenant, à notre Trésorier, **M. Armand Templier, 79, boulevard Saint-Germain,** *le montant de leur souscription pour 1893.*

EXTRAIT

DES

Délibérations du Comité pendant le mois de Mai 1893

Séance du 18 mai

Membres présents : MM. le prince d'ARENBERG, président, PERCHER, SIEGFRIED, G. ROLLAND, GAUTHIOT, Paul LEROY-BEAULIEU, commandant MONTEIL, POUBELLE, H. PEREIRE, général DERRÉCAGAIX, RENOUST DES ORGERIES, TEMPLIER, de KERJÉGU, MILNE EDWARDS, comte GREFFULHE, de la MARTINIÈRE.

Le président propose de nommer membres du Comité MM. Maistre et Edmond Frisch de Fels. Cette proposition est adoptée à l'unanimité.

Le trésorier rend compte de l'état des finances, puis M. Maistre et les membres de sa mission, MM. Brunache, Clozel, de Béhagle, Briquez et Bonnel de Maizières sont introduits et M. Maistre fait au Comité le récit de son voyage.

LISTE DES SOUSCRIPTEURS

(Suite)

Report..... 269.466 60

MM.

Moulis, à Saverdun	A	10 »
A. Martin, à Toulouse	A	5 »
Casenave, à Pau	A	15 »
G. de Lavaur	A	20 »
Cornélis de Witt	A	10 »
Striffling, à Dijon	A	10 »
Jacquemin, à Dijon	A	20 »
Maillard, à Dijon	A	10 »
Rouillard, à Fontainebleau	A	10 »
Cottin, à Fontainebleau	A	20 »
Schwartz, à Bâle	A	50 »
Huguenin-Kœchlin, à Bâle	A	25 »

A reporter. 269.671 60

	Report.....	269.671 60
Georges Rolland.........................A	25	»
Bonnet, à Doullens.......................A	10	»
Corot, à Dijon...........................A	25	»
F. Kronheimer, au Havre.................A	25	»
Derazey, au Havre.......................A	5	»
Prince Roland Bonaparte..................	200	»
Duc d'Aumale...........................A	3.000	»
Duc de Chartres........................	1.000	»
Gavet, à Nancy.........................A	40	»
Laurent, à Nancy........................A	10	»
Dussert, à Toulouse......................A	20	»
Trempé, à Méréville......................A	20	»
Guerlain................................A	100	»
Mme veuve H. Clauzel, à Tournay.........A	10	»
De Wulf, à Nice........................A	5	»
Société de Géographie de Toulouse.........A	100	»
Verdier, à La Rochelle....................A	50	»
Delalo, à Tarbes........................A	25	»
H. Belin...............................A	100	»
Liger..................................A	100	»
Stern..................................A	100	»
Aynard, député.........................A	500	»
A. Vandendriesche.......................A	30	»
Joanny Pey, à Lyon......................A	10	»
Paul Wallon............................A	10	»
Jagerschmidt, à Blidah...................A	50	»
M. de Kerjégu, député...................	1.000	»
Alfred André...........................	1.000	»
Armand Templier........................	1.000	»
	Total.....	278.211 60

Erratum. — Nous avons porté par erreur dans une des précédentes listes de souscription M. Berstène, de Saint-Pétersbourg, pour une somme de 100 francs, alors que le chiffre de sa souscription annuelle est de 200 francs.

LA MISSION MAISTRE

RAPPORT

Sur l'expédition envoyée par le Comité de l'Afrique Française dans l'Afrique Centrale

A Monsieur le Président du Comité de l'Afrique Française, 15, rue de la Ville-l'Evêque, Paris.

Monsieur le Président

A la suite du massacre de la mission Crampel, le Comité de l'Afrique Française me confiait le commandement d'une expédition de secours destinée à renforcer la mission Dybowski alors sur l'Oubangui.

Ma mission étant aujourd'hui terminée, j'ai l'honneur de venir vous en rendre compte, espérant que le Comité sera satisfait de son mandataire et de ses collaborateurs.

Je n'insisterai pas sur la première partie du voyage, vous en ayant déjà rendu compte par lettres.

Je m'embarquai à Bordeaux, le 10 janvier 1892, avec mes lieutenants MM. Clozel, de Béhagle, Bonnel de Maisières et Riollot et tout le matériel de l'expédition.

Après avoir pris, à Dakar, M. Chastrey et les 39 laptots qu'il avait recrutés, nous touchions à Libreville où M. de Chavannes, remplaçant M. de Brazza parti en exploration, m'assurait du concours de la colonie.

Quelques jours plus tard j'étais à Loango d'où je vous rendis compte des difficultés que j'avais eues avec une maison française au sujet des porteurs qui m'avaient été promis ; — par suite d'un manque de parole, je dus m'adresser un peu partout, ce qui me fit perdre du temps et occasionna un supplément de dépenses.

Cependant en moins d'un mois, grâce à l'activité de mes lieutenants et aux bons offices de l'administrateur de Loango, M. Cholet, il me fut possible de faire partir pour Brazzaville, par caravanes, les 400 charges qui composaient mon matériel et de prendre moi-même avec tout mon personnel la route de l'intérieur.

Comme vous le savez, c'est à Brazzaville que je rencontrai M. Dybowski ; très souffrant depuis quelque temps, il rentrait en France et, conformément à vos instructions, me laissait l'entière direction de l'expédition.

Grâce à M. Dolisie, administrateur principal de Brazzaville, mon séjour au Stanley-Pool fut très court. Deux bateaux, l'*Alima* et le *Djoué*, étaient mis à ma disposition pour remonter le Congo, puis l'Oubangui jusqu'au poste de Bangui où nous arrivions dans les premiers jours de juin.

En passant à Liranga (confluent de l'Oubangui et du Congo), j'avais eu l'heureuse chance de rencontrer M. Greshoff, agent général de la maison Hollandaise. M. Greshoff, qui avait déjà rendu des services à la mission Dybowski, mettait gracieusement au service de la mission 50 engagés Vhyboys. Etant donnée la pénurie de porteurs dans laquelle je me trouvais, c'était un service exceptionnel que me rendait le chef de la maison Hollandaise et je ne saurais trop lui exprimer ici toute ma reconnaissance. De plus, M. Greshoff voulait bien se charger de faire transporter à Bangui par un de ses vapeurs une partie de mon matériel ; cela venait fort à point, car l'*Alima*, vu son tirant d'eau, ne pouvait aller plus loin.

A Liranga et à Bangui je rencontrai MM. Brunache et Briquez qui avaient fait partie de la mission Dybowsky ; malgré quinze mois de séjour en Afrique, ils n'hésitaient pas à me demander de repartir et à entreprendre une nouvelle campagne qui pouvait être longue et périlleuse.

Je ne pouvais offrir à M. Brunache une situation inférieure à celle qu'il avait avec M. Dybowski et d'un autre côté, n'ayant qu'à me louer de mon second, M. Clozel, je n'avais pas de raison pour lui enlever la place à part qu'il occupait dans la mission ; mais, M. Clozel connaissant les qualités de son ami et les services qu'il rendrait à l'expédition, vint lui-même me proposer de lui céder sa place de second tout en conservant le pas sur mes autres lieutenants.

Quant à M. Briquez, il fut chargé de la direction générale de l'escorte des Sénégalais.

Par contre, M. Chastrey rentrait en France et M. Riollot, que j'avais laissé à Cotonou pour y recruter des porteurs, ne devait pas me rejoindre ; je vous écrivis de Brazzaville à ce sujet.

Les bateaux à vapeur, ne pouvant remonter au-delà de Bangui au moment des basses eaux, l'expédition s'embarquait dans les pirogues Banziri que M. Briquez, prévenu de mon arrivée, avait envoyé chercher dans le Haut-Oubangui : huit jours après, toute la mission se trouvait réunie au poste de la Kémo, créé par la mission Dybowski, sur la rivière de ce nom.

C'est du poste de la Kémo qu'est datée ma dernière lettre dans laquelle j'annonce notre prochain départ pour le Nord. — Mon intention étant de pousser le plus loin possible dans cette direction, puis de revenir à la côte ouest par une route nouvelle.

Le 29 juin 1892, l'expédition du comité se mettait en marche et s'engageait immédiatement dans une région inexplorée.

Elle comprenait au départ :

qui auraient voulu nous conduire dans l'est chez les peuplades Mbi et Kà, nous continuons notre marche, nous dirigeant à la boussole à travers la brousse déserte.

Le 9e jour cependant, nous reconnaissons les approches d'un village ; nos hommes, qui n'ont rien mangé depuis la veille et qui commençaient à murmurer, sont maintenant pleins de joie, quant, tout à coup, les Sénégalais qui marchent en éclaireurs reçoivent une volée de flèches et de sagaies ; mais, au milieu des grandes herbes, nous n'apercevons rien. Il faut

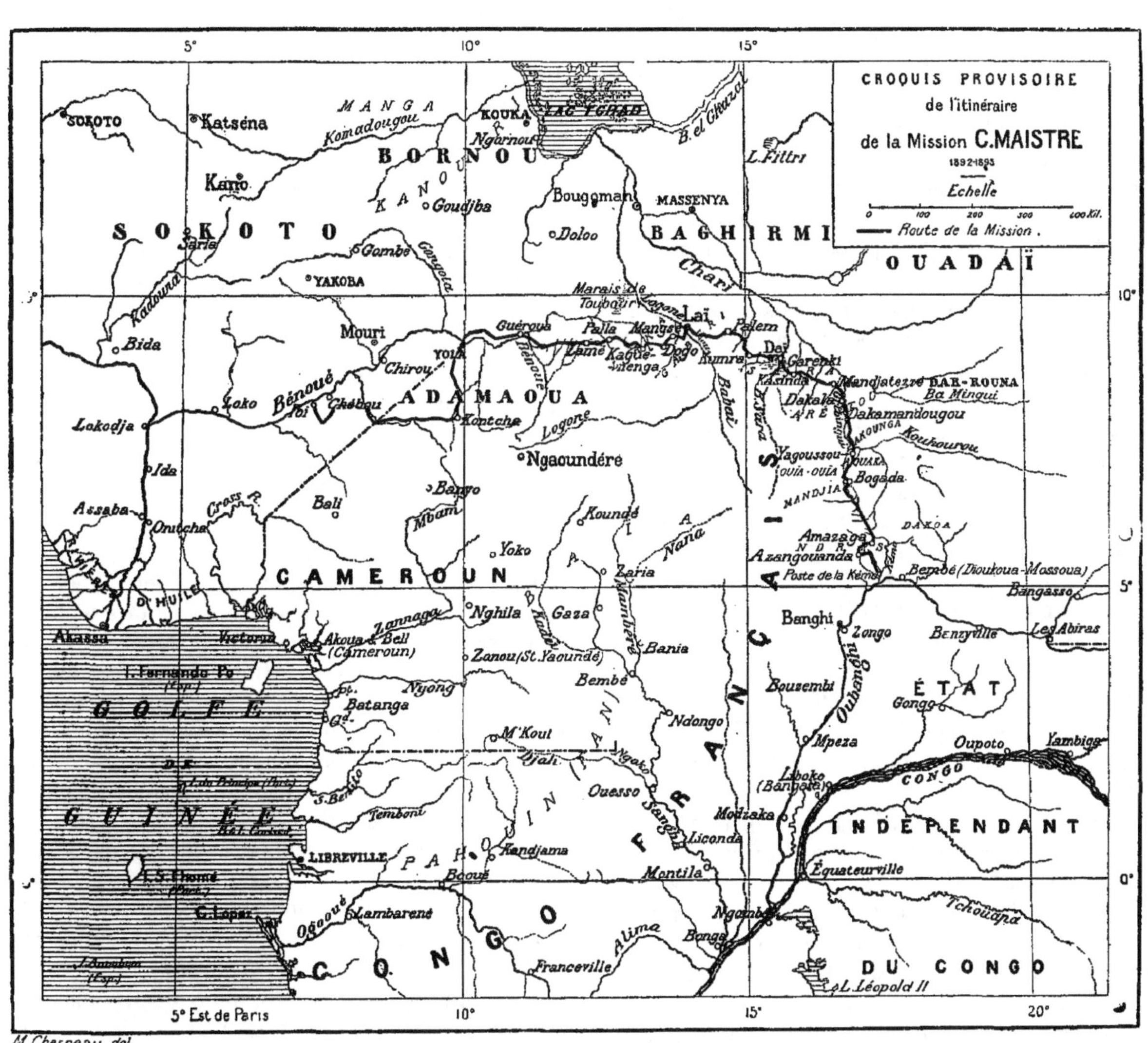

M. Chesneau, del.

Carte de l'Itinéraire de la Mission Maistre

5 Européens, MM. Brunache, Clozel, de Béhagle, Briquez et Bonnel de Maisières, 60 laptots sénégalais formant l'escorte, 115 porteurs ou divers, soit avec moi 181 personnes.

Après quelques jours de marche à travers le pays des Togbos, nous arrivions chez les Ndris ; bien reçu par ces indigènes, je passai des traités avec leurs deux principaux chefs Azangouanda et Amazaga.

Au-delà du pays des Ndris, s'étend vers le nord une vaste région inhabitée dans laquelle nous nous engageons le 12 juillet ; bientôt, abandonnés par nos guides

cependant se procurer des vivres : le terrain est déblayé par quelques coups de fusil, puis nous poursuivons les Mandjia (c'est le nom de la tribu) jusqu'aux plantations du village, où nous essayons de parlementer, mais en vain ; un nouvel engagement a lieu, à la suite duquel les indigènes abandonnant leurs cases, se sauvent dans la brousse. Nous trouvons des vivres en abondance, mais la guerre est maintenant déclarée et le bruit va se répandre au loin que « les blancs sont venus pour faire du mal aux Mandjia ».

C'est un mauvais début pour notre entrée dans le

Soudan et la guerre est pour nous d'autant plus dangereuse que le pays, légèrement accidenté, est partout couvert de grandes herbes au milieu desquelles il est impossible de rien voir.

Nous restons toute une semaine dans ce village des Mandjia pour laisser reposer les hommes, leur laisser faire des vivres et enfin pour essayer de faire la paix avec les indigènes, mais ceux-ci se tiennent cachés et il nous est même impossible d'en apercevoir un ; — aussi je me décide à continuer la marche ; plus loin, peut-être trouverons-nous des gens mieux disposés.

Pendant six jours, nous marchons sans voir personne ; cependant, les villages sont nombreux ; chaque jour nous en rencontrons plusieurs, mais les indigènes les ont abandonnés en apprenant notre approche, laissant heureusement leurs greniers pleins de mil.

Pour bien montrer nos intentions pacifiques, j'ai soin d'ailleurs, chaque fois que nous prenons des vivres, de faire laisser à la place une certaine quantité de marchandises.

Le 31 juillet, deux de nos Sénégalais envoyés pour parlementer sont reçus en ennemis, mais les indigènes se sauvent sans qu'il soit possible de les atteindre.

Le lendemain, nouvelle escarmouche à la suite de laquelle les indigènes enhardis viennent attaquer le camp. Reçus à coups de fusil, ils prennent la fuite, mais dans la soirée un détachement de Sénégalais envoyé avec ordre de brûler leurs villages, les surprend dans leurs cases et après un combat réussit à faire un prisonnier que je fais relâcher au bout de quelques jours, espérant qu'il fera revenir ses compatriotes à de meilleurs sentiments.

A mesure que nous avançons, cependant les Ma,ndjia prévenus de notre arrivée depuis plus longtemps, ont eu le temps de déménager leurs vivres et bientôt c'est à peine si nous trouvons de quoi nourrir tout notre monde.

Le 8 août, nous arrivons dans un village près duquel se sont réfugiés, dans un ravin couvert de grands arbres et de broussailles, un grand nombre de Mandjia des villages voisins ; nous sommes obligés de livrer un nouveau combat beaucoup plus sérieux que les précédents et dans lequel les Mandjia font des pertes assez considérables.

Heureusement près du grand village de Bogada je réussis à faire la paix à la grande satisfaction de tous. Les hostilités avaient duré un mois pendant lequel, malgré les privations de toutes sortes, les fatigues et les dangers, soldats et porteurs avaient fait bravement leur devoir.

Un traité est passé avec le chef Kandia, puis la paix étant bien assurée nous nous remettons en route. Des guides nous accompagnent maintenant de village en village, aussi sommes-nous fort bien reçus, d'abord chez les Mandjia du nord, puis chez les Ouia-Ouia et les Aouakas et le 2 septembre après avoir dépassé le village du chef Yagoussou, nous arrivons sur les bords du Grinbingui, l'une des branches orientales du Chari ; cette rivière, fort large et au courant rapide, fut pour nous un grand obstacle car il n'existait aucun moyen de passage et par suite du manque de porteurs j'avais dû abandonner le canot Berthon. Il fallut construire des radeaux ; M. de Béhagle, chargé de ce travail, s'en

acquitta fort bien, malgré le peu de matériaux qu'il avait sous la main ; le 10 septembre nous étions tous sur l'autre rive ; le passage s'était effectué sinon sans difficultés du moins sans accidents sauf la perte d'une caisse.

L'expédition suit alors la rive droite du Gribingui, traversant un pays marécageux habité par les Akounga, peuplade très douce et intelligente qui nous fait le meilleur accueil.

Au delà du village de Finda, après avoir franchi pendant trois jours une région inhabitée, nous arrivons chez les Arétou ; et à partir de ce moment nous avons de grandes difficultés pour avoir des renseignements et en général pour nous faire comprendre ; la langue a complètement changé et nos interprètes ne sont plus d'aucune utilité ; il faut parler par signes et MM. Brunache et Clozel, chargés de trouver des guides et d'assurer le départ de chaque jour, doivent faire des prodiges de patience pour obtenir ce qu'ils demandent. Cependant, nous continuons à avancer en suivant la rivière, bien souvent dans de profonds marais.

Au village de Mandjatezzé, par 8°39′ (environ) de latitude nord, nous changeons de direction et laissons la rivière à notre droite pour atteindre le pays des Sara et rejoindre dans les environs de Goundi, l'itinéraire de Nachtigal ; mais, pendant les quinze jours qui vont suivre, l'expédition aura à endurer des fatigues et des privations sans nombre : ce sont d'abord nos guides qui nous abandonnent au milieu d'une région déserte ; dès le cinquième jour nos hommes n'ont plus de vivres et en sont réduits pour tromper leur faim à manger des racines, des feuilles et quelques mauvais fruits qu'ils trouvent dans la brousse ; ils sont très faibles, beaucoup ont de la peine à se tenir debout et, cependant, il faut forcer les étapes sous peine de mourir de faim. Les jours suivants, nous marchons des heures entières dans des marais où nous nous enfonçons parfois jusqu'au cou — beaucoup de porteurs tombent et, épuisés, n'ont pas la force de se relever seuls — enfin nous arrivons au grand village de Kasinda, où nous sommes tout d'abord bien reçus et où j'espérais pouvoir m'arrêter quelques jours pour laisser à chacun un peu de repos, mais, dès le lendemain de notre arrivée, les dispositions des indigènes changent, plusieurs vols se produisent et c'est à peine si on veut nous vendre des vivres ; il faut partir au plus tôt afin d'éviter un conflit qui pourrait avoir les conséquences les plus graves au moment où nous allons pénétrer dans les dépendances du Baguirmi.

Encore cinq longues journées de marche, presque tout le temps dans l'eau, et nous arrivons à la grande rivière appelée Bahar-Sara (bras sud ou plutôt affluent du Chari ?) en face du village de Garenki situé dans une île au milieu du fleuve ; ce village possède heureusement un grand nombre de pirogues de sorte que le passage d'une rive à l'autre s'effectue très vite et sans trop de difficultés. Depuis Mandjatezze nous sommes chez les Sara, tribu guerrière très nombreuse et fort remarquable au point de vue anthropologique.

Ce sont toujours les mêmes difficultés pour avoir des renseignements, mais heureusement au village de Gako nous rencontrons des musulmans du Baguirmi parlant l'arabe ; M. Brunache qui connait à fond cette langue n'a pas de peine à se faire comprendre.

L'un des musulmans, Si-Saïd, est une sorte de fonctionnaire envoyé par le Mbang du Baguirmi chez les peuples Sara. Très intelligent, il parait jouir d'une grande autorité auprès des chefs païens, et bientôt notre ami, il nous fait donner partout le meilleur accueil.

Il nous donne quelques renseignements sur son pays, renseignements intéressants à tous les points de vue et qui me font regretter de plus en plus de ne pouvoir me rendre à Massenya la capitale du Baguirmi ; malheureusement toutes les difficultés que nous avons rencontrées, nous ont fait éprouver de longs retards ; nous sommes déjà au mois de novembre et il nous reste juste assez de marchandises pour arriver à Yola par la voie la plus courte.

Le pays que nous traversons ensuite est très sec et les villages, fort éloignés, ne sont approvisionnés d'eau que par des puits profonds creusés dans le sable. — Nous passons successivement à Daï, à Koumra, à Palem, à Moghéna et à Kaga visitant ainsi les tribus Sara et Toummouk qui dépendent du sultan du Baguirmi. — Nos rapports avec les quelques musulmans établis dans le pays sont partout excellents.

Enfin le 21 novembre nous atteignons Laï, résidence de Mbang Ndallem, sultan des Gabéri. C'est une grande ville comptant 10,000 habitants au moins, située sur la rive droite du fleuve Logone ou Ba-Baï. Notre réception à l'arrivée est plus que froide et c'est au milieu de centaines de guerriers qui nous entourent avec des attitudes plus ou moins défiantes que nous campons aux portes de la ville ; cependant ces dispositions changent rapidement et je puis signer un traité avec le chef des Gabéri, mais nos nouveaux amis élèvent bientôt la prétention de nous amener avec eux dans une expédition contre un village voisin situé justement dans la direction que nous devons prendre.

Pendant deux jours nous sommes précédés ou suivis par une armée de plus de 2,000 guerriers (cavaliers ou fantassins) dont les chefs essaient de nous persuader qu'en allant avec eux nous ferons un riche butin ; sur notre refus de les aider, l'expédition a lieu sans nous, mais n'a d'autre résultat que d'exciter les indigènes contre tous les étrangers ; aussi le lendemain, quand nous nous présentons seuls près du village en question, nous sommes d'abord reçus avec des témoignages d'amitié puis attaqués traîtreusement ; MM. Clozel, Briquez et Bonnel de Maisières qui commandent l'arrière garde et le centre de la colonne ont beaucoup de peine à se dégager et doivent se servir de leurs revolvers tout en rassemblant les Sénégalais un moment surpris par cette brusque attaque.

Quelques feux de salve finissent par mettre en déroute nos ennemis, mais nous avons deux hommes hors de combat, dont un de nos meilleurs Sénégalais qui meurt dans la soirée.

Après avoir brûlé le village pour punir les indigènes de ce guet-apens nous changeons de direction pendant quelques jours afin d'éviter cette tribu hostile ; le pays change bientôt d'aspect ; au lieu des grandes plaines que nous avons partout rencontrées depuis notre entrée dans le Soudan, nous traversons maintenant de larges plateaux formant la ligne de partage entre les eaux du bassin du Tchad et celles de la Bénoué.

Nous pressons la marche, car chaque jour les marchandises baissent davantage et nous sommes encore loin d'être arrivés ; malheureusement près du village du chef Touné, dans le pays de Laka, M. Clozel tombe sérieusement malade et nous sommes obligés de faire un long séjour ; ce n'est que le 27 décembre que nous nous remettons en route, mais à peine partis je tombe malade à mon tour et nous sommes encore arrêtés pendant deux semaines.

Pour compenser cette mauvaise chance, nous sommes rejoints par une caravane de marchands Foulbé qui rentrent à Yola et qui encore loin de leur pays sont fort heureux de se joindre à une troupe aussi nombreuse que la nôtre, tout en nous servant de guides. Sous leur conduite nous traversons sans trop de difficultés le pays de Lamé, puis atteignons à Bénoué près de Guéroua et enfin arrivons à Yola, capitale de l'Adamaoua.

Nos ressources en marchandises étant complètement épuisées, je dus m'adresser au représentant de la Royal Niger Company, qui me fournit ce qui m'était nécessaire pour continuer le voyage jusqu'à Iby, autre station de la Compagnie anglaise, où nous pourrions trouver les moyens d'atteindre la côte par bateau.

Après avoir rendu visite au vice-gouverneur et lui avoir remis, au nom du Gouvernement français, des présents pour le Lamido (gouverneur de l'Adamaoua), occupé à faire la guerre dans le nord-est de ses Etats nous nous remettons en route, et franchissons en un mois, la distance comprise entre la capitale de l'Adamaoua et Iby, station importante où nous trouvons un vapeur de la Royal Niger Company.

La Compagnie anglaise ayant consenti à mettre ce bateau à la disposition de la mission, la descente de la Bénoué et du Niger s'effectue très rapidement et sans trop de difficultés ; le 23 mars, j'arrive à Ahassa, à l'embouchure du Niger, avec mes cinq lieutenants et 132 hommes.

De Loango à Akassa, le voyage avait duré quatorze mois ; 5,000 kilomètres environ avaient été parcourus dont plus de 2,000 en pays inexploré.

J'aurai l'occasion, monsieur le président, de vous parler de chacun de mes collaborateurs en particulier, mais je tiens, avant de terminer ce rapport, à les remercier et à leur exprimer toute ma gratitude, car par leurs connaissances, leur zèle et leur sangfroid, ils ont contribué, pour une très large part, au succès de l'expédition.

Veuillez agréer, monsieur le président, l'assurance de mon entier dévouement.

C. MAISTRE.

N. B. — Je joins à ce rapport quelques notes sur les résultats politiques et géographiques du voyage, sur le pays traversé et les habitants, et enfin quelques renseignements commerciaux.

Le pays traversé

ASPECT. — De l'Oubangui au Gribingui on traverse un pays très légèrement accidenté, couvert de grandes herbes, boisé en général et coupé par de petits cours d'eau, appartenant les uns au bassin du Congo, les autres au bassin du Tchad — la ligne de partage divise en deux un grand plateau désert, de formation ferrugineuse qui s'étend entre le pays des Ndis et celui des Mandjia.

A partir du 7° de latitude nord, on entre dans une immense plaine au milieu de laquelle coule le Gribingui, rivière fort importante qui semble venir de l'est; au moment de notre passage cette plaine était presque partout transformée en marais dont la traversée fut un des plus grands obstacles que nous ayons eu à surmonter.

Chez les Sara, les Toummok et les Gabéri, la plaine se continue, ne présentant quelques ondulations que dans les environs de Daï et au sud de Kimre, mais la nature du terrain change et le sable domine partout; en dehors des deux grands fleuves Bahar-Sara et Logone, l'eau est très rare pendant la saison sèche et les villages ne sont approvisionnés que par des puits.

Au-delà du Logone le pays s'élève un peu; on traverse de grands plateaux boisés assez analogues à ceux que nous avions vus dans la grande brousse au nord de l'Oubangui et formant la ligne de séparation entre les bassins du Tchad et de la Bénoué. Plus loin vers l'ouest en approchant des frontières de l'Adamaoua la contrée devient montagneuse.

LES INDIGÈNES. — Toute cette région est habitée par un grand nombre de tribus diverses qui sont presque toujours séparées les unes des autres par une zone inhabitée plus ou moins étendue.

Voici quelques mots sur chacune de ces tribus que je cite dans l'ordre ou nous les avons rencontrées de l'Oubangui à l'Adamaoua.

1° Les Togbos habitent la région située entre la Kémo et son affluent la Tomi; c'est une tribu peu importante et ne présentant rien de saillant, soit au point de vue physique, soit sous le rapport intellectuel. Le principal chef est Krouma, avec lequel M. Dybowski avait passé un traité et dont la résidence se trouve auprès du poste de la Kémo;

2° Les Ndis, tribu très importante qui parait s'étendre beaucoup vers le sud-ouest et occuper une large bande de terrain parallèle à l'Oubangui. Ils sont en bons termes avec leurs voisins du nord-est les Mbi et les Ka, mais ont, semble-t-il, fort peu de relations dans le nord avec les Mandjia, dont ils sont séparés par une brousse déserte de 100 kilomètres de large environ.

Une de leurs grandes agglomérations, le village du chef Amazaga (Namakassa), est le dernier que l'on rencontre dans le bassin du Congo;

3° Les Mandjia sont fort nombreux et occupent une contrée très étendue; mais sont divisés entre un grand nombre de chefs indépendants les uns des autres, — beaucoup plus grands et plus forts que les Ndis, ils sont, par contre, fort mal doués sous le rapport de l'intelligence et très méfiants, — c'est avec eux que nous avons eu les premières hostilités;

4° et 5° Les Ouia-Ouia et les Aouaka ressemblent beaucoup aux Mandjia, mais paraissent plus intelligents et d'humeur beaucoup moins farouche. Ils habitent le long de la rivière Nana et les Aouakas s'étendent jusqu'au Gribingui, ayant même plusieurs villages sur la rive droite de cette rivière. Yagousson est le grand chef des Aouakas.

6° Les Akounga occupent la rive droite du Gribingui depuis le point où cette rivière tourne brusquement vers le nord jusque par 8°10 de latitude nord. — C'est une fort belle race, de beaucoup supérieure, comme intelligence, à toutes celles que j'ai déjà citées et très bien douée au point de vue physique.

Les Akounga ont beaucoup de qualités; ils sont très doux, honnêtes et travailleurs. Je crois qu'il serait possible d'en tirer partie, si nous établissions un poste sur le Gribingui. Ils se plaignent des incursions des Rabi ou Tourrgous (musulmans), qui, de temps en temps, viennent mettre leur pays en coupe réglée.

7° Les Arétou habitent le pays compris entre le Ba Mingui et le Gribingui ainsi que la rive gauche de cette rivière; ils sont de beaucoup inférieurs aux Akounga et sont de relations plus difficiles.

La langue Ndi est comprise jusque chez les Akounga, mais à partir des Arétou, le langage change du tout au tout. — On rencontre quelques indigènes sachant un peu d'arabe, presque toujours des esclaves fugitifs venus du Dar Rouna.

8° La grande tribu Sara commence à Mandjatézzé et s'étend jusqu'aux environs de Beï. Elle est divisée en un grand nombre de groupes indépendants les uns des autres et dont les plus importants sont ceux de Mandjatezzé, Kasinda Daï et Koumra.

Au physique, les Sara forment la plus belle race que nous ayons rencontrée en Afrique (les mesures anthropométriques, que j'ai prises, me donnent une moyenne de 1ᵐ78 pour la taille des hommes).

C'est une tribu guerrière redoutable avec laquelle le Baguirmi a eu plus d'une fois à compter; les Sara du Nord, c'est-à-dire ceux de Daï, Koumra, etc., ont accepté la suzeraineté du Mbang de Massenya et lui paient un tribut, mais ceux de Mandjatezzé et Kasinda sont complètement indépendants et ont repoussé victorieusement, parait-il, toutes les attaques des Musulmans.

9° Les Toummok occupent la région comprise entre Beï et Modaguéné. Tout leur pays semble avoir été dévasté par la guerre. Palem et Goundi, dont Nachtigal parle comme de deux centres importants, sont maintenant presque entièrement ruinés. Comme les Sara du Nord, les Toummok dépendent du Baguirmi et quelques musulmans (fonctionnaires ou commerçants) sont établis dans les principaux villages.

10° Les Gabéri habitent sur les deux rives du Logone et ont pour capitale la ville de Laï située sur la rive droite du fleuve; c'est une tribu de guerriers ou plutôt de pillards qui a su résister aux gens du Baguirmi et conserver son indépendance. Les Gabéri sont d'excellents cavaliers.

Enfin à l'Ouest du Logone et jusqu'aux frontières de l'Adamaoua, le pays est habité par plusieurs peuplades peu nombreuses en général, et dont les plus importantes sont celles de Laka au Sud du Toubouri et de Lamé.

Résultats géographiques

De l'Oubangui à la Bénoué, notre itinéraire, que j'ai relevé avec le plus grand soin à la boussole, est entièrement nouveau et coupe en deux le plus grand blanc de la carte d'Afrique.

La rivière Tomi, affluent de droite de la Kémo, que nous avons suivie d'assez près pendant un certain temps et que nous avons traversée en trois points différents pourra être placée avec une exactitude suffisante jusqu'à la hauteur d'Amazaga. D'après les indigènes cette rivière viendrait d'un grand massif montagneux situé dans le pays de Bolo, à huit jours de marche à l'Ouest de Amazaga. Ce massif que l'on me fit voir du village d'Azamgouanda, pourrait bien être un des nœuds hydrographiques importants de l'Afrique Centrale et donner naissance à plusieurs grandes rivières : la Nana et le Bahar Sara, par exemple, qui se dirigent vers le Nord, l'Ombéla, affluent de l'Oubangui et peut être aussi quelque affluent de la Sangha ?

Une grande rivière, le Gribingui dont le nom même était inconnu a été suivie pendant plus de 100 kilomètres et son cours soigneusement relevé. A mon avis, le Gribingui qui, au point où nous l'avons rencontré, près de Yagoussou, venait de l'est pour se diriger ensuite vers le nord, est une des branches du Chari, la deuxième branche étant formée par le Ba Mingui, autre grande rivière dont nous ont parlé les indigènes. Les deux fleuves, dont les cours sont à peu près parallèles, se rencontrent un peu au nord de Mandjatezze.

D'après tous les renseignements que j'ai obtenus dans le pays sur les affluents du Ba Mingui et les peuplades (Arétou, Bazou) qui en habitent les rives, je crois pouvoir assimiler cette rivière au Bahr el Abiad qui figure actuellement sur les cartes, d'après des renseignements de Nachtigal. Le Gribingui serait alors le Bahr el Asrek du même voyageur, mais le cours en devrait être modifié (ce sont naturellement de simples hypothèses — quant aux noms arabes, ils ne sont pas connus dans le pays). D'après MM. Brunache et Briquez, qui ont fait partie de la mission Dybowski, le Gribingui pourrait bien être la rivière Koukourrou que cette mission a traversée avant d'arriver à Mpoko, ce qui me paraît très vraisemblable étant données les directions des deux rivières, leur volume d'eau et les latitudes des points où elles ont été franchies par les deux missions.

Un peu avant d'arriver à Daï, nous avons rencontré une nappe d'eau très importante, le Bahar Sara des Baguirmiens qui coulait sensiblement du sud au nord et qui recevait les eaux de tous les marais que nous avions traversés depuis Kasinda.

Ce Bahar Sara, n'est pas autre chose pour moi que le Bahar Kouti de Nachtigal, mais cette rivière au lieu de venir de l'est, aurait son cours supérieur à peu près parallèle au méridien et prendrait sa source à la hauteur du 6° nord environ ; mon opinion se base sur certains renseignements donnés par les indigènes, alors que nous étions dans le pays des Mandjia, au sujet d'une grande rivière se dirigeant vers le nord ; cette rivière portait le nom de Kossina, et aurait coulé à six jours de marche à l'ouest de notre route ; plus loin encore, vers l'ouest, on aurait rencontré la rivière Vouni (peut-être un affluent du Logoné).

Au sujet de la communication entre le Chari et le Logone, dont les indigènes ont parlé à Barth et à Nachtigal, il m'est impossible de me prononcer catégoriquement, bien que j'avoue ne pas y croire, me méfiant beaucoup à priori de deux fleuves communiquant entre eux. J'ajoute cependant que d'après certains renseignements (fort contradictoires d'ailleurs) que nous ont donnés les indigènes, le Bahar Namm. nappe d'eau marécageuse que nous avons traversée à Gako, établirait au moment des hautes eaux, une communication entre le Bahar Sara et le Logone qu'il rejoindrait à Bangoul, au sud de Laï. Au moment des basses eaux au contraire, le lit du Bahar Namm serait presque complètement à sec. — Dans ce pays de plaines et de marais la chose est après tout possible mais ce qu'il y a de certain, c'est qu'il n'y a pas de communication fluviale.

Au-delà du Logone nous avons determiné la limite ouest du bassin du lac Tchad, puis traversé un petit cours d'eau (rivière Kan) qui est sans doute un des affluents de gauche du Mayo Kebbi ou peut-être le cours supérieur de cette rivière.

D'après tous les renseignements que nous avons eus des indigènes, le Mayo Kebbi ne sortirait pas du marais de Toubouri, comme l'aurait pensé le voyageur Barth ; il n'y aurait donc aucune communication entre la Benoué et le Logone.

Enfin un des résultats importants de notre voyage c'est d'avoir rejoint à Palem, la route suivie par Nachtigal et d'avoir ainsi relié le Congo aux régions de l'Afrique septentrionale.

Résultats politiques

Au point de vue politique, la mission rapporte des résultats importants car les traités que j'ai signés avec les chefs assurent à la France la possession des pays compris entre l'Oubangui au sud, le Baguirmi au nord et l'Adamaoua à l'ouest.

Voici le principaux chefs avec lesquels j'ai traité :
Azamgouanda, chef des Ndris du Sud ;
Amazaga, chef des Ndris du nord ;
Kandia, chef des Mandjia ;
Yagoussou, chef des Aouakas ;
Finga, chef Akounga ;
Iréna, chef Akounga ;
Dakjamba, chef des Arétou ;
Mandatezzé, chef Sara ;
Guéré Gueré (Kassinda), chef Sara ;
Mbang Dallem, sultan des Gabéris ;
Dogo, Dérembaï, chefs indépendants ;
Touné, chef Laka.

Plusieurs de ces traités ont une réelle importance, notamment ceux passés, à Yagoussou et Mandjatezzé, sur le Gribingui, et à Laï, sur le Logone, c'est-à-dire sur deux grandes rivières navigables, qui doivent être désormais nos deux voies d'accès pour pénétrer plus avant dans le Soudan central et arriver jusqu'au Tchad.

Enfin, comme je l'avais déjà dit, nous n'avons eu partout que d'excellents rapports avec les Musulmans ; dans ces conditions le passage de notre mission ne pourra qu'influer probablement sur nos relations futures politiques ou commerciales avec les Etats organisés du Soudan central.

Comme conclusion des résultats déjà obtenus, je crois qu'il est de toute nécessité de créer immédiatement un poste dans les environs de Yagoussou sur les rives du Gribingui ; c'est un point important, situé à vol d'oiseau, à 250 kilom. du poste de la Kémo, dans un pays relativement riche, où les populations, continuellement en butte aux incursions des musulmans du Ouadaï ou du Dar Rouna, seraient fort heureuses de nous voir nous installer ; ces populations, comme je l'ai déjà dit, sont douces et laborieuses.

Une fois solidement établis sur le Gribingui il serait facile, au moyen d'une petite embarcation à vapeur, de descendre cette rivière — qui, d'après tous les renseignements obtenus, serait navigable même pendant la saison sèche — et de parvenir ainsi sans difficulté jusque dans le cœur du Baguirmi ; ma conviction intime est que dans ce pays nous recevrions un excellent accueil.

Renseignements commerciaux.

Sans vouloir exagérer les richesses des contrées que nous avons visitées, on peut dire que le pays est loin d'être sans ressources. En général le sol est propre aux cultures indigènes. Le coton pousse presque partout mais n'est véritablement cultivé que dans l'Adamaoua et les contrées voisines ou il forme, avec l'indigo, des articles de commerce important. — Dans les pays Sara et Gaberi nous avons vu des cultures superbes pouvant rivaliser avec les champs les mieux cultivés de France. Ces cultures (mil, sorgho, arachides) couvraient des espaces immenses. — Dans le sud du Baguirmi et à mesure que l'on s'avance vers l'ouest, le caoutchouc devient commun ainsi que la gomme, et partout dans cette région on rencontre le karité (arbre à beurre du Sénégal et du Soudan).

Enfin, dans certaines régions (entre le Gribingui et le Logone notamment) les éléphants sont excessivement nombreux et il n'y a pas de doute que le commerce de l'ivoire ne puisse y devenir rémunérateur pendant de longues années.

Les marchandises d'échange passant dans la région comprise entre l'Oubangui et les frontières de l'Adamaoua, sont les suivantes :

En premier lieu les petites perles blanches dites Bayaka — elles forment la monnaie courante la plus avantageuse pour tous les achats et sont partout appréciées (nous donnions chaque jour à nos hommes une cuillerée à café de perles bayaka et avec cela ils trouvaient amplement de quoi se nourrir — 27 kilog. de bayaka, c'est-à-dire une charge, suffisaient pour nourrir l'expédition pendant 15 jours).

Les étoffes ont une grande valeur chez les Sara et les tribus voisines mais surtout chez les musulmans.

Les cauris passent bien chez les Togbos et les Ndris et surtout dans l'Adamaoua.

Les perles rouges imitant l'agate sont très appréciées dans le sud du Baguirmi.

Enfin, à titre secondaire, les manilles, les fils de tchang, les miroirs, le drap, les soieries, etc.

C. Maistre.

LE RETOUR DE LA MISSION MAISTRE

La mission Maistre est rentrée en France le 12 mai par le paquebot *Ville de Pernambuco*. Le comité de l'Afrique française avait délégué pour la recevoir à Paulliac MM. Percher et Dybowski ; un grand nombre d'amis s'était portés au-devant d'elle et elle a reçu, en débarquant, une ovation bien méritée. Le soir, la Société de Géographie de Bordeaux lui a offert un banquet ; M. Percher a pris la parole dans les termes suivants :

Mes chers amis,

C'est un bien grand honneur, mais, je puis le dire, un plus grand plaisir encore que m'a fait le Comité de l'Afrique française en me déléguant pour vous adresser ses félicitations et ses remerciements.

Vous, Maistre, vous avez pleinement répondu à la confiance que le Comité avait mise en vous ; en menant à bien cette entreprise difficile, vous avez ajouté un nouveau titre à ceux que vous avait valus votre voyage à Madagascar, en compagnie de M. Catat. Vous vous êtes montré aussi bon chef que vous aviez été second sûr et loyal.

Le Comité m'a également chargé de transmettre ses remerciements à vos compagnons : à M. Brunache, qui avait déjà été le second de M. Dybowski, et qui, en cette qualité, avait étudié la route de la Kemo, par où la mission a passé, et qui paraît être la vraie voie d'accès au bassin du Chari ; à M. Briquez, autre vétéran de la mission Dybowski, dont le nom nous est devenu familier ; enfin, à ceux qui sont partis de France avec vous, et qui, heureusement, reviennent avec vous : à MM. Clozel, de Béhagle, Bonnel de Maizières.

L'Afrique, cette terre à la fois séduisante et ingrate, nous a valu de si cruelles douleurs que, dans les derniers temps, nous avions le cœur rempli de crainte et que nous souhaitions seulement que vous reveniez tous de cette explorations périlleuse. Vous avez fait mieux ; non-seulement vous êtes revenus, mais vous nous avez rapporté une ample moisson de résultats géographiques et politiques.

Géographiques : en effet, vous avez comblé l'un des derniers blancs de la carte du Continent noir. Désormais, grâce à vous, le bassin du Congo est relié à celui du Tchad ; l'itinéraire de Nachtigal est joint à ceux des voyageurs de l'Oubanghi. Vous nous rapportez des notions sur des peuples dont le nom même nous était inconnu. Les Sociétés scientifiques vous remercieront avec plus d'autorité que moi de l'œuvre que vous avez ainsi accomplie.

Mais ce qui est plus près de notre cœur, à nous, membres du Comité de l'Afrique française, ce sont les résultats politiques que vous avez atteints. Vous rappelez-vous cette séance du Havre où vous refusiez de prendre la parole, disant qu'un voyageur ne doit parler que de ce qu'il a fait et non de ce qu'il se propose de faire ? Eh bien ! aujourd'hui, vous avez le droit de parler. C'est grâce à vous et à vos compagnons qu'un cercle de traités français entoure le territoire allemand de Cameroun, et que l'œuvre de Mizon et de Brazza est ainsi consolidée et prolongée vers l'intérieur. C'est vous qui, le premier, avez planté notre drapeau sur le Chari. Il faut espérer qu'il y restera et qu'il progressera encore vers le nord.

Que de chemin parcouru depuis quatre ans ! Alors, tandis que nos rivaux européens déployaient en Afrique une fiévreuse activité, au Congo, nous semblions nous reposer sur nos lauriers ; en Algérie, le sultan du Maroc essayait de nous couper la route du sud ; la haute importance du voyage de Binger échappait à la plupart...

Mais Crampel est parti et sa mort a illustré et rendu

populaire sa conception qui, d'abord, semblait aux gens pondérés, une pure utopie. Réunir sur les rives du Tchad les trois possessions de la France, l'Algérie-Tunisie, le Soudan français et le Congo ! Quel rêve ! Rappelez-vous avec quelles ironies fut accueilli le discours de M. Etienne, sous-secrétaire d'Etat, développant ce fameux programme qu'il a contribué, plus que tout autre, à réaliser.

« Mais Crampel, Mizon, Monteil, Dybowski, Méry, Foureau, vous-même, ont sillonné le Continent noir, et voici que le plan est en voie de réalisation. Grâce à Monteil, dont la gloire égale celle de Barth, les Français ont vu les rives du Tchad et jalonné la fameuse ligne de Say au Bornou. Alors que nos rivaux européens essuyaient désastres sur désastres dans leurs entreprises de pénétration, nous n'avions presque à enregistrer que des succès. L'opinion aidant, les représentants officiels du pays ont suivi les voies qui leur étaient tracées. Le gouverneur général de l'Algérie, M. Jules Cambon, maintient libres les routes du Sud et contient les menées marocaines ; le colonel Archinard, commandant du Soudan français, vient de pousser nos avant-postes jusqu'au Macina. Enfin, M. de Brazza, reprenant une politique active, crée de solides établissements dans la haute Sangha, tandis que ses lieutenants poussent par le haut Oubangui et le M'Bomou une pointe hardie et nécessaire vers le Bahr-elGhazal. Nous avons le haut et vigilant appui de M. Delcassé, notre nouveau sous-secrétaire d'Etat.

« Et ce n'est pas tout. Voici que les capitaux, si longtemps réfractaires, se mettent en mouvement. Ce n'est pas à Bordeaux qu'il conviendrait de parler du Sénégal, devant des gens plus compétents que moi en la matière. On peut s'en fier à MM. Ballay et Binger pour aider à la prospérité des Rivières du Sud et du Grand-Bassam. Au Congo même n'avons-nous pas vu, ces jours-ci, se fonder une puissante Société qui projette hardiment le chemin de fer français de la côte à Brazzaville !

« Voilà les grandes lignes de l'œuvre à laquelle vous avez coopéré, mes chers amis. Et quel que soit le jugement du présent, nous pouvons être sûrs, dès maintenant. du jugement de l'histoire. Elle dira qu'après une guerre douloureuse, notre génération a trouvé une France amoindrie et comme repliée sur sa tristesse. Cette France, grâce aux entreprises coloniales, nous l'avons agrandie, nous avons ajouté à son territoire mutilé d'autres territoires immenses et fertiles, qui seront une source presque inépuisable de richesse pour nos enfants: nous avons d'autre part, par la hardiesse même de nos entreprises, rendu à la patrie la confiance en elle-même, cette sorte d'élan qui fait les grandes nations. Et l'histoire dira que vous avez été, vous, les Africains, de bons citoyens, parce que de cette œuvre grandiose vous avez été les artisans laborieux, modestes, désintéressés.

Ces paroles ont produit une vive impression sur l'auditoire, qui les a interrompues à diverses reprises d'applaudissements répétés.

Puis, M. le docteur Azam a souhaité la bienvenue à la mission au nom de la Société géographique de Bordeaux.

Enfin, M. Dybowski a félicité la mission au nom de la Société de géographie de France.

Le 13 au soir, M. Maistre et ses compagnons, MM. Brunache, Clozel, Briquez, de Béhagle, et Bonnel de Maizières, arrivaient à Paris et à la gare d'Orléans, M. le prince d'Arenberg, au nom du comité de l'Afrique française, Beck, au nom du sous-secrétaire d'Etat des colonies, Milne Edwards et Gauthiot, au nom des Sociétés de géographie et de géographie commerciale, et M. Etienne leur adressaient de chaleureuses félici-

tations. Enfin, le 23, un grand banquet organisé par les soins du comité de l'Afrique française, réunissait à l'Hôtel-Continental les explorateurs et beaucoup de ceux qui, savants, hommes politiques ou industriels, s'intéressent aux choses d'Afrique.

Au dessert, le prince d'Arenberg, qui présidait, a ouvert par ce discours la série des toasts :

« Messieurs,

« Avant de saluer nos hôtes de ce soir et avant de boire à leur santé, je vous propose de boire à la santé du Président de la République, à la santé de M. Carnot. Vous savez l'intérêt que M. le Président de la République porte à nos réunions, où il s'est fait représenter par un des officiers les plus distingués de sa maison militaire. Nous chargeons M. le colonel Chamoin de lui transmettre l'expression de notre sincère reconnaissance. (Applaudissements.)

« Un journal a fait remarquer, que dans ces derniers temps, les occasions de recevoir des explorateurs n'avaient pas manqué, et il avait presque l'air de trouver que ces occasions devenaient trop fréquentes.

« Je vous avouerai que, pour mon compte, je consentirais volontiers à faire chaque jour le trajet de la gare de Lyon ou d'Orléans, si je devais y rencontrer quelques-uns de ces vaillants serviteurs de la France qui ont été chercher dans les contrées lointaines un peu de gloire et un peu de puissance pour notre pays.

« Il ne semble pas, d'ailleurs, que les retours fréquents aient diminué l'intérêt et l'enthousiasme, car jamais aucun voyageur n'a causé plus de joie et plus de sympathie que ceux qui reviennent aujourd'hui.

« Dès qu'ils ont mis le pied sur le quai de Bordeaux ce ne sont pas seulement les représentants des Sociétés commerciales et des Sociétés savantes qui se sont pressés à leur rencontre ; il y avait là une foule nombreuse et émue qui acclamait Maistre et ses compagnons. Cette foule assurément ne connaissait pas les détails du voyage et des résultats acquis, mais avec son instinct qui ne se trompe pas, elle sentait que les arrivants avaient fait quelque chose d'utile et de grand et elle les saluait avec allégresse.

« Nous, nous avions envoyé au-devant des voyageurs, notre collègue et ami, M. Percher. Je le remercie de la manière éloquente et chaleureuse dont il a interprété nos sentiments et je le remercie aussi de toute l'ardeur, de toute l'intelligence, de tout le savoir qu'il consacre à la politique coloniale qui n'a jamais rencontré un serviteur plus utile et plus convaincu.

« Avant de retracer les grandes lignes du voyage qui vient d'être accompli, je voudrais en rappeler les origines.

« Ces origines, il faut aller les rechercher auprès de deux hommes dont l'un, hélas ! a disparu, mais dont l'autre est au milieu de nous. Je veux parler de Crampel et de M. Etienne.

« Au milieu de nos joies et de nos succès, il ne faut jamais oublier que c'est Crampel qui, le premier, avait conçu le rêve de relier le Congo, le Sénégal et l'Algérie par une ligne ininterrompue, et de constituer ainsi notre domaine africain.

« Il a succombé, il a sacrifié sa jeunesse et ses plus chères affections, et il a versé son sang, mais qui pourrait dire à l'heure actuelle que son rêve n'est pas bien près d'être réalisé ?

« L'un de ceux qui avaient compris tout de suite l'importance du programme de Crampel et les résultats que l'on pouvait en attendre était le chef du département des colonies ; le sous-secrétaire d'Etat de cette époque ne marchanda ni son appui ni son concours, et dans un discours dont je garde le souvenir, il insistait sur la nécessité de suivre avec résolution la route qui venait d'être indiquée par Crampel.

« M. Etienne a été bon prophète, mais il a été aussi un des administrateurs les plus habiles qui ait mis son dévouement au service du pays.

« Pour procurer à Crampel les ressources dont il avait besoin, le Comité de l'Afrique française s'était formé. Dès ses débuts, il recevait de nombreuses adhésions, et je veux redire bien haut que le gouvernement, que les sous-secrétaires d'Etat qui se sont succédé, que MM. Etienne, Jamais et Delcassé ont secondé notre action de la manière la plus ferme et la plus efficace.

« Aussi ne nous sommes-nous pas bornés à organiser la première expédition. Dybowski était envoyé pour suivre les traces de Crampel et parcourait avec Nebout, Brunache et Briquez la route sanglante où ses prédécesseurs avaient péri et il parvenait à venger les glorieux disparus.

Je rends hommage à la manière dont Dybowski a accompli la première partie de sa tâche, et je sais bien que, si la maladie n'était pas venue l'arrêter et le paralyser, il aurait su de même achever la seconde partie de sa mission.

Mais déjà Maistre arrivait. Il trouvait là-bas Brunache et Briquez et il était accompagné de Clozel, de Béhagle et de Bonnel de Maizières.

Bientôt ils quittent la Kémo, où Dybowski avait établi un poste, et ils marchent vers l'inconnu, vers les régions où aucun Européen n'a jamais pénétré. La carte ne porte pas une seule indication, et il y a devant eux comme un grand fantôme blanc qui semble vouloir leur barrer le chemin.

Ils montent au Nord, et à 200 kilomètres de là ils trouvent un fleuve large et profond. C'est la branche principale du Chari, c'est le chemin qui mène au Tchad, c'est la rivière mystérieuse que tant de voyageurs ont vainement cherchée. L'absence de pirogue force les voyageurs à suivre les rives au milieu des grandes herbes et des marais. Après l'avoir suivie pendant une centaine de kilomètres, ils appuient vers l'Ouest, toujours sans guide et sans informations. Ils traversent le territoire des Ndris et ils arrivent chez les Saras, peuplade riche et forte, qui leur fait bon accueil.

En quittant les Saras, ils arrivent chez les Gaberis dont le territoire est traversé par le Logone. C'est un affluent du Tchad que Nachtigal avait reconnu dans son cours inférieur et qui, désormais, prendra sur la carte sa véritable direction. A Laï, la capitale des Gaberis, les voyageurs rencontrèrent des Arabes du Baghirmi. Loin de les trouver hostiles, ils sont traités par eux comme des amis. « Venez avec nous, leur dirent-ils, nous vous conduirons, nous vous servirons de guides, et les chefs de Massénia vous recevront comme des frères. »

C'est avec le cœur gros que Maistre a dû repousser les propositions qui lui étaient adressées. Mais les provisions étaient pour ainsi dire épuisées, et il restait à peine assez de marchandises pour permettre de regagner au plus vite les pays connus.

Après deux mois de marches, qui ne furent ni les moins pénibles, ni les moins difficiles, on parvenait enfin à Yola. Là, les voies avaient été préparées par Mizon et un accueil excellent était réservé à la troupe épuisée. Il n'est pas de meilleure réponse à certaines accusations dont Mizon a été l'objet, que cet accueil fait à Maistre et à ses compagnons dans la capitale de l'Adamaoua.

A partir de ce moment, le voyage était presque terminé, car, grâce à l'obligeance de l'agent de la Royal Niger Company, le trajet par Ibi jusqu'à l'embouchure du Niger fut facilement accompli.

Et maintenant, messieurs, résumons les résultats obtenus au prix de tant d'efforts et de tant de fatigues.

Le premier, et celui qui me paraît le plus important, est le suivant : nous connaissons à présent une route sûre et relativement facile pour pénétrer dans les territoires du Baghirmi et du Ouadaï. En remontant la Khémo et en franchissant un espace de 200 kilomètres, on arrive au Gribinghi, navigable en toute saison et qui peut transporter les commerçants dans tous les territoires situés à l'est du lac Tchad.

Un autre fait paraît également assuré, c'est que les musulmans de ces régions ne sont pas aussi hostiles et aussi fanatiques que nous le supposions. Si l'on vient chez eux sans appareil de guerre, on y sera bien accueilli. Enfin, messieurs, le vaste territoire qui s'étend entre la Sangha et la Kémo, qui est limité au Nord par le Baghirmi et au Sud par l'Oubanghi est désormais soumis à l'influence française et aucun autre drapeau que le nôtre ne pourra y être planté.

En présence de ces résultats, vous direz avec moi, messieurs, que Maistre et ses compagnons ont le droit d'être fiers de la tâche qu'ils viennent d'accomplir et qu'ils ont droit aussi à la profonde reconnaissance de ceux qui la leur avaient confiée.

De semblables succès devraient imposer silence à toute critique et ne laisser place qu'à l'admiration.

Mais les vieux préjugés, les vieilles théories ne sont pas faciles à déraciner. Il y a encore en France des gens qui croient que l'Afrique du Nord au Sud et de l'Est à l'Ouest, n'est qu'un vaste océan de sable. Ceux-là n'ont pas vu que la découverte de l'Afrique est le plus grand événement économique de notre siècle et ils n'ont pas compris que la France ne pouvait pas se désintéresser du mouvement qui pousse l'Europe vers les régions nouvelles.

Ah ! cette politique de la routine et de l'aveuglement, elle a toujours eu des représentants. Au commencement du seizième siècle, la cour d'Espagne a entendu les rires et les moqueries de ceux qui regardaient avec pitié les grands navigateurs qui partaient pour le nouveau monde, et l'on prétendait alors que l'on ferait bien mieux de se préoccuper des Flandres et de la Lombardie.

Hélas ! ce n'est pas seulement à Madrid que des conseils de ce genre se sont fait entendre. A Versailles, au siècle dernier, on plaisantait sur les arpents de neige, comme on plaisante aujourd'hui sur les arpents de sable, et les Indes et le Canada ont été perdus pour nous.

Si les idées étroites ne varient guère, les arguments sont changés de nos jours. On nous dit : Vous n'avez pas le droit, dans l'état actuel de la France, d'éloigner la moindre force ou la moindre troupe de soldats.

Messieurs, la réponse me semble facile, car, à mon tour, je demanderai qu'on me dise combien de soldats ont été emmenés par Brazza, par Binger, par Mizon, par Monteil et par Maistre pour donner à la France la part qu'elle doit avoir et qu'elle possède dans le continent africain.

Mais, grâce à Dieu, les politiques moroses n'ont pas trouvé d'écho dans le pays ; le pays, mutilé et abattu en 1870, s'est relevé avec fierté. Il n'a pas admis que sa marine et que son commerce pouvaient disparaître de la surface du globe et il a eu confiance en lui-même.

Et aujourd'hui, vingt-trois ans après la guerre néfaste, son empire colonial est plus vaste qu'il ne l'a jamais été à aucune autre époque de notre histoire. Les principaux artisans du relèvement de notre puissance coloniale ont été des hommes tout jeunes, mais qui aiment passionnément leur pays et qui ont foi dans sa destinée. La séduction des plaisirs et l'énervement de la vie facile n'ont pas pu les retenir, et ils sont partis, sans autre ambition, sans autre espoir que de montrer au monde que la France ne voulait pas abdiquer et que la noble mission qu'elle a remplie à travers les âges n'était pas terminée.

Honneur à ces jeunes gens. Honneur à vous, Maistre, et à vos compagnons, car l'éclat de vos succès rejaillit sur la patrie tout entière.

M. Maistre a remercié en ces termes :

Messieurs,

En vous réunissant ici pour fêter notre retour comme vous l'aviez déjà fait pour deux de mes devanciers, Mizon et Monteil, vous avez voulu montrer que, plus que jamais, vous vous intéressiez aux choses de l'Afrique et que pour vous, la prospérité de notre pays est intimement liée à notre politique d'expansion coloniale.

Messieurs, je n'ai jamais eu l'habitude de parler en public, et ce n'est pas dans la brousse, au cours de mes voyages, que j'ai appris à faire de longs discours, mais en terminant ces quelques mots de remerciement, je tiens à vous dire que, si mes compagnons et moi nous sommes fiers d'être l'objet d'une si belle manifestation, notre plus cher désir, notre seule ambition, c'est de voir la France continuer l'œuvre commencée.

Grâce aux traités passés avec les chefs, les pays que nous avons traversés depuis l'Oubanghi jusqu'aux frontières de l'Adamaoua sont aujourd'hui français de droit ; mais cela ne nous doit pas suffir, il faut que ces régions immenses soient françaises de fait.

Ce résultat sera en grande partie atteint le jour où un bateau à vapeur, transporté sur le Gribinghi et sillonnant les eaux du Chari, du Logone et du Tchad, ira faire flotter partout le pavillon de la France, que — nous inspirant des idées des Brazza, des Binger, des Mizon, des Dybowski, des Monteil et de tant d'autres — nous avons su faire considérer partout comme un emblème de paix et de civilisation. C'est à vous tous, Messieurs, à vous, hommes politiques et hommes de science, à vous, industriels et commerçants, c'est à vous à aider le gouvernement à accomplir cette tâche.

Et maintenant, Messieurs, permettez-moi de souhaiter le succès à tous ceux qui parcourent ou vont parcourir l'intérieur du continent noir, pour y découvrir des routes nouvelles et pour donner à la France de nouveaux territoires qui deviendront plus tard les grands débouchés de notre industrie nationale.

Nous regrettons de ne pouvoir reproduire les discours de MM. Etienne, Gauthiot et Tharel, mais nous nous ferions scrupule de ne pas donner le texte du toast du commandant Monteil, qui a parlé au nom de la Société de géographie :

Lorsqu'il y a quelques mois, dans cette même salle, je levais mon verre en l'honneur des explorateurs français sur tous les points du globe, je pensais à vous, mon cher Maistre, qui alliez nous révéler un coin de l'inconnu. J'espérais vous connaître un jour, à l'heure du succès ; mes pressentiments ne m'ont point trompé.

D'autres ont apprécié vos travaux, non des moins éloquents, non des moins passionnés pour toutes les grandes choses qui portent au loin le renom de la patrie française. Permettez maintenant à un confrère de mêler sa voix au concert d'éloges qui vous sont, à juste titre, décernés.

J'insisterai seulement sur ce fait digne de remarque, c'est de voir groupés, en ce jour, autour de vous, ceux qui ont partagé vos labeurs et vos périls.

Je sais par expérience que les qualités du chef, pour imposer son autorité, doivent être multiples ; mais il est soutenu dans ses efforts par la grandeur du but à atteindre.

Je sais aussi qu'il faut, de la part des subordonnés, une abnégation de tous les instants, une confiance absolue dans celui qui est à leur tête ; ces sentiments s'allient mal en général avec les aspirations de l'individu, dont la personnalité s'élève à chaque difficulté vaincue. Et lorsque, comme en ce jour, nous pouvons constater l'accord soutenu sans défaillance entre vous et vos collaborateurs, il n'y a pas de plus bel éloge à vous décerner que de vous dire : Honneur à vous, Maistre, qui avez su commander Honneur à vous, Messieurs, qui avez su obéir !

M. Maistre a été reçu par le groupe colonial de la Chambre qui a demandé au sous-secrétaire d'Etat aux colonies de le proposer pour la croix de la Légion d'honneur.

LA MISSION MIZON

Nous ne croyons pas qu'il soit nécessaire de réfuter ici les bruits que certains journaux ont répandus relativement à la mission Mizon ; les lecteurs de notre *Bulletin* en auront d'eux-mêmes fait justice. Nous publierons, d'ailleurs, dans notre prochain numéro, des détails complets sur le nouveau voyage de l'explorateur.

COLONIES FRANÇAISES
ET PAYS DE PROTECTORAT

ALGÉRIE

Le Sénat a discuté dans les derniers jours de mai les conclusions du rapport de M. Jules Ferry sur l'organisation des pouvoirs du gouverneur général et sur les rattachements. A M. Tirman, qui demandait à peu près le maintien du *statu quo*, à M. Hamel, qui demandait la création d'un ministère de l'Algérie, et à M. Pauliat, qui estimait que tout allait de mal en pis, M. Cambon, gouverneur général faisant fonction de commissaire du gouvernement, a répondu dans la séance du 29 mai par un exposé admirablement lucide où il a montré l'absolue nécessité de se ranger aux vues de la commission présidée par M. Jules Ferry. Finalement, le Sénat a adopté, à l'énorme majorité de 262 voix contre 2, l'ordre du jour suivant présenté par M. Constans au nom de la commission :

Le Sénat, constatant l'accord du gouvernement et de la commission sur la nécessité de rapporter les décrets de rattachements et de fortifier les pouvoirs du gouverneur général de l'Algérie, conformément aux conclusions du rapport et aux déclarations de la commission, passe à l'ordre du jour.

TUNISIE

L'inauguration du port de Tunis. — Le dimanche 28 mai a été inauguré le port de Tunis, en présence du bey, de toutes les autorités du protectorat et des ministres de l'instruction publique et de la justice, délégués par le gouvernement français pour assister à la cérémonie.

On sait qu'entre Tunis et la mer s'étend le lac Bahira, large d'environ dix kilomètres et qui lui-même est séparé de la Méditerranée par un étroit lido. Jadis, les voyageurs étaient forcés d'aller en chemin de fer de Tunis à la Goulette et, là, de s'embarquer sur des chaloupes ou de petites embarcations pour aller, en pleine rade, chercher le navire qui devait les emporter. Pour les marchandises, la situation était plus mauvaise encore. Le débarquement devait se faire en rade sur des mahonnes qui venaient ensuite à Tunis en traversant le lac où débarquaient à leur tour les marchandises à la Goulette dans les wagons du chemin de fer Rubattino. C'étaient des pertes de temps considérables et des frais inutiles, aussi conçut-on, il y a longtemps, l'idée de percer le lido et de creuser dans le lac un canal permettant aux navires d'un certain tonnage d'accéder jusqu'à Tunis.

Dès 1880, la concession de la construction d'un port à Tunis fut obtenue par M. Roustan en faveur d'une Compagnie française (Compagnie de Bône-Guelma). Mais c'est la Société de construction des Batignolles qui a exécuté les travaux, la Compagnie de Bône-Guelma ayant cédé sa concession. Les travaux, commencés en 1888, sont livrés près d'un an et demi avant le délai fixé par le contrat d'entreprise; ils ont été exécutés sur les plans de M. Régal, ingénieur.

Le nouveau port se compose essentiellement d'un avant-port à la Goulette, d'un canal à travers le lac de Tunis et d'un bassin à Tunis. L'avant-port est constitué par un chenal en mer d'une profondeur de 6ᵐ50 et d'une largeur de 100 mètres, protégé de part et d'autre par deux jetées parallèles, dont l'une — celle du nord — a 513 mètres de longueur. Le canal à travers le lac a une longueur de 10 kilomètres environ; comme le chenal en mer, il est creusé à une profondeur de 6ᵐ 50; mais sa largeur au plafond est réduite à 22 mètres. Il est protégé des deux côtés par des vannages distants l'un de l'autre de 160 mètres et raccordés au chenal en mer par un canal courbe à travers le lido. Un bassin d'une superficie de 5 hectares et d'une profondeur de 2ᵐ 80, établi par ce canal de raccordement, permettra aux barques de faible tirant d'eau de s'arrêter à la Goulette; un garage a été ménagé au milieu du canal dans le lac pour permettre aux gros navires de se croiser entre la Goulette et Tunis. Le bassin de Tunis a une superficie de 12 hectares et une profondeur de 6ᵐ 50; il est pourvu sur son bord nord de trois petits appontements pour le service des passagers et de la poste. Les marchandises devront être débarquées par l'intermédiaire des chalands jusqu'à ce que l'on ait pourvu les autres côtés du bassin de quais ou d'appontements et de l'outillage nécessaire aux opérations directes.

Les dépenses du port de Tunis s'élèvent aujourd'hui à la somme de 13.160.000 fr., dont un peu plus de 8 millions pour les dragages et terrassements.

SOUDAN FRANÇAIS

La campagne du colonel Archinard. — Le *Journal officiel du Sénégal et Dépendances* a publié plusieurs dépêches transmises par le colonel Archinard au gouverneur de la colonie. Après lui avoir signalé son voyage dans le Bendougou, il continue ainsi:

Je suis très heureux des résultats de ce voyage. — Arrivé le 7 avril à San, j'ai reçu un accueil très cordial; je compte parcourir au retour notre province du Saro. Mais les gens de Djenné tenant à nous voir passer chez eux et ce voyage pouvant ouvrir la navigation vers Tombouctou, et mettre fin à la piraterie dont les villages du Sansanding et du Ségou ne cessent de souffrir, je poursuis la route en suivant le Bani ou Mayel Balével, jusqu'à Djenné.

Quelques jours après, nouveau télégramme daté du 14 avril, par lequel le colonel rend compte de la prise de Djenné:

La population de Djenné, maintenue par la garnison, n'a pu venir à nous, et, malgré les pourparlers repris trois fois, il a fallu chasser la garnison de vive force. La défense a été acharnée; la canonnade et le combat ont duré vingt-quatre heures. La population, restée tout entière dans la ville, est venue à nous dès que la garnison a été mise en fuite. Des conventions ont été établies aussitôt après l'affaire et les indigènes viennent à nous de tous les points du Macina. Nous avons malheureusement à déplorer la mort de deux officiers: le capitaine Lespiau et le lieutenant Dugast, de l'infanterie de marine, qui ont été tués raides.

Le 17, le colonel télégraphie de Mopti qu'il est arrivé l'avant-veille dans cette localité et qu'Amet-Sala, le grand chef des Peulhs de la région, est auprès de lui. Il ajoute que les spahis ont refoulé les cavaliers d'Ahmadou jusque dans Bandiagara. Enfin, le sous-secrétaire d'Etat des colonies a reçu dernièrement le télégramme suivant:

Bandiagara, le 5 mai.

Je quitte Bandiagara, 5 mai; je n'aurai plus qu'à m'arrêter à Sansanding pour réorganiser les Etats de Mademba. Je laisse une garnison ici pour diverses raisons politiques que vous aurez à apprécier; elle est inutile au point de vue militaire. Je laisse le pays dans une paix profonde, comme s'il n'avait jamais été troublé. J'ai lieu de penser qu'Ahmadou sera arrêté dans sa fuite à Dalla par les indigènes et livré à Aguibou.

Une dernière dépêche a donné des nouvelles du colonel Combes. Celui-ci avait surpris Kamokho-Bilali, le lieutenant de Samory, au passage d'un gué et avait anéanti toute sa bande.

GUINÉE FRANÇAISE

M. Alby, administrateur principal, va partir de Konakry en mission au Fouta-Djallon, en vue de surveiller les évènements et de donner aux almamys les conseils et les directions rendus nécessaires tant par notre situation au Soudan que par le développement des relations commerciales avec la Guinée. Au lieu de prendre l'itinéraire du Nord qui passe par Demokoulina, M. Alby se rendra à Timbo par la voie méridionale, plus directe, mais qu'aucun Européen n'a pris encore, bien qu'elle soit utilisée par les caravanes; il se rendra compte si elle est plus praticable que celle du Nord.

La Mission Madrolle et Baillat. — On nous écrit de Ténériffe:

En même temps que la mission Maistre rentre, sur le même paquebot, la mission Madrolle et Baillat de retour des Guinées française et portugaise et du Fouta.

Partie de Konakry, elle a gagné la Guinée portugaise, après être passée par le Rio Pongo, le Rio Nunez et ses marigots intérieurs, les îles Tristao, le Rio Coumpony et Kandiafara. Marchant en deux colonnes depuis Boké, elle s'est réunie à partir de Kandiafara pour passer la frontière de la Guinée portugaise. MM. Madrolle et Baillat ont suivi la ligne de faîte entre le Cogon et le Rio Grande et ont reconnu les cours de ces deux fleuves.

Le Foréah et le Gabou s'étant révoltés contre Yaya, ex-alpha du Labé et chef du Kadé, les villages de ces deux pays situés près de la frontière se sont retirés et se sont réunis l'un vers la mer, l'autre vers l'intérieur, hésitant des deux côtés à se livrer bataille et restant dans l'expectative.

Cependant les cultures sont peu avancées et un certain malaise règne dans ce pays ; actuellement toute la rive droite du Cogon est désertée depuis trois ans, du reste la rive gauche n'est plus habitée depuis douze ans pour le même motif.

De Mahmadou-Guimi, situé à 80 kilomètres plus dans le sud-est que l'ancien village du même nom, la mission a gagné Kadé par la route des caravanes traversant une région montueuse où elle a traversé onze rivières dont la principale, le Fefiné, va du sud au nord au lieu de suivre la direction est-ouest comme elle est marquée sur les cartes de M. Brosselard, puis de M. Fortin.

A Kadé, Modi-Sidi, chef du pays depuis que Yaya a quitté son ancienne capitale, a parfaitement reçu la mission ; après un séjour de cinq jours et demi, elle a pris la route du Labé jusqu'à Kembera, où elle a trouvé Modi Aguibou, fils d'Alpha Yaya. De Kembéra à Bambaya, la région est montagneuse et presque toujours élevée ; de profonds ravins rendent le trajet très difficile : enfin, après un trajet de près de trois mois, la mission rentrait à Konakry, capitale de la colonie après avoir parcouru 550 kilomètres à terre et 200 kilomètres dans les marigots et les rivières.

La route suivie a coupé ou longé les itinéraires de MM. Brosselard (1887), Mollien (1818), Gouldsburry (1880), Hecquard (1850) et relevé plus de 350 kilomètres où aucun voyageur n'était encore parvenu.

Les régions les plus riches sont la zone côtière, le Rio Grande et le Touminé. Les animaux sont en quantité dans la brousse et les citrons, oranges, bananes, café, etc. sont les fruits les plus souvent rencontrés à l'état sauvage.

CÔTE DE BÉNIN

Dahomey. — Le général Dodds est arrivé à Marseille, à bord du *Thibet*, le 11 mai ; une réception enthousiaste lui a été faite par la population : le 12, au soir, il rentrait à Paris, où, malgré l'heure avancée, plusieurs milliers de personnes l'attendaient à la gare de Lyon, tenant à marquer par leur présence leur sympathie à l'heureux chef de l'expédition du Dahomey.

La Commission de délimitation franco-allemande. — La Commission de délimitation chargée de procéder à la reconnaissance définitive de la frontière entre la colonie allemande du Togo et les établissements du Bénin a clôturé ses travaux le 15 avril à Zebbé.

Composée, pour l'Allemagne, de M. de Puttkammer, gouverneur du Togoland et du docteur Grüner ; pour la France, de MM. Colson, lieutenant de vaisseau, Steiner, lieutenant d'artillerie, Labarre, enseigne de vaisseau, la commission a remonté le Mono d'Agomé-Séva à Toune, point déjà visité, en 1889, par M. l'administrateur d'Albéca, qui avait fait la carte de la région.

Les coordonnées des divers points litigieux permettent de laisser en zone française tous les points importants qui se trouvent situés à l'est du méridien-frontière passant par la pointe ouest de l'île Bayol.

Longitudes :

   Ile Bayol. 0" 40' 37" ouest de Paris.
   Athiémé.. 0" 36' 52"   —
   Topli.... 0° 39' 52"   —
   Togodo.. 0° 39' 52"   --

Le Mono coule en territoire français sur tout son parcours, sauf quatre milles entre Topli et Sagongé. Ces heureux résultats permettront au gouvernement du Bénin d'engager d'utiles négociations avec les populations du hinterland et auront pour résultat de faire approuver les traités passés par M. l'administrateur d'Albéca, traités qui n'avaient pu être sanctionnés par suite de l'incertitude où l'on se trouvait sur les positions précises des villages réclamés par l'Allemagne et précédemment acquis à la France.

La carte de 1/500,000 dressée par ce fonctionnaire demeure également presque intacte en ce qui a trait à la partie occidentale de notre colonie du Bénin.

CONGO FRANÇAIS

Le commandant Monteil vient d'être chargé de la direction de nos postes du haut Oubanghi ; ce choix est fait pour satisfaire tous ceux qui s'intéressent à l'œuvre de la France en Afrique et l'on ne saurait douter que, entre de si bonnes mains, notre politique dans ces régions ne tarde pas à prospérer. Pour le moment elle n'est pas en mauvaise voie, à en juger par les nouvelles reçues de l'expédition du duc d'Uzès, dont nous parlons plus loin, et de la mission Liotard qui est parvenue à venger sur les Boubous la mort de M. de Pomeyrac, assassiné par eux l'an dernier.

Au point de vue de nos relations avec l'Etat indépendant du Congo, la situation est moins favorable. On sait que les négociations entreprises à Paris pour arriver à la délimitation de la frontière sur le haut Oubanghi ont dû être suspendues, il y a quelques mois, faute d'un terrain d'entente à trouver entre les négociateurs ; il semble que les Anglais aient profité de ces malentendus pour faire des ouvertures aux Belges et la mort du commandant Van Kerkhoven, le chef de l'expédition qui se dirigeait vers Lado, sur le haut Nil, et causait à Londres de si vives préoccupations, a facilité la besogne de la presse britannique. Nous ne croyons guère, nous l'avons dit souvent, à un tel accord, si contraire aux intérêts de l'Etat indépendant dont il arrêterait l'extension naturelle vers l'Est et sommes assurés que l'intérêt des Belges et celui de la France devrait les amener à une entente ; seulement ce sont chaque jour de nouvelles prétentions de la part de l'Etat indépendant, et ceux même qui ont le plus de sympathie pour lui doivent le voir avec regret s'engager dans la voie où il paraît être ; le traité récent qu'il a conclu avec le chef Bangasso, sur la rive droite du M'Bomou, dont les états avaient toujours été compris dans notre sphère d'influence, est un acte grave et qui ne saurait passer inaperçu.

Ce traité a donné lieu d'ailleurs à une démarche du groupe colonial de la Chambre auprès du ministre des affaires étrangères, à la suite de laquelle le procès-suivant a été rédigé :

Le groupe de politique coloniale et extérieure de la

Chambre s'est réuni le mardi 9 mai et s'est occupé de la question du Haut-Congo.

En présence de la nouvelle attitude prise par l'Etat indépendant du Congo, il a semblé aux membres du Parlement que les négociations ne pourraient pas être reprises tant que le traité que l'Etat indépendant annonce avoir conclu avec le sultan de Bangasso ne serait pas déchiré.

Chacun en France est désireux de vivre en bonne intelligence avec nos voisins de l'Etat indépendant, mais c'est une singulière manière de répondre à ce désir que de passer des traités avec des chefs dont le territoire est soumis par tous les traités à notre influence.

Le groupe a adopté à l'unanimité la résolution suivante :

Le groupe colonial et extérieur de la Chambre, après avoir pris connaissance des derniers incidents qui se sont produits sur les territoires de la France et de l'Etat du Congo, proteste contre la prétention de ce dernier d'établir son protectorat sur certaines régions qui, aux termes mêmes du protocole du 29 avril 1887, appartiennent à la sphère d'influence de la France, et émet le vœu que le gouvernement prenne d'actives mesures pour faire évacuer les régions indûment occupées.

Il faut regretter certes que les choses en soient venues à ce point ; ce n'est pas une raison pourtant pour désespérer de l'avenir et pour notre part, nous souhaitons fermement que le dissentiment qui a trop duré, cesse enfin, grâce à une bonne volonté réciproque.

Ou nous communique la note suivante :

BANGASSO

Qu'est-ce que ce *Bangasso*, qui tient ainsi en éveil la diplomatie européenne, qui jette du froid entre Français et Belges, qui détermine l'Angleterre, personne, cependant, fort réservée de son naturel et même quelquefois un peu revêche à coqueter avec l'Etat indépendant ?

En réalité, ce mot a deux significations. Il désigne un homme et un lieu. L'homme est un chef qui règne sur la rive droite du Mbomou ; le lieu est le village qu'il habite ; selon une coutume fréquente en Afrique, le chef a donné son nom à sa demeure.

Si je ne me trompe, Junker est le premier européen qui ait eu quelques relations avec Bangasso. Etant l'hôte de son voisin Singio et désirant bien le disposer à l'égard des blancs, il lui envoya quelques présents dont la pièce de choix était une petite musique, appelée vulgairement guimbarde.

Les relations en restèrent là jusqu'au jour où le capitaine Van Gèle entra en rapports personnels avec Bangasso.

Dans un premier voyage sur le Haut-Oubanghi, en 1887-1888, il se trouva un jour en présence de deux grandes rivières : l'une venait du Nord-Est, l'autre de l'Est. On lui dit que la première s'appelait ou venait de Bangasso. Il lui fut impossible d'en savoir davantage. Aussi bien une autre question le préoccupait-elle. Il désirait vérifier l'hypothèse émise trois ans auparavant par M. Wauters, directeur du *Mouvement géographique* et savoir si l'Ouellé était le cours supérieur de l'Oubanghi.

Cette identité reconnue, il ne poussa pas plus loin ses investigations. L'accueil des indigènes ne lui en donnait d'ailleurs guère le désir. Comme Van Gèle était arrêté par un barrage rocheux infranchissable, ils le narguaient de la rive, lui faisant comprendre par leurs gestes qu'il lui faudrait des ailes pour s'élever au bief supérieur. Puis, à cette comédie, succéda la tragédie et aux plaisanteries, les violences. Ils profitèrent d'une avarie survenue au vapeur pour marcher contre les étrangers et avec un tel courage qu'ils venaient se faire tuer à quinze mètres de la bouche des fusils.

Par cette reconnaissance on n'était pas fixé davantage sur Bangasso. Il en était de ce mot comme de beaucoup d'autres, qui nous viennent d'Afrique, sont jetés dans notre nomenclature géographique, et dont on ignore souvent pendant des années, la valeur précise. Les idées ne s'éclaircirent définitivement que deux ans après.

En 1889-90, Van Gèle entreprenait une seconde campagne sur le Haut Oubanghi. Cette fois, il était accompagné de M. Georges Le Marinel, à qui nous devons sur ce voyage une note parue récemment dans le « Bulletin de la Société royale de géographie de Belgique » et qui, très heureusement, complète les détails succincts extraits naguère d'une lettre de Van Gèle et publiés dans le *Mouvement géographique* du 8 mars 1891.

Entre temps, Van Gèle avait appris, précisément par la relation de Junker qui lui était parvenue, que Bangasso était le chef du peuple des Sakaras. Arrivé au confluent du Mbomou et de l'Ouellé, en un point appelé Yakoma, il envoya un messager à Bangasso pour entrer en pourparlers avec lui. Celui-ci ne tarda pas à venir à Yakoma, et dans l'appareil d'un grand chef. En tête du cortège, marchait une musique composée d'un tambour, de six trompes et de six flûtes ; derrière la musique, Bangasso en personne, vêtu d'une chemise blanche, d'un pantalon en guinée, d'un veston rouge et d'un fez. Une vingtaine de chefs vassaux, suivis d'une longue file de soldats fermaient la marche.

Dans l'entrevue, il fut décidé que les deux agents de l'Etat indépendant rendraient à Bangasso sa visite dans sa résidence. Quelque temps après, les explorateurs remontèrent en effet en pirogue le Mbomou. Le voyage fut pittoresque et même émouvant au passage des rapides et des chutes qui, en l'honneur du premier européen ayant pénétré dans l'Oubanghi, furent appelées chutes Hanssens.

« Dix indigènes étaient armés de longues perches, six à l'avant, quatre à l'arrière. Deux battaient constamment le tambour, les autres pagayaient ou sautaient dans l'eau écumante, sur un roc, pour alléger ou pousser l'embarcation. »

Après plusieurs jours de navigation, on arriva chez Bangasso. Accompagnés d'un cortège, les voyageurs furent conduits à la résidence royale.

Parmi les troupes composant l'escorte, un corps original attira particulièrement leur attention : celui des filles du roi. D'après ce qu'ils apprirent ensuite, elles restent célibataires, parce qu'aucun prince n'est assez puissant, pour aspirer à leur main. Mais le célibat ne leur pèse pas. Le roi leur accorde une large liberté et elles en usent. M. Le Marinel ajoute même dans sa relation que la présence de ces jeunes personnes a singulièrement facilité au roi Bangasso le recrutement d'une garde composée de volontaires, et où figurent les plus beaux et les plus vigoureux parmi les jeunes nobles Sakaras.

Les explorateurs eurent la faculté d'apprécier de leurs yeux la puissance de Bangasso. Le jour de leur arrivée « le long des quatre faces de la place, étaient rangés des guerriers au port d'arme, environ deux mille, le bouclier touchant terre et tourné au dehors, laissant voir deux troumbaches identiques et superposées ».

Au centre de la place, trente soldats, armés de fusils, vêtus comme des Soudanais, tiraient des salves.

Depuis son avènement, qui date de quatorze ans, Bangasso a réussi à reprendre une autorité complète sur les grands chefs Sakaras, qui, du temps de son père Bali, de caractère un peu faible, étaient devenus presque indépendants. Pendant la montée du Mbomou, les voyageurs belges eurent l'occasion de sentir les effets de cette puissance : « Le nom de Bangasso était un talisman qui mettait littéralement les indigènes à nos pieds. » Et si le pouvoir d'un homme est en rapport direct avec les marques extérieures de respect dont il est l'objet, peu de princes égalent Bangasso. Dès qu'il boit, ou éternue, tous les assistants applaudissent et la musique royale exécute ses airs les plus suaves.

Sa suprématie lui est assurée par le zèle et l'application avec lesquels il remplit son office. Tous les matins, à neuf heures, il sort de son harem. Il s'assied sous une vérandah et donne audience publique. « Il ne se retire que quand les affaires qui lui sont soumises sont terminées ; comme il ne néglige aucun détail, il est très occupé. »

Il se montra plein d'amabilité à l'égard de MM. Van Gèle et Le Marinel. Des objets européens lui étaient jadis parvenus par l'intermédiaire des A Sardeh, qui eux-mêmes les tenaient des marchands de Khartoum. Depuis le soulèvement madhiste les relations commerciales ont été profondément troublés dans le Soudan oriental. Bangasso ne recevait plus rien. Aussi était-il fort aise de nouer des relations avec les blancs qui fabriquent ces objets. Dès l'entrevue de Yakoma, voulant faire un présent aux deux explorateurs il avait envoyé à la chasse ses guerriers, qui capturèrent deux jeunes éléphants. L'un mourut aussitôt. Quant au second, il lui arriva une fâcheuse aventure. Des fourmis s'introduisirent dans sa trompe et dans sa gorge, et déterminèrent, par leurs piqûres, une inflammation. Il périt également « malgré les soins de nourrice » dont on l'entoura. Une autre fois, sans doute pour remplacer les éléphants, il apporta un chimpanzé de grande taille et un fourmilier pesant quarante-trois kilogrammes.

A la résidence, pareille intimité continua. Le soir même de leur arrivée, Bangasso rendit aux Belges une visite sans apparat avec deux hommes d'armes, une épouse et l'escadron des filles. Jusqu'à une heure avancée de la nuit, on causa affaires, « tout en buvant de la bonne bière de sorgho et en fumant des pipes ».

Ce fut probablement en fumant des pipes et en buvant de la bonne bière de sorgho que fut signé le traité, qui maintenant fait l'objet du litige entre nos diplomates et ceux de la Belgique. *Nous approuvons la fermeté des nôtres. Nos droits garantis par la convention du 29 avril 1887 sont formels. Et puis, enfin, quelque zèle qu'apporte la France dans son expansion coloniale, elle ne retrouvera peut-être pas de sitôt l'occasion de protéger un roi qui ne peut ni boire, ni éternuer sans qu'on joue de la musique.*

Henri Dehérain.

Une voie de communication entre Loango et Brazzaville.

— Au cours d'un voyage qu'il vient de faire au Congo, M. Alfred Le Chatelier, après avoir visité la région entre Loango et Brazzaville, a conclu avec la colonie du Congo français représentée par M. de Chavannes, lieutenant gouverneur, et par M. Lippmann, directeur de l'intérieur, une convention aux termes de laquelle M. Le Chatelier s'engageait à constituer une société d'études pour l'établissement d'une voie de communication entre Loango et Brazzaville ; cette convention vient d'être ratifiée par le Gouvernement.

La constitution de la Société d'études a suivi de près l'approbation gouvernementale : la *Politique coloniale* annonce, en effet, que des hommes justement honorés, occupant à Paris, Lyon et Marseille une situation considérable dans l'industrie et le commerce viennent de se réunir pour arrêter les bases d'une entente en vue de poursuivre les études prévues dans la convention. Ces études porteront surtout sur la possibilité d'établir une voie de communication entre Loango et Brazzaville de manière à desservir les territoires du Congo français. La Société d'études recherchera en outre l'utilisation dont la riche région du Niari est susceptible au point de vue à la fois industriel, agricole et minier. D'une manière générale tout ce qui pourra être fait en vue de l'exploitation économique de la colonie sera l'objet des études de cette Société qui vient de se constituer avec des éléments de force et de vitalité qui assurent son succès.

L'expédition du duc d'Uzès.

— On lit dans le *Temps* :

On sait dans quelles conditions s'est organisée cette mission qui, tout d'abord, avait pour objectif la traversée de l'Afrique par le Congo et la région des grands lacs. Le duc d'Uzès partit de Marseille le 25 avril 1892, accompagné du lieutenant Jullien, de l'infanterie de ligne, de MM. Pottier, Hess et Rogier, avec une escorte de cinquante tirailleurs algériens libérés du service militaire. Un mois après il était, dans le bas Congo, disposé à suivre la route belge pour gagner le Stanley-Pool et, de là, les Stanley-Falls. Mais, arrivée à moitié chemin, la mission française ne put trouver les porteurs et les vivres nécessaires, la route belge des caravanes étant peu praticable par suite des dificultés survenues entre les autorités congolaises et les indigènes. Le 12 juillet, le duc et ses compagnons traversaient le Congo à Manyanga, ce qui leur permit de fêter dans le poste français de Manyanga-nord, la Fête nationale. Les cinquante tirailleurs, en grand uniforme, furent passés en revue ; il y eut jeux pour les chefs et les populations de la région et banquet auquel assistèrent, à côté des Français, les autorités congolaises de Manyanga-sud et les agents des factoreries européennes.

Au commencement d'août, la mission arrivait à Brazzaville, traversant une région bien cultivée, peuplée, faisant contraste avec celle qui s'étend sur la rive gauche du bas Congo. Là, le duc apprit par M. Greshof, l'agent général de la maison néerlandaise, que, par suite de l'insurrection des Arabes de Nyangoué, les Arabes des Falls ne se montraient nullement disposés à laisser la route libre à une mission européenne, même à une exploration française.

C'est alors que fut décidée la marche vers l'Oubangui. Le duc d'Uzès laissa la direction de la mission au lieutenant Jullien. MM. Hess et Rogier n'acceptèrent pas cette substitution et revinrent vers la côte. Le 24 septembre, MM. d'Uzès, Jullien, Pottier, auxquels se joignit un Français, présent au Congo, M. Riollot, partirent pour Lirranga et Bangui, emmenant avec eux leur escorte et un important convoi de matériel.

Les lettres émanant de la mission ont été très rares depuis le départ de Brazzaville. Elles indiquent néanmoins que la montée de l'Oubangui s'est effectuée dans d'excellentes conditions.

La mission arriva à Bangui au milieu du mois de novembre et après s'être ravitaillée elle partit pour la station des Ouaddas située sur l'Oubangui, par environ 5° de latitude nord, entre les embouchures des rivières Aulemba et Kémo. C'est là que M. Dybowski concentra une partie du matériel qu'il transporta ensuite à la station de Kémo, d'où M. Maistre est parti pour sa belle exploration.

La navigation s'effectuait sur des pirogues, montées par dix à vingt Banziris. Les Banziris constituent une population qui se livre au convoyage des marchandises ou à la pêche.

Les engins sont très habilement faits : ce sont des nasses fixées dans la rivière ou des éperviers. La pêche à la ligne est également pratiquée par les pêcheurs banziris.

Dans cette partie de l'Oubangui, la population est assez dense. Les cultures sont nombreuses, les vivres abondent. On a un poulet pour deux petites cuillerées de perles bayacas, et un cabri en échange de trois cuillerées à soupe des mêmes perles. Ces petites perles sont très recherchées par les indigènes, hommes et femmes, qui les enfilent avec leurs cheveux de manière à former un casque immuablement fixé à leur crâne. Comme traits de mœurs, les jeunes filles et les jeunes femmes sont nues ; seules, les aïeules portent un morceau de pagne de faible dimension. Les élégantes s'oignent le corps d'huile et se saupoudrent d'ocre rouge. Le suprême est de se mettre du noir sur le visage.

Le 4 décembre, la mission quitta les Ouaddas pour la station de Kouango, d'où partit le malheureux Crampel. Là, le lieutenant Jullien, afin de favoriser la marche des voyageurs, partit en avant pour la station de Mobaye et notre poste des Abiras, où se trouvait la mission officielle de M. Liotard.

Il ne faut pas oublier que les quarante tirailleurs algériens que commande le lieutenant Jullien sont des Berbères, c'est-à-dire des blancs. Jamais, en Afrique, même dans les expéditions de Stanley, on n'a vu réuni autour d'un Européen une troupe aussi considérable.

De nouvelles lettres ont annoncé que les deux missions réunies du duc d'Uzès et de M. Liotard ont infligé une sanglante défaite aux assassins de M. de Poumayrac et les ont obligés à leur rendre ce qui restait du corps de notre malheureux compatriote et de ses compagnons.

MADAGASCAR

On lit dans la *Politique coloniale :*

Nous avons déjà publié plusieurs notes relatives aux incidents récemment survenus à Madagascar.

Voici à ce sujet des renseignements complémentaires du plus haut intérêt, que nous avons puisés à une source certaine.

La vapeur anglais *Wooler* a débarqué, le 6 avril, en rade de Vatomandry :

36 canons de campagne ;

36 affûts ;

36 paires de roues ;

27 caisses de fusils ;

6 caisses d'explosifs ;

163 caisses, contenant des écouvillons, essieux, courroies, etc.

Une caisse d'obus ayant été défoncée, on a pu voir que les obus étaient vides et on en a trouvé neuf par caisse.

M. Parett, sujet anglais, ancien pasteur naturalisé hova, recevait et expédiait ces caisses, les unes à Mintinandry et les autres à Ranandrianany, villages situés aux environs de Vatomandry.

Un Anglais a débarqué, venant pour le compte du gouvernement hova, monter les canons et charger les obus.

Les caisses ont été ensuite expédiées à Tananarive par les routes suivantes :

Vatomandry à Tananarive, Beparasy-Laraka à Tananarive, Mahanoro à Tananarive. Officiellement, le débarquement a été surveillé par les officiers du premier ministre, Rainilaiarivony et par Carett, le sujet anglais.

Une corvée de 2,000 hommes, pris en « Fanampoana », a été chargée du transport de ces caisses.

Ces faits doivent être qualifiés avec d'autant plus de sévérité que le gouvernement français avait été avisé, longtemps à l'avance, de ce projet de livraison d'armes perfectionnées aux Hovas et qu'il n'a pas su l'empêcher.

Par quels moyens ? Ce n'est pas ici le lieu de le dire. Mais il n'y a au contraire aucun inconvénient à répéter ceci : Les déclamations platoniques à la tribune, du genre de celles que fait et provoque M. de Mahy, sont tout ce qu'il y a de plus nuisible aux intérêts français à Madagascar.

Quand nous voudrons faire à Tananarive le coup de force final inévitable, alors nous pourrons parler. D'ici là, le mieux est de nous taire et de ne pas nous livrer à des parades qui n'ont d'autre objet que d'appeler les camouflets que nous sommes ensuite forcés de subir.

Agissons à notre heure et d'ici là, taisons-nous. Voilà la seule politique possible à Madagascar. C'est exactement le contraire de celle qu'ont pratiquée nos derniers ministres des affaires étrangères avec le précieux concours de M. de Mahy.

POSSESSIONS ANGLAISES

Afrique centrale. — Un changement ministériel, assez inattendu, a eu lieu au Cap ; sur un incident sans importance, M. Cecil Rhodes a donné sa démission de premier ministre et, chargé aussitôt par le gouvernement de reformer un cabinet, il y a fait entrer sir Gordon Sprigg, premier ministre avant lui et qui jusqu'ici avait mené contre la politique de M. Rhodes une campagne très vive. On est loin de croire d'ailleurs que cette crise doive modifier l'attitude de M. Rhodes et l'on pense généralement même qu'il sera plus puissant encore avec ce cabinet de fusion qu'il ne l'était auparavant.

Tandis qu'en tant que directeur de la Compagnie de l'Afrique australe il pousse activement les travaux de ce chemin de fer de Vrybourg à Mafeking qui mènera plus tard du Cap jusqu'à Fort-Salisbury, la capitale du Machonaland ; qu'il active la construction de l'autre chemin de fer qui, de Beïra sur la côte orientale portugaise, mènera jusqu'au Manica et plus tard à Fort-Salisbury même, non sans continuer ses démarches pour arriver à l'exécution de la ligne télégraphique directe du Cap à Alexandrie, à travers la Zambézie, l'Ouganda et l'Empire du Mahdi, — en tant que premier ministre du Cap, il s'efforce d'arriver à réaliser peu à peu cette union entre les républiques boers, le Cap et le Natal qui, plus tard, doivent former la « fédération de l'Afrique australe ». Les négociations ont été reprises en vue de la création d'une union douanière, et, s'il n'est pas certain qu'elles aboutissent mieux cette fois que jadis, au moins peut-on croire que le temps où l'union monétaire sera constituée n'est pas très éloigné. C'est toujours le Transvaal qui, jaloux de maintenir son indépendance qu'il considère comme menacée par la fédération, y est le plus sérieux obstacle ; mais il semble bien que la conférence qui vient d'avoir lieu, en avril, à Colesberg, entre le président Kruger, nouvellement réélu contre le général Joubert, et sir Henry Loch, gouverneur du Cap, et qui, on le sait, a dû préparer le règlement de la question du Souaziland, a fait quelque peu fléchir la mauvaise volonté du Transvaal ; on dit, en effet, que le Souaziland, cette bande de territoire litigieuse entre le Cap et la République, va être cédée à cette dernière moyennant certaines concessions politiques. Quand le Transvaal sera entré en possession du Souaziland, il ne touchera pas encore la mer dont l'étroit Tongaland le séparera encore, mais il s'y acheminera au moins, et l'on sait que c'est un de ses grands désirs ; c'est le Souaziland qui, jusqu'ici, était la grande cause de querelle entre le Transvaal et le Cap.

Le Comité législatif de Natal s'est enfin mis d'accord sur la question de la constitution de la colonie, jusqu'ici colonie de la Couronne, en une colonie à gouvernement responsable ; ce projet était dans l'air depuis plusieurs années, mais l'on n'arrivait pas à réunir une majorité suffisante pour que la volonté de la colonie fut certainement démontrée. Le 10 mai, enfin, le vote a eu lieu et il a été favorable à l'institution nouvelle.

Zambézie britannique. — Nous avons signalé dans notre numéro de mai les bruits fâcheux qui couraient sur un soulèvement d'indigènes, pour lequel le capitaine Johnston aurait eu fort à faire, dans la région du Nyassa ; c'était, paraît-il, contre le chef de Mpimbi qu'il avait marché, mais repoussé par des forces supérieures, il eut toutes les peines à s'échapper ; quelques jours après, le commissaire Johnston fut attaqué lui-même par les traitants. M. de Eltz, membre de l'expédition de Wissmann, accourut de Mpimbi où il se trouvait, à son appel. Il prit alors l'offensive et brûla plusieurs villages dans le pays de Leonda.

D'après le rapport de M. de Eltz, les traitants sont armés de fusils chassepot.

Afrique occidentale. — La *Gazette de Londres*, organe officiel du gouvernement britannique, annonce qu'en suite de l'arrangement conclu avec l'Allemagne la portion du protectorat des districts du Niger placée sous l'administration d'un commissaire et d'un consul général formera désormais un protectorat-district, appelé protectorat des côtes du Niger (*Niger coast protectorate*) et cessera d'être désigné sous le nom du protectorat des Rivières d'huiles.

POSSESSIONS ALLEMANDES

Afrique orientale. — L'affaire du steamer du major de Wissman est enfin réglée. On sait que la Société anti-esclavagiste, qui avait fait les frais de l'expédition de cet officier, parlait déjà, étant à bout de ressources, de se dissoudre ; le gouvernement n'a pas voulu qu'elle en pût arriver là, et pour la tirer d'embarras, il a acheté le steamer que l'on est en train de monter sur le lac Nyassa. C'est le lieutenant Prince qui est chargé d'en prendre livraison.

Afrique du Sud-Ouest. — Le capitaine de Français, qui commande dans le Sud-Ouest africain, a attaqué Hendrick Wittbooi, dont les incursions rendaient impossible tout établissement stable dans le pays, et il s'est emparé de la principale place de guerre Hoornkranz. Mais Witbooi a pu s'échapper et il est probable qu'il donnera encore du mal à la troupe du protecorat.

Cameroun. — On avait annoncé dans la presse que des négociations étaient entamées à Berlin entre l'ambassade de France et l'office colonial pour la délimitation du hinterland de Cameroun ; cette nouvelle était dénuée de tout fondement. Par contre, les négociations engagées entre sir Claude Mac' Donald pour la délimitation d'une partie de la frontière anglo-alle-

mande, et dont l'on augurait mal, ont réussi : il ne s'agit, d'ailleurs, que d'une délimitation toute partielle et dans le simple but de mettre fin à la contrebande qui sévissait dans le Rio del Rey. Voici le traité publié à ce sujet :

Article premier. — Par l'extrémité du *Rio del Rey* visée dans l'article 4 de l'accord du 1er juillet 1890, il faut entendre le point de jonction des bras désignés sur la carte de l'amirauté allemande de 1890, sous les noms d'Ouriisian et d'Ikankan, à la pointe nord-ouest de l'île située à l'Ouest de Ozon.

Art. 2. — La rive droite du *Rio del Rey* formera la limite depuis ce point jusqu'à son embouchure, près de West-Hook.

Art. 3. — L'administration coloniale allemande s'engage à ne laisser installer aucun établissement commercial sur la rive droite du *Rio del Rey*. L'administration des Rivières d'huile prend le même engagement en ce qui concerne la presqu'ile Bakassey, limitée à l'ouest par le creek qui va du village d'Arsibon à la mer, et à l'est par le *Rio del Rey*.

La convention a été signée le 14 avril par MM. Kayser et de Schuckmann, conseillers de légation, et par M. Le Poer Trench, chargé d'affaires d'Angleterre, et sir C. Mac'Donald.

Le bruit court que les lieutenants Vollkammer et Stetten sont partis de la station d'Edea à la tête de trois cents hommes et que, tandis que le premier se bornerait à une reconnaissance dans le hinterland, l'autre, M. Stetten, s'avancerait jusque vers le lac Tchad à travers l'Ademaoua et le Baghirmi.

VARIÉTÉS

M. Gaston MÉRY

J'ai eu le plaisir de voir à Alger M. Méry dès son retour du pays des Touareg-Azjer. Il a de grands yeux hardis tout plein d'une lumière bleue, des dents éclatantes et dures, une moustache bronzée, rigide comme celle des tigres, le menton très rond, le front bien fait, les cheveux bruns et taillés court, le teint patiné par le vent et le soleil, le corps long, les mains nerveuses. Il ne cherche pas à vous prendre, mais il se donne avec tant de franchise et de fougue qu'on lui cède. J'imagine, en face des Touareg voilés et pleins de ruses, ce visage tout en dehors, la flamme et l'âme de ces regards. Ils ont ouvert devant lui la route de Ghât ; ils l'auraient conduit dans l'Aèr, s'il l'avait voulu. Ils lui ont donné des lettres pour le gouverneur général, pour M. Carnot. Comme il n'était pas riche, ils ne lui ont pris que quelques poignées de farine, et lui ont souhaité bon retour dans sa patrie lointaine, en l'invitant à revenir quant il lui plairait.

Disons vite que ces Touareg n'étaient rien moins que les chefs mêmes des Aouraghen, la tribu la plus noble des Azjer : Mouley en personne, qualifié d'*amenokal* par tous les Azjer, et qui d'ailleurs est le fils d'une tante du célèbre Ikhenoukhen, protecteur de Duveyrier ; Iguedasen, neveu, ou plus exactement, ce qui vaut mieux chez les Touareg, fils de la sœur de Mouley, et son futur successeur; un chef de fraction nommé Cheikh, un autre nommé Hanna, un petit-fils et un beau-frère d'Ikhenoukhen, etc., tous accompagnés de clients nombreux et d'esclaves.

L'homme du Nord et les maîtres du Sahara oriental se sont rencontrés dans les Ighargharen, un lacis de vallées sablonneuses qui se terminent au lac Menghough, point extrême de la première mission Flatters. C'est un pays humide, comparé au reste du désert. Il est strié par des dunes jaunes, qui paraissent roses dans le lointain, et dont les sillons sont pleins d'une végétation sauvage. On y traverse des prairies; on y rencontre des arbres gros comme nos chênes. Le lac Menghough est une cuvette qui brille comme un plat d'étain entouré de hauts festons de cuivre. Des sources invisibles l'alimentent dans son milieu, qui n'a pas moins de huit mètres de profondeur, et des poissons d'une belle taille, exquis, paraît-il, viennent s'y faire prendre au milieu des roseaux. Au-dessus, passent des vols de flamants dont les ailes jettent des feux rouges.

Ces Touareg Azjer ne mangent ni poisson, ni œufs, ni chair d'oiseau. Ils se contentent le plus souvent de mauvaises dattes du Soudan et de grains écrasés. Ils tuent, les jours de fête, quelques-uns de leurs moutons couverts de longs poils comme des chèvres; mais c'est surtout du lait de leurs brebis et de leurs chamelles qu'ils vivent. Ils n'ont point de bœufs. Ils vont d'un bas-fond dans un autre, et s'installent comme ils peuvent au milieu de la broussaille, les nobles sous des tentes faites de peaux de bœuf, les autres en plein air, dans des cercles entourés de nattes qui leur font des palissades.

Comme chez les Hoggar, les nobles sont presque tous de haute taille, armés de poignards passés au bras gauche, de lances de fer ou de javelots de bois qui ressemblent aux « pila » des légionnaires de Rome. Sur leurs têtes se dressent des bonnets rouges surmontés de touffes de soie bleue. Ils sont voilés et casqués d'une pièce d'étoffe noire. Leurs blouses et leurs pantalons sont composés de petites bandes bleues qui leur viennent du Soudan. Les autres sont petits et vêtus à la diable; leurs voiles sont blancs; ils sont plus ou moins bien armés. Les serfs véritables n'ont pas le droit de porter la lance. On retrouve là, une fois de plus, Sparte et Lacédémone.

Comment M. Méry est-il arrivé chez eux? En passant par la vallée de l'Ouâd Igharghar, la seule route facile entre les masses de dunes des Areg, et une des mieux connues du désert. Vous la trouverez parfaitement reconnue et dessinée sur une des cartes des « Documents relatifs à la mission dirigée au Sud de l'Algérie par le lieutenant-colonel Flatters » (Imprimerie Nationale, 1884). Il est vrai que cette vallée a 100 kilomètres de largeur, et qu'il est toujours intéressant d'y tracer une piste nouvelle. C'est ce qu'a fait M. Méry. Parti d'El-Ouâd dans le Souf, il a passé par le puits de Hassi-bel-Hiran, et suivi, en longeant l'Erg oriental, le lit le plus récent de l'Igharghar, qu'il a trouvé parsemé seulement de gravier, et tout à fait libre d'obstacles. Il a séjourné à El-Biodh, puis a tourné vers le Sud-Est pour entrer par Themassinin, dans la région des Ighargaren. Il est enfin revenu vers le Nord par la ligne de retour de la mission Flatters, El-Biodh et Hassi-Taïba; mais là n'est pas tout l'intérêt de son voyage, et il s'en faut même de beaucoup. M. Méry a failli échouer pour des raisons qui méritent d'être étudiées; il a réussi, dit-il lui-

même, par une sorte de coup de fortune. Il y a sur ce point des obscurités et des contradictions assez vives.

L'explorateur est parti d'El-Ouâd avec une escorte d'une vingtaine de Chaanba. Or, il est très difficile de trouver des Chaanba qui n'aient pas eu de démêlés avec les Touareg. Ceux-là ou du moins plusieurs d'entre eux, étaient allés, il y a neuf ans, faire une razzia chez les Azjer. Ils avaient surpris un de leurs campements, précisément celui d'Iguedasen, neveu de Mouley avaient rossé les hommes, arraché la barbe à des vieillards, suprême injure, emporté tout ce qu'ils avaient pu en fait d'armes, de couvertures et d'ustensiles, poussé devant eux quatre-vingt-dix chameaux et quelques noirs esclaves. Une fois revenus à El-Ouâd, ils avaient fait cadeau à leurs amis des plus belles armes, et même d'un nègre, qui est maintenant cuisinier à Tougourt ils avaient gardé les chameaux et les avaient mêlés aux leurs avec tranquillité.

Avec de pareils guides, M. Méry risquait fort de voir la mission qu'il s'était donnée prendre une tournure imprévue. Il en fallu bien moins pour que Mlle Tinnée fut assassinée à trois journées de marche de Mourzouk. La grossièreté d'un de ses domestiques hollandais, immédiatement punie de mort par le neveu d'Ikhenoukhen, chef des Touareg qui l'accompagnaient, avait donné lieu à un tumulte dans lequel elle avait été frappée d'un coup de sabre par une main inconnue. De même, il suffisait qu'un seul des Chaanba de M. Méry commît une imprudence, ou plutôt que les Touareg, qui n'oublient rien, voulussent profiter de la vengeance offerte pour qu'une querelle sanglante éclatât et nous rejetât en arrière du côté des Azjer, comme la mort de Flatters l'a fait du côté des Hoggar.

Heureusement, un peu avant d'arriver au puits de Hassi-bel-Hiran, M. Méry rencontra la petite troupe des Touareg Hoggar, dont je vous ai déjà parlé, et qui retournait dans son pays, très satisfaite de son voyage en Algérie. Elle s'était accrue d'un Targui des Azjer, un certain Koumia, qui venait, je ne sais pour quelle raison, de passer trois ans en prison à Tunis. Notre ami, Abd n Nebi se mit à la disposition de M. Méry pour faciliter ses relations avec les Azjer, et ils allèrent ensemble jusqu'au puits d'El-Biodh, à peu de distance de Temassinin. Chemin faisant, Koumia reconnut, aux marques tracées sur leurs épaules droites, quelques-uns des chameaux volés par les Chaanba et avertit sérieusement ces derniers du danger qu'ils allaient courir s'ils poussaient plus loin. Une nuit, par suite d'un accident bien explicable, ces chameaux s'échappèrent. Une partie des Chaanba demanda à M. Méry la permission de suivre leurs traces; ils l'obtinrent aisément et ne revinrent pas. Ainsi allégé, et surtout présenté d'avance sous un jour favorable par les lettres d'Abd n Nebi, qui nous payait ainsi sa dette de reconnaissance, l'explorateur alla aisément de Temassinin dans les Ighargharen, et fut bien reçu au bord du lac Menghough. Toutefois, Iguedasen lui dit positivement qu'un des Chaanba resté dans son escorte avait de la chance d'être son serviteur; autrement, il lui aurait fait payer cher son brigandage. Il ajouta même, en particulier, que si M. Méry ou tout autre voyageur français désirait venir une autre fois leur rendre visite, les Azjer le recevraient avec plaisir, comme ils l'avaient dit, mais à cette condition formelle que les quatre-vingt-dix chameaux et le nègre cuisinier à Tougourt leur fussent rendus. Il faut en prendre bonne note pour l'avenir.

Tel est le récit de M. Méry. On y objecte bien des choses, et premièrement que M. Méry n'avait pas le moins du monde pour mission d'aller chez les Azjer. Il lui avait été positivement ordonné de faire certaines études dans l'Ouàd Igharghar, et d'attendre des instructions à Temassinin. Il est allé de l'avant sous sa propre responsabilité, et ce manque de discipline est d'autant plus regrettable qu'il n'y a plus de fautes à commettre dans le Sahara. Son escorte de Chaanba, quelqu'odieux qu'ils pussent être aux Touareg, convenait parfaitement à son voyage jusqu'à cette petite oasis de Temassinin qui est comme le *terminus* de notre domination réelle. Il est probable qu'au delà le gouvernement eût pris d'autres dispositions pour assurer sa sécurité. Des exemples antérieurs, ne serait-ce que ceux de Barth et ds Duveyrier, nous ont indiqué depuis longtemps la ligne de conduite qu'il faut suivre en pareil cas. La règle est que le voyageur attende sur la limite de chaque confédération targuie que des personnages de marque de cette confédération viennent l'y chercher et l'accompagnent à travers leur territoire. M. Méry n'en a pas tenu compte, et, de ce point de vue, son heureux voyage est une magnifique imprudence.

On ajoute que la cause de la retraite d'une partie de son escorte n'est pas uniquement la découverte faite par le Targui Koumia, mais bien une suite de rigueurs, de caprices et d'accès de colère, qui dénote peu d'expérience ou de patience chez un explorateur. Enfin, on va jusqu'à lui reprocher de n'être ni un savant, ni un diplomate. C'est peut-être aller loin. Il n'y a plus grand'chose à découvrir dans l'Ouàd Igharghar ni dans les Ighargharen depuis la reconnaissance de la première mission Flatters, et le simple courage, outre qu'il est plus rare qu'on ne pense, est la première qualité nécessaire pour y obtenir des résultats utiles. Quant à la diplomatie dont il faut user avec les Touareg, un défenseur de M. Méry pourrait répondre que des personnes beaucoup plus qualifiées que lui s'y sont appliquées dans ces dernières années, et qu'il suffit de regarder leur œuvre.

Quoi qu'il en soit, il est démontré, une fois de plus, par cette excursion hardie, que les Azjer n'ont pas oublié le traité de 1862 conclu avec eux à Ghadamès par le lieutenant-colonel Mircher et le capitaine de Polignac. Je dis « une fois de Plus » parce que, quoi qu'on en ait dit, le bon accueil qu'ils ont fait à la mission Flatters, en avril 1879, en était une preuve déjà suffisante ; mais ce fait important ne saurait être trop affirmé. Il n'en faut cependant pas conclure à une alliance solennelle que M. Méry ne pouvait, en aucune façon, même proposer, ni à la plus légère esquisse d'un protectorat auquel nous n'avons pas à prétendre tant que nous garderons notre attitude expectante du côté du Touât et d'In-Salah. On peut encore méditer, à ce propos, sur les conditions précises qu'il nous faudra observer dans la suite pour entrer en relation effective avec ces Azjer. La petite réclamation d'Iguedasen est très nette, et il serait malaisé de l'écarter. Quatre-vingt-dix chameaux peuvent valoir entre vingt et vingt-sept mille francs. Il en faudra, sans doute, passer par là, et contenir exactement nos Chaanba dans leur limites à l'venir.

Enfin l'initiative, ou, si l'on veut. la témérité de M. Méry, nous a révélé un homme d'action qui rendra certainement d'utiles services dans les régions désertiques, à condition d'être dirigé et soumis à certaines règles. Nous redirons une fois de plus à cette occasion que, dès qu'un voyageur sort de nos limites méridionales, c'est la France qui entre avec lui dans le Sahara central, et elle ne s'y est que trop aventurée. Nous répéterons encore qu'il vaut infiniment mieux, pour le présent, attirer les Touareg chez nous que chercher à pénétrer chez eux. C'est là notre conviction absolue en ce qui regarde les Hoggar, un peu moins ferme touchant les Azjer ; mais il y a de ces coups de tête qui nous ravissent en nous faisant trembler, parce qu'ils témoignent toujours et quand même de la vaillance de netre race. Le voyage de M. Méry est de ceux-là. (*Journal des Débats*).   E. MASQUERAY.

PROPAGANDE & RENSEIGNEMENTS DIVERS

Le Congrès de l'Alliance française. — L'*Alliance française*, association nationale pour la propagation de la langue française à l'étranger et aux colonies, a tenu les 22 et 23 mai dans la grande salle de la Société de Géographie et à la Sorbonne son premier congrès.

La séance publique a été remplie par une éloquente conférence de M. le commandant Monteil et par la distribution des médailles et diplômes décernés par la Société, les séances privées ont été remplies par la discussion des trois propositions suivantes:

1° Le Congrès émet le vœu qu'il soit créé un *Sou de l'Alliance française*, payé mensuellement.

« 2° Cette cotisation servira à subventionner des écoles françaises à l'étranger, aux colonies et dans les pays de protectorat.

« L'assemblée laisse aux soins du conseil d'administration la recherche et l'application des voies et moyens les plus efficaces pour atteindre ce but.

« 3° Le Congrès émet le vœu qu'un supplément populaire illustré intitulé l'*Alliance française*, soit adjoint au Bulletin de la Société, dès que les fonds recueillis par le nouveau mode de souscription seront suffisants pour répondre aux frais de cette publication. »

Ces trois propositions ont été adoptées à l'unanimité. L'assemblée a émis ensuite le vœu que « les pouvoirs publics se préoccupent d'une réorganisation méthodique des services de l'instruction publique dans les colonies françaises. »

Le Gérant : H. PERCHER.

11759. — Imprimerie de la Bourse de Commerce (F. Bivort).

Troisième Année.   N° 7. — Juillet 1893

BULLETIN DU COMITÉ
DE
l'Afrique Française

PUBLIÉ MENSUELLEMENT

Sous la direction de **M. Harry Alis**,
avec la collaboration de **MM. Henry Frisch de Fels**,
Raymond Kœchlin, etc.

Adresser toutes les communications
à M. le Secrétaire général
du **Comité de l'Afrique Française**
15, rue de La Ville-l'Évêque, Paris.

Prix du Numéro : 2 FRANCS

Tout Souscripteur du Comité reçoit
de droit ce Bulletin.

SOMMAIRE

Avis

Nous serions reconnaissants à ceux de nos Souscripteurs qui ont signé des engagements annuels de vouloir bien envoyer, dès maintenant, à notre Trésorier, **M. Armand Templier**, **79, boulevard Saint-Germain**, *le montant de leur souscription pour 1893.*

EXTRAIT

DES

Délibérations du Comité pendant le mois de Juin 1893

Séance du 15 juin

Le commandant Monteil présente au Comité un Arabe du Bornou qui l'a accompagné dans une partie de son voyage ; le Président lui souhaite la bienvenue ; l'Arabe remercie du bon accueil qu'on lui fait : il n'oubliera jamais, dit-il, les bons moments qu'il a passés avec Monteil. Puis, interrogé par les membres du Comité, il fait un récit qui peut se résumer de la façon suivante :

Autour du Bornou les populations sont païennes ; au Bornou tout le monde est musulman et le grand chef est le Sultan de Kouka.

Le Bornou et le Sokoto sont complètement indépendants ; il n'y a aucune espèce de suzeraineté de la part du Sokoto.

Dans le Bornou il n'y a pas de Snoussien ; ils sont en très grand nombre au contraire au Ouadaï.

A Kouka il y a une petite colonie marocaine à la tête de laquelle se trouve Mouley Ismaïl qui se dit chérif et qui est très remuant. Dans le Ouadaï les musulmans sont très fanatiques, mais il y a cependant une certaine sécurité commerciale. Aucun individu musulman ou autre, en Ouadaï, ne peut sortir de sa maison après le coucher du soleil. — Ils boivent beaucoup de boissons alcooliques.

Les principales relations commerciales ont lieu entre Benghazi et le Ouadaï—il y en a très peu entre Tripoli et le Ouadaï : 500 *chameaux* seulement quittent Tripoli tous les ans *pour le Soudan* — autrefois il y avait par an environ 1000 chameaux — le mouvement commercial a beaucoup diminué. Les caravanes comprennent 30, 40 et 50 chameaux ; il en a fait partir une de 112 chameaux — c'était une exception.

D'après l'Arabe, deux Européens (il dit *Anglais*) ont été tués à El Kouti.

Le Ouadaï est beaucoup plus peuplé que le Baguirmi. Les Baguirmiens sont moins nombreux que ceux du Bornou, mais ils ont la réputation d'être très braves.

La population insulaire du Tchad, les Boudouma, possèdent des embarcations, ils sont païens, ils ne permettent pas aux musulmans de venir naviguer sur le lac.

Le Chari est réputé comme étant suffisamment profond et navigable.

Le Baguirmi est très riche ; c'est, dit-il, le pays de l'ivoire.

LISTE DES SOUSCRIPTEURS

(Suite)

	Report.....	278.211 60
MM.		
Vasnier, à Reims.....................A	100 »
La Section des Hautes-Vosges du Club alpin français, à Belfort........A	25 »
Kœchlin, à Belfort.....................A	50 »
Goujon, à Embrun.....................A	3 »
Reynier, à Grenoble.....................A	20 »
Reymond, à Veyrins.....................A	20 »
Michel, à Dunkerque.....................A	25 »
Godefroy, à Epinal.....................A	5 »
F. Taisne, à Cambrai.....................A	25 »
Dreyfus.....................A	20 »
Gibert.....................A	50 »
Péchiney, à Salindres.....................A	30 »
Tiétard, à Tours.....................A	20 »
Comte J. de Carné.....................A	40 »
Rouvière, à Mazamet.....................A	20 »
Delannoy, à Toulouse.....................A	12 »
Guerre, à Montpellier.....................A	20 »
Delvincourt, à Montpellier.....................A	10 »
Roux, à Volonne.....................A	25 »
Deschanvres, à Denain.....................A	5 »
Marquis de Dion, à Carquefou.....................A	15 »
Capitaine Delcroix, à Saint-Cyr.....................A	5 »
E. Ponche, à Amiens.....................A	20 »
Duvergier de Hauranne, à Herry.....................A	10 »
Société de Géographie de St-Nazaire........A	15 »
Gilbert Renaud, à Epinal.....................A	20 »
Charpentier, à Allonnes.....................A	20 »
Collardé, à Nancy.....................A	6 »
Stichter père, à Châteauroux.....................A	10 »
Vigoureux, à Rueil.....................A	5 »
Patot, à Annonay.....................A	2 »
Noyer, à Dieulefit.....................A	5 »
Neuville, à Béthune.....................A	5 »
B. Berstene, de Saint-Pétersbourg (complètement).....................A	100 »
Tenaille d'Estais, à Lorient.....................A	20 »
Cazalis, à Montpellier.....................A	5 »
Kœchlin, à Lyon.....................A	50 »
De Marsay.....................A	100 »
Pasteur.....................A	100 »
Gaudy, à Boulogne-sur-Seine.....................A	5 »
Mondchare, à Londres.....................A	26 25
Yver.....................A	100 »
Lombard, à Pignan.....................A	1 »
André, à Zéghouan.....................A	10 »
Bourde, à Tunis.....................A	24 »
Henry Wallet.....................A	20 »
Rousseau, à La Rebutinière.....................A	30 »
Ollier, à Lille.....................A	2 »
Méresse, banquier à St-Nazaire.....................A	30 »
Mme H. Pailliette, à Charleville.....................A	25 »
Saintpierre, à Oran.....................A	20 »
A. F......................	5.000 »
Neveu.....................A	2 »
Klotz.....................A	20 »
Labbé.....................A	25 »
E. Oberkampf, à Lyon.....................A	20 »
Mme veuve Leduc.....................A	100 »
L. P. Couraud, à Cognac.....................A	5 »
Mathieu, à Nancy.....................A	4 »
Capitaine Vaissière, à Biskra.....................A	12 »
	A reporter.....	284.740 85

	Report.....	284.740 85
J. Siegfried, député.....................A	250 »
Un jeune homme de dix-sept ans, à Lille.....	5 »
Baron d'Estournelles, à Londres..........A	10 »
Alfred Martin, à Nancy.....................A	2 50
A. Crouzat, à Cazals.....................A	1 »
Général Hervé, à Alger.....................A	20 »
G. Kirchgessner, à Port-Saïd..............A	20 »
Rougier, à Port-Saïd.....................A	40 »
Paul Leroy-Beaulieu.....................A	200 »
A. Le Bon.....................A	10 »
Adam.....................	4 »
Comte Foy.....................A	100 »
	Total.....................	285.403 35

LA MORT DU DUC D'UZÈS

Une triste nouvelle nous vient de la côte d'Afrique : le duc d'Uzès est mort de la dysenterie à Cabinda.

Le jeune explorateur avait quitté Marseille, le 25 avril 1892, accompagné de MM. le lieutenant Jullien, le docteur Hess, Pottier et Rogier, et avec une escorte de 50 tirailleurs algériens libérés du service, il comptait traverser l'Afrique dans toute sa largeur, de l'embouchure du Congo jusqu'à la côte orientale. Tout alla bien jusqu'à Brazzaville, où la mission arriva le 12 juillet, à temps pour fêter solennellement la fête nationale; mais là les bruits les plus fâcheux circulaient sur l'état de trouble où était plongée la région des lacs : les Arabes, disait-on, s'étaient soulevés contre les agents de l'Etat indépendant et des Compagnies commerciales ; toute tentative d'y pénétrer ne pouvait qu'être vaine et, de plus, pleine de dangers. Il fallut renoncer à l'itinéraire primitivement tracé, et la mission, cédant aux conseils qu'elle recevait de toutes parts, se décida, au lieu de marcher vers le Haut-Congo, à prendre la route du Haut-Oubangui et du M'Bomou, assurée, d'ailleurs, d'y rendre à la France des services signalés.

Il y eut à ce moment, semble-t-il, quelques tiraillements, et même le docteur Hess et M. Rogier crurent devoir quitter le duc d'Uzès pour s'en aller dans la Sangha, où ils doivent être encore aujourd'hui. La mission n'en remonta pas moins la rivière, se dirigeant vers le poste de Bangui d'abord, où elle arriva vers la mi-novembre, et, sans s'y attarder, elle poussa plus au Nord-Est, vers le poste des Abiras, qu'avait fondé M. Liotard, à l'expédition duquel elle se joignit.

M. Liotard s'apprêtait à marcher contre les populations qui avaient pris part dans ces parages, l'an dernier, à l'assassinat de M. de Poumayrac. Les renforts du duc d'Uzès lui arrivaient à point et les deux missions réunies purent tirer de ces sauvages une vengeance éclatante et qui doit pour longtemps sans doute pacifier le pays. Mais ce n'était là qu'un préliminaire, et le duc d'Uzès ne songeait à rien moins qu'à aller affirmer sur le M'Bomou nos droits impudemment battus en brèche par l'Etat indépendant du Congo ; il lui fallait pour cela un matériel considérable ; qu'à cela ne tienne : tandis que ses hommes demeureraient aux Abiras avec M. Liotard, il retournerait à Brazzaville et en ramènerait le convoi nécessaire.

C'est vers le 25 mars qu'il se mit en route ; l'on fondait sur la seconde partie de sa mission les plus grandes espérances, et le bruit courait que le commandant Monteil, qui va repartir ces jours-ci pour l'Oubangui, prendrait le commandement de toute l'expédition, la plus nombreuse qui ait encore été envoyée dans ces régions.

Or, dans les derniers jours de juin, on apprenait que le duc d'Uzès était tombé malade et qu'une attaque de dysenterie le forçait à revenir précipitamment de Brazzaville à la côte ; déjà, peu de semaines avant lui, son second, le lieutenant Jullien, avait été obligé de renoncer à poursuivre sa marche et de revenir en Europe. Et, trois jours après, le sous-secrétaire d'Etat aux colonies recevait un télégramme lui annonçant que le jeune explorateur avait succombé à Cabinda, où il comptait s'embarquer avec la malle portugaise.

C'est avec un vif regret que l'on apprendra cette nouvelle : sans doute, on peut espérer que, grâce à M. Liotard et au commandant Monteil, l'expédition qu'avait frétée le duc ne restera pas en détresse et que l'espoir qu'on avait fondé sur elle ne sera pas vain ; mais il est triste de voir disparaître si subitement, loin de sa patrie et des siens, en accomplissant un grand devoir que lui-même s'était imposé, ce jeune homme de vingt-cinq ans à qui la vie souriait et qui semblait appelé à une autre destinée.

LA NOUVELLE MISSION MONTEIL

Le commandant Monteil va repartir pour une nouvelle expédition africaine ; il s'occupe en ce moment des derniers préparatifs de son voyage.

Il a déjà choisi ses seconds, qui sont le capitaine Decazes, le lieutenant Vermot, le lieutenant Jullien, jadis attaché à la mission du duc d'Uzès, le docteur Viancin et MM. Paul Comte et François.

Déjà plusieurs de ses futurs compagnons ont quitté la France : le 10 juin, s'embarquaient, à Marseille, MM. Decaze, Vermot et Viancin, avec cinq sous-officiers choisis dans l'infanterie de marine, chargés d'aller recruter au Sénégal le personnel nécessaire à la mission.

On sait que c'est vers le M'Bomou que doit repartir le commandant Monteil ; il y retrouvera M. Liotard et sans doute le personnel de la mission du duc d'Uzès qui, à en croire une note officieuse, devait être pris à la solde de la nouvelle expédition ; le matériel sera également acheté et les missions se fondraient sous la direction du commandant Monteil, de façon que l'unité d'action fût assurée.

Le commandant Monteil se mettrait en route en juillet.

LE RAPPORT DE M. CHARLES ROUX
sur le budget colonial

M. Charles Roux, député des Bouches-du-Rhône, membre du comité de l'Afrique française, a fait sur le budget des colonies un rapport assez court, mais néanmoins des plus intéressants. Nos colonies ne coûteront pas moins de 75 millions en 1894 : voilà un chiffre qui donne à réfléchir au premier moment ! M. Charles Roux, qui n'aime pas les blocs, s'est donné la peine d'examiner de près les dépenses et les recettes coloniales, et il estime avec raison que les charges de ce budget sont beaucoup moins effrayantes qu'il ne paraît au pied levé. Il faut d'abord les réduire des 10 millions affectés à l'administration pénitentiaire, qui ne peut être considérée comme un agent de colonisation. Restent 65 millions, desquels il faut retrancher les 29 ou 30 millions perçus par la douane française sur les marchandises importées des colonies dans la métropole. Le découvert est donc seulement d'une trentaine de millions ; mais quel est, en retour, le mouvement économique de nos colonies, pour ne parler que des chiffres et laissant de côté les avantages politiques et moraux qu'il est impossible de calculer ? L'Algérie, la Tunisie et Madagascar exceptés, la valeur des importations et des exportations s'est élevée, en 1892, à un total d'environ 430 millions, sur lesquels la part de la métropole a été de 260 millions et la part de transport par pavillon français de 252 millions de francs.

« Ne résulte-t-il pas de ces indications, dit M. Charles Roux, — et il y a lieu de remarquer que nos établissements principaux, ou, pour mieux dire, ceux qui paraissent devoir être les plus productifs, en sont encore à la période d'organisation, — ne résulte-t-il pas de ces indications que nos colonies fournissent au commerce français un aliment important et un appoint d'autant plus précieux que la conséquence fatale de notre nouveau régime économique est de restreindre nos échanges avec les nations étrangères et de nous réduire à une sorte d'isolement ? »

Il est inutile de dire que M. Charles Roux est un chaud partisan de l'expansion coloniale, telle que l'ont pratiquée Binger, Monteil, Maistre, etc., c'est-à-dire sans effusion de sang ; à son avis, ce mode de colonisation est le meilleur et nous eût épargné les crédits supplémentaires qu'on va encore être obligé de demander pour le Dahomey, si nous l'avions appliqué dans ce ce pays. Pour lui, une grande faute a été de signer en 1890 la paix avec Behanzin, et les difficultés que nous avons rencontrées dans ces parages proviennent, en grande partie, d'une connaissance très incomplète de la situation et d'une obstination à fermer l'oreille aux sérieux avertissements qui ont été prodigués en pure perte. Behanzin avait reçu une première leçon ; il fallait occuper Wydah et attendre. « On a eu, dit le rapporteur, l'immense tort d'octroyer à Behanzin une rente de 20,000 fr. On ne donne jamais d'argent dans de pareilles circonstances. En Afrique, l'argent a le caractère d'un tribut, sanctionne une sorte d'infériorité de la part de celui qui l'offre. »

Mais, laissant ces critiques, on trouve, dans une autre partie du rapport, des chiffres inédits sur la valeur commerciale de notre nouvelle conquête. D'après les livres de plage de nos commerçants, pendant la période de 1885 à 1889, la moyenne annuelle des importations à Wydah, Godomey, Avrékété, et Abomey-Calavi, a été de 7,490,000 fr. ; celle des exportations à 8,122,000 fr., soit un total de 15,612,000 fr. ; si nous y ajoutons le mouvement des possessions françaises du Grand-Popo et de Porto-Novo, lequel a été de 13,468,289 fr. en 1891, il en ressort que le mouvement commercial du golfe de Bénin est d'une trentaine de millions ; le commerce français y participe pour les deux tiers.

M. Charles-Roux estime à 2 millions les recettes du Bénin et du Dahomey, somme plus que suffisante pour parer aux besoins d'une sage administration, le jour où l'occupation militaire sera devenue inutile.

En ce qui concerne le Soudan, M. Charles-Roux est d'avis qu'il y aurait peut-être lieu de mettre un terme à notre action militaire : la défaite de Samory lui paraît être le couronnement de la période de conquête. Mais cette opinion ne doit pas être considérée comme un blâme, et voici d'ailleurs ce qu'ajoute le rapport :

Nous ne saurions, du reste, en vouloir à nos officiers de consolider notre puissance et de nous donner le moyen d'assurer, dans l'avenir, notre domination sur la boucle du Niger, sur la zone mystérieuse qui entoure Tombouctou et que nous ne pouvions nourrir l'espoir de voir entrer si tôt dans notre sphère d'influence.

Voici le paragraphe relatif au Congo français :

Une augmentation est demandée en faveur du service local du Congo français ; elle est motivée par la situation précaire des finances locales qui, sans ce supplément de ressources, seraient dans l'impossibilité absolue de faire face aux besoins. Cette situation est due, d'ailleurs, pour la plus grande partie, aux dépenses relativement considérables occasionnées à la colonie par les diverses mesures prises, notamment dans la Sangha et l'Oubanghi, en vue de contrebalancer l'influence de nos rivaux et d'assurer notre extension politique au nord de la colonie. Il est, par suite, équitable que la Métropole prenne sa part de ces dépenses d'ordre politique que la colonie ne serait pas en mesure de supporter intégralement, et on demande d'augmenter la subvention allouée au Congo français d'une somme de 400,000 fr.

COLONIES FRANÇAISES
ET PAYS DE PROTECTORAT

SOUDAN FRANÇAIS

La campagne. — Le colonel Archinard, considérant la campagne de 1893 comme terminée dans le Nord-Est, contre Ahmadou, vers la région du Macina, s'est embarqué à Kayes; mais, avant de quitter la colonie, il a eu encore à enregistrer un brillant succès, — succès payé malheureusement par la mort d'un excellent officier, le capitaine Blachère. Voici la dépêche où le colonel Archinard annonce au sous-secrétaire d'Etat aux colonies, à la fois le fait d'armes et la mort de son subordonné :

Kayes, le 22 juin 1893.

Pour assurer sa fuite dans l'Est, Amhadou cherchait à recruter des partisans dans le Dawentza. Le capitaine Blachère résident à Bandiagara, partit pour le déloger, le poursuivit toute la nuit, l'atteignit à Adalla et lui tua 103 partisans.

Arrêté quelque temps, à l'entrée du défilé du Hombasi, par les derniers partisans d'Ahmadou, qui se firent tous tuer, il continua sa course pendant 30 kilomètres avec quelques tirailleurs à cheval. Mais ses chevaux épuisés l'obligèrent à s'arrêter au moment où il venait de s'emparer de la famille d'Ahmadou. Nous n'avons eu aucun tué.

Au retour de cette course victorieuse, le capitaine Blachère, qui me télégraphiait que l'état sanitaire était excellent, fut pris par une attaque de dysenterie, à laquelle il succomba le 31 mai. Il faut compter ce brave comme tué à l'ennemi.

Quant au lieutenant-colonel Combes, qui vient d'être promu colonel, il continue, à Kankan, à recevoir journellement la soumission de Sofas de Samory, avec leurs troupes et leurs armes. Un de ces chefs avait plus de 3.000 hommes. Le fils de Samory, Karamoko, ayant, avec quelques bandes, essayé de prendre pied dans le Bouzie, au sud du Kissi, en a été expulsé par la population appuyée de tirailleurs indigènes qui lui ont infligé de grandes pertes, tandis que le capitaine Durand s'assurait qu'à l'Est les deux rivières du Diou étaient débarrassées de Sofas.

GUINÉE FRANÇAISE

La mission Paroisse. — M. Paroisse, chargé par la Société de géographie d'une exploration dans les rivières du Sud, vient de rentrer en France; nous extrayons les passages suivants d'une lettre qu'il a écrite de Konakry en arrivant à la côte, le 20 mai :

J'ai rempli mon programme jusqu'au bout, en explorant complètement le cours du Koukouré et de ses affluents de droite et de gauche.

Au point de vue géographique, cela permettra de remplir une grande tache blanche de la carte; au point de vue commercial, j'ai pu étudier les principales lignes de communication qui relient Konakry au Fouta-Djallon. D'autre part, j'ai pu étudier sur place l'important mouvement commercial qui fait la fortune des marchés de Demo-koulnia-Kabalé et quelques autres situés à la limite des pays sou-sous et foulahs.

Là s'arrêtent les caravanes foulahs qui n'osent pas pénétrer en pays sou-sou ; elles y trafiquent avec les traitants sou-sous qui servent ainsi d'intermédiaires entre les producteurs et les commerçants européens. On conçoit facilement qu'il y aurait pour tout le monde un grand avantage à se passer de ces intermédiaires, ce à quoi on arrivera facilement, je pense, si l'on veut résolument le tenter; mais il fallait d'abord connaître l'existence et l'importance de ces marchés de l'intérieur, sur lesquels j'aurai d'intéressants détails à donner.

Le Koukouré n'est décidément pas utilisable. Peut-être, à la fin de l'hivernage, des chaloupes à vapeur de faible tirant d'eau pourraient-elles pendant un mois ou deux le remonter jusqu'au centre du Labaga. Mais au point de vue commercial, on n'en retirerait pas d'avantages bien sérieux. Ce qu'il faut, c'est une route vers le Fouta, route praticable pendant toute l'année ou au moins pendant toute la saison sèche et dont le tracé soit tel que l'on puisse éviter les grands obstacles naturels qui rendent actuellement les communications si difficiles.

Je suis, en somme, satisfait de ce voyage : je rapporte près de 1.000 kilomètres d'itinéraire dont les trois quarts en pays inconnu et le reste dans des régions sur lesquelles on ne possède aucune donnée cartographique sérieuse. J'ai, de plus, des collections d'histoire naturelle dont un herbier respectable, des échantillons de produits, une série d'observations météorologiques, etc.

Malgré la chaleur, les fatigues, les privations même, ma santé s'est maintenue excellente; je n'ai pas eu le moindre accès de fièvre.

COTE D'IVOIRE

La mission Marchand et Manet. — Les premiers pas de la mission Marchand et Manet ont été assez difficiles. Elle se proposait, on le sait, de remonter le Lahou et de redescendre à la côte par le Cavally, après avoir exploré les voies navigables qui conduisent vers les hauts plateaux forestiers des Etats de Samory et vers la boucle du Niger.

Il y a quelque temps, le capitaine Marchand, déjà en route, faisait prévenir M. Raoul de Beckmann, gouverneur de Grand-Bassam, que les émissaires du village de Tiassalé, situé sur la partie inférieure du Lahou, étaient venus lui annoncer les volontés de leur chef; le roi Tiassalé s'opposait au passage de la mission. On se souvient que Tiassalé était lié avec nous par un traité signé avec M. Bricart, administrateur de Bassam. Ce traité étendait notre influence vers le nord-ouest, où la plupart des chefs indigènes avaient déjà reconnu notre autorité jusqu'au Cavally, rivière frontière qui nous sépare de l'Etat de Liberia. En même temps, ce traité était destiné à nous donner une compensation pour le meurtre accompli en 1891 sur les personnes de Voituret et Papillon. L'acte de Tiassalé constituait donc une violation de nos droits et le capitaine Marchand résolut de passer outre. Tiassalé, pour bien marquer la rupture des négociations avec les Européens, rendit à M. Bricart, qui assistait le capitaine Marchand, le traité conclu avec la France. Il ajouta qu'aucun blanc ne passerait à Tiassalé.

Après avoir ouvert les premières négociations auprès des chefs de Tiassalé, le capitaine Marchand, qui était assisté de M. Bricart, fit demander des secours à M. Raoul de Beckmann. Ce dernier mit à la la disposition des explorateurs environ cent vingt hommes, ce qui devait constituer, avec les trente hommes se trouvant déjà au service de la mission, une force totale de cent cinquante hommes. Ils s'embarquèrent à bord du *Kong*, chaland appartenant à la maison Verdier, pour se rendre à Graphi, point de la lagune le plus rapproché de la rivière de Lahou. Cet embarquement eut lieu le 12 mai, à cinq heures du soir. Le *Diamant* ne se mit en route que le dimanche 14, emmenant M. de Beckmann et son escorte, ainsi que M. le docteur Etournaud, médecin du service local; ils étaient accompagnés de leurs porteurs.

Fort de cette escorte, le capitaine Marchand a réussi à forcer l'entrée du village de Tiassalé; au cours du combat, deux tirailleurs ont été blessés.

Voici le télégramme qu'a reçu à ce sujet le sous-secrétaire d'Etat des colonies du gouverneur de Grand-Bassam :

Grand-Bassam, 7 juin.

En ce moment le pays de Tiassalé est entièrement soumis et pacifié. Le roi Eky et le chef militaire Comonobon sont en fuite avec leurs derniers partisans. Le second roi, Fatouaka, a fait sa soumission. Je le reconnais pour chef et le laisse à Tiassalé, en installant auprès de lui l'administrateur Cobégnier, le capitaine Manet et quarante tirailleurs.

L'indemnité de guerre couvrira les frais de l'expédition. Fatouaka assurera pendant cinq mois la nourriture du poste, sauf pour le riz.

Tiassalé, sur le Lahou, à 106 kilomètres de la côte, a une importance extrême pour la pénétration du commerce. Les chefs indigènes, terrorisés par le roi Eky, qui fermait toutes les routes de l'intérieur, empêchait le commerce et maltraitait les étrangers, viennent à nous ainsi que leurs populations, avec des démonstrations très chaleureuses de sympathie. Les maisons de commerce de la côte préparent l'installation de factoreries sur le fleuve.

COTE DE BÉNIN

Dahomey. — Un engagement a eu lieu dans le voisinage des marais de Co entre les débris de l'armée de Behanzin et un détachement du bataillon d'Afrique commandé par le capitaine Mangin. Malheureusement cet officier est mort à Wydah, où il avait été évacué, des suites des blessures qu'il avait reçues dans cette affaire, et ce fait, très regrettable, a causé en France une certaine émotion ; on y a vu une reprise des hostilités quand il n'y a là, il semble bien, qu'un simple incident de guerre coloniale.

En réalité, la situation au Dahomey n'a guère changé depuis plusieurs mois ; Behanzin est quelque part dans le Nord de son ancienne capitale, entouré de quelques milliers de partisans qui ne demandent qu'à reprendre la campagne. Son armée souffre beaucoup; elle a été dernièrement décimée par une épidémie de petite vérole des plus graves. Mais ses guerriers sont soumis à une discipline de fer qui en maintient la cohésion. Tous les cinq jours, le grand féticheur apporte devant l'armée rassemblée une statue voilée et prononce cette phrase: « Si quelqu'un de vous a mal pensé du roi, le fétiche se découvrira! » Puis, chacun défile devant la statue qui se découvre toujours devant un malheureux quelconque, innocent ou coupable, dont on fait tomber la tête sur-le-champ. Aussi sous ces conditions, les reconnaissances de nos troupes sont-elles indispensables.

Or, de notre côté, nous sommes immobilisés par les grandes pluies, et il est impossible de songer à faire colonne dans la saison actuelle. On a dit et répété, sur tous les tons, il y a quelques mois, que nous étions obligés d'attendre la crue de l'Ouémé pour marcher sur Behanzin et que le mois d'août paraissait l'époque la plus favorable pour cette opération. L'ex-roi du Dahomey n'ignore donc pas que nous sommes réduits à l'inaction ; il nous observe, et, s'il se décide à traiter sérieusement, il ne le fera que quand il se verra de nouveau menacé par nos armes.

Telle est la situation au point de vue militaire ; il est possible et même probable qu'on nous signalera d'ici au mois d'août quelques escarmouches entre nos reconnaissances et les Dahoméens : toutefois, elles ne seront pas de grande importance.

Mais, d'autre part, il ne paraît pas que l'organisation du Dahomey progresse dans le sens de la solution que nous recherchons ; on sait que, même avant l'entrée à Abomey, l'on tendait à l'établissement d'un double régime : 1° occupation et administration directe du littoral ; 2° dislocation du Dahomey et création de trois royaumes indépendants l'un de l'autre et placés sous le protectorat de la France. Théoriquement, le système était acceptable : au siècle dernier, la région que nous appelons le Dahomey était constituée en plusieurs groupes ; mais les ancêtres de Behanzin, débordant vers le Sud, se sont rendus maîtres du pays tout entier. Ils y ont constitué l'Etat militaire, très centralisé, avec lequel nous avons soutenu l'an dernier la lutte sanglante que l'on sait. Les divergences entre les anciens royaumes ont donc disparu sous l'action énergique des rois dahoméens, et ainsi la division projetée devenait arbitraire. Mais ce n'est pas tout : elle se heurte maintenant à une difficulté très grande. Nous offrons des trônes, et il n'est personne parmi les princes de la famille royale qui les accepte.

Nous avons cru à tort que nous trouverions au Dahomey des rois à discrétion, comme au Soudan français ; — nous comptions sans notre hôte, et nous avions oublié que le Dahomey était un Etat régulier et très compact, tandis qu'au Soudan les dynasties se succèdent les unes aux autres, selon la fortune des grands agitateurs, et que là les grands empires s'écroulent aussi vite qu'ils se fondent.

Le commerce du Bénin. — Voici quel a été le premier trimestre de 1893 le mouvement commercial de la colonie du Bénin :

IMPORTATIONS

Porto-Novo....	1.072.640 06 dont de France		»
Cotonou	329.637 »	—	329.637 »
Whydah	211.664 38	—	92.420 98
Gd-Popo, Agoué	270.050 08	—	116.044 05
Godomey......	20.065 20	—	28.065 20
Totaux.....	1.912.056 72	—	566.164 23

EXPORTATIONS

Porto-Novo....	1.267.266 93 dont pr France		»
Cotonou	255.330 25	—	37.954 »
Whydah......	443.486 50	—	37.954 »
Gd-Popo, Agoué	508.569 »	—	272.575 25
Godomey......	650 »	—	»
Totaux.....	2.475.302 68	—	409.029 25

ENSEMBLE DU 1er TRIMESTRE

Importations ..	1.912.056 72 dont de France	566.164 23
Exportations ..	2.475.302 68 dont pr France	409.029 25
Totaux.....	4.387.356 40 —	975.193 48

CONGO FRANÇAIS

Une voie de communication entre Loango et Brazzaville. — Nous avons annoncé précédemment l'approbation, par décret du 26 avril dernier, d'une convention conclue entre le gouvernement du Congo français et M. A. Le Châtelier pour l'étude et la création d'une voie de communication entre Loango et Brazzaville.

Le comité de patronage qui a présidé à la formation de cette Société a tenu sa première réunion. La Société se constitue au capital de 600,000 francs, à la souscription duquel prennent part les principales Sociétés de crédit ou maisons de banques, avec le concours de nos grandes Compagnies de chemins de fer, de navigation, d'industrie métallurgique, qui interviennent soit directement, soit dans la personne de leurs présidents, administrateurs, directeurs, etc.

En effet, parmi les noms des personnes composant le comité provisoire qui s'est chargé de recueillir les souscriptions, nous relevons ceux de MM. Bergasse, administrateur de la Compagnie des messageries maritimes et de la Société générale de transports maritimes à vapeur, vice-président de la Société marseillaise de crédit; Bohn, directeur de la Compagnie française de l'Afrique occidentale; Cambefort, administrateur de la Compagnie des chemins de fer de Paris-Lyon-Méditerranée et de la Compagnie des messageries; Cyprien Fabre, armateur; Graffin, directeur des mines de la Grand'Combe; de Montgolfier, de la Compagnie des forges et aciéries de la marine et des chemins de fer; Noblemaire, directeur de la Compagnie des chemins de fer de Paris-Lyon-Méditerranée; Paquet, armateur; Henry Pereire.

MAROC

On écrit de Tanger au *Journal des Débats* :

Voici déjà près d'un an que le grand chérif de Ouàzzan, Sidi El Hadj Abdesselam, est mort et que son fils aîné Moulai El Arbi lui a succédé, héritant de son chapelet et de son cachet, et prenant en mains la direction de la puissante secte religieuse fondée il y a deux cents ans par Moulai Taïeb. Il n'a pas fallu moins de plusieurs mois pour que les affaires d'une aussi importante succession religieuse compliquée des multiples intérêts des nombreux héritiers soient enfin réglées. On sait, en effet, que le grand chérif avait laissé deux fils, l'aîné Moulai El Arbi et Moulai Mohammed, issus d'une même femme, puis un autre fils d'une concubine, Moulai Tsami, ce dernier à l'heure actuelle en France, où il est soigné dans un asile d'aliénés, et qu'enfin, il y a une vingtaine d'années, il s'était uni à une institutrice anglaise qui lui donna deux fils élevés à un moment au lycée d'Alger. Le partage des immenses propriétés du défunt, la sauvegarde des biens de mainmorte de la zaouiya ou couvent de l'Ordre religieux, furent donc des opérations aussi longues que délicates, dans lesquelles notre administration française ne pouvait un seul instant songer à entrer, bien que les enfants du chérif soient protégés français. On n'avait pas été, il est vrai, sans appréhensions sur la façon dont se passeraient toutes ces opérations, et sur la manière dont agirait le maghzen marocain à ce moment un peu critique; surtout quand on se rappelait à quelles difficultés donna lieu en 1884 la protection accordée par notre légation au vieux chérif El Hadj Abdesselam. Mais il a suffi que notre diplomatie s'inspirât par une étude approfondie, aussi bien de la Constitution théocratique du Maroc que des intérêts religieux et politiques de nos tribus algériennes, où les chorfa de Ouàzzan comptent tant de fidèles et de serviteurs, pour éloigner de l'esprit du Sultan toutes ces craintes chimériques que nos adversaires étrangers, en conseillers jaloux et trop zélés, s'étaient efforcés d'y faire naître. C'est donc l'honneur de notre ministre actuel à Tanger, le comte d'Aubigny, d'avoir consolidé le lien qui nous unit à la confrérie de Ouàzzan, en s'attachant à développer l'œuvre poursuivie avec tant de persévérance par M. Cambon, le gouverneur de l'Algérie.

C'est un fait maintenant reconnu par tous, et admis par le gouvernement marocain, aussi bien que par les diverses légations de Tanger, qui ont fini par comprendre que, sans vouloir nous immiscer en rien dans les affaires intérieures du pays, nous ne saurions abandonner à elle-même, sans la surveiller d'une étroite façon, la confrérie de Moulaï Taïeb.

Il peut même devenir nécessaire que nous protégions contre les manœuvres étrangères les chefs d'une secte religieuse qui, par ses milliers d'adeptes algégiens, est un puissant élément de domination. Voit-on par exemple, ce que pourrait devenir une pareille influence religieuse, la plus redoutable de toutes en pays musulman, si elle venait à tomber dans les intrigues étrangères ? On fit donc œuvre de prudence pour l'avenir, aussi bien que d'habileté présente, en procédant comme on l'a fait et nous ne pouvons même que nous étonner que, durant les années qui ont précédé l'arrivée à Tanger du comte d'Aubigny, et à Alger de M. Jules Cambon, on ait paru ignorer à un tel point nos intérêts en négligeant la famille de Ouàzzan.

Une visite à Ouàzzan est indispensable pour se faire une idée exacte de ce qu'est au dix-neuvième siècle l'importance de cette famille, dont l'influence politique et religieuse est comparable à celle de nos plus puissants seigneurs du moyen-âge. — Ce fut pendant le règne mémorable de Moulai Ismaël, le tyrannique monarque contemporain de Louis XIV, que le saint Moulai Taïeb vint s'établir dans les montagnes de la région de Ouàzzan. Séduit par la beauté du site, la richesse de la contrée, la douceur du climat, l'excellence de ses eaux, il y fonda la première zaouiya de l'ordre des Taibia ; il ne tarda pas à être grandement favorisé par le Sultan Moulai Ismaël qui discernait de de quel aide serait pour l'établissement du pouvoir impérial l'influence d'une confrérie religieuse aussi populaire.

Ouàzzan est une petite ville de cinq à six mille habitants, pittoresquement étagée sur le flanc Nord du Djebel Ouàzzan ou Djebel Bouellol, et située à environ 150 kilomètres Sud-Ouest de Tanger, à l'extrême limite des territoires où peut encore s'exercer le pouvoir du Sultan.

En effet, c'est au delà que commence la région rifaine, où les Beni-Mestara, les Reçaoua, les Orghôna et autres farouches montagnards ne respectent aucune autorité.

Il fut même une époque où ces populations, encouragées par les intrigues des ennemis de chorfa de Ouàzzan, ne craignaient point de venir chaque semaine assiéger la ville sainte, et, n'a-t-on pas vu tout récemment encore, que les Beni-Mestara, profitant d'un voyage à la cour de Fez qu'avaient dû faire les deux fils du grand chérif décédé, avaient tenté un hardi coup de main où la population aurait succombé sans le courage du jeune fils du chérif, Moulai Mohammed ?

Véritable fief religieux, sorte de principauté soumise à la seule domination religieuse de la maison noble de Moulai Taïeb, la petite ville de Ouàzzan s'administre donc par elle-même et lutte victorieusement pour sa demi-indépendance et le prestige de son influence religieuse.

Son renom s'étend au loin, et, lors des grandes fêtes religieuses de l'année musulmane, on rencontre à Ouàzzan, par centaines, les pèlerins et les délégués arrivés des lointaines régions du Sahara orano-marocain et de l'Extrême Sud.

Ils viennent apporter leur offrande religieuse au chérif, grand chef de la confrérie, et écouter sa sainte parole, suivre ses conseils ; ils lui rendent aussi compte de la gestion des biens immenses de mainmorte, dits « biens habbous », que possède la confrérie sur toute l'étendue du territoire marocain. Le revenu en est considérable ; il serait, en tout cas, difficile de songer à l'estimer ; l'administration est entre les mains du chef des moqadmin de l'Ordre, docte personnage et vieillard estimé qui réside à Ouàzzan, et qui, du fond de la grande zaouiya mère, le couvent principal de l'Ordre, dirige l'emploi des fonds et des offrandes reçues.

Quant au grand chérif Moulai El Arbi, il vit dans l'unique contemplation de ce beau climat, et, sous les ombrages des vergers d'orangers, de bananiers et d'oliviers, il commente sans cesse et à perte de vue les Saintes Écritures, en daignant accorder sa bénédiction.

Depuis que, par une habile politique, nous avons réussi à l'attirer en Algérie, il sait ce qu'est notre civilisation, car il a apprécié la force de notre protection ; il a même jugé les effets de notre administration sur ses serviteurs religieux, et, quand il raconte à ses compagnons et à ses fidèles les impressions de sa visite à Alger, il sert grandement notre influence politique et notre prestige.

Son frère, Moulai Mohammed, est, au contraire, un véritable homme de guerre et d'action, qui préside à la défense de la ville contre les tribus rebelles ; il a organisé la population de telle façon qu'il peut défier actuellement les plus sauvages des Beni-Mestara.

Dernièrement, le Sultan, justement ému des déprédations de tous ces montagnards, envoya quelques fonctionnaires avec un parti de cavaliers pour procéder à une enquête et mettre un peu d'ordre dans les environs de ce sanctuaire, un des plus vénérés de tout l'Islam.

Malheureusement, l'empire marocain qui a déjà traversé tant de crises intérieures, — et il est inutile de se faire des illusions à bon marché sur ce sujet, — est encore dans une passe critique, car le prestige de la cour de Fez a été tout à fait insuffisant pour calmer les esprits.

Le Sultan nomma deux caïds chez les Beni Mastara, un pour la plaine et un autre pour la montagne, comme on dit ici.

Mais un de ces fonctionnaires dut se hâter de venir se réfugier dans la zaouiya de Ouàzzan, où il est depuis plusieurs mois, vivant de la protection et de l'hospitalité du grand chérif, — heureux d'avoir échappé à ses administrés, qui lui auraient fait payer de sa vie l'audace d'avoir tenté de leur imposer les bienfaits du pouvoir de la cour de Fez.

Aussi l'insécurité des environs de Ouàzzan est-elle proverbiale, et ce n'est que le fusil à la main que les plus humbles bourgeois ou artisans vaquent à leurs affaires.

Cette sorte de paix armée est donc bien précaire ; mais il est utile d'en parler, afin de calmer l'émoi provoqué périodiquement en Europe par les nouvelles à sensation que lance trop souvent la presse de Tanger.

En réalité, l'état politique du Maroc est sensiblement le même, et, bien qu'il puisse en surgir inopinément les pires complications, rien ne prouve ni n'indique que nous n'ayons encore pour longtemps de ce *statu quo.*

ABYSSINIE

On connaît l'histoire du fameux traité d'Uccialli signé entre l'Italie et le roi Menelick. L'Italie ayant mis dans sa version que les relations du Choa avec les puissances européennes *devaient* passer par l'intermédiaire des agents italiens, tandis que la version choanne portait seulement que ces relations *pourraient* passer par leur entremise, lorsque Menelick fut averti, il s'empressa de faire savoir qu'il n'admettait ni ce procédé, ni cette interprétation et rompit avec les Italiens. Il s'efforça de se libérer envers eux de la somme de 4.000.000 qu'ils lui avaient avancée et prouva sa résolution d'avoir sa diplomatie propre en entrant en relation avec divers chefs d'Etat, la reine Victoria entre autres et le Président de la République française.

Le traité d'Uccialli avait été conclu pour cinq ans en 1889, mais il pouvait, dit-on, être renouvelé en 1894; Menelick, qui vient de terminer le payement de sa dette, a résolu de ne pas procéder à ce renouvellement et il l'a fait savoir directement au roi Humbert; mais comme il est averti des malentendus qui peuvent surgir entre ses agents et ceux du Cabinet de Rome, il a tenu à communiquer sa décision aux souverains européens.

Le *Figaro* a publié la lettre par laquelle il les en a avisés :

> Lion, vainqueur de la tribu de Juda, Ménélick II, élu du Seigneur, rois des rois d'Ethiopie.
>
> Par cette lettre, je tiens à vous faire connaître que j'ai écrit aujourd'hui à S. M. le roi Humbert, lui déclarant que le traité conclu avec l'Italie le 25 miazza de l'an 1881 et complété le 22 de moskorom 1882 prendra fin le 24 miazza de l'an 1886.
>
> Sous des apparences d'amitié, on n'a, en effet, cherché par cet artifice qu'à s'emparer de mon pays. Dieu m'ayant confié la couronne et le pouvoir, je veux sauvegarder intact l'héritage de mes pères et je détruis complètement ce traité.
>
> Je n'ai pas l'intention, par là, de porter en quoi que ce soit atteinte à notre amitié avec l'Italie; mais mon empire a une importance suffisante pour ne rechercher aucun protectorat et vivre indépendant. Je tiens donc à porter à votre connaissance ma décision de ne renouveler en aucune façon ce traité.
>
> J'ai l'espoir que vous accueillerez favorablement ma parole et prie Dieu de protéger votre pays et votre personne.
>
> Ecrit à Addie-Abbeba, le 20 yekatit de l'an de grâce 1885, 27 février 1893.

Cette lettre a fait l'objet d'une question à M. Brin, ministre des affaires étrangères, au Sénat italien, le 13 juin, et à la Chambre, le 17; il résulte de la réponse du ministre qu'il n'est pas d'accord non plus avec Menelick sur le mode de dénonciation du traité et que, tandis que Menelick se croit le droit de le dénoncer purement et simplement au bout de cinq ans, l'Italie estime que le traité est conclu sans date limitée et qu'on peut le modifier d'un commun accord, mais non le déchirer. L'Italie serait assurée du concours de l'Angleterre, de l'Allemagne et de l'Autriche-Hongrie dans cette affaire. Aux lettres dénonçant le traité, que leur a adressées Menelick, ainsi qu'au Président de la République Française, la reine Victoria et l'empereur Guillaume ont répondu en s'associant à la déclaration italienne que le traité d'Uccialli peut être modifié mais non dénoncé. Ces réponses seront transmises au Choa par l'intermédiaire de l'Italie; pour la France, elle aurait fait savoir qu'elle ne répondrait pas à la communication de Menelick.

La dénonciation pourrait d'ailleurs être assez difficile, l'Italie se refusant absolument à lui envoyer un ambassadeur; en effet, le capitaine de Martino, résident à Adoua, a été récemment pris pour otage par le ras Aloula; il a pu, il est vrai, s'échapper, mais tant que des évènements de ce genre pourront se produire, le gouvernement italien, a dit M. Brin, n'enverra pas d'autres représentants au delà du Mareb.

POSSESSIONS ANGLAISES

Afrique orientale — Le *Berliner Tagblatt* a reçu de son correspondant dans l'Ouganda une dépêche disant que la British East Africa Company a évacué l'Ouganda, le 1er avril, et que sir Gerald Portal a immédiatement proclamé le protectorat anglais. Le *Times*, ayant confirmé la nouvelle, M. Labouchère s'est ému de ce fait et a demandé, le 1er juin, au sous-secrétaire d'Etat parlementaire aux affaires étrangères, si le commissaire anglais n'avait pas outrepassé ses pouvoirs et ce que pensait le gouvernement de cette acquisition, un peu hâtive, d'une nouvelle colonie. Sir Edward Grey est la prudence même : il s'est borné à répondre que, si la dépêche du *Times* est exacte, en tout cas, sir Gerald Portal n'a pu agir que d'une façon provisoire, que tous ses actes avaient besoin, pour être définitifs, de la ratification du gouvernement, et il s'est gardé d'engager l'avenir.

Cet avenir ne saurait être douteux pour personne, et il est dès maintenant certain que le protectorat proclamé ne sera pas dénoncé; c'est un fait accompli. Il était à prévoir dès les premières discussions au Parlement sur la mission de sir Gerald Portal; sans doute, M. Gladstone avait commencé par déclarer que cet agent n'allait faire qu'une enquête, puis dès le lendemain il laissait entendre qu'après l'évacuation par la Compagnie anglaise il serait nécessaire de prendre certaines mesures pour assurer l'ordre, et sir Edward Grey, porte-parole de lord Rosebery, ajoutait que le commissaire serait chargé de prendre ces mesures. Il les a bien prises, s'il est vrai, comme on dit, qu'il a engagé une troupe de quelque huit mille Soudanais, qu'il les a encadrés d'officiers anglais et que cette armée est occupée à construire les forts qui doivent défendre l'Ouganda contre les envahisseurs attendus de l'Ouest, — l'Etat du Congo, sans doute, à moins que ce ne soit la France. — Mesures provisoires, si l'on veut, mais qui ne paraissent pas de nature à déplaire à lord Rosebery; en tout cela, en effet, si c'est sir Edward Grey qui parle, c'est lord Rosebery qui agit, et M. Gladstone, occupé du *home rule* et des réformes intérieures, lui laisse le champ parfaitement libre.

Mais les libéraux se sont toujours montrés singulièrement défiants dans cette question d'Ouganda : quand, il y a deux ans, lord Salisbury avait si fort à cœur de faire subventionner la Compagnie de l'Afrique orientale et le chemin de fer de Mombasa au lac Victoria-Nyanza, ce sont eux qui ont fait échouer le projet. Assurément; mais d'abord l'exercice du pouvoir a quelque peu modifié leurs sentiments; puis, autre chose est d'accorder des subsides à une Compagnie privée ou d'ouvrir des crédits au ministre des colonies pour un intérêt impérial, car l'acquisition d'un riche territoire situé aux sources du Nil est, au premier chef, un intérêt impérial. Ne doutons donc point que tout ce que fera sir Gerald Portal pour établir dans l'Ouganda le protectorat britannique et y maintenir le drapeau sera approuvé par le Parlement, sitôt que présenté, et si sir Edward Grey a montré quelque réserve, c'était modestie pure; il est sûr du succès.

Sir William Mackinnon. — Sir William Mackinnon, le fondateur et ancien président de la Compagnie anglaise de l'Afrique orientale, vient de mourir. C'était une de ces grandes figures de princes marchands qui, par leur initiative, ont tant contribué à étendre le domaine de l'Angleterre, sans jamais attendre l'aide du gouvernement, dont ils ont souvent forcé la main en le mettant en présence du fait accompli.

Né en Ecosse en 1823, d'une assez humble famille, M. Mackinnon apprit les affaires à Glasgow et s'associa avec un de ses compatriotes qui tenait un petit commerce aux Indes.

En 1855, M. Mackinnon, déjà connu à Calcutta pour son esprit d'entreprise et son intégrité, écouta les conseils du capitaine d'un navire faisant le commerce avec la Birmaminie, et jeta les premiers fondements de ce qui devait devenir la « British India Steam Navigation Company.» Cette puissante Société, d'abord exclusivement occupée du commerce de l'Inde avec les autres pays asiatiques, finit par englober dans ses opérations tout l'Extrême Orient, y compris l'Australie. Aujourd'hui, elle possède 110 navires, jaugeant 270.000 tonnes et occupe 10.000 marins.

Il y a environ vingt ans, elle établit une ligne entre Aden et Zanzibar ; c'est ce qui amena M. Mackinnon à s'occuper de l'Afrique orientale, où il fit une si grande place à son pays. Le Sultan de Zanzibar offrit en 1878, par son entremise, de placer ses états sous le protectorat britannique. L'Angleterre, alors assez insouciante des choses africaines, fit une réponse évasive. Mais M. Mackinnon veillait, et, au moment où les Allemands faisaient de nombreuses acquisitions dans le sud des Etats du Sultan, il assura dans le Nord, à l'Angleterre, l'amorce de possessions qui devaient s'étendre plus tard jusqu'au fleuve Jubi, jusqu'au-delà du Nil et du lac Victoria en englobant l'Ouganda. Les préoccupations que lui a données la question de l'Ouganda pendant ces dernières années n'ont, sans doute, pas peu contribué à abréger ses jours.

En 1889, sir William Mackinnon avait été créé baronnet par la reine.

Afrique Australe. — La conférence entre sir Henry Loch, gouverneur du Cap, et le président Kruger, du Transvaal, a eu lieu à Pretoria, dans les premiers jours de juin, et il paraît certain qu'ils se sont mis d'accord sur la question du Souaziland, qui serait réglée conformément aux vœux de la République Sud-Africaine. C'est le 8 avril qu'expire le traité imposé en 1890 par l'Angleterre au Transvaal; il est probable que c'est vers ce moment que les stipulations nouvelles, actuellement soumises à l'approbation du gouvernement anglais, seront rendues publiques.

Le Bechuanaland formera le 1er juillet une union douanière avec le Cap et l'administration postale s'y établira le 15 courant.

On se souvient du projet de M. Cecil Rhodes de réunir le Cap à Alexandrie par une ligne télégraphique qui traverserait toute la Zambézie britannique, l'Ouganda, le pays du Mahdi et l'Egypte; si gigantesque que soit ce projet, il n'a pas effrayé un groupe de capitalistes qui a fondé *The African Transcontinental Telegraph*. Cette Société vient de tenir sa première assemblée générale. Elle a pour directeurs le duc d'Abercorn et MM. Rhodes, Albert Grey, R. Maguire, Neuman et Wernher. Le capital réuni est de 140.000 liv. st. (3 millions 500.000 fr.)

Ce n'est, d'ailleurs, semble-t-il, qu'une première mise de fonds, destinée à relier Fort-Salisbury à l'Ouganda par l'Egypte. Quant au chemin de fer transafricain, sa construction va moins vite sans doute que la pose du fil électrique; on n'en travaille pas moins, on a commencé la ligne de Vrybourg à Mafeking et le gouvernement impérial a donné à la Compagnie de l'Afrique australe, à cet effet, un subside de 100.000 livres.

POSSESSIONS ALLEMANDES

La Société coloniale allemande a tenu, le 26 mai, sa réunion annuelle, sous la présidence du prince Hohenlohe-Langenburg, à Francfort-sur-le-Mein. Différents sujets ont été discutés, sur lesquels nous ne pouvons insister; mais signalons quelques détails du rapport du secrétaire : La Société compte 18,250 membres, et elle a touché, pour 1893, 115,000 marks, dont 37,050 ont été employés en subvention à des entreprises africaines.

C'est surtout vers le Sud-Ouest que l'on a porté, cette année, ses efforts et une bonne partie des subsides ont passé aux mains du syndicat de l'Afrique du Sud-Ouest.

VARIÉTÉS

A PROPOS DU TRAITÉ DE GHADAMÈS

Bou-Zaréa (Algérie), mai 1895.

Il y a un demi-siècle, l'Angleterre poursuivait le projet de s'ouvrir une voie commerciale de pénétration de Tripoli vers le Soudan central, par l'intermédiaire des Touareg de l'est. Tel était le but secret de la mémorable exploration commencée par Richardson en 1850 et continuée, à la mort de celui-ci, sous les ordres du docteur Barth. Mais les Touareg Keloui refusèrent le traité proposé par Richardson, et Barth, dans son ouvrage, explique fort bien les causes de cet échec de la politique anglaise. Peu après, l'Angleterre renonçait à la voie de Tripoli, et elle attaquait l'Afrique par Zanzibar et les grands Lacs.

L'œuvre admirable de Barth ne devait pas être moins instructive pour nous. Car, en la méditant, on comprenait que, seule, la France, étant donné qu'elle occupe l'Algérie, pouvait réaliser efficacement une alliance avec les Touareg de l'est, Azdjer et Keloui, qui sont maîtres du commerce entre la Méditerranée et le Soudan central. On y voyait apparaître également le peu d'intérêt de Tombouctou et l'importance de Kano comme objectif à notre pénétration.

A la même époque, un symptôme de grande portée se produisait au Sud de l'Algérie. Trois hommes d'intelligence supérieure, indigènes et musulmans, tournaient leurs regards vers l'astre levant de notre grandeur africaine. C'était d'abord Si Hamza, le khalifa des Ouled Sidi Cheikh, qui avait l'ambition de commander à tout le Sud arabe, de Ouargla au Touat et jusqu'à Tombouctou ; c'était ensuite Ikhenoukhen, aménokal des Touareg azdjer et beau-frère de l'aménokal des Keloui , qui voulait régner sur les quatre confédérations touareg : Azdjer, Keloui, Hoggar et Aoulimmiden. Pour accomplir de pareilles destinées, l'un et l'autre sentaient que le moyen sûr était de reconnaître la suzeraineté de la France. Le troisième, qui était simplement un homme de cœur et d'humanité, Cheikh Othman était entré dans l'ordre nouveau des Tedjani, pour rétablir la paix et la fraternité dans tous ces pays du Sud, troublés par tant d'ambitions ; il appartenait à la tribu maraboutique des Ifogha et résidait à la zaouïa de Timassinin, fondée par Si Elbouna, un de ses parents. Son premier acte public avait été de se rendre à Tombouctou pour retrouver les papiers du major Loing et les porter en personne à Tripoli. Il se trouva tout naturellement d'accord avec Ikhenoukhen et Si Hamza dans leurs projets et devint leur agent diplomatique et pacifique auprès de nous.

En 1853, Si Hamza faisait sa soumission à la France ; en 1854, il prenait Ouargla de sa propre initiative et y plantait le drapeau français. La même année, il plongeait dans le Sud-Est, du côté du Rhat, et ramenait à Alger Cheikh Othman, dont il avait garanti la sécurité, sur sa tête, à Ikhenoukhen. Cheikh Othman promit au maréchal Randon, alors gouverneur général de l'Algérie, une alliance avec la France, au nom d'Ikhenoukhen et au sien. Il lui signalait en même temps l'opposition, aussi clairvoyante que dissimulée, que les Anglais nous faisaient en Tripolitaine : à leur insignation, les Turcs avaient occupé Ghadamès, situé cependant en territoire touareg.

L'accord politique entre Randon et ce triumvirat fut fait. Aussitôt, en 1856, on envoyait à Rhat une caravane de nos indigènes de Ouargla. Malgré les intrigues et les menaces dont ils furent l'objet et qu'il serait trop long de raconter ici, Ikhenoukhen les protégea avec énergie et de toute son autorité.

Quelques mois après, Bou Derba, Arabe né d'une mère française, interprète dans l'armée d'Afrique, faisait ouvertement un voyage à Rhat. Ikhenoukhen et Cheikh Othman étaient présents.

C'est dans ces circonstances qu'en 1857, à la suite de la campagne de Grande-Kabylie, je fus nommé au bureau politique des affaires arabes à Alger, et je greffai sur cet état de choses le résultat de mes études sur l'œuvre de Barth. J'étais, d'ailleurs, encouragé dans mes travaux par des chefs éminents, le commandant Hanotaux, le général de Martimprey, le maréchal Randon, puis le maréchal Pélissier, qui lui succéda bientôt comme gouverneur général.

A ce moment, un jeune homme de dix-huit ans, explorateur doué d'une rare énergie et de remarquables qualités, Henri Duveyrier (qui avait échoué dans sa tentative vers el Goléa, où il avait failli laisser la vie), vint alors à point nommé pour entreprendre un nouveau voyage chez les Touareg de l'Est : cette fois, c'était vraiment un chrétien qu'on leur envoyait. On le remit à Cheikh Othman, qui en répondit, l'amena à Ikhenoukhen, et pendant deux ans, avec une bonne foi inébranlable, le promena sur le territoire des Azdjer.

A la suite du voyage de Duveyrier, Ikhenoukhen écrivait au maréchal Pélissier : « Envoyez-moi des Français ; ils seront bien reçus. Grâce à Dieu, ma main s'étend jusqu'au Soudan. »

Ici se place une triste page dans notre histoire africaine : la mort de Si Hamza, sacrifié à des rapports indignes, poursuivi comme concussionnaire et traité en criminel. Puis ce fut l'expédition Colonieu et Burin contre Timimoun et le Touat, en 1861, expédition impolitique et manquée, au sujet de laquelle Cheikh el Bakay, chef des Aoulimmiden, l'ancien protecteur de Barth, écrivit à l'empereur une lettre de reproches. De serviteurs, les Ouled Sidi Cheikh devinrent des insurgés. Passons.

Parallèlement, toutefois, notre politique pacifique se poursuivait du côté de l'est. Alors fut admise l'idée d'un traité direct d'amitié et de commerce avec Ikhenoukhen, semblable à celui que Richardson avait tenté de conclure pour son pays. La présence de Cheikh Othman à Alger rendit l'exécution de ce projet facile. A la première ouverture qu'on lui en fit, il se déclara tout disposé à négocier la chose. Il accepta de suite de venir à Paris, afin de visiter la France et de voir l'empereur, avec lequel Ikhenoukhen devait être considéré comme ayant rang de souverain, on désigna un officier supérieur, le commandant Mircher, comme chef de la future mission.

Ce voyage en France fut un succès. Les chambres de commerce de Marseille, de Lyon, de Paris et de Rouen votèrent plusieurs millions pour envoyer des caravanes chez les Touareg à la suite du traité. C'était un territoire neutre et ami, entre Alger et les plaines de Rhat, où résidait Ikhenoukhen sous ses tentes. Après nous y avoir donné rendez-vous, Cheikh Othman rentra par le Souf auprès d'Ikhenoukhen.

D'autre part, le gouvernement général de l'Agérie négocia avec la Sublime-Porte le passage officiel d'une mission française par Tripoli sur Ghandamès. La mission comprenait le commandant Mircher et moi, l'ingénieur des mines Vatonne, le docteur Hoffmann et l'interprète Bou Derba ; pour écarter toute idée de force militaire, nous n'emmenions avec nous aucun soldat, pas même une ordonnance. Le pacha de Tripoli nous fournit l'escorte nécessaire.

Arrivés à Ghadamès, nous fûmes rejoints par Cheik Othman et par l'envoyé spécial d'Ikhenoukhen, le cheik Si Amen bel Hadj, son cousin. Cheik Othman représentait plus particulièrement le pouvoir religieux, et Si Amen, le pouvoir politique.

Le texte du traité avait été préparé à Alger, en arabe et en français. L'article 3 est ainsi conçu :

Les Touareg s'engagent à protéger à travers leur pays et jusqu'au Soudan, tant à l'aller qu'au retour, le passage des négociants français ou indigènes algériens et de leurs marchandises, sous la seule charge, par ces négociants, d'acquitter, entre les mains des chefs politiques, les droits dits coutumiers, ceux de location de chameaux et autres, conformément au tarif ci-annexé et lequel recevra, de part et d'autre, toute la publicité nécessaire pour prévenir les contestations.

En outre, on rédigea d'un commun accord, à Ghadamès, des articles additionnels dont voici les deux plus importants :

Art. 1er. — Conformément aux anciennes traditions qui règlent les relations commerciales entre les Etats du nord de l'Afrique et les différentes fractions des Touareg, la famille du cheikh el hadj Ikhenoukhen restera chargée d'assurer aux caravanes de l'Algérie une entière sécurité à travers tout le pays des Azjer.

Art. 4. — Le cheikh el hadj Ikhenoukhen et les autres chefs politiques du pays des Azdjer s'engagent à mettre à profit, dès leur retour à Rhat, leurs bonnes relations avec les chefs de la confédération des Keloui pour préparer aux négociants français et algériens le meilleur accueil de la part de cette confédération, afin que les caravanes traversent également en toute sécurité le pays d'Air.

Ces articles additionnels restreignaient, pour le présent, la garantie du passage des Français à la voie commerciale des Azdjer et des Keloui. Mais Cheikh Othman, dont le frère était aménokal des Hoggar, nous dit qu'aucun étranger ne pouvait traverser le pays de ces derniers et que le passage y serait ouvert seulement quand nos échanges commerciaux auraient été bien établis sur la voie de Rhat-Air.

Une fois l'accord conclu et la parole donnée, la notoriété publique était acquise, d'après les mœurs arabes et touareg. Cheikh Othman ne comprenait donc pas l'utilité d'apposer des signatures au bas du traité. Mais, sur mes observations, il signa et Si Amen de même, au nom de toutes les tribus azdjer et du cheikh Ikhenoukhen. Le maréchal Pélissier avait signé le traité pour la France.

Cet événement eut lieu le 26 novembre 1862. Le traité, avec ses articles additionnels, fut ensuite publié à l'*Officiel* (partie officielle) en 1863.

Tels sont les faits. Ils défient toute contestation. On ne saurait sérieusement objecter qu'Ikenoukhen n'était pas présent au traité : dans de semblables circonstances, un chef d'Etat — et, à tort ou à raison, il se considérait comme tel — ne se déplace pas, mais se fait représenter ; or il avait délégué à Ghadamès son représentant direct, avec ses pleins pouvoirs. Il n'avait pas, d'ailleurs, à ratifier ultérieurement un traité passé en son nom : c'eût été une superfétation.

Nous n'avons à nous en prendre qu'à nous-mêmes, à notre indifférence de ces questions si le traité de Ghadamès n'a pas eu les conséquences fécondes qu'il comportait. Mais l'Angleterre fit si bien que le résultat en fut nul. A son instigation, le mouydir qui nous avait accueilli à Ghadamès, fut destitué, et la garnison turque de Ghadamès qui s'était fondue, fut reconstituée. La bonne volonté du gouvernement général d'Alger fut ébranlée. En France, où les idées dirigeantes étaient au Mexique et à l'alliance anglaise, on empêcha les chambres de commerce de suivre leur intention première.

Cheikh Othman nous écrivit une lettre où il disait que toutes les populations avaient été prévenues chez les Azdjer et où il se plaignait que personne ne venait d'Algérie. Mais il ne reçut pas de réponse.

Nul doute, cependant, qu'Ikhenoukhen et Cheihk Othman restèrent jusqu'à leur mort fidèles à l'alliance française. L'explorateur allemand Gerhardt Rohlfs ne réussit jamais à obtenir leur concours ni à traverser le territoire des Azdjer. Au contraire, le colonel Flatters, qui dans sa première mission, avait eu l'heureuse inspiration de se diriger chez les Azdjer, n'eut qu'à s'en louer, et il était invité par eux à aller, sous Rhat, aux campements d'Ikhenoukhen ; Ikhenoukhen se disposait même à aller à sa rencontre ; mais Flatters ne l'attendit pas. L'année suivante, par crainte de complications politiques toujours soulevées quand nous nous sommes approchés de l'est, et aveugle, hélas ! à toute autre crainte, il choisissait la direction des Hoggar, nos ennemis et les ennemis des Azdjer, et il y trouvait la mort. A la suite de ce désastre, Ikhenoukhen écrivait encore une lettre à notre consul général à Tripoli, M. Féraud, lui demandant à être soutenu par nous pour châtier les assassins de Flatters; mais on ne lui répondit pas davantage.

Peu après, cette grande figure disparaissait. Ikhenoukhen avait 102 ans. Vers 1879, à la suite de nos malheurs, il avait dû accepter avec peine, dans Rhat, sa capitale, une garnison turque, poussée par l'Angleterre, lui qui aurait tant désiré une garnison de souafas. A sa mort, on voulut, en outre, frapper d'impôt le marché de Rhat; mais, en 1888, son neveu et digne successeur, fidèle à la politique d'indépendance, prenait la ville d'assaut en détruisant ou capturant ce qui restait de son fantôme de garnison, ainsi que deux canons allemands, et il trouvait la mort dans son succès. Nous nous sommes désintéressés de cet héroïque fait d'armes, et cependant nos bons rapports avec la Turquie eussent rendu facile notre intervention amiable.

Je conclus. La question semblait à jamais enterrée. Enfin, il était réservé à mon ami Georges Rolland de la ressusciter. Grâce à son initiative, voilà qu'un brave explorateur, un modeste et un vaillant, M. Méry, n'a pas craint d'aller avec confiance chez nos anciens amis les Azdjer. Contrairement aux pronostics de mauvais augure, il y a trouvé un excellent accueil; il a vu le successeur actuel d'Ikhenouken, son cousin Mouley, et Guedassen, neveu de ce dernier; il a reçu d'eux les meilleures assurances de paix, le témoignage que la parole donnée par Ikhenoukhen est toujours vivante chez les Azdjer et la promesse que nos caravanes algériennes y seraient les bienvenues.

Puisse ce beau succès, récompense de tant d'efforts, décider victorieusement le retour aux traditions de la vraie politique de pénétration française vers l'intérieur africain, par la voie incomparable des Touareg de l'Est ! Puisse cette politique, continuer à être l'objet de la sollicitude de l'homme éminent qui préside actuellement aux destinées de Algérie, de M. Jules Cambon !

(*Temps*)   COLONEL DE POLIGNAC.

PROPAGANDE & RENSEIGNEMENTS DIVERS

Nous avons appris avec plaisir que M. Maistre, l'explorateur du Chari et de la Bénoué, avaitété décoré de la Légion d'honneur.

Une conférence de M. Maistre. — M. Maistre a fait le 8 juin, dans le grand amphithéâtre de la vieille Sorbonne, une conférence pour la Société de géographie.

Sur l'estrade, on remarquait : MM. Daubrée, membre de l'Institut, président de la Société de géographie ; le colonel Chamoin, représentant le Président de la République ; le général Derrécagaix ; J.-L. Deloncle, représentant le sous-secrétaire d'Etat aux colonies ; MM. le prince d'Arenberg, président du Comité de l'Afrique française ; le commandant Monteil, Dybowski, Ed. Blanc, Meurand.

Après quelques paroles du président, souhaitant la bienvenue au courageux explorateur, M. Maistre a retracé en termes simples, mais si profondément sincères, si pénétrés d'émotion qu'ils soulevaient, à chaque instant, les applaudissements de la salle entière, sa glorieuse campagne de l'Oubanghi à la Bénoué.

Le président a remercié M. Maistre de son intéressante communication, et à l'occasion de la réception organisée en son honneur, il a dit adieu à cet amphithéâtre de la vieille Sorbonne, où la Société de géographie s'est tant de fois réunie pour entendre les relations des plus remarquables voyages. Il a terminé son allocution en félicitant l'explorateur de la haute distinction que le gouvernement vient de lui accorder, comme récompense des services signalés qu'il a rendus à son pays.

Nouvelles commerciales. — Un syndicat vient de se constituer pour l'étude des affaires coloniales ; il est composé de la plupart des personnes et établissements qui ont des intérêts en Afrique et en Indo-Chine.

M. Mercet a été nommé président du comité ; M. Chailley-Bert, secrétaire général.

Le comité se compose de neuf membres, le président non compris.

BIBLIOGRAPHIE

LA ROUTE DU TCHAD — Du Loango au Chari, ouvrage illustré de 136 dessins inédits d'après les photographies et dessins de l'auteur, par M. Jean DYBOWSKI. Paris, Firmin-Didot, in-4° 1893.

Ce n'est pas aux lecteurs de ce *Bulletin* qu'il est nécessaire de présenter M. Dybowski, chacun connaît par les résumés que nous en avons donnés son beau voyage, trop tôt interrompu par la maladie. Parti de France, on s'en souvient, sur le choix qu'avait fait de lui le *Comité de l'Afrique française*, sa mission avait consisté primitivement à aller renforcer la petite troupe de Crampel et à fonder sur les derrières de l'illustre explorateur des stations à la fois politiques et commerciales. Malheureusement en arrivant à Brazzaville, M. Dybowski apprit par M. Nebout qu'il rencontra la mort de Crampel et le désastre de son expédition ; bien qu'il n'eût pu recevoir de France de nouvelles instructions, son parti fut bien vite pris, et ce fut d'aller venger la mort de celui qui avait dû être son chef et de l'œuvre duquel il allait être le continuateur. Remontant le Congo, d'abord, l'Oubanghi ensuite, il parvint jusqu'à Bangui, le dernier poste français, et de là, après une navigation en pirogue, il s'avançait par terre vers l'endroit où Crampel avait été assassiné ; on se souvient encore des souffrances endurées dans ces pays ravagés, puis, de l'arrivée aux abords du campement des Musulmans, du combat qui leur fût livré, et enfin de l'exécution des prisonniers convaincus au moins de complicité dans le meurtre de notre compatriote. Tout cela on le retrouvera dans le beau livre de M. Dybowski, avec des détails nouveaux et d'un intérêt singulier, et surtout des observations géographiques et scientifiques que sans doute un savant tel que lui était capable seul de nous rapporter. C'est M. Maistre, nul ne l'ignore, qui reprit l'œuvre de Crampel et de Dybowski, après la mort de l'un et la maladie de l'autre, et qui la mena à bien ; mais tel quel, le voyage de M. Dybowski est une contribution de premier ordre à la connaissance de notre domaine africain et le livre où il le raconte prendra place à côté des meilleures et des plus utiles relations que nous ayons des grandes expéditions dans le Continent noir.

ALBUM des services maritimes postaux français et étrangers par MM. Paul JACCOTTEY et Maxime MABYRE, publié sous la direction de M. Emile LEVASSEUR, membre de l'Institut. — Librairie Ch. DELAGRAVE, 15, rue Soufflot, Paris.

CARTE des lignes télégraphiques et câbles sous-marins, une feuille mesurant 1ᵐ sur 0ᵐ 70. Prix : 2 fr. 50.

La *Carte* des *lignes télégraphiques internationales* et des *câbles sous-marins*, la 7ᵐᵉ de l'album, indique le tracé des grandes lignes du réseau international et des câbles sous-marins, la taxe par mot pour chaque pays (y compris les dépêches de presse), les différences essentielles des divers régimes télégraphiques : intérieur, européen et extra-européen, etc.

L'ALGÉRIE, promenade au pays des Kabyles et au pays des Arabes. — Conférence de M. Pierre Buot de l'Epine, avocat, membre du Comité de la Société de géographie du Havre, ancien professeur à l'Ecole supérieure de droit d'Alger, faite à la Société de géographie du Havre, le 16 novembre 1892 (Extrait du Bulletin de la Société de géographie commerciale du Havre).

La conférence que M. P. de l'Epine a fait imprimer dans le *Bulletin de la Société de géographie du Havre* et dont il a publié un tirage à part, est des plus instructives : sans doute l'auteur n'a pas prétendu passer en revue et résoudre, dans l'espace de quelques pages, tous les problèmes que soulève la question algérienne, mais il en a au moins brièvement indiqué plusieurs et, à la façon claire dont il en a posé les termes, on sent un esprit familier avec son sujet ; des souvenirs personnels donnent du piquant à la discussion et font que cette conférence, qui a dû être fort agréable à entendre, est des plus agréables aussi à lire.

LA CÉRAMIQUE DES COLONIES FRANÇAISES. — Age de terre, âge de pierre, poterie de la Guyane et des Antilles, par Théophile BILBAUD. Paris, Société d'éditions scientifiques, 4, rue Antoine Dubois.

M. Th. Bilbaut, conservateur-adjoint de l'exposition permanente des colonies, a entrepris la publication d'une étude complète sur la céramique préhistorique dans nos colonies ; le volume sur les colonies d'Amérique est seul encore sous nos yeux : nous attendrons, pour en rendre compte, que celui que l'auteur nous promet sur l'Afrique ait paru. Mais nous pouvons, dès maintenant, rendre hommage aux recherches consciencieuses de l'auteur que les problèmes les plus ardus n'ont pu arrêter.

Le Gérant : H. PERCHER.

11994. — Imprimerie de la Bourse de Commerce (F. Bivort).

Troisième Année.   N° 8. — Août 1893

BULLETIN DU COMITÉ

DE

l'Afrique Française

PUBLIÉ MENSUELLEMENT

Sous la direction de **M. Harry Alis,**
avec la collaboration de **MM. Henry Frisch de Fels,**
Raymond Kœchlin, etc.

Adresser toutes les communications à M. le Secrétaire général du **Comité de l'Afrique Française** 15, rue de La Ville-l'Évêque, Paris.	**Prix du Numéro : 2 FRANCS** Tout Souscripteur du Comité reçoit de droit ce Bulletin.

SOMMAIRE

Liste des souscripteurs.

La mission Mizon.

A propos du mouvement commercial entre la Tripolitaine et le Soudan central : Lettre de M. Méry.

Le groupe colonial de la Chambre.

Colonies françaises et pays de protectorat : La mission Monteil. — Tunisie. — Sénégal. — Soudan français. — Guinée française. — Côte d'Ivoire. — Côte de Bénin. — Congo français.

Maroc.

Etat indépendant du Congo.

Possessions anglaises : Afrique orientale. — Afrique australe.

Possessions allemandes : Cameroun. — Togo.

Propagande et renseignements divers : Les décorations coloniales. — L'union coloniale française.

Avis

Nous serions reconnaissants à ceux de nos Souscripteurs qui ont signé des engagements annuels de vouloir bien envoyer, dès maintenant, à notre Trésorier, **M. Armand Templier,** **79, boulevard Saint-Germain,** *le montant de leur souscription pour 1893.*

LISTE DES SOUSCRIPTEURS

(Suite)

Report.....	278.241	60
Pansiot, à Saint-Cloud ....A	5	»
Louis Imbert, à Bordeaux.................A	5	»
Dr *Verrier,* à Paris......................	5	»
C. Baumé, à Paris.......................	20	»
Marquis de Pange, à Paris...............	1.000	»
Carcuac, à Aubin.......................A	25	»
P. Bocquiault, à Bressuire..............A	10	»
Bay, à Thouars.........................A	25	»
Despayroux, à Vincennes................A	10	»
Adam, à Vineuil........................A	20	»
Léveillé, à Paris.......................A	10	»
Léon Dyé, à Paris.......................	10	»
Greyenbichl, à Paris....................A	10	»
Guinet, à Nancy.......................A	10	»
Aimé Binet, à Rouen....................	3	»
Edouard Bunel, à Rouen.................	3	»
Paul Lamer, à Rouen....................	4	»
Alfred Broc, à Rouen....................	3	»
Robert Léthoré, à Rouen.................	5	»
Lucien Guibout, à Rouen................	3	50
Maurice Cléret, à Rouen................	3	»
Maurice Lefebvre, à Rouen..............	3	»
W. Clamageran, à Rouen...............	3	»
Lombard, à Rouen......................	3	»
Deromècamp, à Rouen..................	3	»
De Vesly, à Rouen......................	3	»
Boutigny, à Rouen.....................	3	»
Bouquet, à Rouen......................	3	»
Gougis, à Rouen.......................	1	»
Plusieurs élèves du Lycée Corneille, à Rouen.	5	15
Waupers, à Paris.......................A	10	»
Larangre, à Paris.......................	30	»
Briet, à Charly (Aisne)..................A	40	»
Pognon, à Rouen.......................A	10	»
L. Hervieux, à Paris....................	10	»
Colonel baron Fouché, à Paris...........A	10	»
Menteral..............................	5	»
A reporter.	279.543	25

Report.....	279.543	25
Delaraud ....A	12	»
Lamy, à El-Goléa ....A	30	»
Boucher, à Bordeaux	5	›
Birot, à La Rochelle ....A	3	»
Maublanc, à La Rochelle ....A	3	»
Vallot, à Paris ....A	5	»
Mme Soubies, à Paris	10	»
Rossignol, professeur à l'École polytechnique de Zurich ....A	24	»
Lévêque, à Charly-sur-Marne ....A	3	»
Allain, à Paris	5	»
Seguin, à Grasse ....A	10	»
Briquet, à Tiaret	5	»
Huc, à Saint-Eugène ....A	3	»
Grimaud, à Paris	25	»
Belgadère, élève au Lycée de Rouen	3	»
Pesant-Delmaire, à Cambrai ....A	5	»
Croixmarié, à Montevideo	20	»
Guillaumot, aux tirailleurs sénégalais ......A	5	»
Desprès, à Paris ....A	5	»
Letellier, à Rouen	9	»
Fouquet, à Paris ....A	20	»
Gailly, à Paris ....A	20	»
Reynaud, à Béthenville ....A	20	»
Cuvillier, à Savray-le-Petit ....A	1	»
Kessler, à Soulzmatt ....A	10	»
Chardot, à Paris ....A	5	»
Ledoux, à Paris ....A	40	»
Gadala, à Paris ....A	50	»
Boucheron, à Paris ....A	20	»
Lieutenant Keller, à Angoulême, ...A	24	»
Paul Augé, à Rouen ....A	5	»
Crépy, à Lille ....A	50	»
Poncin, à Bergerac ....A	10	»
Dieulivol, à Nancy ....A	5	»
Lejeune, à Nancy ....A	50	»
Henry, à Lunéville ....A	10	»
Gobilliard, à Tulle ....A	5	»
Barthélemy-Saint-Hilaire, à Paris ....A	20	»
Liébau-Landwirth ....A	30	»
Collas ....A	100	»
Chevalier ....A	20	»
Dr *H. Barth* ....A	50	»
Huguet ....A	20	»
Mme Pajot, au château de Casse ....A	5	»
Mlle de Castelnau, au château de Casse .....A	5	»
Maistre, à Villeneuvette ....A	25	»
Boudet, à Lyon ....A	30	»
Cambefort, à Lyon ....A	50	»
Lebert, à Lyon ....A	10	»
Sattin, à Lyon ....A	10	»
Veillon, à Cholet ....A	5	»
Lorin, à Paris ....A	20	»
Chevalier, à Paris ....A	20	»
Cravoisier, à Paris ....A	20	»
Félix Dreyfus, à Paris ....A	10	»
Bouisson, à Paris ....A	10	»
Comte d'Harcourt, à Châlons ....A	25	»
Colonel Vivier, à La Rochelle ....A	6	»
Chesnel, à Paris ....A	10	»
Gloumeau, à Bordeaux ....A	10	»
Lacouture, à Bordeaux ....A	5	»
Société de géographie, de Lorient ....A	20	»
Dr *Grand*, à Cannes ....A	20	»
Royer, à Bône ....A	5	»
Mallet, à Paris ....A	200	»
Dr *Chauveau*, à Paris ....A	20	»
Reverdet, à Toulon ....A	3	»
A reporter.....	280.842	25

Report.....	280.842	25
Hercey, à Paris ....A	20	»
Tellier, à Douai ....A	10	»
Morel d'Arleue, à Paris ....A	25	»
Ferradou, à Paris ....A	6	»
Edme, à Paris ....A	5	»
Lemonie, à Ténes ....A	10	»
Lecuron et fils, à Paris	300	»
Lefebvre, à Paris ....A	20	»
Fock, à Constantine ....A	25	»
Chemin, à Reims ....A	5	»
Conseil général des Hautes-Pyrénées	100	»
Mespli, à Alger ....A	5	»
Le Chatelier, à Paris	100	»
Chambre de commerce, de Bordeaux	200	»
Bicquiault, à Bressuire	10	»
Clavé, à Paris ....A	25	»
Nicolas, à Embrun ....A	3	»
Havoux, à Paris	5	»
Chambre de commerce, de Marseille	200	»
Chambre de commerce, du Havre	100	»
Société de géographie, de Dunkerque	50	»
De Poyen-Bellisle, à Paris ....A	20	»
Busson, à l'École normale ....A	5	»
Bénédicty, à Périgueux ....A	2	»
Société de géographie commerciale, de Bordeaux	30	»
Dreyfus ....A	10	»
Gavois ....A	10	»
Chambre de commerce, de Nantes	100	»
Chambre de commerce, de Tourcoing	100	»
Lamiral, à Paris	10	»
Pingrié, à Paris	5	»
Pinet, à Paris	50	»
Prieur, à Limoges	7	»
Mme E. Templier, à Paris	50	»
Jozon, à Paris	10	»
Mallet, à Paris	5	»
Lambert, à Paris	5	»
Chambre de Commerce, de Rennes	100	»
Conseil général, de Seine-et-Marne	50	»
Société de géographie commerciale, du Havre	100	»
Reliquat de la souscription ouverte pour la réception du commandant Monteil à Limoges	200	»
Gueldry, à Paris	20	»
Godard, à Sains	20	»
Poirel, à Arras	20	»
J. de Kerjégu, député	1.000	»
Chambre de commerce, de Troyes	20	»
Armand Templier	1.000	»
Le Soleil	20	»
Chambre de commerce, de Boulogne	100	»
Ducluzeau, à Saint-Aignan	25	»
Desplanches, à Orléans ....A	5	»
Loiseau, à la poudrerie de Saint-Médard ....A	20	»
Darier, à Paris ....A	25	»
Deruelle, à Paris ....A	10	»
Chambre de commerce, d'Alger	100	»
Lucien Dyé, à Prris	6	»
Courtois, à Nancy	100	»
Delacroix, à Marseille ....A	15	»
Dehérans, à Paris ....A	20	»
Jagerschmidt, à Paris ....A	25	»
Cravoisier, à Paris ....A	20	»
Brunat, à Moulins ....A	6	»
Laboissière, à Moulins ....A	10	»
Dr *Autier*, à Londres ....A	12	»
Société bourguignonne de géographie et d'histoire, à Dijon	50	»
A reporter.....	285.187	25

Report......	285.487 25
Vignon, à Kherba, Alger..................	6 »
Baron Davilliers, à Paris.................A	10 »
Georges Rolland..................	100 »
Chambre de commerce, de Lyon.............	500 »
Chambre de commerce, de Rouen..........	200 »
Société de géographie, de Rochefort.......A	20 »
Conseil municipal, de Lons-le-Saulnier.......	25 »
Chambre de commerce, de Bourges........	25 »
Dr Courmes, à Toulon..................A	12 »
Comte de Carné, à Paris.................A	40 »
Mat, à Paris,..................A	30 »
Chambre de commerce, de Saint-Nazaire.....	100 »
Chambre de commerce, de Montpellier........	100 »
Marquetty, à Montevideo..................	5 »
Mlle Bourson, à Moulins.................A	5 »
Rachat, à Nogent-sur-Marne..............A	20 »
Chambre de commerce, de Douai...........	30 »
Chambre de commerce, de Roubaix........	100 »
Chambre de commerce, de Roanne........	50 »
Section de Gap du Club alpin français......A	25 »
Société de géographie de l'Est, à Épinal......	50 »
R. Grasse, à Lyon..................A	6 »
Jacquemin, à Paris..................A	12 »
Alfred André, à Paris..................	1.000 »
Mlle de Chazotte, à Arlebosc, Ardèche......A	2 »
Société normande de géographie, à Rouen....	40 »
Conseil municipal, de Dieppe..............	100 »
Chambre de commerce, de Dieppe...........	200 »
Chambre de commerce, d'Agen..	25 »
Société de géographie, de Saint-Quentin	50 »
Maurice Rodet, à Paris..................	2 »
Chambre de commerce, de Beauvais........	50 »
Dr Barrat, à Sarlat..................	10 »
Souclier, à Caen..................	10 »
Ansieaux, à Maubeuge..................	2 »
Total..................	288.149 25

LA MISSION MIZON

L'Agence Havas a publié la note officieuse suivante :

Certains journaux ont publié des notes relatives à la mission Mizon. Voici l'état exact de la question :

On se souvient que M. le lieutenant de vaisseau Mizon a quitté la France au mois d'août 1892. Il était chargé d'une mission scientifique dans l'Adamaoua et l'Afrique centrale, et accompagné d'une mission commerciale qui devait opérer à Yola et au delà.

L'un des bateaux de la mission, le *Sergent-Malamine*, s'étant échoué dans la Bénoué, à une distance d'environ 200 kilomètres avant Yola et en face des Etats du Sultan de Mouri, M. Mizon dut attendre sur place la montée des eaux.

Il résulte, tant des informations émanant de M. Mizon lui-même que des réclamations de la Compagnie royale du Niger, que, durant le séjour de la mission dans le Mouri, un conflit s'est élevé entre M. Mizon et la Compagnie anglaise. Celle-ci accuse M. Mizon d'avoir, contrairement à ses engagements, fait œuvre politique dans une région qui serait placée sous son influence et, en présence des difficultés que cette situation créa à la mission, M. Mizon a été lui-même amené à envisager la nécessité de son retour.

Dans ces conditions, le gouvernement français a cru devoir rappeler M. Mizon, laissant en l'état les questions pendantes pour être discutées après le retour de l'explorateur.

En même temps, ordre a été donné à M. Albert Nebout, second de M. Mizon, de prendre le commandement de la mission et de poursuivre l'exécution du programme scientifique et commercial qui lui avait été assigné à l'origine.

D'autre part, à l'occasion de l'Assemblée générale de la Compagnie du Niger, tenue le 13 juillet dernier, lord Aberdare a fait la déclaration suivante :

« Une expédition heureuse a récemment rétabli l'ordre dans le Delta, où les indigènes avaient inquiété les négociants anglais.

« Sur le Moyen-Niger, deux membres du conseil ont, au commencement de 1892, rendu visite à un Emir mahométan qui avait engagé les hostilités contre la Compagnie. La saison sèche 1892-1893 n'a pas vu se renouveler les incidents de 1891-1892, mais dernièrement la conduite de cet Emir a donné lieu encore à quelques inquiétudes, en raison du tort causé à l'influence de la Compagnie par les événements de la Haute-Benoué.

« Dans la Basse-Benoué, la Compagnie a mis fin à la traite qui dépeuplait, autrefois, des districts entiers ; mais son action a été gênée aussi par le contre-coup des événements du Haut-Fleuve.

« Dans ces districts, l'état des affaires était satisfaisant jusqu'au mois de décembre dernier. Au mois de juin, M. Wallace avait été chargé de ménager une entente avec l'Emir de Mouri, qui se trouvait fort mécontent des refus que faisait la Compagnie de le fournir de fusils et de munitions. Vous savez que l'Acte de la conférence de Bruxelles défend de remettre aux indigènes de l'Afrique équatoriale des armes de précision.

« L'Emir, qui jusque-là avait payé en esclaves le tribut considérable qu'il doit à son suzerain le sultan de Sokoto, se trouvait fort embarrassé désormais pour se procurer des esclaves. La Compagnie a cherché à encourager chez lui comme chez les autres Emirs musulmans le développement du commerce légitime qui lui fournirait les ressources nécessaires pour remplir ses engagements. Les négociations de M. Wallace furent couronnées de succès ; au mois d'août, il ménagea un accord entre la Compagnie et l'Emir.

« C'est cependant dans le Mouri que la paix a été troublée. Pour l'expliquer, je dois m'occuper de nouveau du lieutenant Mizon.

« La Compagnie royale du Niger, peu après son assemblée de l'année dernière, avait reçu, par l'entremise du Foreign Office, une requête du gouvernement français qui sollicitait pour le lieutenant Mizon, accompagné seulement de douze de ses compatriotes, l'autorisation de faire passer une troupe armée à travers les territoires soumis à la Compagnie.

« Cette expédition était représentée comme une entreprise purement pacifique, et le gouvernement français avait donné l'assurance que le lieutenant Mizon se conformerait strictement à l'observation des stipulations de la Conférence de Bruxelles. Je ne désire pas commenter les négociations qui eurent lieu. Je dirai seulement que toutes les prévisions basées sur notre connaissance du caractère du lieutenant Mizon et sur les déclarations faites par lui avant de quitter la France, ont été réalisées, et la garantie donnée par son gouvernement a été manifestement violée par lui.

« Au lieu de passer à travers les territoires de la Compagnie et de les abandonner ensuite, M. Mizon ne s'avança pas au delà de la province de Mouri où il établit ce qu'il appelait « le protectorat français du Soudan central » dans l'intérieur des territoires que la Compagnie avait acquis par ses traités passés avec les chefs indigènes et reconnus expressément par l'arrangement franco-anglais de 1890. Il prit possession d'une ville située dans les territoires de la Compagnie, et où 50 indigènes furent tués, tandis que le reste de la population, comprenant 2.000 habitants, fut réduit en esclavage par l'émir de Mouri, son allié. Ce fait a été reconnu par deux des compagnons du lieutenant Mizon et constitue une violation flagrante de l'Acte de Bruxelles.

« Je désire mentionner un fait qui n'a pas encore été publié et qui jette un jour particulier sur les empiétements du lieutenant Mizon sur l'autorité de la Compagnie. Pendant la saison sèche, la Compagnie assure le service de la navigation par un système admirable de grands canots faisant escale aux diverses stations. M. Mizon fit saisir sur la Haute-Benoué ces bateaux de la Compagnie sous prétexte qu'ils ne portaient pas de pavillon dans ce qu'il appelait les eaux françaises.

« J'avoue que j'ai été étonné de voir la presse coloniale française défendre la conduite de Mizon. J'ose dire que, si une force armée anglaise s'était conduite de la même manière, sur le Haut-Sénégal ou sur le Haut-Congo français et qu'elle se fût rendue coupable d'une violation semblable de ses engagements, il n'y aura't pas eu en Angleterre un seul journal pour la défendre.

« Je tiens à faire remarquer que la Compagnie n'est en aucune façon responsable de l'erreur sérieuse qui a été commise, quand on a permis au lieutenant Mizon d'entrer sur ses territoires avec de l'artillerie, des munitions et une troupe armée de fusils à tir rapide, provenant du Sénégal et du Gabon. Si la Compagnie n'a pas envoyé, à ces nouvelles, l'ordre immédiat de rétablir l'autorité britannique sur ces contrées, c'est parce qu'elle s'inspirait de la sage maxime récemment émise par le premier ministre dans son discours sur l'arbitrage international : « Accoutumons-nous à ne formuler que des demandes justes, modérées et rationnelles ; n'en faisons pas le point de départ de discussions qui pourraient amener l'effusion de sang. » Je ne sais si la presse coloniale française me croira, mais mes compatriotes et toutes les personnes impartiales accepteront mes déclarations.

« D'autre part, nous ne pouvions oublier que les droits que nous défendions sont non seulement précis et incontestables, mais que ce sont des droits impériaux et que, si ces derniers étaient négligés ou si l'on permettait qu'ils fussent violés, toute l'œuvre accomplie au prix de durs sacrifices serait bientôt ruinée.

« J'espère qu'avant peu je pourrai vous informer que les négociations des directeurs ont abouti à un succès ; quant à présent, je puis dire seulement que le gouvernement français a donné au Foreign Office les assurances que n'aurait pu refuser, aucun gouvernement soucieux de respecter les arrangements internationaux, et qui, si les faits répondent aux déclarations écarteront les chances de conflit ».

Il va sans dire que nous ne publions que sous les plus expresses réserves ce document important. Déjà une première fois, lord Aberdare s'était livré à des réquisitoires violents contre notre compatriote et le beau rôle n'a pas finalement été de son côté.

On remarquera que le principal argument de lord Aberdare contre le commandant Mizon est tiré des publications faites en France contre deux des membres de la mission, de retour de la Bénoué. Cela était à prévoir et doit faire comprendre à ces personnes l'imprudence de leur langage, devenu le ban des accusations de la *Royal Niger Company* par la mission française. Nous ajouterons que lord Aberdare n'ajoute rien à la force de son argumentation en l'appuyant sur les dires d'agents mécontents.

A lord Aberdare comme aux journaux français qui ont donné place aux attaques en question, nous nous contentons de dire : Attendez le retour du commandant Mizon, puisqu'il est prochain. C'est alors que nous pourrons discuter utilement sur le passé. Quant à l'avenir, il sera assuré par M. Nebout, le second de M. Mizon et par notre gouvernement, nous en avons la ferme confiance.

A PROPOS DU MOUVEMENT COMMERCIAL
Entre la Tripolitaine et le Soudan central

LETTRE DE M. MÉRY

M. Georges Rolland, membre du Comité de l'Afrique Française, nous communique la lettre suivante qu'il a reçue de M. Méry.

Toulouse, juillet 1893.

Je lis dans le *Bulletin du Comité de l'Afrique Française* du mois de juillet 1893, le compte rendu de la déposition faite devant le Comité, dans sa séance du 15 juin dernier, par l'arabe Mohamed el Zagghar, de Tripoli.

Un passage de ce compte rendu tendrait à faire croire que le commerce annuel de Tripoli avec le Soudan ne comporte, en tout, qu'un mouvement de 500 chameaux au départ de Tripoli, que, par suite, il est insignifiant, et qu'en conséquence la pénétration commerciale de l'Afrique Française par le Nord n'a que peu d'intérêt pour nous. Or, ce sont là des assertions contre lesquelles je tiens à protester énergiquement.

Grâce à l'obligeance de M. le commandant Monteil, j'ai pu, à mon tour, avoir, en votre présence, un entretien avec Mohamed el Zagghar, ainsi qu'avec deux gros négociants de Tripoli.

De cet entretien il résulte que Mohamed el Zagghar avait compris qu'on ne l'avait interrogé que sur le commerce se faisant par la route de Mourzouk et de Bilma, à destination du Ouadaï ou du Bornou directement (route que cet indigène a l'habitude de suivre), et qu'il n'avait nullement entendu parler dans sa réponse, du commerce soudanien de Tripoli par Rhadamès, Rhat et l'Aïr, lequel est, en effet, beaucoup plus important. Selon mes interlocuteurs, le nombre des chameaux qui partent annuellement de la Tripolitaine chargés de marchandises à destination du Soudan, est, dans les plus mauvaises années, d'environ 5,000, dont plus de 3,000 de Tripoli vers Rhadamès et Rhat, l'Aïr et Kano (ou autres marchés du Soudan central), 500 à 600 sur Mourzouk, Bilma, le Ouadaï (ou autres régions du Soudan). Certaines de ces caravanes comptent, au départ de Tripoli, 500 chameaux, et parfois bien davantage. Ces indications ne comprennent, d'ailleurs, ni le retour, ni le mouvement des caravanes en Tripolitaine même, par exemple entre Tripoli et le Fezzan ; elles ne se rapportent qu'aux expéditions de marchandises européennes pour le Soudan. Elles ne tiennent pas compte davantage des chameaux loués aux Azdjer, puis aux Kel-Oui, pour la traversée de leurs territoires respectifs, ni du mouvement spécial de caravanes entre le Soudan central et Bilma (lequel semble comprendre à lui seul 6,000 chameaux), etc. On arriverait alors à de bien autres chiffres.

Quoi qu'il en soit, et en présence de ces contradictions, je n'ai aucune raison, jusqu'à nouvel ordre, pour modifier mes évaluations précédentes, d'après lesquelles j'estimais que, bon an mal an, 8,000 chameaux environ partaient annuellement de la Tripolitaine chargés d'objets d'échange à destination du Soudan central. Cette estimation concorde, en effet, avec les renseignements positifs que vous m'aviez chargé de recueillir à Tripoli même, et qui se trouvent résumés dans l'exposé suivant.

G. MÉRY.

LE GROUPE COLONIAL DE LA CHAMBRE

Le groupe colonial de la Chambre, dans sa dernière séance, tenue sous la présidence de M. Etienne, a renouvelé les vœux suivants :

1º Que le gouvernement agisse vigoureusement et définitivement à Bangkok, pour faire respecter les droits de la France ;

2º Que le gouvernement prenne les mesures préparatoires indispensables à l'établissement d'un protectorat réel et incontesté à Madagascar ;

3º Que le gouvernement arme le commandant Monteil de

tous les pouvoirs et moyens nécessaires au règlement rapide des difficultés franco-congolaises sur le haut Oubanghi ;

4º Que le gouvernement seconde les relations commerciales avec l'Ethiopie et organise Cheikh Saïd ;

5º Que le gouvernement donne, à nos agents de Chine, l'instruction de protéger fermement nos missions de Corée, du Yunnan, du Sze-Tchouen et du Thibet, sans cesse menacées ou persécutées, et qu'il leur obtienne justice en vertu des traités ;

6º Que le gouvernement envoie au Maroc les agents nécessaires pour contrebalancer l'influence des nouveaux agents anglais, et renforce sérieusement nos postes du Sud et de l'extrême Sud algérien pour assurer la police des territoires encore ouvert aux intrigues marocaines ou européennes ;

7º Que le gouvernement distribue aux Chambres, avant la fin de la législature, les documents diplomatiques réclamés sur la situation de l'Egypte, sur les actes de la commission internationale de la dette publique et sur le fonctionnement de la réforme judiciaire en Egypte, et qu'il prenne pour base de ses négociations avec les puissances sur la réforme judiciaire, les conclusions du savant rapport déposé par M. Gotteron au nom de la commission des services administratifs.

Ce septième vœu a dores et déjà été réalisé, au moins en ce qui concerne la distribution d'un *Livre jaune*.

COLONIES FRANÇAISES
ET PAYS DE PROTECTORAT

LA MISSION MONTEIL

M. le capitaine Decazes, dont nous avions annoncé le départ pour le Sénégal, et qui était chargé de recruter le personnel indigène de la mission Monteil, a rencontré certains obstacles dans l'accomplissement de cette tâche. Mais toutes les dificultés sont aujourd'hui aplanies et le détachement sera bientôt prêt à embarquer.

Le commandant Monteil a mis en adjudication le transport de ses marchandises, qui comportent un fret de plus de 300 mètres carrés ; le paquebot qui doit les emporter devait partir de Marseille vers le 25 juillet. Il débarquera à Loango tout le matériel de la mission, qui sera dirigé aussitôt sur Brazzaville, sous la surveillance de MM. François et Comte.

Le commandant Monteil, accompagné de son frère Henri, maréchal des logis aux chasseurs, partira vers la fin d'août pour Loango.

TUNISIE

On nous écrit de Tunis qu'il vient d'arriver dans l'extrême Sud, à Tatahouine, deux délégués touareg qui auraient été envoyés par le scheik Aïssa afin de régler amiablement un différend entre les Azdjer et les Ouderma, survenu à la suite d'une razzia opérée par ces derniers en 1889. Ces délégués sont porteurs d'une lettre de recommandation de M. Foureau, du 29 janvier 1893, que ce savant voyageur leur avait remise au cours de la dernière mission dont il avait été chargé par le gouvernement général de l'Algérie.

L'importance de cette démarche faite spontanément par des représentants de ces tribus touareg est considérable ; c'est là un indice précieux des résultats que l'on est en droit d'attendre de la prudente et habile politique suivie au Sahara par M. Jules Cambon, et des efforts qu'on fait à Tunis pour seconder le gouverneur général.

SÉNÉGAL

Une épidémie de choléra sévit dans la colonie : la moyenne des décès cholériques est de 20 par jour. De nombreux décès sont constatés à Dagana, Podor, Bakel.

Le Soudan a imposé une quarantaine de 25 jours aux provenances du Sénégal.

SOUDAN FRANÇAIS

M. le colonel Archinard, commandant supérieur du Soudan, est arrivé le 29 juin à Saint-Louis ; il était accompagné du chef d'escadron Klobb de l'artillerie de marine, son chef d'état-major, du commandant Quinquandon, de retour de sa mission dans le Kénédougou, du médecin de première classe Collomb, de M. Merleaux-Ponty, chef du secrétariat, ainsi que d'un certain nombre d'officiers autorisés à rentrer en France.

En l'absence du colonel Archinard, le commandement intérimaire du Soudan a été laissé à M. le chef de bataillon Bourgey, en attendant le retour du colonel Combes.

Avant de partir de Kayes, le 21 juin, le colonel Archinard a envoyé au gouverneur du Sénégal les renseignements qui suivent sur la situation au Soudan, renseignements qui complètent ceux que nous avons donnés dans notre dernier numéro sur l'issue de la campagne :

Ahmadou, arrêté dans le Doucntsa (Macina), essayait de recruter des partisans pour continuer à fuir dans l'Est avec quelque sécurité. Le capitaine Blachère, commandant de Bandiagara, partit pour le déloger et lui tua une centaine de partisans ; il le poursuivit, la nuit, et le rejoignit à Dalla où il fut arrêté quelque temps à l'entrée du défilé du Hombori par une vingtaine de fidèles qui se firent tuer jusqu'au dernier. La famille d'Ahmadou a été capturée. Nous n'avions à déplorer, de notre côté, aucune perte ; le lieutenant Arago, légèrement blessé, est aujourd'hui complètement rétabli.

Le capitaine Cogniard, nommé commandant de Sokolo, a été très bien reçu : Bougoumi lui a envoyé son cheval pour faire sa soumission.

Du côté de Samory, les nouvelles sont bonnes ; le colonel Combes est toujours à Kankan, il reçoit journellement la soumission de chefs sofas avec leurs troupes en armes ; l'un d'eux est venu avec plus de 3.000 hommes.

Karamoko, fils de Samory, accompagné de quelques bandes de sofas, ayant essayé de prendre pied dans le Bouzié, au sud de Kissi, en a été expulsé par la population, aidée de quelques tirailleurs indigènes, qui lui ont infligé des pertes sérieuses.

Le commandant Brisse est chargé du commandement de la région Ségou-Sokolo-Bandiagara ; le commandant Richard est chargé du commandement de la région Siguiri-Kankan-Kissi-Dougou.

Malheureusement, à peine de retour en France, le colonel Archinard qui avait quitté le Sénégal en assez mauvais état de santé, a été pris d'une fièvre bilieuse qui a nécessité les plus grands soins ; le colonel s'est retiré au Havre ; il n'a pas pu encore rédigé le rapport que M. Delcassé attend de lui sur les opérations militaires de la campagne 1892-93.

La mission Quiquandon. — Nous avons dit plus haut que le commandant Quiquandon était rentré en France par le même paquebot qui ramenait le colonel Archinard. Aussitôt à Paris, le commandant a été reçu par le sous-secrétaire d'Etat aux Colonies à qui il a rendu compte de son voyage.

On se rappelle que cet officier, qui s'était signalé au cours de la mission qu'il avait remplie pendant près de deux ans auprès de Thiéba, avait été envoyé de nouveau au Soudan par M. Jamais pour exercer les mêmes fonctions auprès du roi du Kenedougou. Mais Thiéba mourut avant l'arrivée à Sikasso du commandant Quiquandon, qui pourtant put intervenir à temps pour éviter les désordres qu'allait entrainer la succession au trône. En réalité, la mission dont il était chargé s'est trouvée sans objet et le commandant Quiquandon a demandé à rentrer en France.

GUINÉE FRANÇAISE

La mission Alby. — On écrit de Konakry à la *Politique Coloniale* :

M. Alby, administrateur colonial, envoyé en mission au Fouta-Djallon, vient de rentrer à Dubreka. Voici, sommairement exposés, les premiers résultats de ce voyage :

Le trajet de Dubreka à Timbo peut s'effectuer en *treize jours* par le Kanea et le Kin-am. Le trajet de retour peut se faire en *neuf jours*, soit cinq jours de Timbo à Demokoulima et quatre jours de Demokoulima à Dubreka, par la route de Ningeti.

M. Alby a séjourné quinze jours au Fouta, tant à Timbo qu'à Kounta. Il a vu fréquemment l'almamy Bokar Biro. Il a été parfaitement reçu par eux et a gagné leurs bonnes grâces. Il a réglé, avec Hamadou, les différentes questions qu'il avait reçu mission de traiter. Aussi est-il permis d'espérer que les résultats du voyage ne tarderont pas à se faire sentir dans nos relations avec le Fouta.

COTE D'IVOIRE

M. le gouverneur Binger est parti pour rejoindre son poste.

— Il s'est embarqué sur le vapeur qu'il a, on le sait, récemment acheté pour le compte de la colonie et auquel il a donné le nom de : *Capitaine Ménard*.

Je vous ai déjà fait parvenir des renseignements concernant les étranges procédés des représentants de la république de Liberia sur la côte de Kroo, les combats qu'ils ont engagés avec les indigènes, de Rockstown et au cap Palmas, sous les prétextes les plus futiles, leurs intrigues, leur immixtion dans les troubles qui se sont récemment produits aux environs de Cavally. On me communique aujourd'hui la nouvelle suivante, que je tiens d'une bonne source :

Le vapeur *Sherbro*, qui vient d'arriver dans la Mersey, s'est rendu à Cavally, lors de son voyage de retour le long de la côte africaine, afin de débarquer un certain nombre de Krooboys rapatriés de Bonny (protectorat des côtes du Niger) par les soins du commissaire sir Claude Macdonald. Des canots partirent de Cavally pour venir chercher ces indigènes, pendant que le *Sherbro* jetait l'ancre. A ce moment parut un petit navire de guerre libérien, le *Gorronommah*, dont vous aviez annoncé le départ de Liverpool et l'arrivée à Monrovia. Le commandant du *Gorronommah*, après avoir soumis le capitaine du *Sherbro* à un interrogatoire qui ne le satisfit pas, lui ordonna soudain de lever l'ancre et de quitter les eaux de Cavally dans les quinze minutes, sous peine d'être canonné. Le *Sherbro* céda à ces menaces et cingla vers Sierra Leone, où il déposa le reste des Krooboys et fit part de l'incident aux autorités anglaises. Pendant qu'il se retirait, le commandant du *Gorronommah* ordonna à ses hommes de faire feu sur les canots emportant les Krooboys vers la côte ; mais ceux-ci étaient déjà trop éloignés pour que les balles pussent les atteindre.

Cet incident concerne plus directement qu'on ne le pourrait croire les intérêts de la France sur la côte occidentale d'Afrique. C'est une chose bien connue, en effet, que l'attention avec laquelle les Anglais guettent cette partie de la côte, et vous savez que, lors des derniers troubles de Cavally, un navire de guerre britannique y fut immédiatement envoyé. Il est évident qu'au point où en sont les choses et avec son désir de trouver des prétextes à intervention, l'Angleterre saisira peut-être l'occasion que lui présentent les menaces de coups de feu adressées à un vapeur anglais.

COTE DE BÉNIN

La Chambre des députés a voté une loi portant ouverture d'un crédit extraordinaire de 7 millions pour les dépenses d'occupation et d'administration des établissements du golfe de Bénin pendant l'année 1893.

D'après l'exposé des motifs, les dépenses totales s'élèveront à 7.900.504 fr.. mais il convient de tenir compte du crédit de 900.000 fr. inscrit au budget colonial pour l'entretien des postes au golfe du Bénin. Quant à la durée de l'occupation militaire, le gouvernement estime, d'accord avec le général Dodds, que les effectifs actuels doivent être maintenus au Dahomey jusqu'au jour prochain où les derniers vestiges de la puissance du roi Behanzin auront disparu. Dès que ce résultat aura été obtenu, des mesures seront prises pour réduire sensiblement l'occupation militaire et pour assurer le développement économique des régions soumises à notre autorité.

Le bruit court, d'ailleurs, que Béhanzin demanderait à avoir une entrevue avec un représentant du gouvernement français.

Le rapport du général Dodds. — Le *Figaro* a eu entre les mains le rapport officiel du général Dodds sur l'expédition du Dahomey, rapport que le gouvernement n'a pas encore publié. Il en a donné une analyse dont nous détachons les passages suivants.

Le général Dodds indique que Behanzin n'eut jamais d'intentions pacifiques :

En signant le traité du 3 octobre 1890, le roi du Dahomey, Behanzin, avait la résolution bien arrêtée de ne pas l'observer. Son but était de gagner du temps pour compléter et perfectionner son armement et s'approvisionner en munitions. Il était encouragé dans cette voie par certaines maisons de commerce établies à Ouidah, qui avaient sollicité et obtenu d'importantes commandes de fusils à tir rapide, et même de bouches à feu.

En mars 92, le royaume de Porto-Novo est envahi, une canonnière attaquée ; le Parlement décide l'envoi d'une colonne expéditionnaire dont il confie la direction au colonel Dodds.

La mission qui lui est assignée est, d'abord, d'étudier sur place la situation, de mettre le gouvernement en mesure de prendre une décision au sujet de la conduite à tenir, et, en attendant, de garantir les possessions françaises du Bénin contre les attaques de l'armée dahoméenne, tout en infligeant à celle-ci une sévère leçon, si elle se présente à notre portée.

Moins de huit cents hommes et six bâtiments constituant alors nos forces au Dahomey, et les effectifs de Behanzin étant estimés une quinzaine de mille hommes, le colonel Dodds demande des renforts et prépare à Dakar la formation de compagnies de volontaires.

Dans les premiers jours de juin, Behanzin renforce ses troupes autour de Kotonou, mais il attend des armes pour commencer l'action. Le 25 juin, on déclare le blocus de la côte dahoméenne ; Behanzin attaque alors un village, notre flottille bombarde plusieurs points du Décamé, et le colonel Dodds décide de marcher sur Abomey, comptant sur le concours des populations voisines du Dahomey et ennemies de Behanzin.

Les efforts tentés pour soulever ces populations ont échoué

par suite de leur apathie, de leur anarchie et de la terreur que leur inspiraient les Dahoméens. Aucune des promesses faites par leurs chefs n'a été tenue. Une centaine d'Ibadans seulement a été envoyée à Porto-Novo; soixante-dix d'entre eux ont été armés pour être employés à éclairer la colonne envoyée dans le Décamé; ils ne se sont fait remarquer que par leur lâcheté, leur paresse et en même temps leurs prétentions. On a dû les licencier dès la fin de cette période d'opérations.

Le général Dodds ajoute :

Behanzin paraît avoir toujours été exactement renseigné sur ce qui se passait en France. C'est ainsi qu'il a connu, avant même le lieutenant-gouverneur de Porto-Novo, le vote du crédit de 3 millions destiné à faire l'expédition.

Les difficultés de la marche en avant sont ainsi retracées :

Les plus grosses difficultés qu'on aura à vaincre proviendront, on le sait d'avance, non pas du nombre ou de la valeur de l'ennemi qu'on va rencontrer, mais de l'insalubrité du pays, du manque des routes et des moyens de transport, enfin de la nature même de la région qui ne constitue, dans son ensemble, qu'une immense forêt dont les dessous, garnis d'arbustes et d'une herbe géante (plus de deux mètres de hauteur) et épaisse, forment une « brousse » impénétrable

Il faudra, en marche ou en station, débroussailler constamment soit pour élargir le sentier à suivre, où un mulet et à plus forte raison une voiture ne peuvent pas passer, soit pour établir le bivouac et créer un champ de tir en avant.

On doit s'attendre à trouver l'ennemi embusqué dans cette brousse, où un fusil à pierre, tiré à 10 mètres, produit le même effet que les armes de précision. On aura donc, sinon des surprises, au moins des attaques inattendues, et c'est surtout sur les chefs que se porteront les coups. On marchera constamment le fusil d'une main, le coupe-coupe de l'autre; l'habileté des indigènes et des Sénégalais dans le maniement de ces outils sera aussi précieuse que leur courage.

Vers le 22 août, le Décamé fait sa soumission, de nouveaux renforts arrivent, et le général Dodds retrace l'itinéraire qu'il a suivi, indique comment s'est opérée la concentration des troupes, et raconte ainsi la rencontre du groupe commandé par le commandant Riou avec quatre à cinq mille Dahoméens, rencontre dans laquelle sont tués le commandant Faurax et le lieutenant Badaire :

Le 19 septembre, à cinq heures du matin, profitant de l'obscurité qui règne encore, l'ennemi, qui s'est approché de la face droite (*Est*) sans avoir été découvert, va se jeter sur la compagnie d'infanterie de marine, quand il est aperçu à la lisière du débroussaillement.

Le poste avancé, averti par la sentinelle, ouvre immédiatement le feu, mais il est obligé de se replier, poursuivi par les Dahoméens; l'attaque se prononce avec une extrême énergie.

La ligne de tirailleurs formée par la compagnie d'infanterie de marine dont les hommes, éveillés par la fusillade, se sont déployés en avant des abris, et par la section d'artillerie dont les canonniers combattent avec le mousqueton, brise cet élan par un feu rapide et arrête l'ennemi à environ cinquante mètres.

En même temps, l'*Opale*, mouillée à hauteur du bivouac, dirige le tir de son artillerie sur la ligne de retraite de l'ennemi.

Une compagnie de légion tirée de la première face (*Nord*) du carré se déploie à la gauche de l'infanterie de marine dont la droite est prolongée par une section de légion venant de la quatrième face (*Sud*); enfin, la moitié de la 3e compagnie de légion, venant aussi de la première face, renforce bientôt l'ensemble de la ligne.

Pendant que l'infanterie de marine continue le feu de tirailleurs qu'elle a ouvert dès le début, la légion exécute des salves de section et un certain nombre de tireurs habiles délogent les Dahoméens embusqués au sommet des arbres, d'où ils dirigent particulièrement leurs coups sur les officiers.

Vers six heures, l'ennemi, arrêté et décimé, commence à plier. Après quelques retours offensifs, probablement tentés en vue d'enlever les morts, son mouvement en arrière se prononce.

La ligne de combat se porte en avant par bonds de trente mètres, et l'ennemi, visiblement découragé, plie devant elle et regagne l'abri de la brousse. Quelques salves bien dirigées et le tir à mitraille des deux pièces d'artillerie, dont les servants ont repris leur poste normal, délogent les tireurs postés dans les arbres; la crête est occupée par nous, et le feu de l'ennemi devient dès lors peu efficace.

Mais la marche en avant, rendue très pénible par l'épaisseur du fourré, est lente. Vers sept heures, l'ennemi est en pleine retraite sur tous les points. Des salves exécutées au jugé accélèrent son mouvement. A huit heures, le feu a complètement cessé et les reconnaissances lancées en avant ne trouvent plus de résistance.

Cent trente morts dahoméens sont restés sur le terrain; un beaucoup plus grand nombre et tous les blessés ont été enlevés par l'ennemi; beaucoup de cadavres seront encore trouvés plus tard par les reconnaissances.

Pour arriver à passer l'Ouémé sans être inquiété, le général simule l'intention de continuer la marche sur la rive gauche et pousse des reconnaissances dans cette direction. Le brouillard aidant, le fleuve est passé sans encombre et on essaye de gagner la route d'Abomey. A 2 kilomètres de Gbédé un combat meurtrier s'engage.

Le 8 octobre, la colonne atteint Poguessa, après avoir traversé un vaste camp abandonné, plein de munitions et de vivres. La colonne est maintenant engagée sur le grand chemin d'Abomey, mais l'eau va manquer :

Les puits ont été bouchés par les habitants; il faut augmenter la longueur des étapes afin d'arriver au plus vite au Koto, les quantités d'eau trouvées dans les mares étant totalement insuffisantes et ne fournissant qu'une boisson de mauvaise qualité.
Le 10, au soir, à Kossoupa, manque complet d'eau.
La marche du 11 sur Oumboumédi est pénible, le chemin étant entièrement défoncé par une tornade qui éclate au moment du départ. Le soir, on a des indices sérieux du voisinage de l'ennemi; dès le 12 au matin, on reprend le contact avec lui.
Dès huit heures du matin, le feu s'engage et jusqu'au soir il faut combattre contre un ennemi nombreux et tenace qui nous harcèle, nous charge avec le plus grand courage et à plusieurs reprises tente des mouvements tournants ayant pour objectif le convoi et la queue des colonnes.
La marche se fait baïonnette au canon, les pièces d'artillerie à la bricole, par bonds de 200 mètres séparés par des feux de salve. La charge à la baïonnette est employée pour la première fois et à plusieurs reprises. Elle inspire une telle terreur à l'ennemi que, dans l'après-midi, il ne se rapproche plus autant et se maintient à environ 200 mètres des faces du carré.
Vers trois heures du soir, on bivouaque en arrière d'une clairière, mais sans eau, et il faut en envoyer chercher au bivouac de la veille.
On n'a pas d'eau; les sondages n'en font pas découvrir. Les convois qui viennent de rejoindre vont, comme le reste de la

colonne, se passer de boire quand une tornade violente permet d'abreuver hommes et chevaux.

Pour la première fois l'ennemi s'est servi de balles explosibles. On en signalera désormais à chaque engagement.

La colonne est arrêtée devant les trois lignes successives de défense qui protègent la rivière du Koto.

Une attaque des Dahoméens est repoussée, mais la situation est critique.

Depuis le 9 au soir on manque d'eau; on n'en a pas eu de quoi faire le café, même une fois par jour. Depuis le 11, à midi, il n'a pas été possible de faire une seule distribution régulière de boisson : les soldats souffrent, et les porteurs encore davantage : les ambulances s'encombrent, les convois n'arrivent que péniblement et sont inquiétés en route. Il est décidé que la colonne reprendra, le 16, son bivouac du 13 au soir.

Heureusement la cavalerie peut rapporter 1.100 bidons d'eau à nos troupes.

Les engagements sont très meurtriers ; le commandant Audéoud rejoint la colonne avec des renforts qui permettent de reconstituer le corps expéditionnel sur la base de ses premiers effectifs.

Behanzin propose de faire la paix; mais, comme on lui propose d'évacuer la ligne de Koto, il refuse.

Le 26 septembre, la marche en avant recommence. Kotopa est pris; on franchit une rivière; mais les guides ne reconnaissent plus le pays, ce n'est pas le Koto qu'on a franchi.

Le manque complet de renseignements sérieux, dit le général Dodds, a été la plus grosse difficulté qu'ait rencontrée la conduite des opérations.

Les prisonniers n'ont jamais pu ou voulu parler ; les guides qu'on a pu employer avaient quitté le Dahomey depuis de longues années ou n'avaient jamais dépassé Poguessa ; les cartes n'existaient pas ou étaient fausses : les renseignements recueillis à Porto-Novo étaient inexacts ou insuffisants.

Les Dahoméens nous tendent de véritables guet-apens, ils sont dispersés avec vigueur.

Le corps expéditionnaire mettait le pied au cœur du Dahomey.

Cana, la ville sainte, n'est plus qu'à quelques kilomètres devant nous; à 15 kilomètres plus loin s'élève Abomey. Behanzin veut nous empêcher d'arriver à Cana; notre entrée dans cette ville, notre présence dans le voisinage d'Abomey doivent à jamais compromettre son prestige et anéantir sa puissance.

On approche de Cana.

La population paraît avoir été plus dense; les villages, complètement déserts d'ailleurs, sont nombreux le long de la route ; la brousse est moins épaisse, la vue s'étend plus loin. La marche sera plus facile, les attaques inopinées moins à craindre, mais l'ennemi pourra se défendre encore plus facilement : les murs en terre, les caves, les maisons royales abondent et fournissent des lignes naturelles de défense.

La résistance de Behanzin est encore plus énergique.

Après une courte fusillade à moins de 50 mètres, une charge à la baïonnette en a eu la culbute sur Cana.

C'est encore à la baïonnette qu'on les déloge d'une très forte position, défendue avec opiniâtreté, sur la lisière et aux abords boisés du village de Diokona, faubourg de Cana.

Pendant toute la journée, ils ont montré un acharnement plus grand encore, s'il est possible, que dans les combats précédents.

En particulier, une bande de trois cents soldats environ a tenu la tête de toutes les attaques et a laissé la plus grande partie de son effectif sur le champ de bataille.

D'après les renseignements recueillis après le combat, cette troupe était composée de soldats d'élite qui avaient prêté à Behanzin le serment de ne pas reculer devant nous.

La colonne bivouaque aux portes mêmes de Cana.

Les troupes françaises entrent dans Cana et on connaît les incidents qui signalent la marche de la colonne expéditionnaire jusqu'à Abomey :

Le pays est désert.

A midi, halte à Aouanzon, près Djibé, en vue des premières constructions d'Abomey. A une heure, on voit la ville en feu, Behanzin l'incendie, avec ses propres palais, avant de fuir. Les reconnaissances de cavalerie rendent compte que la ville est en flamme sur une étendue de 3 kilomètres : les faubourgs sont abandonnés et brûlent également. On ne peut, dans ces conditions, songer à pénétrer dans la ville ; le bivouac est établi sur place et fortement retranché.

L'incendie dure pendant toute la nuit.

Le 17 au matin, reprise du mouvement. Pas de coup de feu, pas un ennemi en vue. A quatre heures, le corps expéditionnaire installe son bivouac dans la cour principale du palais du roi. Ce palais, comme la ville, est complètement brûlé. Behanzin a disparu vers le Nord. Les reconnaissances lancées sur ses traces jusqu'à Vindouté ne trouvent que des campements abandonnés à la hâte et un pays désert.

La colonne d'Abomey est dissoute le 1er décembre.

Le général Dodds ne se fait pas d'illusion sur les sentiments de Béhanzin, mais il le croit réduit à une impuissance définitive; il termine ainsi :

Sans doute, les rôdeurs échappés de son camp et cherchant des vivres peuvent encore piller les villages nagos de la région d'Abomey et tendre à nos reconnaissances du haut pays des embuscades. Les pertes que nous éprouverons dans ces rencontres seront encore sensibles, les officiers surtout étant visés par ces bandits abrités dans la brousse impénétrable. Mais ce n'est plus là qu'une poursuite de pirates, et non plus la guerre qui semble désormais finie.

La misère et la faim achevèrent l'œuvre commencée par la force, si Behanzin ou son entourage ne se décident pas eux mêmes à bref délai à chercher une issue à leur situation actuelle en se remettant entre nos mains.

Il n'appartient qu'au gouvernement de fixer les conditions de cette reddition, telles qu'elles soient acceptables pour un adversaire dont il faut reconnaître le courage et l'énergie.

CONGO FRANÇAIS

On lit dans la *Politique Coloniale* :

On commence à être surpris de n'avoir reçu aucune nouvelle de M. Ponel, envoyé de la Haute-Sangha, par M. de Brazza, à Ngaounderé et à Yola, et qui devait rentrer par la Bénoué et le Niger, faisant en sens inverse le premier itinéraire de Mizon. Il a quitté les postes français de la Haute-Sangha dans les premiers jours de janvier dernier, accompagnant le chef que le Sultan de Ngaounderé avait envoyé auprès de M. de Brazza.

D'après les prévisions, il devait arriver à Yola au plus tard deux mois et — en mettant les choses au pire — trois mois après, c'est-à-dire en mars ou avril. Or, rien n'est venu signaler sa présence à Yola ou dans tout autre partie du bassin du Niger.

D'autre part, du Congo, on n'a reçu non plus aucune indication sur le voyage de M. Ponel.

Dès lors, on comprend que l'on ne soit pas sans inquiétude sur le sort de notre agent et il est à présumer que l'administration des colonies sera prochainement en mesure de rassurer les amis et collègues de l'explorateur.

MAROC

On écrit de Tanger :

A la tête de son armée, Sa Majesté Chérifienne a quitté Fez déjà depuis environ trois semaines, en prenant la route de Séfrou dans la direction des montagnes des Aït-

Youssi. Mouleï-Hassan espère pouvoir se rendre, ainsi qu'il en avait exprimé l'intention, jusqu'au Tafilalet.

Pour paraître donner à ce déplacement moins d'importance, la cour chérifienne a répandu le bruit que Mouleï-Hassan était simplement désireux de prier sur la tombe de ses ancêtres sortis, ainsi que l'on sait, du Tafilalet. Mais il n'en est pas moins vrai que, dans les circonstances actuelles, et après les événements qui ont tant attiré l'attention de nos gouvernants du côté des oasis sahariennes du Touat et du Gourara, nous ne pouvons que surveiller d'un œil extraordinairement attentif le déplacement du chérif marocain, qui pourrait aisément se transformer, à un moment donné, en une action dirigée contre nous, et d'autant plus à redouter que les moyens d'informations et de contrôle en ces régions lointaines nous font presque complètement défaut.

Nous apprenons que de Séfrou, c'est-à-dire à peine à deux étapes de Fez, le Sultan a congédié les missions militaires française et espagnole qui accompagnaient, selon l'usage, sa colonne. Cette mesure a jeté un profond étonnement dans le monde des légations de Tanger, qui voient dans cet acte une preuve manifeste que la cour marocaine désire se débarrasser d'officiers évidemment pleins de mérite, mais qui, depuis déjà quelques années, en raison des circonstances politiques et du fanatisme régnant, étaient de moins en moins utiles.

Le bruit a couru récemment à Fez, et avec une persistance qui lui donne une grande vraisemblance que Moulai Rechid, un des oncles du Sultan, qui, depuis de longues années, représentait l'administration chérifienne de la cour de Fez au Tafilalet, venait de mourir. Le sultan trouvera donc, si cet événement se confirme, une situation assez troublée dans cette région où le parti des mécontents et des agitateurs ambitieux est considérable. Mouleï-Hassan attachait une grande importance à cette expédition, car les préparatifs poussés depuis plusieurs mois en ont été considérables. Il n'y a pas jusqu'aux tribus si peu soumises et si éloignées des Beni Guill, des Douï Menia, des Oulad Djeri, pillards légendaires des frontières oranaises, qui n'aient reçu des réquisitions de la cour de Fez et l'ordre d'amener plusieurs milliers de chameaux pour le transport des vivres nécessaires à l'armée marocaine. Il sera bon que notre diplomatie se souvienne de tous ces incidents pour détruire les arguments d'impuissance que le gouvernement marocain est trop aisément tenté de mettre en avant quand nous lui présentons nos réclamations de frontières. Voici donc maintenant les Beni Guill et les Oulad Djeri qui se montrent, par leur obéissance à déférer aux ordres de réquisition du sultan, sous un jour nouveau, ce qui nous enseigne combien le gouvernement chérifien pourrait mettre bon ordre à toutes leurs déprédations, s'il le voulait.

On m'assure d'une source autorisée que Mouleï-Hassan voudrait pousser jusqu'à l'Ouad Guirr, où de grands approvisionnements ont été concentrés. Depuis quelque temps déjà, l'administration chérifienne avait défendu aux gens des oasis de l'Ouad Ziz toute vente de grains avant la réunion de plusieurs milliers de charges que l'on destinerait, paraît-il, au Tidikelt, et Bou-Amama, notre vieil ennemi, est seul autorisé à achever son ravitaillement.

On voit donc avec quelle persévérance et sous l'empire de quels habiles conseils le Sultan continue sa politique d'ingérence saharienne ; c'est à nous de veiller, de notre côté, afin d'être en mesure, quand il le faudra, d'arrêter de si beaux projets qui ne visent à rien moins qu'à compromettre nos établissements oranais et la sécurité de notre Extrême Sud algérien. Et cela est si vrai que, depuis ces bruits d'expédition marocaine, la situation le long de notre frontière du département d'Oran s'aggrave singulièrement ; on signale, en effet, une recrudescence dans les incursions des Oulad Djerir, qui, dans l'espoir d'être

soutenus par le Sultan, ont osé tout récemment s'avancer jusqu'aux puits dit « Oglat el Hady Mohammed », situés dans le prolongement incontesté et incontestable de notre territoire, et les combler aussi bien pour gêner nos reconnaissances que pour empêcher les déplacements de nos tribus algériennes, telles que les Hamyanes, qui, à chaque saison, s'en vont camper en ces régions pour y faire pâturer leurs troupeaux. Mais à toute médaille il y a un revers, et, à présent que l'objectif de l'expédition du Sultan est connu, les tribus qui n'ont pas à redouter la venue du Sultan marocain ne manquent pas de s'insurger, afin de régler en sécurité leurs vieux comptes en train avec leurs voisins ou plus fréquemment avec leurs caïds ou leurs gouverneurs. Ainsi, on me signale un commencement de petite insurrection chez les Beni Idder, populations qui, à la vérité, n'ont jamais brillé par leur soumission, mais dont le territoire a une extrême importance stratégique, car il commande en partie toute cette région montagneuse du Djbel Habib où passe la route directe de Tetouan à Fez.

ÉTAT INDÉPENDANT DU CONGO

Divers télégrammes ont apporté durant ce mois de bonnes nouvelles. Voici les termes de la note officielle par laquelle l'administration du Congo fait part d'une nouvelle victoire remportée par ses agents :

Un télégramme du Congo annonce que les Arabes des Falls, ayant attaqué la Résidence le 15 mai dernier, ont été complètement battus et dispersés par la garnison des Falls, renforcés d'une partie des troupes de Basokos, que commandait M. Chaltin. Le résident, M. Tobback, qui a dirigé ces opérations, ajoute que les Arabes ont laissé dans ses mains leurs armes et leurs munitions comprenant notamment 100 barils de poudre. A la suite de cette victoire, l'État a établi un poste à Isanghi, un ancien fort arabe.

D'autre part, le conseil directeur de la Société anti-esclavagiste de Belgique a reçu les courriers de MM. Jacques et Long, datés respectivement de Karema, 5 janvier, et M'Pala, 11 janvier, confirmant la jonction complète de la caravane du lieutenant Long avec le capitaine Jacques.

— La Constituante belge a enfin tranché la question de l'annexion possible de l'Etat indépendant par la Belgique ; elle a adopté une clause permettant l'annexion par un simple vote du Parlement, après avoir écarté les propositions des opposants qui réclamaient diverses mesures de sûreté et même le referendum populaire.

POSSESSIONS ANGLAISES

Afrique Orientale. — OUGANDA. — Le *Times* a publié dans ses numéros des 6 et 7 juillet deux lettres d'un correspondant spécial qu'il a envoyé dans l'Ouganda ; elles sont très curieuses et leur sincérité mérite l'attention. Le correspondant, dont les lettres sont du mois d'avril, après avoir donné quelques impressions de voyage, entre dans le cœur de son sujet et donne les conclusions auxquelles il est arrivé, et qui sont les suivantes :

1° On a beaucoup exagéré le nombre de la population de l'Ouganda. Selon lui, les quatre cinquièmes du pays sont inhabités et l'on fait des milles et des milles sans rencontrer un être humain ou une habitation ;

2° Le pays fournit abondamment de quoi nourrir les habitants ;

3° Les bruits que l'on a fait courir sur le compte des catholiques sont fort exagérés et, dans certains cas, absolument dénués de fondements. Il est vrai que les catholiques sont mécontents de leur situation présente et qu'ils ont des griefs réels ou imaginaires, ce qui leur fait prendre, assez naturellement, une attitude indépendante. « Quoi qu'il en soit, ils ont indiscutablement tiré le meilleur parti possible de la situation et l'œuvre qu'ils ont accomplie dans les derniers mois est digne, à tous les points de vue, des plus grands éloges. » Cet hommage rendu aux catholiques, le correspondant du *Times* proteste contre l'idée de certaines personnes que la province de Bouddou est plus que suffisante pour leurs besoins. Cela lui paraît aussi absurde que de dire que le district de Chagoué doit suffire aux protestants. Quant à ces derniers, le correspondant du *Times* estime que, si les missionnaires protestants ont le droit de critiquer leurs rivaux catholiques, on doit réprouver de leur part des critiques de nature à donner de fausses impressions et que, si les catholiques sont certainement à blâmer pour la part qu'ils ont prise dans les désordres récents, les protestants ne sauraient, en aucune façon, être exempts de reproche.

Il se passera du temps avant que la paix règne entre les uns et les autres, paraît-il, car les protestants se sont réjouis de la déconfiture de leurs ennemis plutôt qu'ils n'ont fait bon accueil à leurs tentatives de réconciliation. « En tout cas, on ne peut dire qu'ils aient montré ce noble esprit de pardon qui est un des plus sublimes de tous les principes chrétiens. » Le correspondant du *Times* ne partage pas, on le voit, les idées du capitaine Lugard, qui n'a pas dû lire ces lettres avec une joie sans mélange. Mais quand le correspondant arrive à comparer les catholiques aux protestants, l'avantage reste complètement aux premiers ; ce qui doit encore affliger le capitaine Lugard. Voici, en effet, la dernière conclusion :

4° « Il peut sembler odieux d'établir une comparaison entre les deux Missions ; mais laissant de côté pour le moment la question religieuse, et, envisageant la chose au point de vue pratique, je suis forcé de reconnaître que le système adopté par la Mission française est bien supérieur à celui de la *Church Missionary Society*. »

Mais là ne se borne pas le journaliste anglais. Il s'explique, et, par la façon dont il insiste sur la qualité des missionnaires français, il est facile de se rendre compte de ce qui manque aux membres de la *Church Missionary Society*. Dans la mission française, la discipline et l'ordre le plus parfait ne cessent de régner, de même que l'obéissance envers les supérieurs. Ayant fait le sacrifice de leurs relations mondaines avec leurs parents, avec leurs amis, exilés volontaires et sans avoir devant eux l'espoir de retour, ils n'ont rien qui les entrave, qui les arrête dans leur mission. En outre, ils ont fait un apprentissage spécial à la maison-mère, en Algérie, ce qui fait d'eux des hommes d'une compétence incontestable.

Au contraire, les membres de la *Church Missionary Society*, anciens employés de commerce, à qui l'on a fait suivre quelques cours religieux, arrivent mal préparés pour leur tâche. Or, ce qu'il faut dans ce pays, dit le correspondant, c'est moins la théorie que la pratique. « Civilisez les gens d'abord et évangélisez-les ensuite ; ou, du moins, civilisez et évangélisez en même temps. » L'organisation des missionnaires anglais laisse beaucoup à désirer ; l'obéissance envers leur évêque « brille par son absence », chacun prétendant faire à sa guise et selon ses lumières, ce qui est tout l'opposé de ce qui a lieu dans la Mission française. En outre, les prêtres français visitent leurs convertis dans leurs demeures, autre exemple que devraient bien suivre les protestants.

Il est véritablement fort agréable de lire ces choses, quand on se rappelle ce que disaient des missionnaires français les journaux de Londres, il y a près d'un an, et il convient, en même temps, de rendre hommage à l'impartialité et à la franchise du *Times* et de son correspondant.

Abordant ensuite la question politique, le correspondant ne peut pas répondre (il écrivait au mois d'avril) affirmativement à la question de savoir si le gouvernement anglais annexera ou non l'Ouganda.

Toutefois il lui semble, d'après la tournure que les choses ont prise depuis l'arrivée de sir Gerald Portal, qu'on arrivera à une décision satisfaisante. Mais ce qu'il faut, c'est que le public anglais possède des renseignements plus précis, plus exacts sur le pays afin de se convaincre que la possession de l'Ouganda aura pour l'Angleterre des avantages permanents. En ce qui concerne la situation de l'Ouganda, il est incontestable qu'elle est on ne peut plus favorable pour la suppression du commerce des esclaves dans l'Afrique centrale. En outre, la question de l'esclavage au Soudan devra être résolue un jour ou l'autre et, pour les opérations à entreprendre au Sud, l'Ouganda est une base excellente. Abandonner l'Ouganda aujourd'hui serait ajourner indéfiniment une question qui a longtemps préoccupé les hommes politiques de l'Europe et coûté des millions dépensés en vains efforts pour la résoudre.

Au point de vue commercial, il est impossible actuellement, paraît-il, de se former une opinion exacte sur la valeur de l'Ouganda. Il n'y a qu'un seul article de commerce, c'est l'ivoire, et l'on a fort exagéré la quantité d'ivoire que renferme le pays. Quant à ce que valent le sol et le climat, on ne le saura qu'après expérience faite. Cependant, il est probable que l'on pourrait y cultiver du riz, du blé, du tabac, du coton et peut-être même du thé. Mais il faut, avant d'en venir là, que le chemin de fer soit fait et que les prix de transport aient diminué. Ce chemin de fer, le correspondant du *Times* croit qu'il serait une entreprise profitable.

Reste la question de l'administration du pays qui offre de graves difficultés. Tout d'abord, il y a le système très compliqué des tribus et de leurs chefs beaucoup trop nombreux et parfaitement inutiles. Puis il y a la question de la séparation des protestants et des catholiques qui s'impose et rend indispensable une division religieuse aussi bien qu'une division territoriale. « Les deux partis m'ont affirmé, dit l'auteur de ces lettres, que, à moins qu'on ne les sépare, il y aura des désordres tôt ou tard, — perspective agréable, en vérité ». « Tout cela, conclut le correspondant du *Times*, forme un tableau très triste, et le fait qu'il faut maintenir une force armée dans le pays pour préserver la paix entre deux institutions chrétiennes rivales est une honte pour la civilisation. Il est impossible à ceux qui sont en Europe de se faire une idée complète des difficultés et de la complication de la situation ; mais, si ce que je dis peut les aider à se rendre compte de la question, j'aurai atteint mon but. »

Presque en même temps que le témoignage du correspondant du *Times*, nous avions celui de M. Eugène Wolff, le correspondant du *Berliner Tageblatt,* qui parcourt également l'Ouganda en ce moment. M. Wolff nous a donné le texte de l'arrangement conclu, à la suite d'une conférence qui avait eu lieu à Kampala, le 7 avril, entre le haut-commissaire britannique dans l'Afrique orientale et les évêques français et anglais. Cet arrangement est intitulé « Accord entre les chefs des missions catholiques et protestantes en vue d'un nouveau partage des emplois et des territoires. »

Article premier. — Deux *Katikiros* (ministres de la justice) seront nommés, un par les protestants, l'autre par les catholiques. Leur nomination sera soumise à l'approbation du résident. L'office de *Kimbougué* est supprimé.

Art. 2. — Deux *Miyais* (commandants des troupes) seront nommés, l'un par les catholiques, l'autre par les protestants ; ils résideront tous deux dans la capitale et seront sous les ordres du résident.

Art. 3. — Deux *Gaboungas* (commandants des canots) seront nommés, avec l'assentiment du résident, l'un par les catholiques, l'autre par les protestants.

Art. 4. — A la mort de Roubouga, sœur du roi, qui est catholique, l'office qu'elle remplit sera supprimé.

Art. 5. — Outre le Bouddou, les catholiques auront la province de Kaima, les îles Sessé, le district de Louekoula, et les plantations de Mouanika dans la province de Mougema.

Art. 6. — Les fils de Karema seront internés dans le fort de la capitale, sous la surveillance du résident.

Signé : Alfred, évêque de l'Afrique équatoriale-orientale ;
Hirth, vicaire apostolique du Nyanza ;
Gérald H. Portal, commissaire et consul général de S. M. B. ;
James R. L. Macdonald, capitaine du génie royal.

Par ce traité, comme on le voit, les catholiques recouvrent la plus grande partie du territoire qui leur avait été enlevé à la suite de la guerre civile.

« Ils auraient dû, ajoute M. Wolff, recevoir davantage encore, mais sir Gerald Portal a craint d'augmenter le mécontentement des protestants. L'évêque Tucker a maintenu ses prétentions sur le Torou : il a promis cependant de ne pas y envoyer de missionnaires pendant les six mois qui suivront l'arrangement : ce délai est suffisant pour l'arrivée des instructions de Londres. Les missionnaires catholiques peuvent aller au Torou, mais à leurs risques et périls, l'occupation militaire de ce district n'étant pas encore terminé. »

M. Wolff donne aussi un récit intéressant et hautement élogieux des premières mesures prises par le commissaire britannique, sir Gerald Portal, en vue de l'organisation de l'Ouganda.

La construction de trois grandes routes militaires figure en première ligne dans les plans de sir Gerald Portal. La première, allant du Nil à Kampala, en traversant diverses provinces, au fort de South Unyoro, et la troisième, s'embranchant à Katambala, conduisant au centre de la province catholique de Buddou.

Par ces routes, on établirait un service postal express hebdomadaire entre Ousaga, Kampala, l'Unyoro méridional et Buddou, partout, enfin, où sont établis des Européens, partout où il y a des fonctionnaires ou des missionnaires ; et les chefs de tribus des diverses provinces seraient rendus responsables de la régularité du service. En face de l'île de Balingugwe, on construirait un port, pour servir d'abri aux bateaux-postes et aux caravanes. On établirait aussi un poste sur le petit lac Salé qui se trouve au nord du lac Albert-Edouard, pour l'exploitation du sel.

— Il résulte des dernières dépêches que Sir Gerald Portal, au moment de quitter l'Ouganda, y aurait été rappelé par des troubles sérieux, mais sur lesquels nous ne sommes pas renseignés encore.

Afrique australe. — Tout a réussi jusqu'ici à merveille à la British South Africa Company : en peu d'années elle a pu prendre possession d'une bonne partie des immenses territoires que lui abandonnait sa charte de concession ; elle a fait plus et a pu les mettre en exploitation, car déjà une ville s'élève dans ce qui était jadis le désert à mi-chemin entre le Transvaal et le Zambèze ; les environs de Fort-Salisbury sont allottis entre des colons désireux de s'enrichir, une bonne route la réunit au Cap, en attendant que le chemin de fer de Mafeking et celui de Beira la mettent en communication directe avec la mer au Sud et à l'Est, et déjà le télégraphe la relie au monde entier.

Tout allait pour le mieux et les journaux anglais ne tarissaient pas d'éloges sur l'avenir de la colonie, quand des dépêches du Cap sont venues chagriner quelque peu leur enthousiasme. Fort-Salisbury et Fort-Victoria sont construits sur le territoire des Matabélés ; c'est une très puissante tribu de Zoulous, parfaitement organisée et dont l'amour de l'indépendance était assez connu pour que, durant les premiers mois de l'établissement, l'on prît de sérieuses précautions contre eux. Ils protestèrent bien un moment contre l'intrusion des colons britanniques ; mais, par diverses ambassades, l'on parvint à leur faire entendre raison. Il leur a pris fantaisie pourtant, ces jours-ci, de faire un raid vers Fort-Victoria ; heureusement après la première alarme, des dépêches plus rassurantes sont venues, annonçant que 30 cavaliers de la troupe de police de la Compagnie y avaient mis bon ordre et que le pays était de nouveau calme ; mais l'alerte a été vive dans l'opinion et il n'est pas pas impossible surtout que ce ne soit le début d'une crise plus grave.

Il faut espérer pour l'avenir de la Compagnie de l'Afrique australe qu'elle n'aura pas maille à partir avec les Zoulous ; ils pourraient gêner singulièrement sa domination. S'ils avaient cru devoir partir en guerre au moment du conflit anglo-portugais, ils auraient pu jouer un rôle prépondérant et rien ne prouve qu'ils ne le tentent pas quelque jour ; en ce cas, et jusqu'à l'achèvement des chemins de fer, ce serait une vraie campagne à entreprendre et l'on comprend, pour peu qu'on connaisse leur organisation et les difficultés d'une expédition dans ces parages lointains, l'appréhension des journaux anglais au premier bruit d'un soulèvement de leurs tribus.

POSSESSIONS ALLEMANDES

Cameroun. — Les recettes de Cameroun pendant l'année financière 1891-92 ont atteint 440,118 m. (550,000 fr.) et, en 1892-93, 500,485 m. (625,000 fr.) dont 387,014 m. pour les droits d'importation. 10,903 pour les droits de tonnage, 27,000 pour les concessions de licences, etc.

En 1892, les exportations ont atteint une valeur de 4,263,784 m. (1,197,456 pour 3,391,271 litres d'huile de palme ; 1,162,238 pour 5,635,782 kil. de noix de palme ; 1,024,294 pour 323,389 kil. de gomme élastique ; 725,076 pour 40,275 kil. d'ivoire ; 76,371 pour 724,970 kil. de bois d'ébène ; 61,781 pour 50,753 kil. de cacao). On a exporté 3,472 kil. de tabac valant 6,944 m. et 25 kil. de café valant 40 m.

Les importations ont eu une valeur de 4,470,822 m. (926,498 m. de tissus ; 532,967 de machines et instruments ; 506,758 pour 1,111,127 litres de spiritueux ; 250,467 de fer et objets de fer ; 205,047 de tabac ; 43,590 par 12,992 lit. de liqueurs ; 160,354 pour 15,764 armes à feu ; 137,229 pour 191,555 kil. de poudre ; 30,998 m. de vin ; 53,974 de bière.

Togo. — En 1892, le chiffre des exportations du Togo a été de 2,411,542 m. (dont 1,512,781 pour 7,117,543 kil. de noix de palme ; 750,762 pour 1,807,944 litres d'huile de palme).

Les importations ont eu une valeur de 2,135,915 m. (599,620 m. de cotonnades ; 467,902 pour 1,486,671 litres de rhum, genièvre et spiritueux ; 130,932 m. de tabac ; 110,802 de poudre ; 68,337 pour 8,346 armes à feu ; 40,837 m. de liqueurs ; 33,356 m. de vin ; 4,920 de bière, etc.).

Les recettes ont été, pendant l'année financière 1891-92 : 146,394 m. ; en 1892-93 218,034 m. (192,027 pour les droits d'entrée).

PROPAGANDE & RENSEIGNEMENTS DIVERS

Les décorations coloniales. — Par décret, en date du 13 juillet 1893, ont été promus ou nommés dans l'ordre de la Légion d'honneur, savoir :

Au grade d'officier : M. de Chavannes (Charles), lieutenant-gouverneur du Congo français. Chevalier du 13 août 1885.

M. Rueff (Jules), directeur de la compagnie des Messageries fluviales de Cochinchine ; services distingués rendus pour l'organisation du service fluvial du Haut-Mékong. Chevalier du 27 janvier 1886.

Au grade de chevalier : M. Calmette (Léon-Charles-Albert), médecin de 1re classe des colonies.

M. Drevon (Hyacinthe-Adolphe), médecin principal des colonies.

M. Estrangin (Henri), négociant à Marseille.

M. Ravaut (Désiré-Napoléon-Justin), inspecteur des postes et télégraphes en Cochinchine.

M. Dauriac (Emile-Alexandre), sous-commissaire colonial.

M. Chigot (Edmond), inspecteur de 2e classe de la garde civile du Tonkin.

M. Liotard (Victor-Théophile), pharmacien de 2e classe des colonies ; 13 ans 1/2 de service, dont 7 ans à la mer ou aux colonies. Services exceptionnels au Soudan et au Congo.

M. Neyret (Jules-Clément), résident de 2e classe en Annam et au Tonkin.

M. Veistroffer (Albert), maréchal des logis de dragons, détaché comme chef de station de 1re classe au Congo ; 15 ans de service dont 10 ans aux colonies ; détaché à la mission de l'Ouest africain depuis le 17 février 1883. A pris part à plusieurs opérations militaires au Congo, au cours desquelles il a reçu deux blessures. Médaillé militaire du 8 juillet 1885.

M. Bouchaut (Michel-Hippolyte-François-Albert), inspecteur de 3e classe des colonies.

M. Bélus (Lucien), conseiller général de la Martinique.

M. Percher (Hippolyte) (Harry Alis), publiciste. Secrétaire général du comité de l'Afrique française, membre du conseil supérieur des colonies. Titres exceptionnels : services distingués rendus aux colonies ; a notamment contribué, d'une manière prépondérante, à l'organisation des missions Crampel, Mizon, Dybowski et Maistre.

M. Landrodie (Pierre-Alfred-Emile), publiciste, rédacteur en chef de la *Politique Coloniale*. Services distingués dans la presse. Titres exceptionnels.

L'Union coloniale française. — Nous avons annoncé dans notre dernier numéro, la formation d'un Syndicat des principales maisons françaises ayant des intérêts dans nos colonies. Ce Syndicat a pris le titre d' « *Union coloniale française* » ; son siège est situé à Paris, 9, rue Mogador.

Son Comité est composé ainsi qu'il suit :

Président. — M. Mercet, de la maison de banque Perrier frères, administrateur du Comptoir d'Escompte.

Vice-présidents. — MM. Ulysse Pila, de la maison Ulysse Pila et C°, de Lyon (Indo-Chine).

Maurel, de la maison Maurel, de Bordeaux (Sénégal, Rivières du Sud).

Trésorier. — M. Simon, directeur de la Banque de l'Indo-Chine.

Secrétaire. — M. Le Cesne, directeur à Paris de la Compagnie française de la Côte occidentale d'Afrique.

Membres. — MM. Albert Cousin, directeur de la Société agricole et commerciale de la Casamance; Daumas, de la maison Daumas et C° (Gabon) ; Desgenetais, administrateur de la Compagnie Flers-Exportation (Afrique) ; Denis, de la maison Denis frères, de Bordeaux (Indo-Chine); Cyprien Fabre, de Marseille (Bénin) ; Th. Mantes, de Marseille (Bénin, Madagascar, Réunion); Ch. Prévet, de la maison Ch. Prévet et C° (Nouvelle-Calédonie); Verdier, de La Rochelle (Côte d'Ivoire).

Parmi les membres sociétaires, nous citerons : MM. Rueff, administrateur délégué des Messageries fluviales de Cochinchine; Soupe et Raveau, de la Compagnie du Chemin de fer du Tonkin; Ballande aîné, de Bordeaux; Devès et Chaumet, de Bordeaux ; Maurel frères, de Bordeaux ; la Société du Haut-Congo (franco-belge); Buhan, père et fils et Teissère, de Bordeaux; Compagnie commerciale franco-africaine, à Paris; Compagnie nationale de Navigation (Marseille-Tonkin); Compagnie Fraissinet (Côte occidentale d'Afrique); la Société Le Nickel (Nouvelle-Calédonie); le Comptoir national d'Escompte (Madagascar), etc.

Le secrétaire général de ce syndicat est M. J. Chailley-Bert.

Le Gérant : H. PERCHER.

12207. — Imprimerie de la Bourse de Commerce (F. Bivort).

Troisième Année.

N° 9. — Septembre 1893

BULLETIN DU COMITÉ

DE

l'Afrique Française

PUBLIÉ MENSUELLEMENT

Sous la direction de **M. Harry Alis**,
avec la collaboration de **MM. Henry Frisch de Fels**,
Raymond Kœchlin, etc.

Adresser toutes les communications
à M. le Secrétaire général
du **Comité de l'Afrique Française**
15, rue de La Ville-l'Évêque, Paris.

Prix du Numéro : 2 FRANCS

Tout Souscripteur du Comité reçoit
de droit ce BULLETIN.

SOMMAIRE

Avis

*Nous serions reconnaissants à ceux de nos Souscripteurs qui ont signé des engagements annuels de vouloir bien envoyer, dès maintenant, à notre Trésorier, **M. Armand Templier**, **79, boulevard Saint-Germain**, le montant de leur souscription pour 1893.*

LISTE DES SOUSCRIPTEURS

(Suite)

Report.....	288.149	25
E. Guérin.	5	»
Chambre de commerce de la Roche-sur-Yon...	100	»
Conseil municipal du Havre	300	»
A reporter.....	288.554	25

Report.....	288.554	25
G. Montier, à Paris	A	20	»
Krompholtz, à Paris	A	20	»
Kahn, à Paris.	A	20	»
Halphen, à Paris	A	20	»
Morange, à Paris.	A	10	»
Worms, à Paris	A	20	»
Elèves internes du lycée de Châteauroux	12	»
Mme Alban, à Paris	D	100	»
R. Barrot, à Bougival	A	50	»
Marin, à Dieulefit	A	10	»
Cousin, à Domfront	A	10	»
Massuques, à Cannes	A	10	»
Lemaire, à Auteuil	A	10	»
Prat, à St-Germain-de-Canilly	A	10	»
Desprez, au Havre	A	20	»
Gumot, à Auxerre	A	5	»
Friard, à Gap	A	25	»
Puaux, à Paris	A	20	»
Henry Creed, à Paris	A	5	»
Ed. Poulet, au Havre	D	5	»
Dr Marchand, à Aulnay	A	5	»
Eberhard, à Ste-Foy-la-Grause.	A	10	»
Kœchlin, à Paris	A	20	»
Blumenthal, à Paris	A	100	»
Delobelle, à Paris	A	2	»
Mme Desnoyers	20	»
Benoist-Lécy, pour la Concorde Sociale	6	»
Noël, à Besançon	A	5	»
Cercle de Stenay	A	5	»
Mlle Goulaut, à Saint-Savinière	25	»
Ott, à Paris	10	»
Mlle Aubrun, à Paris	10	»
Chevalier, à Paris	40	»
Fermé, à Paris	20	»
Fod, à Paris	10	»
Leroy, à Paris	5	»
Lagriffoul, à Paris	A	10	»
J. E. Saury, à Aurillac	D	10	»
Cercle militaire d'Aurillac	D	5	»
A. Godillot	A	100	»
G. Morize	A	50	»
A reporter.	289.424	25

Report.....	289.424	25
Vaillard, général des Missions, à Alger....A	24	»
Gagrac, à Cahors.....A	2	50
Janez, à Lyon.....A	50	»
Hussenet, à Puteaux.....D	10	»
Pricat Deschanel, à Paris.....A	25	»
Chambre de commerce de Calais.....	100	»
Simon, à Bapaume.....D	5	»
Chambre de commerce de Saint-Etienne.....	300	»
Ad. Nicklès, à Besançon.....A	10	»
Capron, à Paris.....A	5	»
Cavalier, à Paris.....A	5	»
O'Connor, à Paris.....D	100	»
Payn, à Versailles.....D	25	»
de Montalivet, à Bourges.....A	20	»
Jean, à Epinal.....A	5	»
Conseil municipal de Marvejols.....D	5	»
Conseil municipal de Lunéville.....D	25	»
Kinorder, à Jemmapes..... 3me trim.	3	»
Souscriptions diverses, par M. Nebout.....D	16	75
Conseil municipal de Bordeaux.....D	100	»
Durant.....	2	»
Pératé.....	1	»
Neveu.....	2	»
Bazille.....	3	»
Chambre de commerce de Beauvais.....D	50	»
Bergerat.....A	3	»
Merlin.....A	3	»
Thibaumier.....A	20	»
Société de géographie de Lille.....A	20	»
Conseil municipal de Cambrai.....D	50	»
Briquez.....D	25	»
Chambre de commerce de Tourcoing.....D	100	»
Chambre de commerce de Cambrai.....D	100	»
Léon Dyé.....A	10	»
Dutheil de la Rochére, à Fontainebleau.....D	50	»
Cercle français de Port-Saïd.....A	12	»
Union Géographique du Nord, à Douai.....D	25	»
Doussand.....	6	50
Meissas.....A	100	»
Maistre, explorateur.....	167	»
Logier, curé d'Eclassan, Ardèche.....A	2	»
Mlle Renault, receveuse à Saint-Ouen-les-Parey (Vosges).....	5	»
Bordinka, à Paris.....A	20	»
Ch. Deville, à Tournon.....A	20	»
G. Deville, à Tournon.....A	20	»
Dr Chrétien, à Nancy.....A	20	»
Millery, à Nancy.....A	5	»
Scheffer, à Pau.....A	20	»
Janson, à Lyon.....	3	10
Peneaux, maire à Marsons.....	10	»
Houdet, à Plancoët.....A	5	»
Léotard, à Pont-l'Abbé.....A	30	»
Nicolle Verstrcte, à Canteleu.....A	30	»
V. de Meaux, à Rumigny.....A	20	»
Depollier, à Annecy.....A	4	»
Mlle Rousselle, à Bulguéville (Vosges).....	2	»
Gresle, Planchez du Marvaud.....	2	»
Bibent, à Toulouse.....	20	»
Chambre de commerce de Bar-le-Duc.....	50	»
M. C.	300	»
Janssen, de l'Institut.....	100	»
Duboys, d'Angers, à Cléré.....	30	»
Seyrig, à Paris.....	50	»
Massu, à Paris.....A	20	»
Conseil municipal de La Flèche.....	20	»
Tanneur, à Paris.....A	2	»
Bourly, à Bois-Colombes.....A	2	»
A reporter.....	291.822	10

Report......	291.822	10
Sanziat, à Quintenas.....A	2	»
Mme Tétard, à Pantin.....	15	»
Poisson, à Paris.....A	10	»
Michau, à Paris.....A	20	»
Lethel, à Paris.....A	10	»
de Parien, à Aurillac.....A	10	»
Carloz, à Thonon.....A	50	»
Bastié, à Castelsarrasin.....A	15	»
Hochsteller, à Lille.....A	10	»
de Glatigny, à Rouen.....A	20	»
Josse, à Taverny.....A	2	»
Mourlier, à Paris.....A	15	»
Comte Frisch de Fels.....	2.000	»
Vollet, à Paris.....A	10	»
Neveu.....A	2	»
Bertrand.....A	20	»
Morillon.....A	10	»
Cercle militaire de Médecine.....A	24	»
Conseil municipal de Paris.....	1.000	»
Comtesse de Vogüé.....A	50	»
Total.....	295.117	10

RENSEIGNEMENTS COMMERCIAUX
SUR LE MOUVEMENT DES ECHANGES
Entre la Tripolitaine et le Soudan central
Par M. Méry

Les renseignements commerciaux que j'ai pris chez les Azdjer confirment pleinement ceux que j'avais consignés dans mes rapports faits à la suite de mon séjour en Tunisie, de mon voyage en Tripolitaine et de ma précédente exploration.

Le trafic soudanais est plus considérable qu'on ne le suppose : plus de huit mille chameaux partent annuellement de la Tripolitaine chargés de produits d'échange.

Au départ de Tripoli il y a trois courants commerciaux.

Le premier est celui qui se dirige sur Rhadamès : c'est le moindre.

Puis vient celui qui va directement sur Rhat : c'est le plus important. A Rhat, les caravanes se divisent : les unes vont sur Bilma, Agadès, Barroua, Kouka et Kano; quelques-unes vont aussi de Rhat sur le Ouadaï et le Baghirmi par le côté est du lac Tchad; les autres passant par Faleslès, Assiou, Tinteloust vont à Damergou, Zinder et Kano.

Le troisième courant s'établit par Mourzouk, où viennent également quelques caravanes de Benghazi. A Mourzouk, encore les caravanes se divisent; les unes vont sur le Ouadaï, les autres, par Bilma, sur Barroua et Kano.

Benghazi expédie, en outre, quelques caravanes sur le Ouadaï par le Darfour directement.

Les principaux articles d'échange exportés de Tripoli au Soudan sont : les tissus, la mercerie, les armes et la poudre, le sucre, le thé, les essences, la verroterie, la quincaillerie, les confections, le tabac à priser, etc.

Les principales marchandises que les caravanes rapportent du Soudan à Tripoli sont : l'ivoire, les peaux tannées, les plumes d'autruche, la pâte de civette, la poudre d'or, les peaux brutes, des étoffes et des objets divers de maroquinerie, confectionnés, etc.

I. **Exportation.** — Les *tissus* représentent les 6 ou 7 dixièmes des marchandises partant de Tripoli.

Les draps sont de provenance autrichienne :

1° Benedict, Schrall Sohn, de Vienne;

2° Franz Schmitt ;

3° Bonder, Horner, de Reichenberg (Bohême), fournissent de très belles étoffes de satin.

Pour les cotons, calicots et indiennes de toutes sortes :

1° Reiss Brothers, Manchester (cette maison fournit les nᵒˢ 8.127, G. 249, 187, blanc ;

2° Lang Clott (Londres) : nᵒ 325, blanc (good quality);

3° Vassil, Vultechoff (Manchester), vend toutes sortes d'étoffes légères.

La marque H. G. (un navire) nᵒ 2.788, 40 yards, est très demandée. C'est un calicot très épais avec apprêt.

La maison Lemonier jeune fils, à Yvetot et Rouen, fournit quelques étoffes à Tripoli.

Pour tous ces tissus désignés ci-dessus, nous pourrions avoir des articles similaires de fabrication française. Quant aux soies, foulards, etc., nous en avons le choix chez nous.

Mercerie. — Dans ce chapitre se classent les aiguilles, épingles, peignes, petits miroirs, glaces à main, fils de toutes sortes, soies en écheveaux, rubans, cordonnets, ciseaux, guipures, dentelles.

La mercerie est un article de grand avenir.

Des franges en or sont aussi expédiées sur le Ouadaï et quelque peu sur le Bornou.

Armes et poudre. — L'année dernière, un Firman a prohibé l'entrée des armes en Tripolitaine; mais il s'en vendra toujours pour le Soudan, étant donnée la facilité de les débarquer en contrebande.

Cette prohibition va faire augmenter considérablement le prix de ces articles, sans pourtant en arrêter l'écoulement. Ce serait folie de négliger ce commerce, sous prétexte que l'on arme de futurs ennemis; l'Arabe, en Algérie même, veut, malgré tout, être armé et il l'est.

Les fusils doivent être à capsule et du prix de 35 à 50 fr.; la poudre, en boîtes de fer blanc de 200 à 500 grammes; les capsules, de première qualité.

Sucre. — Le sucre est de provenance autrichienne, maison Nobroix (Autriche); marque T. T D.

Il est en poudre, dans des sacs imperméables, ce qui rend les chargements et le transport plus faciles et préserve de l'eau et du sable. L'industrie française peut très bien fournir cette denrée.

Essences. — Sous ce titre, il n'est question que du gros trafic des essences finies de bonne qualité.

Le commerce des essences est entre les mains de deux maisons qui ont plusieurs magasins dans la ville. La plus importante appartient à Fratelli Abraham Magiar, grand producteur d'essences de rose à Kassenlie (Bulgarie); il a un entrepôt à Constantinople.

Les essences nécessaires pour l'approvisionnement des caravanes proviennent des maisons Heine et Cie et Curt George, toutes deux de Leipzig. Ce sont les grands entrepôts des essences de musc du Tonkin, de jasmin de Sfax, de bois de Santal, de menthe, de canelle Konnari, de girofle, de géranium, etc.; toutes ces essences, de qualité relativement bonne, sont vendues à des prix défiant toute concurrence.

A Tripoli, les essences subissent une préparation multipliante, mais il faut encore qu'elles restent de bonne qualité, car il est difficile de tromper les marchands qui, sans être chimistes, n'en sont pas moins très connaisseurs.

Les essences se vendent au kilog., et leur prix varie suivant la qualité; la rose de première qualité vaut jusqu'à 1.000 fr. le kilog. et peut descendre à 300 fr. et même moins; la qualité la plus utilisable est dans les prix de 400 à 500 fr. le kilog.; les menthes valent de 30 à 70 fr.: il faut la qualité 40 à 50 fr.

Les essences les plus recherchées sont : le musc, la menthe et le géranium, cette dernière pour la puissance de son parfum et son bon marché. Il n'est pas rare qu'une seule caravane en emporte pour 20.000 fr.; il s'en vend sur place, par an, pour environ 100.000 fr.

Thé. — Il n'y a pas de caravane qui n'ait au moins quatre caisses de thé, à destination du Soudan central.

Ce thé, d'origine chinoise et de première qualité, est en paquets de 250 grammes environ, bien enveloppés de papier chinois, puis emballés dans des caisses en bois recouvertes d'une espèce de toile grossière, par dessus laquelle les Arabes ajoutent encore une enveloppe de cuir. Le cube des caisses est d'environ 0 mc 125.

Cette denrée est expédiée de Malte sur Tripoli.

Verroterie. — La verroterie comprend les perles soufflées, les perles ordinaires pleines (blanches ou crème principalement) pour colliers; puis des perles plus petites pour ornements et pour chapelets.

Les glaces à main se vendent très facilement, mais c'est un article trop fragile. Quand on pourra transporter sans difficulté de grandes glaces au Soudan, cette branche de l'industrie trouvera là une voie d'écoulement considérable.

Quincaillerie. — La quincaillerie est demandée; mais, outre qu'elle est très lourde, elle ne représente pas une valeur suffisante. Les marchands de Tripoli en prennent le moins possible et encore n'est-ce qu'à titre de complément de charge.

Les articles les plus courants sont la ferblanterie venant de Hambourg, les cadenas, les charnières, les chaines de 3 à 5 millimètres, les clous, etc. Les barres de fer carrées de 115 millimètres et les barres de cuivre de même grosseur sont très recherchées aussi.

Bijouterie. — En outre des colliers en verre, corail et nacre, il se débite quelques colliers en argent, des bagues, des bracelets et des anneaux de même métal. Les bijoux faux sont de bonne vente, mais il les faut avec des pierres rouges, bleues ou imitation diamant.

Confections. — La maison Lemonier fabrique des haïk, des burnous, des couvertures; les juifs de Tripoli font des vêtements d'hommes et de femmes.

Ici finit la nomenclature des objets indispensables pour le chargement d'une caravane bien comprise. Ces marchandises paient à leur entrée en Tripolitaine un droit unique de 8 0/0 *ad valorem* quelle que soit leur provenance.

Les échanges, ventes et achats de produits d'Europe et du Soudan se font par l'entremise des maisons suivantes : Adj Mohamed de Rhat ; son fils Mohamed Lassaued Rhadamisi à Tripoli ; un autre de ses fils à Rhadamès ; Wardel Riley (la plus importante des maisons de ventes et achats); Boura Arbi, Mevorah Hassen, Raphaël Nahoum, Pedisraël Nahoun (ventes et achats), et Ricardo Cassar (grande maison de vente et étoffes de toutes sortes).

II. Importation. — *Ivoire.* — L'ivoire est vendu avant d'arriver au marché de Tripoli. Les cinq maisons qui font spécialement ce trafic ont des courtiers qui, sachant l'époque d'arrivée, vont au-devant des caravanes à 4 ou 5 journées de marche et conviennent du prix. A Tripoli, les dents d'éléphant sont dirigées directement sur l'entrepôt des acheteurs et expédiées sur Londres qui en monopolise le commerce.

En général, le prix est autant que possible tenu secret de part et d'autre, surtout pour les grosses affaires ; mais l'ivoire est l'article dont la valeur subit le moins de fluctuations.

Le *mahabout* (192 grammes) vaut en moyenne 3 fr. 50 à 4 fr., payable en marchandises; il faut 260 mahabouts pour 50 kilogrammes, ce qui porte le prix moyen du kilogramme à 18 à 20 fr.

On emploie aussi l'ocre comme unité de pesage : 40 ocres égalent 50 kilogrammes, ou 1 ocre 1 kil. 250.

Les plus belles dents viennent du Ouadaï et des rives sud-est du lac Tchad. Les dents pesant plus de 40 kilogr. sont envoyées à Constantinople, où il faut de grosses pièces en raison du peu d'habileté des ouvriers et de l'outillage primitif des Orientaux.

Les défenses provenant du Bornou et du Sud-Ouest du lac Tchad sont de 2ᵉ et de 3ᵉ qualité : elles se vendent 15 à 30 0/0 de moins que celles du Ouadaï.

L'ivoire mort, les petites dents, les dents cassées en cours de route, se vendent en bloc de 2 à 3 fr. le maha-bout, payables en or, et cela souvent aux enchères, c'est ce qui en explique le prix élevé.

La maison Hadj-Mohamed, qui a exceptionnellement ses caravanes à son compte, fait annuellement, avec 1.800 chameaux, 3.000 dents de commerce, pesant en moyenne au moins 12 kilog. l'une. Quant à la totalité des importations annuelles des dents de commerce à Tripoli, je l'évalue à 160.000 kil. environ, représentant une somme de 3 millions, en chiffres ronds; en y ajoutant les petites dents des déchets et l'ivoire mort, on arrive à 4 millions au moins par an.

Les magasins de Hadj-Mohamed, que j'ai visités en détail, contenaient 1.200 dents de commerce, sans compter les déchets et les petites dents : on attendait la 3ᵉ et dernière caravane de l'année pour vendre tout en bloc.

Peaux tannées. — La seule maison Wardel Riley et Cie, de Tripoli, expédie annuellement à New-York 1.000 à 1.200 balles de peaux de chèvres tannées et peintes en rouge, jaune ou vert : chaque balle est composée de 100 paquets de 12 peaux. Il s'en expédie également sur Tunis, Constantinople, Alexandrie et les autres ports d'Orient. Une certaine quantité s'emploie dans le pays et sert à la fabrication des chaussures et articles de luxe.

Les prix varient de 160 à 190 fr. les 100 peaux sans triage, partie payable en or, partie en marchandises.

Plus de 3 millions de peaux ainsi préparées arrivent du Soudan chaque année et représentent une somme de cinq millions de francs.

Il convient d'ajouter à ce chapitre les objets fabriqués au Soudan avec des cuirs de couleur, couverts de dessins bizarres, tels que : coussins, dessus de lit, cartouchières, gibecières, fourreaux de sabre, bottes, harnachements, poudrières, etc.; ces articles sont très recherchés des Arabes et des Turcs.

Il se vend aussi sur place à Tripoli des peaux tannées de buffle brutes.

Tel est l'important commerce des cuirs, tout entier aux mains des Américains.

Or. — La plus grande partie vient du Damergou et des contrées Nord et Nord-Ouest du Bornou. Lorsqu'il est en paillettes, il est mêlé à une espèce de mastic, ce qui le rend plus transportable : c'est le plus cher car c'est le plus pur. Mais il y a aussi du minerai. J'en ai vu un morceau très riche et gros comme le poing : les arêtes indiquaient qu'il avait été extrait de la mine. De temps en temps, il en arrive quelques lingots; mais ils sont introuvables pour les étrangers : on les vend en cachette.

L'or se vend au *Métikal*. Le métikal égale 4 gr. 7. Le prix, à Tripoli, est de 13 fr. à 13 fr. 80 le métikal, à 18 ou 20 carats.

C'est rester bien au-dessous de la vérité que de dire qu'il se vend au moins pour 4 millions d'or sur place, par an. En outre, bien des ventes se font en cachette, car les Arabes ne tiennent pas à ce qu'on sache l'importance de ce commerce.

Telle caravane fera jusqu'à 60 ou 70 ventes à des marchands différents : l'or ne se vend pas en gros.

Plumes d'autruche. — Le Ouadaï, le Kanem, le Damer-gou fournissent les plumes estimées : une partie vient par Bilma, l'autre par l'Aïr.

Les plumes arrivent en sacs et se vendent par masse, c'est-à-dire par paquet représentant soi-disant une dépouille complète, mais les marchands font un triage et remplacent par d'autres les plus belles plumes, qui se vendent séparément ; les acheteurs ne sont, d'ailleurs, pas dupes de ce subterfuge.

Selon les besoins de la mode, les plumes d'autruche subissent une fluctuation vraiment extraordinaire. Telle dépouille qui s'est vendue 200 fr. peut, dit-on, en quinze jours, descendre à 25 fr. Pour obtenir une hausse, les vendeurs sont souvent obligés d'emmagasiner ; mais là encore ils éprouvent beaucoup de pertes, car ils n'apportent pas à la conservation des plumes tous les soins nécessaires.

Il arrive annuellement à Tripoli plus de 600 balles ou sacs de plumes. Leur poids varie entre 60 et 80 kilog.

Il faut être très expérimenté pour ce genre d'achats, les prix et les qualités variant à l'infini.

Toutes les plumes sont expédiées à Londres.

Les œufs d'autruche, qui se classent à ce chapitre, n'ont pas une grande importance commerciale. On ne peut que les noter pour mémoire. Leur volume et leur fragilité expliquent leur rareté ; ils n'ont du reste de valeur qu'en Orient.

Essences. — L'essence ou pâte de civette (en arabe Zebed) vient de tous les pays du Soudan central. Son prix varie entre 35 et 42 fr. l'once, suivant la qualité. Cette pâte est conservée dans des peaux durcies en forme de boîtes rondes. Malgré sa répugnante odeur, elle est très à la mode en Orient et chez tous les peuples musulmans. Certaines caravanes en rapportent de 60 à 80 kilog.

Telles sont en résumé les marchandises apportées du Soudan par les caravanes. On pourrait y ajouter quelques articles de peu d'importance qui ne sauraient faire l'objet d'un trafic sérieux, tels que les cornes de rhinocéros, les tapis, les armes et autres produits industriels soudanais.

Toutes ces marchandises, à leur arrivée du Soudan en Tripolitaine, sont exemptes des droits de douane, et ne payent même pas de droit d'octroi à Tripoli.

Les droits de sortie de ces mêmes marchandises pour tous pays sont de 1 0/0 *ad valorem*, excepté pour la Tunisie où ils sont de 8 0/0.

Chaque caravane est composée de 300 à 600 chameaux ; toutes appartiennent à des Tripolitains. Une importante maison, celle de El Hadj Mohamed, a près de 2000 chameaux. Le père est à Rhat, un de ses fils à Tripoli, et les 7 autres font les achats au Soudan ; tous sont des nègres.

Le total des chameaux arrivant du Soudan dépasse 12,000, alors qu'il y a dix ans il y en avait à peine 3,000. Les caravanes arrivent à Tripoli vers fin juin, juillet et même en août.

L'ensemble des notes et chiffres ci-dessus ne concerne que le port de Tripoli. Benghazi, qui expédie aussi au Soudan, fait environ 1/3 de ce que fait Tripoli, tant en importation qu'en exportation.

Dans bien des cas, l'étiquette « Paris » suffit seule à décider l'acheteur. Etant donnée la supériorité de nos articles, il est à prévoir qu'ils feront prime, pour peu que nous donnions à nos étoffes le coloris goûté au Soudan.

Les Anglais nous ont complètement fermé le marché de Tripoli, qu'ils ne tiennent que par leurs anciennes relations. Ils y font des bénéfices considérables avec leur mauvaise pacotille qu'ils vendent très cher.

Conclusion. — Je conclus en affirmant de la façon la plus formelle, l'exactitude des chiffres que je viens de donner, chiffres que j'ai puisés aux sources les plus autorisées, et contre lesquels ne sauraient prévaloir les évaluations aussi fantaisistes qu'intéressées de ces derniers temps.

G. Méry.

COLONIES FRANÇAISES
ET PAYS DE PROTECTORAT

COTE D'IVOIRE

La mission Marchand. — Le correspondant à Grand-Bassam du *Journal des Débats* a eu, au mois de juin dernier une entrevue avec le capitaine Marchand. L'explorateur, qui vient de remporter à Thiassalé le beau succès que l'on sait, lui a donné, sur les causes de l'affaire et sur sa mission, les renseignements qui suivent :

Sans répéter ce que j'ai dit dans mon rapport officiel sur cette affaire de Thiassalé, je peux néanmoins vous fournir quelques éclaircissements complémentaires destinés, dans ma pensée, à bien vous prouver que, si j'ai dû recourir à la force pour m'ouvrir un chemin, c'est que j'y ai été littéralement forcé dans l'intérêt de la colonie.

Après avoir acquis la conviction absolue qu'il me fallait renoncer à obtenir le passage à Thiassalé par les moyens pacifiques, j'ai hésité des jours à en appeler aux armes.

Le 19 mai même, une semaine après mon échec d'Ahouem, j'étais résigné à prendre la route de la Comoé et de Kong, triplant ainsi la longueur de ma route sur Sakala, la durée du voyage et les dépenses, laissant à un autre, probablement au gouverneur, la nécessité inévitable d'écraser la rébellion permanente de Thiassalé qui résumait en lui seul, par l'influence acquise sur toute la région, la résistance de la race noire à la pénétration européenne.

La crainte de laisser croire, en débutant par une action militaire, que mon intention était de continuer la mission par les mêmes moyens, de briser en apparence la chaîne des traditions qui montre toutes les missions françaises de ces dernières années agissant et réussissant par les moyens pacifiques, me portait à accepter l'échec prévu de ma première tentative et à choisir un autre itinéraire.

Bien avant les commencements de la pénétration européenne raisonnée en Afrique, de grandes maisons de commerce étaient en relation avec les noirs du littoral africain ; ces relations étaient établies au moyen de navires qui apportaient les produits européens et de factories qui livraient ces produits aux indigènes de la côte; ceux-ci transportaient ces marchandises dans l'intérieur et les vendaient ou les échangeaient, avec un gros bénéfice, aux populations des régions éloignées de la mer.

Il en est résulté naturellement que ces indigènes de la côte, intermédiaires forcés entre nos factoreries et les consommateurs du pays de l'intérieur, ont considéré comme un véritable privilège une fonction qui leur appartient depuis plus de deux siècles. Pour eux tout blanc qui tente, dans un but quelconque, de pénétrer dans l'intérieur est un commerçant qui veut leur enlever leurs bénéfices en vendant directement, *sans intermédiaires*, les les marchandises d'Europe aux consommateurs de l'intérieur; c'est donc un ennemi, ils le traitent comme tel.

Telle est, dégagée de toute question de race, la situation à la côte de Guinée. Et voilà, en deux mots, pourquoi Binger et tant d'autres ont dit et répété qu'une mission partant de la côte de Guinée est fatalement condamnée à un insuccès. Voilà pourquoi encore je voulais partir du Sénégal pour finir en Guinée au lieu de débuter par là. — Le premier, l'unique obstacle qu'on rencontre sur la côte même est donc la question commerciale, mais cet obstacle est énorme; on l'a toujours considéré comme insurmontable.... à moins.... de le briser par les moyens violents.

C'est ce que l'on a dû faire au Sénégal où chaque pas dans le fleuve a été ponctué d'un combat; de même, les Anglais en Sénégambie, à Sierra-Leone, à Lagos ; nous à Konakry, au Dahomey, au Gabon et partout où les Européens voudront pénétrer pour la première fois.

Je défie que l'on cite un exemple du contraire : la Comoé, tout récemment, a été ouverte par Binger, mais par Binger arrivant de l'intérieur, venant du Niger où la disparition de l'obstacle par les armes était un fait accompli depuis longtemps. Souvenez-vous aussi des premières tentatives d'établissement à Grand-Bassam en 1843-1840 et des combats journaliers livrés à cette époque dans l'Akba ou Comoé.

Nulle part plus qu'à la côte de Guinée, à cause de sa richesse et de l'activité du mouvement commercial, cet antagonisme ne se montre ; les Anglais en ont fait l'expérience chez les Achantis; nous venons de la faire au Dahomey et nous la renouvellerons quand nous voudrons sérieusement remonter le Cavally.

Une fois dans l'intérieur, tout change; il est évident que les populations des pays éloignés de la mer ne demandent qu'à payer moins cher les marchandises apportées de la côte; les difficultés diminuent à mesure que l'on avance dans l'intérieur et finissent par disparaître à peu près complètement. Cela, mon expérience de l'Afrique occidentale me permet de l'affirmer sans crainte de démenti : le littoral seul est donc l'ennemi.

Oh! si les Européens se contentaient d'apporter les produits des deux mondes sur leurs bateaux, de les déposer dans les factoreries du littoral et de les vendre, ce serait parfait; nous n'aurions jamais de dispute avec les noirs. — Essayez d'entrer chez eux, même sans aucune intention ou aptitude commerciale, ils deviennent des ennemis déclarés.

Donc, ne valait-il pas mieux changer mon itinéraire et choisir en désespoir de cause, la route à peu près libre de Kong vers l'Akba? Cela eût été plus prudent, je n'ai pas cependant jugé bon de le faire.

J'ai pensé qu'après le massacre de Voituret et Papillon, l'insuccès de la mission Armand, la défaite de l'expédition chargée de venger la mort de nos compatriotes, mon échec personnel à Ahouem diminuait encore le prestige de notre colonie et donnait une nouvelle preuve de la puissance de Thiassalé. Je ne me suis pas reconnu le droit d'assumer cette responsabilité. Je me suis décidé pour la lutte et ma foi! j'ai marché de l'avant.

J'étais d'ailleurs encouragé dans cette résolution *in extremis* par l'attitude du grand pays de Baoulé, qui se séparait complètement de Thiassalé et n'était pas hostile, au contraire! à l'entrée des blancs sur son territoire. J'avais obtenu, d'autre part, pendant mon séjour à Ahouem, des renseignements assez précis sur la force de Thiassalé, les alliances dont il disposait, les obstacles que pouvait rencontrer une expédition conduite en coup de foudre et la possibilité d'abattre cette puissance au petit pied. Je m'étais fait une opinion solide sur la façon de mener une campagne en forêts, et, malgré les pertes d'hommes que je prévoyais dans ma petite colonne, j'avais l'espoir de conduire, sans trop d'encombres, le gouverneur jusqu'à Thiassalé.

La fortune m'a été propice; nous n'avons eu que deux blessés; la conquête est si complète que la question de Thiassalé ne reviendra plus sur le tapis et que le regret persistant d'avoir été obligé de débuter à coups de fusil ne peut que m'être personnel.

Je compte être dans les environs de Sakala vers la fin de juillet ou les premiers jours du mois d'août. Le Baoulé s'ouvre devant nous et je ne vois guère d'obstacles maintenant sur la route d'aller que la présence de Samory fuyant, dit-on, dans la direction de Sakala, — je dis dans la direction, — car les indigènes de ces régions, de race bambara-wattata de Kong, sont les ennemis de Samory.

COTE DE BÉNIN

Dahomey. — Behanzin s'est bien gardé de se rendre au rendez-vous qu'il avait demandé au colonel Dumas, commandant par intérim les établissements français du Bénin. Il s'est contenté d'y envoyer deux cabécères qui ont été éconduits purement et simplement. Les opérations militaires vont donc recommencer au Dahomey, dès l'arrivée du général Dodds qui tient à terminer l'entreprise qu'il a si bien commencée.

Il débarquera à Kotonou dans les premiers jours du mois prochain et se mettra tout de suite à la tête de la colonne qui va marcher contre Behanzin. Celui-ci est, d'après les renseignements, à Atcheribé, point situé un peu au nord du Zou, le principal affluent de l'Ouémé, — mais il est à prévoir que l'ex-roi du Dahomey ne nous attendra pas et qu'il déguerpira, tandis que les débris de ses partisans chercheront à retarder la marche de notre colonne. La situation de Behanzin serait, dit-on, assez précaire ; d'une part, de nombreuses défections ont réduit considérablement les rangs de son armée ; d'autre part, l'armement de ses troupes laisse beaucoup à désirer : Behanzin a oublié de payer une partie de ses fournisseurs d'engins de guerre, ce qui a nui considérablement à son crédit sur la côte. Néanmoins, il ne faut pas trop nous bercer d'illusions ; on voudrait s'emparer de la personne du roi détrôné, mais ce n'est pas bien facile. Behanzin a sa retraite assurée et, à moins qu'il ne renonce à la lutte ou soit livré par trahison, il sera bien difficile de lui couper la retraite et de l'acculer à une impasse. Aussi, quelques-uns des officiers qui sont au Dahomey estiment-ils qu'il serait actuellement d'une habile politique de traiter avec Behanzin, de lui permettre de s'établir au nord du Zou, en exigeant de lui un tribut. A leur dire, Behanzin serait enchanté de sauver un des morceaux de sa couronne et, moyennant quelques précautions, il ne serait plus inquiétant. De notre côté, nous serions débarrassés d'expéditions très coûteuses et nous pourrions réduire les charges de l'occupation militaire, lesquelles sont assez lourdes. Nous signalons purement et simplement cette opinion ; au surplus, nous connaîtrons bientôt les résultats de la campagne que va entreprendre le général Dodds ; elle a été préparée avec le plus grand soin et il est à espérer que, cette fois, partant d'Abomey et en s'engageant sur un terrain parcouru déjà par des reconnaissances, il poussera Behanzin et les débris de son armée l'épée dans les reins, comme a fait le colonel Combes au Soudan des contingents de Samory. Cette campagne du colonel Combes est vraiment un modèle à imiter. Du moment que la petite colonne que commandait cet excellent officier eut pris le contact de Samory, elle ne le lâcha plus. Le colonel ne s'est arrêté qu'après une poursuite de 600 kilomètres ; c'est pourquoi l'almamy n'a jamais pu se reformer, et il est bon de rappeler ici que l'opération a été menée avec une telle connaissance des conditions de la guerre au Soudan que nos pertes ont été réellement insignifiantes, malgré la rudesse du climat et les privations de toutes espèces que la troupe a dû endurer. C'est cette méthode qui réussira avec Behanzin.

L'expédition Hess. — La *Politique coloniale* publie la note suivante communiquée par le sous-secrétariat des colonies :

Un télégramme de Wydah annonce que le docteur Hess fait savoir, par une lettre datée d'Okriska, le 2 août, qu'il avait été attaqué par les indigènes et blessé par des flèches, mais que son rétablissement était certain.

Le docteur Hess, qui avait fait partie un moment de l'expédition de l'infortuné duc d'Uzès, est parti au mois de juin dernier de Porto-Novo avec l'intention de rejoindre, si possible, le Niger à travers les régions encore inconnues qui s'étendent en arrière de nos établissements du Bénin.

CONGO FRANÇAIS

MM. Le Chatelier et Godard, le chef de poste Dolizie et quatre sous-officiers sont partis à bord du *Pélion* pour le Congo français. On sait que la mission que dirige M. Le Chatelier est chargée par le gouvernement d'aller étudier au Congo un projet de routes et de voies ferrées de Brazzaville à Loango.

La mission Monteil. — L'*Etienne*, embarcation destinée à la mission Monteil, a été mis à l'eau le 25 août à Paris, aux appontements du quai d'Orsay, en face de l'ancienne Cour des comptes, en présence du sous-secrétaire d'Etat aux colonies, du commandant Monteil, du lieutenant Jullien, de MM. Lefebvre, constructeur ; Dubar, inspecteur général des colonies ; J. Deloncle et Tharel, président de la Société d'économie industrielle et commerciale. Cette embarcation est construite en aluminium allié de 6 0/0 de cuivre (densité 2.95). — Sa longueur est de 10 mètres. Sa largeur de 2 m. 50. Son poids est de 900 kilogrammes environ. Elle se démonte en 20 morceaux de 23 kilog. et en 4 morceaux de 34 kilog., dont le transport nécessite 26 porteurs. Le démontage et le remontage peuvent être effectués en quatre heures par huit hommes seulement. Le plan en est dû à M. Lefebvre, constructeur à Paris. Le prix de l'embarcation est d'environ 15,000 francs,

Le commandant Monteil emporte également des voitures métalliques démontables, en aluminium. Les caisses de ces voitures peuvent servir à établir des ponts sur les cours d'eau et les rapides.

L'expérience de la mise à l'eau a bien réussi.

Le nom dont elle est baptisée figure au premier rang parmi ceux des hommes les plus dévoués à la cause de notre expansion coloniale sur la terre d'Afrique. Espérons qu'il lui portera bonheur.

La situation commerciale. — La chambre de commerce de Marseille a envoyé en 1892 un de ses délégués, M. Barthelmé, pour étudier la situation commerciale du Congo et rechercher les débouchés que nos producteurs pourraient se créer dans cette contrée, A la suite de cette mission, le délégué de la chambre de commerce a rédigé un rapport très consciencieux duquel nous détachons les renseignements suivants.

Les exportations de la colonie du Congo s'élèvent à 7 ou 8 millions de francs. Ces chiffres se décomposent ainsi :

Région de l'Ogoué, jusqu'à N'Goué (cap Sainte-Catherine) exportations par par Libreville......................	fr. 3 à 4.000.000
Setté-Cama, Nyanga et Mayumba environ.............................	1.000.000
Région du Kiliou, Brazzaville et le haut Congo. (Exportations par Loango)...	3.000.000
Ensemble............	fr. 7 à 8.000.000

L'exportation se compose en majeure partie de caoutchouc, et ensuite d'ivoire, de bois d'ébène, de bois rouge
de santal, et en faibles quantités de palmistes, d'huile de
palme et de gomme copale.

Quant aux importations, elles ont été, en 1890, de
2,098,232 fr. et de 1,208,004 fr. pour le premier semestre
de 1891. Dans ce relevé n'est pas comprise une somme de
300,000 fr. que le gouvernement emploie, chaque année,
en provisions de bouche et marchandises diverses commandées dans la métropole pour les besoins du personnel
et cadeaux à faire aux chefs.

En terminant, l'auteur du Mémoire déplore en ces termes l'incurie et la torpeur de nos négociants qui, au Congo
comme ailleurs, se laissent devancer par leurs concurrents étrangers.

Je ne puis m'empêcher, écrit-il, de constater combien il est
regrettable que nos fabricants français ne se tiennent pas
mieux au courant des besoins de nos colonies et ne se hâtent
pas plus de pouvoir les satisfaire par une réforme de leur
outillage leur permettant de concourir avec l'étranger. C'est
l'étranger, en effet, qui, pour les tissus et la quincaillerie
notamment, accapare presque en entier ce débouché si considérable; l'Angleterre et l'Allemagne monopolisent ces deux
branches d'affaires dans toutes nos colonies d'Afrique, comme
au Congo, et ce, malgré l'application, dans cette dernière
colonie, des nouveaux droits qui favorisent l'industrie française. Ces droits sont de 20 0/0 sur les tissus étrangers. Si
nos fabricants qui, pendant ce temps, se croisent les bras, se
rendaient mieux compte de l'importance du commerce qui leur
échappe, il est certain que, renonçant une fois pour toutes aux
procédés de routine dans lesquels ils se sont attardés, ils
feraient diligence pour perfectionner leur matériel sans trop
regarder à la dépense qui, en fin de compte, ne constituerait
qu'un bon placement.

C'est par millions que se chiffrent les commandes que l'é-
tranger leur enlève et qui leur reviendront lorsqu'ils seront en
mesure d'entamer et de poursuivre la lutte avec lui.

ÉTAT INDÉPENDANT DU CONGO

L'expédition Vankerckhoven. — Le *Times* a
publié, le 3 août, la dépêche suivante :

Il n'y a pas encore de nouvelles précises concernant la mort
du capitaine Vankerckhoven, mais il paraît que sa mission n'a
pas échoué. Ses lieutenants ont organisé les territoires où il
avait fait reconnaître l'autorité de l'État du Congo. Ils ont noué
des relations amicales avec les chefs de la région, lesquels sont
plus puissants que ceux du centre de l'État. Les forces militaires dont disposent les officiers de l'expédition leur permettent de protéger les populations contre les incursions des
traitants arabes. Ces incursions ont cessé presque entièrement
depuis la défaite qui a été infligée aux Arabes à Bomokandi
par le capitaine Ponthier.

Le territoire limité par les 24e et 31e degrés de longitude et
situé entre l'Aruwimi, au sud, et le pays des Niam-Niam, au
nord-est, est actuellement divisé en trois zones commandées
par trois officiers. Une quatrième zone, la plus orientale, s'étend
jusqu'à Wadelai sur le Nil. Le capitaine Delanghe, qui a succédé à Vankerckhoven, représente l'autorité de l'État dans cette
dernière zone.

POSSESSIONS ANGLAISES

Afrique Orientale. — Le bruit avait couru que les
autorités anglaises, peu après l'évacuation de Witu
par la Compagnie, avaient été obligées de se livrer à
une expédition contre le Sultanat et que plusieurs
officiers avaient été tués dans l'attaque : sir Edouard
Grey a rassuré la Chambre des Communes sur ce point
et déclaré qu'il ne s'était agi que d'une opération de po-

lice contre une bande de voleurs établis dans les environs : il paraît que l'incident avait été démesurément
grossi et que la tranquilité est complète dans les territoires que la Compagnie a cédés à la couronne.

Pour ce qui est de l'Ouganda, on n'en a pas de nouvelles particulières, si ce n'est que le colonel Colville
est parti le 12 août de Londres, en route pour ce territoire qu'il va administrer pendant le voyage que sir
Gérald Portal va faire en Angleterre.

Afrique australe. — La querelle de la Compagnie de l'Afrique australe avec le chef des Matabélés
paraît assez mal tourner, ainsi que que nous l'avions
prévu dès le début, et l'on commence à envisager en
Angleterre l'éventualité d'une véritable expédition à
faire pour mettre à la raison les gens de Lobengula.

Ce ne sera certes pas une entreprise aisée. Ces Matabélés sont, on le sait, une tribu de la race des
Zoulous qui dominait jadis sur l'Afrique australe et,
plus que tous les autres débris du grand empire détruit au commencement de ce siècle, ils en ont gardé
les traditions de courage et de discipline; c'est à la
vérité un peuple de guerriers : ils ne vivent que de
la guerre et pour la guerre, et, malgré un degré de
civilisation ou plutôt d'organisation assez perfec-
tionné, les raids et le pillage sont leurs occupations
favorites. On peut croire que les Anglais, qui ont eu
mille peines à venir à bout des Zoulous du Sud, de
ceux que commandaient Cettiwayo et qui ne valaient
pas sans doute leurs congénères du Matabeleland,
rencontreront en eux des adversaires singulièrement
redoutables ; les préparatifs que l'on fait déjà, paraît-
il, prouvent d'ailleurs qu'on ne veut, ni à Londres, ni
au Cap être pris au dépourvu.

La distance énorme qui sépare le Matabeleland de
la côte rendra une expédition encore plus difficile.
Sans doute, l'Afrique australe commence à être sil-
lonnée de chemins de fer : de tous les ports, du Cap
au Zambèze, partent des lignes de pénétration, mais
elles sont loin de gagner encore le cœur du pays ; la
grande ligne, qui prend au Cap et rejoindra plus tard
le Zambèze en se dirigeant vers les grands lacs, a
à peine traversé le fleuve Orange et n'en est qu'à
Mafeking, à un tiers du chemin environ ; une autre va
à Prétoria, la capitale du Transvaal ; mais de là il
faut quarante jours de marche pour gagner Fort-
Salisbury, le grand poste britannique aux abords des
pays matabélés ; la plupart des autres ne sont encore
que des amorces, et la ligne la plus directe, celle qui
reliera Beïra, sur la côte portugaise, et Fort-Salisbury
par la vallée du Pongoué, n'est pas ouverte même :
70 milles seulement seront livrés à la circulation le
mois prochain.

La Compagnie a construit des routes, en attendant
les chemins de fer, mais cela même ne diminue guère
les difficultés : ces régions, en effet, sont infestées de
tsétsés, des mouches qui s'attaquent aux bêtes de
somme et les tuent en quelques heures. Que sera-ce
de transporter dans ces conditions les énormes approvisionnements nécessaires au corps d'opération, et
que fera le corps d'opération lui-même, s'il est vrai
qu'on ne peut utiliser avec profit dans une guerre
contre les Zoulous que de l'infanterie montée ?

Il y a d'autres genres de difficultés encore à considérer : c'est la Compagnie qui, seule chargée de maintenir l'ordre dans les territoires qui lui sont concédés, aurait à faire les frais de l'expédition, et l'on peut imaginer ce que seront ces frais, si l'on songe que le transport d'une tonne de marchandises de Beira revient à 10 lv. st., et de Prétoria à 18 liv. st. Or, la Compagnie a dépensé depuis sa fondation, en frais d'établissement, des sommes considérables et, si l'on ne sache pas que les finances soient particulièrement obérées, il est à supposer qu'elles supporteraient avec peine un gigantesque surcroît de dépenses. La Compagnie de l'Afrique orientale, moins riche à la vérité, s'est ruinée dans des expéditions bien autrement aisées.

Et pourtant il paraît vraisemblable que l'expédition aura lieu : le voisinage des Matabélés, depuis les derniers conflits surtout, rendrait impossible le développement ultérieur de ce Mashonaland, si fertile et si riche en or, et que l'Angleterre a eu tant de peine à arracher au Portugal ; puis reculer, risquerait de porter un coup bien grave au prestige de la Compagnie. Mais ce sera à tous les points de vue une affaire intéressante à suivre et dont la conduite peut être, pour nous-mêmes, féconde en enseignements.

PROPAGANDE & RENSEIGNEMENTS DIVERS

Le Congrès de l'Association française pour l'avancement des sciences. — Le Congrès, qui siégeait cette année à Besançon, a entendu plusieurs communications intéressantes relatives à l'Afrique. Le 5 août, devant un public qui avait peine à trouver place dans la salle de la section de géographie, M. Clozel a retracé, sous la présidence de M. Gauthiot, l'itinéraire de la mission Maistre, de la rivière Kemo au Niger. Le président de la section, après avoir félicité M. Clozel, a témoigné le désir de voir la France ne reculer devant aucun sacrifice pour assurer sa puissance coloniale et fait remarquer que des marins comme Mizon, des soldats comme Monteil et des civils comme ceux qui ont fait partie de la mission Maistre, ont travaillé à l'œuvre commune. Le délégué du sous-secrétaire d'Etat aux colonies, M. Deloncle, auquel M. Gauthiot avait signalé M. Clozel comme digne d'attirer l'attention du gouvernement, après avoir fait remarquer que M. Maistre a obtenu une distinction honorifique, a fait espérer à M. Clozel qu'il est à la veille d'obtenir la direction d'une nouvelle mission.

Le 7 août, M. Edouard Blanc a fait une communication ayant pour objet la comparaison du chemin de fer transcaspien avec le transsaharien projeté. Suivant M. Blanc, si le travail n'était pas interrompu, la construction du transsaharien s'effectuerait en dix ans, à la condition de commencer et de poursuivre le travail par les deux extrémités à la fois.

Le même jour, M. le baron Hulot, secrétaire de la section, fait une communication sur les relations de la France avec la côte des Esclaves, jusqu'en 1891.

Le Dahomey, dit-il, dont le nom retentit dans nos moindres villages, était, il y a dix ans, à peu près inconnu du public français. Cependant nos relations avec la côte des Esclaves sont anciennes. Il est vraisemblable que dès le quatorzième siècle des marins dieppois fondèrent des comptoirs dans le golfe de Guinée. A partir du dix-septième siècle les données se précisent et nous permettent d'établir les rapports qu'entretenait la France avec cette partie de l'Europe occidentale. Le pays occupé actuellement par les royaumes de Dahomey et de Porto-Novo était divisé en trois Etats, Inda, Arda et Foin. Avec les deux premiers nous faisions des échanges et par leur intermédiaire, nous correspondions avec le pays des Foins. Notre commerce avait surtout pour objet la traite des noirs. Vers 1610, la succession au trône d'Arda fut ouverte : trois frères se disputaient la couronne. Le plus jeune déposséda les deux autres, l'aîné recula dans l'Est et forma le royaume de Porto-Novo ; le second implora la protection de Da : le Da-homé (homé signifie ventre), ou Dahomey fut édifié. A la fin du dix-huitième siècle, la traite, combattue par les *Amis des Noirs*, tomba en discrédit tant à Paris qu'à Londres. Lisbonne continua ce trafic, mais à mesure que la demande diminuait, l'offre se restreignait et les sacrifices absorbaient, en majeure partie, le bétail humain ; partant, l'exportation des noirs subit une dépression considérable, que, seul, le roi Guézo, sur le conseil de deux négriers brésiliens Souza et Martins, parvint à ranimer. Mais sous Glé-Glé, la multiplicité des sacrifices humains amena une nouvelle crise sur ce marché.

En 1707, pour des motifs d'économie, le gouvernement français fit évacuer notre fort de Wydah, fondé en 1761. En 1841, la France, pour mieux affirmer ses droits, revêtit des fonctions consulaires Victor Régis, commerçant de Whydah, qui fut autorisé à résider dans nos constructions, à charge de les entretenir.

Toutes les conventions qui furent passées depuis une cinquantaine d'années entre notre pays et les Etats situés sur la la côte des Esclaves respectèrent la situation exceptionnelle qui nous était faite à Whydah.

La seconde partie de l'étude du baron Hulot comportait l'analyse et la critique des différents traités survenus entre la France et les Etats du Dahomey, du Popou et de Porto-Novo. Il a terminé sa conférence par un aperçu sur la campagne de 1889-1890, dirigée par le commandant Terrillon, et par une allusion à la glorieuse expédition de 1892.

La section de géographie a également entendu une communication de M. Rambaud, de Paris, professeur de la Faculté des Lettres, sur le *Développement des Ecoles indigènes en Algérie*.

NÉCROLOGIE

M. le capitaine d'infanterie Brosselard-Faidherbe, gendre de l'illustre général Faidherbe, est décédé à Coutances des suites d'une affection qu'il avait contractée dans l'Afrique occidentale. Passionné comme son beau-père pour les questions africaines, il avait pris part à la première mission Flatters dont il a publié une excellente relation. Plus tard, il se rendit au Sénégal, fit plusieurs explorations intéressantes, surtout dans la vallée de la Mellacocorée dont il étudia la topographie avec le plus grand soin.

Le Gérant : H. Percher.

12415. — Imprimerie de la Bourse de Commerce (F. Bivort).

Troisième Année. N° 10. — Octobre 1893

BULLETIN DU COMITÉ

DE

l'Afrique Française

PUBLIÉ MENSUELLEMENT

Sous la direction de **M. Harry Alis**,
avec la collaboration de **MM.** Henry Frisch de Fels,
Raymond Kœchlin, etc.

Adresser toutes les communications
à M. le Secrétaire général
du **Comité de l'Afrique Française**
15, rue de La Ville-l'Évêque, Paris.

Prix du Numéro : 2 FRANCS

Tout Souscripteur du Comité reçoit
de droit ce BULLETIN.

SOMMAIRE

Avis

Nous serions reconnaissants à ceux de nos Souscripteurs qui ont signé des engagements annuels de vouloir bien envoyer, dès maintenant, à notre Trésorier, **M. Armand Templier, 79, boulevard Saint-Germain,** *le montant de leur souscription pour 1893.*

LISTE DES SOUSCRIPTEURS

(*Suite*)

Report........	295.117 10
Chambre de Commerce de Nevers...........	50 »
Conseil municipal de Montbrison...........	25 »
X.................................A	5 »
A reporter.	295.197 10

Report.....	295.197	10
Allegret.........................A	20	»
Durand, à Semur.....................A	6	»
Cossiar.........................A	10	»
Carpentier.........................A	2	»
Peschet, à Neuvy (Orne)..............A	1	50
Bertrand.........................A	10	»
Tanesse.........................A	10	»
G. Bérould, à Cognac.................A	2	»
M. Bérould, — ....A	1	»
Brun, — ....A	1	»
Petit, — ....A	10	»
Bérould, à Bellac...................A	2	»
Baladier.........................A	2	»
Chambre de Commerce d'Annonay..........	50	»
Conseil municipal de Boulogne-sur-Mer......	200	»
Richard, à la Tronche (Isère)..............A	3	»
Clochard, à Cholet....................A	5	»
Lafargue, à Toulouse...................A	12	»
Baille-Saint-Martin ....A	20	»
Paul Meurice.........................A	20	»
Colonel Vivier, à La Rochelle..............A	5	»
Conseil municipal de Philippeville..........	100	»
— — de Charleville	25	»
H. Pain..........................	10	»
Henri Lapierre, à St-Denis (Réunion).......A	10	»
Madrolle, à Villers-sur-Mer.................	30	»
F. Mazerolle.........................A	10	»
L. Mazerolle.........................A	10	»
Chambre de Commerce de Chambéry........	100	»
Emmerich.........................A	10	»
Conseil municipal de Villefranche (Rhone)....	20	»
— — de Tournan (Seine-et-Marne)	25	»
Desachy, contrôleur civil à Kairouan (Tunisie)	5	»
Total.....	295.950	60

Dans la liste de souscriptions parue dans le numéro du mois d'août nous avons mentionné les souscriptions suivantes : MM. de Kerjégu, 1,000 ; A. Templier, 1,000 fr. ; Alfred André, 1,000 fr. Ces trois souscriptions figuraient déjà dans la liste parue dans le numéro de juin.

LA MISSION MIZON

Les plus étranges nouvelles sont arrivées ces temps-ci de la Bénoué et la question Mizon est entrée dans une phase particulièrement grave.

On sait que la mission Mizon se composait de deux parties distinctes : une mission commerciale, une mission scientifique. Les bateaux qui portaient ces missions s'échouèrent au delà d'Ibi, dans la montée de la Bénoué. M. Mizon ne put remonter immédiatement jusqu'à Yola. Il créa alors un campement et des comptoirs sur place, sur le territoire du Mouri. Il entra en relations avec le Sultan du Mouri, lui prêta même son aide pour vaincre des noirs opposés à la circulation des caravanes et conclut avec lui un traité.

Sus ces entrefaites, la *Royal Niger Company*, Compagnie à charte, dont on connaît les anciens démêlés avec M. Mizon, adressa des notes comminatoires tant à M. Mizon qu'au gouvernement anglais, dont elle relève. Elle prétendait, notamment, être suzeraine du Mouri, tant en vertu de son traité avec le Sokoto, qu'en raison de la convention anglo-française. Elle s'appuyait enfin sur des engagements qui auraient été pris par M. Ribot vis-à-vis de la *Royal Niger Company* au nom de M. Mizon.

Le gouvernement français se trouvait alors en présence, d'une part, de propositions de M. Mizon, relatives au Mouri, propositions nouvelles pour lui et de nature à entraîner de sérieuses difficultés ; d'autre part, des mises en demeure menaçantes adressées par la *Royal Niger Company* à M. Mizon et qui pouvaient, d'un moment à l'autre, amener un conflit sanglant. Par exemple, la Compagnie française de l'Afrique centrale avait demandé à la *Royal Niger Company* l'autorisation de faire remonter un mécanicien pour aider au renflouage des bateaux de la mission ; la Compagnie anglaise refusa en ajoutant que c'était d'autant moins utile qu'elle allait probablement couler ces bateaux et expulser la mission Mizon du Mouri par la force.

En présence de cette situation, le gouvernement français ne crut pas devoir assumer la responsabilité d'une affaire qui débutait d'une manière si grave et au sujet de laquelle il ne se trouvait pas suffisamment informé. C'est alors qu'il résolut de faire appel à M. Mizon lui-même, afin d'être à même de poursuivre les négociations en Europe en connaissance de cause. Pendant ce temps, les deux missions, primitivement décidées, devaient être continuées par ses compagnons.

Avis de cette décision fut transmis télégraphiquement à M. Mizon.

Il fut entendu d'un commun accord entre la *Royal Niger Company*, le gouvernement anglais dont elle dépend et le gouvernement français, qu'un exprès serait envoyé dans la Bénoué, pour porter au commandant Mizon les instructions détaillées du gouvernement. Ce fut M. Hœllé, agent de la Compagnie française de l'Afrique centrale, qui fut choisi.

Cet agent partit, le 4 juillet dernier, sur la foi de ces arrangements, après échange de communications très précises entre les deux gouvernements anglais et français, la *Royal Niger Company* et la Compagnie française ; mais une dépêche de M. Hœllé vint apprendre bientôt à la Compagnie commerciale qu'il avait dû s'arrêter à Kotonou, la *Royal Niger Company* refusant de le laisser descendre à Akassa et de le transporter dans la Bénoué.

Voici la lettre de M. Hœllé :

Akassa, le 1er août 1893.

Malgré l'assurance que me donnait votre télégramme, ce n'est pas sans peine que j'ai pu débarquer à Akassa.

A notre arrivée, un petit vapeur de la *Royal Niger Company* attendait le steamer *Cabinda* au mouillage, mais avec ordre de recevoir seulement le courrier et *les membres d'une expédition allemande dont l'arrivée était officiellement annoncée, mais sous aucun prétexte un sujet français*.

Les instructions étaient formelles et je n'ai pu être reçu à bord qu'en dissimulant ma nationalité, me réservant de m'expliquer à ce sujet avec l'agent en chef de la Compagnie.

A mon arrivée, celui-ci était absent. Il était représenté par M. Bedford, son second, qui, d'abord, ne voulait pas me recevoir et parlait de m'envoyer à bord d'un petit navire mouillé dans la rivière, pour y attendre l'arrivée du premier steamer anglais, refusant de m'assister en aucune façon. Les ordres de la Compagnie et du gouvernement anglais, disait-il, étaient formels à cet égard.

Enfin, après quelques pourparlers, j'ai obtenu l'hospitalité à terre (10 shillings par jour et 1 livre le passage de la barre), en attendant l'arrivée de M. Wallace, l'agent en chef.

Celui-ci est arrivé avant-hier et m'a fort bien reçu. Il comprend très bien le but de ma mission, mais, comme M. Bedford, il regrette de ne pouvoir m'assister. Il m'a montré une lettre du ministère anglais traitant ce sujet. Suivant cette lettre, aucun Français, sous aucun prétexte, ne doit être reçu, ni toléré, jusqu'à nouvel ordre, sur le territoire de la Royal Niger Company (M. Wallace me dit que la Compagnie demande 100,000 livres sterling au gouvernement français pour l'affaire du Mouri), et il lui est impossible, à moins de se mettre dans la plus fausse des situations, de contrevenir à ces ordres ; que je lui présente une recommandation du gouvernement anglais, et il est prêt à me donner toute l'assistance possible, de même qu'il est prêt à le faire pour l'expédition allemande, qui lui a été officiellement recommandée...

Je n'ai pas à me plaindre de ces Messieurs personnellement. Ils sont fort aimables pour moi, mais pour ce qui est de mon affaire, ils ne veulent rien entendre et se retranchent derrière les ordres reçus ; ils prennent naturellement pour prétexte les agissements de M. Mizon, mais je crois que ce qu'ils visent en accusant M. Mizon de choses qui restent à prouver, c'est la mission tout entière. Il leur déplaît de voir des Français s'établir dans l'Adamaoua, qu'ils considèrent comme leur appartenant, et le retour de M. Mizon seul ne leur donne pas toute la satisfaction désirée. Je ne crois pas me tromper en avançant que toute cette campagne contre M. Mizon n'a été menée par eux que dans le but de faire rappeler toute l'expédition.

Que pensez-vous de cette expédition allemande qui était prête à s'embarquer par le steamer *Cabinda* et devait recevoir toute l'assistance possible, juste au moment où l'on iraitait, entre Londres et Paris, la question Mizon ?

Le plan ne semble-t-il pas savamment conçu ? On espérait certainement obtenir le rappel de l'expédition française et, pendant ce temps, l'expédition allemande attendait à Akassa son départ et se mettait aussitôt en campagne, favorisée par la Royal Niger Company. Partant ainsi dans la bonne saison, elle arrivait à Yola et s'y installait avec le dessein d'annuler les résultats des voyages de Maistre et de Mizon.

Le gouvernement a bien fait en rappelant seulement M. Mizon, mais il s'agit de savoir comment celui-ci reviendra à la côte, car, ici, on paraît persuadé que ses bateaux ne sont pas en état de descendre la rivière. Si cela était, je crois qu'il serait urgent d'envoyer de suite un petit vapeur, lequel aurait encore le temps de monter et de descendre avant la baisse des eaux. Il y a environ un mois que M. Wallace a fait parvenir à M. Mizon le télégramme qui le rappelle en Europe et il suppose qu'il doit l'avoir reçu.

Au sujet de l'affaire commerciale, j'ai eu de la peine à faire comprendre à ces Messieurs qu'elle était complètement indépendante de l'expédition scientifique...

... Je reste en possession de vos lettres et instructions diverses, ainsi que des plis du gouvernement; il ne faut pas compter sur la Royal Niger Company pour le plus léger service, même pour la correspondance.

6, août, à bord du steamer *Loanda.*

J'ai dû m'embarquer ce matin à bord du *Loanda* qui devait partir à midi, mais nous ne partirons que demain, un petit vapeur de la Niger Company venant d'arriver avec chargement.

J'avais toujours l'espoir qu'un télégramme de Londres viendrait changer la disposition de la Compagnie, mais le commissaire du district est venu m'annoncer que le télégramme attendu était pour leur demander quel était le navire qui m'avait amené et, si j'étais un Français, me prier de quitter immédiatement les eaux du Niger...

Signé : HOELLÉ.

Cette conduite de la *Royal Niger Company* causa une très vive irritation dans la presse française : la Compagnie anglaise fut prise à partie par les journaux les plus considérables, le *Figaro*, le *Journal des Débats*, le *Temps*, la *Politique Coloniale*, qui furent unanimes à réclamer du gouvernement français une attitude énergique, et, en outre d'une demande d'explication à l'Angleterre sur la non-exécution des arrangements pris à Paris, l'envoi dans les eaux du Bénin, d'un aviso chargé de faire une enquête sur le sort de la mission Mizon dont on n'avait pas de nouvelles et pour laquelle on pouvait tout craindre. La clameur fut si vive que lord Aberdare, président de la *Royal Niger Company* crut ne plus pouvoir éviter d'intervenir et voici la lettre qu'il publia dans le *Times* du 14 septembre :

A l'éditor du *Times,*

Monsieur, la publicité donnée aux articles du *Temps* et du *Figaro*, flétrissant la conduite de la Compagnie royale du Niger pour avoir refusé d'assister M. Hœllé dans la mission dont il est chargé auprès de l'expédition récemment sous le commandement du lieutenant Mizon, demande que les raisons de la conduite qu'elle a tenue soient rendues publiques.

Il suffit que je rappelle les accusations atroces du lieutenant Mizon contre la Compagnie en 1891-92, accusations de tentative d'assassinat, de trahison, de duplicité etc., afin d'expliquer les raisons pour lesquelles elle s'est énergiquement opposée à ce qu'on lui permit de prendre, l'année dernière, le commandement de l'expédition soi-disant scientifique, en traversant les territoires du Niger pour atteindre le cours supérieur de la Bénoué. Cette expédition qui se composait de 12 des compatriotes du lieutenant Mizon, une quarantaine de soldats du Sénégal et du Gabon, avec 2 pièces de canon et quelque 30,000 cartouches, étaient présentée par le gouvernement français comme une « entreprise tout à fait pacifique » et les plus complètes assurances furent données que non seulement on respecterait les intérêts anglais, mais que le lieutenant Mizon se conformerait scrupuleusement à ses instructions d'observer « les obligations toutes particulières que lui imposait la stricte observation des dispositions de la Conférence de Bruxelles ». La Compagnie a cédé à contre-cœur à la pression du Foreign Office avec le résultat que nos pires appréhensions se sont réalisées. Elles ont été dépassées de beaucoup.

Le lieutenant Mizon a remonté la Bénoué avec deux bateaux pendant la courte saison où cette rivière est navigable. Quand il atteignit la partie où les deux rives sont sous la domination de l'émir de Mouri, un vassal de l'empire de Sokolo, lequel avait conclu, avec la Compagnie, un traité dont le gouvernement français a reconnu la validité en 1890 et ne l'a jamais contestée depuis, il s'arrangea de façon à échouer son plus grand bateau sur une île ou banc de sable et à y rester jusqu'à l'abaissement des eaux avec la perspective de conserver cette position pendant neuf ou dix mois. On peut dire que c'était un accident ; mais les deux officiers qui faisaient partie de l'expédition et qui sont rentrés en France vers le mois dernier ont affirmé que cela avait été fait à dessein et tous les actes du lieutenant Mizon depuis cette époque confirment leur déclaration.

J'ai dit, le 13 juillet, à l'assemblée générale de la Compagnie l'emploi que le lieutenant Mizon avait fait de sa détention volontaire. Il a déclaré nul notre traité avec Mouri. Il en a fait un lui-même avec l'émir. Il a été établi plusieurs factoreries commerciales dans le territoire de Mouri. Il a proclamé ce qu'il a appelé « un protectorat français du Soudan central ». Il a uni ses forces à celles de l'émir, pris une ville païenne dans les territoires de la Compagnie où 50 indigènes ont été tués et 2,000 réduits à l'esclavage. Ces faits sont appuyés, non seulement sur le dire de nos agents, mais des officiers français mentionnés plus haut, qui ont été suppliés par leurs compagnons français d'éclairer le public français sur les détails de la question. Ces faits, cela va sans dire, sont connus du gouvernement français, lequel, cependant, autant que je sache et croie, n'a pris aucune mesure pour arrêter les procédés sans foi ni loi du lieutenant Mizon, ni exprimé le moindre regret au gouvernement britannique, ni à la Compagnie. Ce n'est que quand la Compagnie royale du Niger a témoigné au Foreign-Office son intention (dès que la crue de la Bénoué le permettrait) d'attaquer, de capturer, de prendre ou de détruire cette expédition sans foi ni loi, qui, sous le couvert d'une exploration scientifique, a commis des actes de piraterie, que les communications faites au gouvernement français ont fait comprendre à M. Develle la nécessité de dégager le gouvernement français de toute connivence apparente avec les auteurs d'actes si nuisibles à l'honneur français et aux droits d'une nation amie. Le lieutenant Mizon fut rappelé et le Foreign Office reçut l'assurance que ses bateaux seraient conduits hors des territoires de la Compagnie. Pendant ce temps-là le drapeau français flottait non seulement sur les bateaux, mais sur leurs factoreries. Ils faisaient un commerce illégal, ils narguaient et défiaient ouvertement les agents de la Compagnie et ébranlaient et minaient son autorité bien au delà des limites du Mouri.

Il devint nécessaire de prendre des mesures énergiques et la Compagnie proclama le blocus des eaux du Mouri. L'état des choses étant tel, la Compagnie a été invitée à donner passage sur ses steamers à M. Hœllé, qui était envoyé pour se charger des bateaux de l'expédition. Mais à ce moment la Compagnie n'avait aucune information touchant la résolution prise par le lieutenant Mizon ni les mouvements de ses bateaux et le blocus était en pleine vigueur. Elle a donc refusé d'assister M. Hœllé sans entraver autrement sa pleine liberté d'action et de mouvements.

A cette heure encore, nous ne savons pas si M. Mizon a l'intention d'obéir aux ordres de son gouvernement ou de les méconnaître, ni où il est, ni ce qu'il a fait. On nous a informés que, depuis que nous avons refusé le passage à M. Hoellé, les bateaux français sont remontés à Yola, endroit qui, je puis le dire en passant, et parlant de la ville et non de la province, est dans le territoire de la Compagnie. Nos officiers ont trouvé le drapeau français flottant encore sur les factoreries de Mouri après le départ des bateaux. Ces circonstances me paraissent justifier le refus de la Compagnie de donner à M. Hœllé l'assistance que nous avons récemment donnée avec plaisir à M. Maistre. Jusqu'à ce que tout vestige ait disparu d'une expédition qui, quel qu'ait été son but primitif, a pris une attitude aussi hostile envers la Compagnie et dont la présence prolongée dans les eaux du Mouri était aux yeux des princes indigènes, le symbole du triomphe des Français sur les droits britanniques, nous avons persisté à refuser de faciliter les mouvements des émissaires français, Il a été fait déjà bien assez de mal sans courir le risque qu'on en fasse davantage.

En conclusion, je me permettrai de dire que, tout en ayant une grande admiration pour les mérites du *Temps* et du *Figaro* et un respect égal pour leur réputation en tant que journaux, je ne puis qu'être désappointé qu'ils laissent passer une conduite comme celle du lieutenant Mizon sans un mot, sans un signe de désapprobation morale.

Je suis, etc.　　　　　ABERDARE.

La lettre du noble lord, qui ne convainquit même pas absolument le *Times*, puisque l'organe de la cité conseillait le même jour qu'il la publiait, d'autoriser M. Hœllé à remonter la rivière — fut accueillie en France comme il convenait, c'est-à dire que les assertions en furent discutées point par point.

« Toutes les allégations de lord Aberdare, disait-on, sont fondées sur les attaques publiées par le médecin et le mécanicien de la mission, — que lord Aberdare qualifie d'*officiers*. — allégations auxquelles, ici, personne n'a ajouté foi, et qui ne sauraient en tout cas être acceptées qu'après un débat contradictoire avec M. Mizon lui-même. C'est sur la foi de ces attaques que lord Aberdare ose affirmer que M. Mizon a fait échouer volontairement un de ses bateaux, — alors qu'il constate lui-même un peu plus loin que M. Mizon est remonté à Yola dès qu'il l'a pu. Lord Aberdare ne peut ignorer que vingt fois, avant l'échouage définitif, les bateaux de M. Mizon s'étaient ensablés et que le commandant avait fait tous ses efforts pour les démarrer. Il suffit du témoignage d'agents mécontents pour que lord Aberdare accuse M. Mizon, dans les termes les plus vagues, de « piraterie », de « commerce illégal », qu'il déclare le blocus et qu'il « témoigne son intention d'attaquer. de capturer, de prendre ou de détruire cette expédition sans foi ni loi ».

« Si lord Aberdare avait cru lui-même à la culpabilité de M. Mizon, il avait tout intérêt à faire la lumière complète ; que n'a-t-il accepté la proposition faite par le gouvernement français d'envoyer au Mouri un représentant muni de pleins pouvoirs ? Que n'a-t-il laissé passer M. Hœllé, dont l'objet était précisément de remettre à M. Mizon des instructions lui permettant de revenir en Europe ? En réalité la Royal Niger Company a espéré qu'en laissant passer seulement le télégramme et la lettre de rappel, et en arrêtant M. Hœllé, M. Mizon, faute d'instructions, reviendrait avec sa mission, sans être allé à Yola. Ce calcul, manifestement contraire aux engagements pris à Paris par le gouvernement anglais, a été déjoué, — lord Aberdare a l'obligeance de nous l'apprendre, —par la décision de M. Mizon qui, ayant réparé et remis à flot ses bateaux, a repris sa route et est arrivé à Yola.

« En désespoir de cause, lord Aberdare émet *pour la première fois* la prétention de placer Yola en territoire anglais. Cela, nous n'avons pas besoin de M. Mizon pour le contester. Yola est indépendant et le demeurera aussi longtemps que le Sultan de l'Adamaoua n'aura pas signé un traité avec une puissance européenne. »

Et le *Journal des Débats* résumait ainsi la question :

« En somme, il reste ceci :

1º M. Mizon est à Yola, par conséquent en pleine exécution de la mission qui lui a été donnée au départ. Il est hors de la portée de la Royal Niger Company, et l'on peut espérer, par conséquent, que sa mission se poursuivra sans encombre.

2º Il existe, au sujet du protectorat du Mouri, une contestation entre la France et l'Angleterre, laquelle ne pourra être discutée utilement qu'après le retour de M. Mizon.

3º Le gouvernement anglais doit expliquer au gouvernement français pourquoi les engagements pris par lui, au nom de la Royal Niger Company au sujet du passage de M. Hœllé, n'ont pas été tenus.

4º Il est urgent de discuter à fond et la question du protectorat de l'Adamaoua et celle de la navigation du Niger et de la Bénoué, laquelle doit demeurer libre en vertu de l'Acte de Berlin. Cette liberté est entravée par une Compagnie qui, de l'aveu même de ses compatriotes de Liverpool et de M. Labouchère, mériterait vraiment les qualifications que lord Aberdare applique si légèrement à la mission Mizon.

La réponse était topique ; celle de lord Aberdare le fut beaucoup moins ; la voici pour mémoire :

A l'éditor du Times.

Monsieur, ici, dans les montagnes galloises. je n'ai pas eu l'occasion de voir le *Journal des Débats;* mais. venant de lire l'extrait d'un article de ce journal. du 15 courant, donné par votre correspondant de Paris. je vous prie de m'accorder la place nécessaire pour répondre à quelques-unes de ses affirmations.

1. Personne en France. disent les *Débats*. ne croit aux allégations du médecin et du mécanicien français. On ne dit pas pourquoi on refuse d'ajouter foi aux déclarations de deux officiers occupant des situations importantes dans l'expédition de M. Mizon. La Compagnie royale du Niger y a cru d'autant plus facilement qu'elles confirmaient, seulement avec plus de détails, les informations qui lui avaient été transmises par le télégraphe. Les *Débats* nient-ils que M. Mizon ait uni ses forces à celles de Mouri dans la chasse aux esclaves à Kouana?

2. « Lord Aberdare doit savoir que les bateaux de M. Mizon ont échoué vingt fois avant d'échouer définitivement ». sur le banc de sable bien choisi, en face de Mouri. Je n'en sais rien, bien que cela ne me semble pas improbable. Mais cela me rappelle que, quand le steamer de la Compagnie qui transportait M. Mizon à Yola s'est ensablé. M. Mizon a déclaré que cela avait été fait exprès, afin de permettre à notre agent M. Mc Intosh d'arriver à Yola avant lui et de pousser l'émir à l'assassiner. — catastrophe qui ne fut évitée que par le noble refus de ce prince de prendre part à un si ignoble complot. L'échouement du bateau de M. Mizon peut avoir été un accident, et la déclaration des officiers français qu'il a eu lieu intentionellement peut être un malveillant mensonge; mais je puis affirmer en connaissance de cause, qu'ils ont été crus par des gentlemen français de grande intelligence à qui l'honneur de .eur pays est aussi cher qu'à l'écrivain des *Débats*.

3. Il n'y a pas eu et il n'y aura pas de «protectorat contesté » du Mouri. Mouri était dans les limites du protectorat britannique reconnu dans le traité anglo-français de 1890, fait qui. jusqu'à présent. n'a jamais été contesté par le ministère des affaires étrangères de France. Je ne doute pas que. quand. en 1891, le gouvernement français a demandé l'amicale coopération de la Grande-Bretagne pour faire traverser et dépasser les territoires du Niger à cette expédition « pacifique » bien armée et richement chargée de marchandises, la requête n'ait été faite de bonne foi et qu'on ait jamais imaginé que M. Mizon s'arrêterait à 150 milles de sa destination et passerait son temps à violenter le territoire britannique, à faire usage des armes que l'on disait nécessaires à la sécurité des explorateurs pour participer à une chasse aux esclaves. et de la cargaison qu'il avait pour trafiquer illégalement de marchandises qui n'avaient pas payé les droits usuels, sous le prétexte qu'elles étaient destinées à des régions situées au delà de notre autorité. Mais je suis moralement certain que M. Mizon, dont les discours prononcés avant son départ respiraient une hostilité furieuse envers l'Angleterre et la Compagnie du Niger. avait résolu de traiter le Mouri comme étant une région indépendante de l'une et de l'autre.

4. Les *Débats* affirment que M. Hœllé était porteur de l'ordre de rappel de M. Mizon. Cet ordre avait été transmis plusieurs semaines avant l'apparition de M. Hœllé. A la même époque. la Société coloniale française, qui avait organisé l'expédition, avait remis le commandement des mains de M. Mizon à celles d'un monsieur dont j'oublie le nom, lequel avait ordre de quitter les territoires du Niger, soit en se rendant à Akassa, à l'embouchure du Niger, soit en remontant la Bénoué. au delà du protectorat britannique.

5. Je nie catégoriquement que la Compagnie royale du Niger ait jamais pris l'engagement de transporter sur ses bateaux M. Hœllé soit à Mouri, soit ailleurs. Au contraire, elle a constamment refusé de le faire aussi longtemps que le drapeau français flotterait sur le territoire de Mouri. Je ne sais quelles pouvaient être les intentions de M. Hœllé. Il est très possible qu'elles fussent raisonnables et pacifiques et de nature à réparer, autant que faire se pouvait. les délits commis par M. Mizon sur le territoire britannique et contre les intérêts anglais. Mais nous ne pouvions pas oublier que les mêmes autorités. qui envoient maintenant M. Hœllé. avaient choisi M. Mizon, malgré nos protestations. au dédaigneux mépris de nos avertissements. que leur choix était tombé sur l'homme, qui, entre tous, devait le plus probablement brouiller les deux pays. et, en fait, amener les incidents qui ont produit une si terrible tension. Je ne compare pas un seul instant M. Hœllé à M. Mizon. Mais qui

sait ce qu'étaient ces instructions secrètes ? L'allusion, que font sérieusement les *Débats*, à un « protectorat contesté », a mauvaise apparence. Est-il dans sa mission de recueillir la preuve que le traité de la Compagnie royale du Niger avec l'émir de Mouri est une invention et l'œuvre d'un faussaire ?

6. Les *Débats* affirment que la prétention de la Compagnie sur Yola est nouvelle et sans fondement. Si l'écrivain veut se donner la peine de consulter son propre ministère des affaires étrangères, il verra que cette prétention est au moins aussi ancienne que le traité anglo-français de 1890, qu'elle est parfaitement fondée et qu'elle n'a jamais, je crois, été contestée par le gouvernement français.

7. La sollicitude des *Débats* pour la libre navigation du Niger et de la Bénoué, stipulée par le traité de Berlin, est tout à fait superflue, et j'affirme sans crainte qu'elle a été scrupuleusement observée par la Compagnie.

Les *Débats* sont beaucoup trop raisonnables pour soutenir que, d'après ce traité, la Compagnie du Niger est tenue, en toutes circonstances imaginables, de transporter sur ses bateaux les émissaires étrangers partout où il leur plaît d'aller. Elle a fréquemment accompli des actes spontanés de courtoisie et de bienveillance envers des voyageurs français et allemands et qui ont été reconnus avec gratitude. Elle en a accompli libéralement et amplement envers M. Mizon. Combien celui-ci en a grossièrement abusé c'est un fait connu de tous ceux dont les yeux et les oreilles ne sont pas fermés par un patriotisme mal compris.

Je suis sincèrement fâché de consacrer tant de place à des explications qui, si nécessaires qu'elles soient, m'exposent à l'accusation de répéter ce qui a déjà été dit, et mieux dit, par vous et par d'autres.

Je suis, etc.

ABERDARE.

Le *Journal des Débats*, pris directement à parti, par lord Abardare, lui répondit par la plume de M. Harry Alis, qui y avait dirigé toute la campagne. Voici l'article de notre collaborateur, qui résume la querelle :

Nous avons publié une seconde lettre adressée par lord Aberdare au *Times*, dans le but de réfuter notre dernier article.

Nous signalerons simplement ce qu'il y a de nouveau dans cette correspondance.

Le président de la Royal Niger Company demande « s'il est faux que M. Mizon ait joint ses forces à celles du Sultan de Mouri dans l'expédition de Kouana pour la capture d'esclaves. »

Nous sommes suffisamment renseignés sur ce point pour pouvoir répondre : Oui, M. Mizon a prêté son concours à un Sultan qu'il considérait comme son protégé, mais non pas, ainsi que l'ont affirmé si légèrement les représentants de la Royal Niger Company « pour capturer des esclaves ». Les hostilités existaient depuis longtemps entre les fétichistes de Kouana et le Sultan du Mouri. Les fétichistes barraient la route des caravanes et empêchaient le commerce. M. Mizon — *qui y avait d'ailleurs été provoqué* — a aidé son protégé à les réduire. C'est là un épisode de la conquête africaine, comme il s'en présente à chaque instant chez les Anglais et chez les Allemands. Il est encore plus puéril qu'odieux de chercher à transformer cela en une espèce de guerre pour la traite à laquelle M. Mizon aurait pris part.

Lord Aberdare paraît abandonner la thèse d'un traité spécial conclu entre sa Compagnie et le Sultan du Mouri. Il s'en tient à la convention anglo-française de 1890. Mais lord Abardare omet de nous dire où, quand et comment il a été question du Mouri dans cette convention. Il n'a été question que du Sokoto. Encore, nous le répétons, les négociateurs anglais ont-ils toujours soigneusement évité de produire ce document qu'ils se targuent de posséder. En ce qui concerne le Mouri, nous ne disons pas que le traité de M. Mizon soit valable et définitif. Nous disons que cela est à discuter. C'est même pour cette raison que le gouvernement français avait si obligeamment rappelé M. Mizon... pour cela et aussi pour éviter les graves incidents que faisaient prévoir les menaces violentes de la Royal Niger Company.

Lord Aberdare argumente au sujet de la mission de M. Hœllé et s'efforce de démontrer que nous commettons une erreur. Nous ne commettons aucune erreur et nous avons lieu de nous croire mieux renseignés que lord Aberdare, en ce qui concerne le côté *français* de cette affaire. Nous connaissons moins, en revanche, ce qui a pu se passer entre le gouvernement anglais et la Royal Niger Company. Aussi, nous sommes-nous gardés de le raconter.

Nous savons parfaitement qu'un double ordre télégraphique et postal avait été envoyé à M. Mizon pour l'inviter à revenir en France. Nous pouvons ajouter que cet ordre ne visait que M. Mizon personnellement — car lui seul pouvait seconder à Paris les négociations — et qu'il n'avait été signé qu'à la condition expresse que la mission continuerait son entreprise primitive. Nous saurons sans doute prochainement quand et comment ces ordres forcément confiés à la Royal Niger Company, ont été transmis au destinataire.

Mais, outre ces ordres, il avait été formellement entendu à Paris, entre les représentants des gouvernements français et anglais, que M. Hœllé porterait des instructions détaillées à M. Mizon et à son remplaçant. L'engagement a été pris par le gouvernement anglais vis-à-vis de ceux qui ont envoyé M. Hœllé. Peu nous importe de savoir si le gouvernement anglais a — comme il le pouvait et comme il le devait — exigé le même engagement de la Royal Niger Company. Sur ce point, nous avons simplement dit que notre gouvernement devait demander des explications au Foreign Office. Nous le répétons.

Lord Aberdare parle d' « instructions secrètes » : M. Hœllé, qui est un simple agent commercial, n'en a aucune. Les inquiétudes mal dissimulées du président de la Royal Niger Company au sujet de son traité avec le Mouri n'ont donc pas de raison d'être. M. Hœllé, en ce qui le concerne personnellement, n'a pas d'autre mandat que celui, très simple, de remplacer l'agent commercial à rapatrier. Et quant aux instructions officielles dont il est porteur, elles se résument en ceci : « M. Mizon revenant en France, le nouveau commandant le remplacera et poursuivra purement et simplement l'exécution des instructions reçues au départ. »

Nous ne croyons pas nous tromper en disant que le gouvernement français avait déclaré qu'il ne donnerait pas d'autres instructions. C'est donc sa parole que lord Aberdare met aujourd'hui en doute. Cela est aussi peu courtois et aussi injustifié que les autres actes de la Compagnie du Niger.

En ce qui concerne le protectorat sur Yola, lord Aberdare s'en réfère encore à la Convention de 1890 et nous nous en référons, par conséquent, aux observations déjà présentées. Nous n'ignorons certes pas que l'Allemagne et l'Angleterre se sont partagé l'Adamaoua, — avant même d'y avoir pénétré, — et que ces deux nations négocient à l'heure actuelle pour compléter ce partage. Mais la France n'a pas été consultée et n'a pas approuvé. Elle n'approuvera pas ce qui léserait ses droits légitimes.

Enfin, lord Aberdare affirme que la navigation du Niger n'a jamais été entravée. Avec les commerçants de Liverpool, nous affirmons le contraire et nous sommes prêts à en fournir de nombreuses preuves. D'ailleurs, la prétention de la Compagnie de posséder les rives et d'empêcher de faire du bois ne constitue-t-elle pas à elle seule une entrave intolérable ? C'est une dérision de dire : « La navigation du Niger et de la Bénoué est libre. Seulement, les bateaux (nécessairement de petit tonnage) devront naviguer durant des semaines, à l'aller et au retour, sans pouvoir se ravitailler en charbon ni en bois. » Et comment qualifier la menace de couler les bateaux de la mission commerciale qui accompagne M. Mizon, sous prétexte que celle-ci aurait signé un traité sans valeur.

En fin de compte, le président de la Compagnie royale du Niger ne produit aucun fait, aucun argument capable de modifier nos conclusions, qui ont été considérées partout en France, nous pouvons le dire, comme le résumé exact et impartial de la situation.

Le bruit avait couru, dans les premiers jours d'octobre, que la mission Mizon avait été attaquée par la troupe de police de la Compagnie du Niger; mais celle-ci a fait démentir ce bruit et a donné à cette occasion des nouvelles du commandant : c'est après que les drapeaux français auraient été retirés de Mouri, que la mission aurait remonté sur Yola, mais là, le sultan aurait refusé de la recevoir et son chef aurait décidé de se diriger vers le Sud-Ouest et les régions de l'Adamaoua, qu'ont parcouru récemment les missions de Stetten et d'Uchtsitz, parties toutes deux de la côte Cameroun. La Compagnie déclare que le commandant Mizon ayant quitté les territoires où elle domine et étant entré dans le hinterland de Cameroun, la question Mizon ne la regarde plus, qu'elle s'en désintéresse et la laisse débattre entre la France et l'Allemagne.

______

Il est assez curieux qu'au moment où éclatait le conflit entre la presse française et la Compagnie du Niger, celle-ci était attaquée assez vivement en Angleterre, non seulement par ses habituels adversaires de la Chambre de Commerce de Liverpool, mais aussi par M. Labouchère. Le directeur du *Truth* publie contre elle un véritable réquisitoire, l'accusant d'avoir fait fusiller sommairement de pauvres indigènes qui avaient tenté de traverser les territoires de la Compagnie et rappelle que les résidents anglais de Lagos avaient adressé, il y a quelque temps, aux commissaires chargés de faire une enquête sur les agissements de la Compagnie, un mémoire dans lequel ils affirmaient que les fonctionnaires de la Compagnie commettaient journellement des actes atroces. C'est ainsi qu'un jour un certain nombre de porteurs indigènes qui refusaient de continuer un voyage dans l'intérieur, et depuis le commencement duquel ils avaient enduré beaucoup de privations, auraient été fusillés impitoyablement.

« La Compagnie royale du Niger, dit M. Labouchère, reconnaît indirectement ces accusations, comme le prouve l'engagement suivant qu'elle fait signer à ses employés et qui montre combien elle craint la lumière sur ses agissements. Voici le texte de ce curieux engagement :

« Le soussigné s'engage à ne pas communiquer, sans le consentement de la Compagnie, pendant une période de dix ans, aux journaux de la Grande-Bretagne, ou de tous autres pays, ou à toute personne étrangère à la Compagnie, fonctionnaire de l'État ou simple particulier, des renseignements d'ordre commercial, industriel, scientifique ou politique, ayant trait aux affaires de la Compagnie, à son administration ou aux territoires occupés par elle, renseignements qu'il aura acquis pendant le temps qu'il aura été à son service. Le soussigné s'engage, en outre, à ne distribuer ni publier aucun pamphlet, ni livre ou toute autre sorte de documents révélant des faits de nature à induire d'autres personnes à venir commercer et trafiquer dans les districts de la Compagnie. »

Pour toute infraction à une quelconque des clauses de cet engagement, le signataire est tenu de payer une somme de 1,000 liv. st. à titre de dommages-intérêts.

M. Labouchère ajoutait qu'il n'est pas fâché de voir le gouvernement français protester contre les agissements inqualifiables de la Compagnie royale du Niger.

______

LA MISSION PONEL, LA COMPAGNIE DU NIGER
ET LE CAMEROUN

______

Le sous-secrétaire d'État aux colonies a reçu enfin des nouvelles de la mission Ponel, dont on n'avait plus entendu parler depuis plusieurs mois, et au sujet de laquelle on n'était pas sans craintes.

On sait que M. Ponel, agent du Congo français, avait reçu de M. de Brazza la mission de refaire en sens inverse, la route que le commandant Mizon avait faite l'an dernier, c'est-à-dire, partant de la haute

Sangha, de gagner Ngaoundéré d'abord, qui est l'une des places les plus considérables de l'Adamaoua, de se rendre à Yola ensuite, et de rentrer à Loango par la Bénoué et le Niger. Le voyage ne paraissait pas devoir présenter des difficultés considérables, étant donné les relations cordiales qui existent entre M. de Brazza et les principaux chefs du pays voisin, et il semble en effet que M. Ponel et sa suite, l'ont assez rapidement accompli ; seulement arrivés à Yola, devaient commencer les ennuis, puisque c'est là qu'on rencontrait les Anglais, et en effet, la Compagnie royale du Niger se refusa absolument à fournir à la mission le passage sur ses steamers qui descendaient la Bénoué : M. Ponel plutôt que de longer cette rivière, ce qui ne pouvait avoir pour lui que des dangers et aucun intérêt, dût rebrousser chemin et rentrer au Congo par la Sangha, en traversant encore une fois tout l'Adamaoua, plus hospitalier à son expédition que le territoire sous la domination de la Compagnie Britannique.

Bien que le télégramme reçu de M. de Brazza sur ce voyage soit très bref, on peut croire qu'il n'a pas été inutile. Il s'agissait pour M. Ponel de confirmer avec les chefs de l'Adamaoua les traités que M. Mizon avait conclus et d'entretenir des relations plus actives avec eux ; il s'agissait surtout de devancer les expéditions allemandes qui s'avançaient de Cameroun avec les deux expéditions de M. de Stetten et de M. d'Uchtsitz. Or, la simple comparaison des dates permet d'espérer qu'il n'a pas failli à sa tâche et qu'à son voyage d'aller, il est passé à Ngaoundéré avant M. de Stetten. En effet, de Gaza à Ngaoundéré, la ville principale de l'Adamaoua du Sud, on compte environ 350 kilomètres que l'explorateur a dû franchir en moins d'un mois, étant donné les moyens de locomotion dont on dispose dans l'Adamaoua ; il a donc dû arriver au commencement du mois de février auprès d'Abbou ben Aïssa, avec qui, on le sait, M. de Brazza a, depuis plus de dix-huit mois, engagé des relations des plus suivies. Le lieutenant de Stetten, de son côté, n'a quitté la côte de Cameroun qu'au mois de février, ainsi que l'annonçait récemment la *Gazette de l'Allemagne du Nord*. C'est donc l'agent de M. de Brazza qui, vraisemblablement, a précédé l'explorateur allemand à Ngaoundéré. Ce fait a son importance dans le cas où l'on voudrait, au point de vue de la délimitation du Cameroun, tirer parti de la visite que le lieutenant de Stetten aurait faite à Abbou ben Aïssa, un an et demi, au surplus, après celle de M. Mizon. Quant à l'expédition de M. d'Uchtsitz, elle est arrivée tout récemment sur la Bénoué, c'est-à-dire quelque temps après celle de M. de Stetten.

Il est à remarquer que les expéditions allemandes parties de Cameroun ont été admises au passage par la Compagnie royale du Niger et M. Hoellé parlait déjà dans sa lettre la différence du traitement qu'on leur accordait avec celui que devaient subir les missions françaises. Quelques journaux en ont conclu qu'il y avait un traité signé entre l'Angleterre et l'Allemagne pour la délimitation du hinterland de Cameroun et le bruit a couru avec persistance que tandis que la Compagnie anglaise s'attribuait Yola et ses environs, elle déclinait toute prétention sur le reste de l'Adamaoua, qu'elle abandonnait à l'Allemagne. Il est impossible d'être exactement renseigné sur ce traité, et tout ce que l'on peut observer, c'est que jusqu'ici les négociateurs les plus habiles et les plus au courant des lieux, Sir W. Mac-Donald et le docteur Kayser, y avaient en vain travaillé ; ils n'avaient pu s'entendre le printemps dernier que sur la délimitation de certains districts côtiers sans importance politique. A la vérité, ce qu'ils considéraient comme le danger commun a pu les amener à certaines concessions ; seulement nous devons affirmer qu'un traité conclu entre l'Allemagne et l'Angleterre ne lie qu'elles-mêmes et que la France ne peut que s'en tenir absolument aux termes de l'acte de 1885 qui proclame les droits du premier occupant

COLONIES FRANCAISES
ET PAYS DE PROTECTORAT

ALGÉRIE

Le neveu du chérif de Ouazzan à Alger. — Moulai-Ali-Ould-Moulai-Mohammed, neveu du grand chérif de Ouazzan, est arrivé à Alger depuis quelques jours avec une suite de quinze Marocains, dont plusieurs personnages de qualité, et le secrétaire de son auguste père. Il est l'hôte du gouverneur général près duquel il est chargé d'une mission spéciale par son oncle Moulai-el-Arbi, chef de la puissante confrérie religieuse de Moulai-Taïeb qui compte, ainsi que l'on sait, presque autant de fidèles sur le territoire algérien et en particulier dans la province d'Oran que dans l'empire marocain. Le voyage de Moulai-Ali se rapporte à certaines questions religieuses qui ont trait à la nomination des Moquadmin ou prieurs de l'Ordre, et que le chérif s'est engagé, par une sorte de Concordat, à ne nommer, dans ses zaouïas algériennes, qu'avec l'assentiment du gouverneur général.

De même que le grand chérif à la mort de son père, le vieux El-Hadj-Abdesselam s'était rendu à la cour de Fez présenter ses hommages au Sultan, recevoir des compliments de condoléance et passer une partie de son deuil auprès du Maqhzen marocain qui compte, depuis le sultan jusqu'à nombre de ses ministres, de fervents disciples de Moulai-Taïeb, de même, le chef des Taïblya a désiré, par la démarche de son neveu, marquer la déférence qu'il doit au gouvernement français et l'obéissance qu'il désire que ses fidèles observent vis-à-vis du gouverneur général de l'Algérie. Moulai-Ali a amené deux chevaux comme présents au gouverneur général, ce sont des hommages de la zaonïa de Ouazzan. Ces deux animaux sont venus par terre de Tanger à Tlemcen à travers la contrée du Rif en suivant une route aussi difficile que dangereuse.

Le père de Moulai-Ali, Moulai-Mohammed, est attendu d'ici à quelque temps ; ce grand personnage religieux souffre depuis longtemps d'une douloureuse maladie, et son intention est d'aller en France demander à nos médecins la guérison qu'il n'a pu trouver au Maroc où les disciples d'Esculape n'ont qu'une science imparfaite.

TUNISIE

Les Touaregs. — On écrit de Tunis, le 5 septembre au *Journal des Débats* :

La situation politique générale de tout l'Extrême-Sud est excellente, et cela grâce à la ligne de conduite avisée et prudente que l'on a adoptée depuis deux ans et demi au gouvernement général de l'Algérie et à la résidence générale de France en Tunisie.

Fait, sinon sans exemple, tout au moins rare dans les fastes de nos relations avec les Touareg : le cheikh Aïssa n'a pas craint d'envoyer chez nous ses deux propres neveux, et cela jusqu'à Tatahouine, en remettant à l'aîné Ouân Titi, une lettre pour le chef de ce poste où il demande en termes très pacifiques la restitution d'un certain nombre de chameaux enlevés par les Ouderna à la suite d'une razzia opérée par ces derniers en 1889. Toutefois Aïssa, faisant de même appel à notre amour bien connu de la justice, réclame aussi une négresse qui se serait, paraît-il, enfuie avec une esclave nègre ; mais ici le problème devient délicat, car ce n'est ni plus ni moins que la question tout entière de l'esclavage qui se pose ; on n'ignore pas en effet, que tout esclave qui met le pied sur nos territoires devient libre *ipso facto*, et c'est là, au surplus, le différend éternel et aigu qui nous séparera encore longtemps des populations du Sahara et des oasis, lesquelles ne peuvent ni comprendre nos doctrines ni admettre qu'en vertu de principes d'égalité de races et de philanthropie nous les privions de la source, peut-être la plus considérable, de leurs revenus et de leur commerce.

Le cheikh des Imaughasaten a écrit aussi longuement et d'une façon très pressante au Khalifa de Douïret pour le prier de veiller avec le plus grand soin, afin que ses délégués ne dépassent point Tatahouine et n'aillent ni à Medenine ni à Gabès ; ce seigneur targui, auquel les racontars les plus fantaisistes avaient été évidemment colportés par nos rivaux et qui en gardait un souvenir dans son âme inquiète de nomade, obéissait en cela à la plus tendre des sollicitudes d'un oncle pour ses neveux. La surprise de ces derniers fut donc des plus vives quand ils purent se convaincre de la sécurité qui régnait aussi bien chez les Ouderna que sur nos territoires ; et la restitution des chameaux que l'autorité se plut à leur faire presque de suite, acheva de leur donner entière confiance en leur montrant quel sens de la justice nous avions.

Les délégués touareg ont remporté une impression excellente et de l'hospitalité que l'autorité leur avait réservée et de ce qu'ils ont vu de notre manière de régler ces questions, pourtant si délicates, de restitution de butins, de razzia, qui au désert donnent lieu à des querelles sans fin. Tous ces détails que je me suis attaché à vous donner vous montreront avec quel soin et quelle persévérance on poursuit ici la pénétration pacifique et progressive de ces territoires. A ce sujet, Ouân Titi a confirmé que les deux derniers explorateurs dont on ait parlé chez les Imaughasaten étaient Français, MM. Foureau et Méry évidemment, qui, ainsi qu'on se le rappelle, voyagèrent l'hiver dernier dans le Sahara, chacun à la tête d'une mission spéciale et subventionnés largement par M. le gouverneur général de l'Algérie. Le premier de ces voyageurs écrivit de Temassinine à Abd el Hakem pour le mander ; celui-ci se décida à envoyer son fils Ouàn Titi qui se rendit au campement du chrétien et l'accompagna durant quelque temps. Toutefois M. Foureau ne s'approcha que peu de Ghadamès afin de ne pas soulever de difficultés au cours de sa mission plus spécialement scientifique et pour obéir aux instructions de prudence qu'il avait reçues. Le voyageur remit alors à son guide, Ouàn Titi, une lettre en français et en arabe datée du 29 janvier 1893, où il est dit que le gouverneur général de l'Algérie, soucieux de l'établissement pacifique de relations commerciales et par voie d'échange avec les Touareg et les populations du Sahara dont il ne veut que le bien-être et la tranquillité, reconnaît que Ouàn Titi est un notable qui mérite les égards des autorités françaises.

Ouàn Titi n'a pu que donner bien peu de détails sur la mission de M. Méry, mais nous avons eu, d'autre part, tous les renseignements désirables sur l'importance qu'il convient d'attribuer au voyage de ce second explorateur qui a eu affaire aux Azgers dont les Imaughasaten se sont séparés. On sait, en effet, que M. G. Méry était envoyé par un comité qui s'est donné la tâche de développer notre commerce du Sud algérien avec le Sahara et même le Soudan. A la tête de cette œuvre se trouve M. l'ingénieur Rolland, le promoteur du chemin de fer de Biskra à Ouargla. Les rapports et les résultats commerciaux de la mission de M. Méry ont témoigné de l'utilité du but poursuivi et de ce que l'on doit attendre de la politique du gouvernement, tandis que la carte du Sahara, publiée grâce aux travaux scientifiques et aux relevés de M. Foureau, nous est un document des plus précieux. En ce moment une paix complète règne chez les Touareg sans crainte d'aucune razzia ; les Imaughasaten sont très unis, ils campent avec le cheikh Aïssa, mais il y a aussi quelques tentes isolées qui sont près de Ghat où ils cultivent avec le chef Teriaït. On faisait toutefois certain bruit jusque dans ces régions des projets du Sultan du Maroc, et la nouvelle d'une grande expédition chérifienne dans le Sahara à la tête de laquelle serait Moulai el Hassan lui-même s'était propagée et avait donné lieu aux racontars les plus fantaisistes.

Quant au commerce du Sahara, Ouàn Titi n'a fait que confirmer ce que je vous ai toujours écrit, à savoir que le mouvement des échanges se divise en trois branches, Fezzan, Ghadamès, Touât, la seconde étant sans contredit la plus importante. Les Touareg n'y interviennent que comme convoyeurs en louant leurs chameaux et en assurant le transport jusqu'à Ghadamès. Pour le trajet de Ghadamès à Tripoli, ils ne figurent que pour une faible partie, car la plupart des caravanes appartiennent à des gens de Ghadamès même ou de Fessâtou, Radjebou et Kebaou.

La question des rapports avec Ghadamès subsiste dans son entier, et, à ce point de vue restreint, les Touareg, comme on voit, ne peuvent être que d'un faible secours ; c'est avec les notables négociants de cette ville qu'il convient de traiter. On signale à ce sujet comme d'un bon augure l'installation d'un membre d'une des plus influentes familles de Ghadamès, un certain Mohammed ben Ali Tsami, qui s'est fixé depuis un certain temps déjà à Medenine pour y commercer.

Tel est donc l'aperçu général de la situation que je tenais à vous donner et qui vous montrera nettement, j'espère, quel avenir il est permis d'attendre si on poursuit la voie des missions à personnel réduit, pacifiques, à caractère uniquement scientifique ou commercial, et qui, l'hiver dernier, ont déjà produit de si précieux résultats ; c'est là que nous devons chercher la solution du problème de la pénétration et de la domination du Sahara, concurremment avec le creusement des puits et la création de bordjs ou fortins destinés à jalonner les routes de caravanes et celles suivies par nos nomades, œuvre grandiose à laquelle s'est attaché le gouverneur général de l'Algérie, M. Jules Cambon.

COTE D'IVOIRE

Le traité franco-anglais. — Le gouvernement anglais a déposé sur le bureau de la Chambre des communes le texte de la convention franco-anglaise conclue, le 12 juillet dernier, pour compléter les conventions du 10 août 1889 et du 26 juin 1891, et pour fixer la frontière entre la colonie française de la côte d'Ivoire et la colonie anglaise de la côte d'Or.

On se souvient qu'une commission mixte franco-anglaise avait été désignée en 1891 pour procéder, sur place, à l'établissement de cette frontière conformément à ces deux conventions. Le commissaire français était le capitaine Binger, qu'accompagnaient le docteur Crozat, le lieutenant Braulot et M. Marcel Monnier ; le commissaire anglais était le capitaine Lang. Mais le texte de la convention de 1889 n'était pas d'une grande précision, et il prêtait à des interprétations très différentes.

La frontière, y disait-on, qui a pour point de départ Newtown sur la côte, devait suivre « la lagune de Tendo et celle d'Aby jusqu'à Nougoua, le tracé de la frontière sera établi en tenant compte des traités respectifs conclus par les deux gouvernements avec les indigènes. Ce tracé sera prolongé jusqu'au 9e degré de latitude nord. »

C'est pour ce motif qu'en 1891 une seconde convention vint préciser la première afin de déterminer la valeur des « traités respectifs conclus par les deux gouvernements avec les indigènes ». C'est ainsi que la frontière, à partir de Nougoua, devait se diriger vers le nord en laissant le Sanwi et l'Indénié à la France, le Broussa, le Aowin et le Sahué à l'Angleterre. Plus au nord, la ligne frontière devait passer à 10 kilomètres à l'est de la route d'Annibilékrou et Bondoukou et gagner la Volta en plaçant le territoire de Bondoukou dans la sphère d'action de la France.

On pouvait supposer avec ce commentaire que les capitaines Binger et Lang allaient pouvoir exécuter facilement la mission qui leur était confiée. Mais, dès les premiers jours, on constata que le commissaire anglais, jugeant les intérêts de la colonie de la Côte d'Or compromis par ces arrangements, voulait, dans l'interprétation des textes, arriver à repousser vers l'est la frontière française. Tout d'abord, un conflit s'éleva sur l'attribution même de la ville de Nougoua. « *A partir de*, disait le capitaine Lang, ne veut pas dire que le village soit français. Dès lors, j'en revendique la propriété pour l'Angleterre. » Il fut impossible ensuite de s'entendre sur les limites des territoires dénommés dans la convention explicative de 1891. Tel village perdu dans la forêt équatoriale relevait-il du chef de Broussa et, par conséquent, était-il anglais, ou bien, au contraire, appartenait-il à la France comme tributaire du chef de Sanwi ? Les contradictions s'accumulèrent au point que la rupture fut inévitable. Le capitaine Binger et le capitaine Lang s'en allèrent en exploration chacun de leur côté et M. Marcel Monnier a raconté, le voyage si intéressant qu'il a fait avec le commissaire français à Kong et dans la vallée du Comoé.

Les explorateurs revinrent en Europe et communiquèrent à leurs gouvernements les résultats de leurs missions. Des négociations s'engagèrent alors à Paris entre MM. Phipps et Crowe, de l'ambassade d'Angleterre, et MM. G. Hanotaux, directeur des consulats au ministère des affaires étrangères, et J. Haussmann, chef de division à l'administration des colonies. Il résulta de ces pourparlers que le capitaine Binger avait parfaitement accompli son devoir en résistant aux prétentions de son collègue, puisque la convention qui fut signée le 12 juillet nous donne entièrement satisfaction.

En voici le texte d'après la *Politique coloniale* :

Les commissaires spéciaux, nommés par les gouvernements de la France et de la Grande-Bretagne, en vertu de l'article 5 de l'arrangement du 10 août 1889, n'étant pas parvenus à traiter, entre les territoires respectifs des deux puissances, sur la côte d'Or, une ligne de démarcation conforme aux dispositions générales de l'article 3 de cet arrangement et aux indications du paragraphe final de l'arrangement du 26 juin 1891, les plénipotentiaires soussignés, chargés, en exécution des déclarations échangées, à Londres, le 5 août 1890, entre le gouvernement de la République française et le gouvernement de Sa Majesté britannique, de délimiter les sphères d'intérêt respectif des deux pays, dans les districts Sud et Ouest du Moyen et du Haut-Niger, se sont entendus pour fixer, dans les conditions ci-après énoncées, la ligne de démarcation entre les possessions françaises et britanniques de la côte d'Or :

1° La frontière britannique part de la côte à Newtown, à une distance de 1.000 mètres à l'Ouest de la maison occupée, en 1884, par les commissaires britanniques, puis se dirige droit vers le Nord jusqu'à la lagune de Tanoe ou Tendo, suit la rive Sud de cette lagune jusqu'à l'embouchure de la rivière Tanoe ou Tendo (des quatre îles qui se trouvent à proximité de cette embouchure, les deux qui sont au Sud étant attribuées à la Grande-Bretagne, et les deux qui sont au Nord, à la France). La frontière britannique longe, à partir de cet endroit, la rive gauche de la rivière Tanoe ou Tendo jusqu'au village de Nougoua, que, vu sa situation sur la rive droite de cette rivière, l'Angleterre consent à reconnaître à la France ;

2° La frontière française part également de la côte de Newtown, à une distance de 1.000 mètres à l'Ouest de la maison occupée, en 1884, par les commissaires britanniques. Elle s'avance, de là, droit au Nord, vers la lagune de Tanoe ou Tendo, puis, traversant cette lagune, on suit la rive Nord, et les rives Nord et Est de la lagune Ehi jusqu'à l'embouchure de la rivière Tanoe ou Tendo, et suit la rive droite de cette rivière jusqu'au village de Nougoua ;

3° La frontière britannique continue à suivre la rive gauche du Tanoe ou Tendo durant 5 milles anglais en amont de la maison qui sert actuellement de résidence au chef de Nougoua. Elle traverse en ce point la rivière et se confond avec la frontière commune, déterminée ci-dessous.

La frontière française sur la rive droite du Tanoe ou Tendo, également pendant 5 milles en amont de Nougoua, jusqu'au moment où elle est rejointe par la frontière anglaise ;

4° La frontière commune quitte la rivière Tanoe et se dirige au Nord vers le sommet de la colline de Terra Ferrako. De là,

passant à 2 milles à l'Est des villages d'Assakasso, Sankama, Assambossoua et Akouakron, elle court à 2 milles à l'Est de la route conduisant de Souakrou à la rivière Boi, pour atteindre cette rivière à 2 milles au Sud-Est de Bamianko, village qui appartient à la France. De là, elle suit le thalweg de la rivière Boi et la ligne tracée par le capitaine Binger (telle qu'elle est marquée sur la carte ci-annexée), laissant Edubi, avec un territoire s'étendant à 1 mille au Nord de ce point, à la France, jusqu'à ce qu'elle atteigne un point situé à 16.000 mètres droit à l'Est de Yaou. A partir de ce point, elle coïncide avec la ligne tracée par le capitaine Binger (voir la carte ci-annexée), jusqu'au point situé à 1.000 mètres au Sud d'Abourouferrassi, village appartenant à la France. Elle continue à se tenir ensuite à une distance de 10 kilom. à l'Est de la route conduisant directement d'Annibilekrou à Bondoukou, par Bodomfil et Dadiassi, passe à michemin entre Buko et Adjamrah, court à 10 kilom. à l'Est de la route de Bondoukou viâ Sorobango, Tambi, Takhar et Bandagadi, et atteint la Volta au point d'intersection de cette rivière et de la route de Bandagadi à Kirhindi. Elle suit alors le thalweg de la Volta jusqu'à son intersection par le 9° degré de latitude Nord.

5° Il est convenu que les habitants des villages français qui, antérieurement à la conclusion du présent arrangement, jouissaient du droit de pêche sur la rivière du Tanoe ou Tendo, continueront à jouir de ce droit en se conformant aux règlements locaux ;

6° La frontière déterminée par le présent arrangement est inscrite sur la carte ci-annexée ;

7° Dans la pensée des parties contractantes, le présent arrangement complète et interprète la section 1 de l'article 3 de l'arrangement du 10 août 1889, relatif à la délimitation des possessions britanniques et françaises sur la côte d'Or, et le paragraphe final de l'arrangement du 26 juin 1891.

Fait à Paris, le 12 juillet 1893.

Les commissaires britanniques,
Signé : E. C. H. PHIPPS,
J. A. CROWE.

Les commissaires français,
Signé : GABRIEL HANOTAUX,
J. HAUSSMAN.

On enregistrera avec plaisir, en France, l'accord qui vient de mettre fin aux difficultés si malencontreusement suscitées par le capitaine Lang, et si un vœu pouvait être exprimé, c'est que la France et l'Angleterre règlent au plus tôt une affaire semblable soulevée, presque en même temps, à propos de la délimitation de Sierra-Leone et de la Guinée française.

CONGO FRANÇAIS

La mission Monteil. — Après entente avec le sous-secrétaire d'Etat aux colonies, le commandant Monteil partira pour le Congo le 10 octobre par le paquebot des Messageries Maritimes (*viâ* Bordeaux). Il arrivera le 5 novembre à Loango.

Rappelons seulement le but de la mission : conformément à la décision du groupe colonial de la Chambre des députés d'avril-mai 1893, le commandant Monteil a été choisi pour organiser les postes français du bassin de l'Oubangui. Ces termes un peu vagues lui permettront d'agir suivant les circonstances et pour le mieux des intérêts français.

Sa mission se compose, dès à présent, de M. le capitaine Decaze, du lieutenant Jullien, de MM. François et Comte et d'une escorte de tirailleurs sénégalais de 150 ou 200 hommes, encadrés par des sous-officiers de l'infanterie de marine. Un capitaine de la même arme sera désigné très prochainement pour prendre le commandement de cette troupe.

Les marchandises de toutes sortes qu'emporte la mission nécessiteront un personnel de porteurs dont on ne peut évaluer qu'approximativement le nombre. Le bateau l'*Etienne*, les voitures démontables en aluminium et la mitrailleuse Maxime, que le lieutenant Jullien emmène avec lui, viendront augmenter encore ce chargement qui est déjà si considérable.

Et le jour même de son départ, le commandant Monteil obtiendra son cinquième galon.

Les obsèques du duc d'Uzès. — Les obsèques du duc d'Uzès ont eu lieu, à Uzès le 26 septembre.

On sait que le gouvernement avait délégué le commandant Monteil pour le représenter aux obsèques.

Voici les principaux passages du discours prononcé par le représentant du gouvernement :

Le gouvernement de la République, en m'envoyant pour le représenter en cette triste circonstance, m'a chargé de vous apporter, Madame la duchesse. ainsi qu'à votre famille, le témoignage de la part très vive qu'il a prise à votre grande douleur. et de vous exprimer en son nom et au nom de tous les Français de cœur les regrets unanimes qu'a provoqués au milieu de ses concitoyens la mort de celui qui fut le duc Jacques d'Uzès.

De toutes parts et sous toutes les formes, je le sais, les marques de la sympathie publique ont afflué vers vous.

En me donnant occasion d'en faire entendre ici même l'expression, le souci du gouvernement a été d'honorer d'une manière spéciale celui qui. rendu aujourd'hui à sa demeure dernière. a sacrifié sa vie à la noble aspiration d'étendre toujours plus loin les bornes de la patrie française. Lourde tâche que celle qu'il avait assumée, mais combien grande et généreuse !

Il fallut au défunt une grande force d'âme pour renoncer en un instant à la vie des heureux de ce monde : jouissance de la fortune, éclat d'un grand nom, joies de famille, cortège d'amis nombreux, tel que le rêvent les ambitieux de cette terre. Il trouva ce rôle au-dessous de lui-même, et il rêva d'entreprises plus digne d'illustrer son nom.

Lorsqu'il vous fit part, Madame, de ses projets. ses vues furent accueillies avec enthousiasme par vous; ses aspirations étaient si bien celles de votre propre nature. Votre seul adieu fut de lui dire : « Va et reviens un homme !

Et alors commença cette lutte terrible où tout est privations. Pas un instant il ne fut au-dessous de sa tâche.

Ce fut d'abord une route pénible le long de l'immense fleuve africain, le Congo ; plus tard, la chevauchée de guerre dans les halliers vierges qui avaient attiré, pour l'assassiner, un des nôtres, de Pomeyrac. La vengeance fut éclatante et la victoire complète.

Pendant ces cinq journées de combat, Jacques d'Uzès a accompli ses devoirs de soldat valeureux.

Combien d'autres que je connais, n'eussent eu que le souci, après plus d'un an d'absence, de revenir au pays ! Telle ne fut pas sa conduite : il resta, et cependant la maladie l'avait déjà atteint. Hélas ! il ne lui fut point donné d'accomplir jusqu'au bout son noble devoir, si cher. La mort implacable le saisit au moment où il allait mettre le pied sur le navire qui devait le ramener dans sa patrie.

Honneur à celui qui a su donner sa vie à une grande œuvre !

Comme beaucoup aujourd'hui, le duc Jacques d'Uzès avait compris les vraies destinées de la France contemporaine : il faut que la France se retrempe dans ces entreprises pour remplir le champ de son action civilisatrice. A la tâche il a succombé, ayant jusqu'au bout accompli son devoir, tout son devoir.

Paix à ses cendres qui vont entrer dans leur demeure dernière : Jacques d'Uzès est mort au champ d'honneur !

Au moment des obsèques du duc d'Uzès, le *Figaro* a publié sur l'expédition et la mort du duc un article de M. Jean Rogier, membre de l'expédition. Nous en extrayons ce passage :

Le 2 juin 1892, l'expédition arrivait à Matadi. Le camp fut dressé sur un petit plateau au nom sinistre de « plateau de la Misère », devant la nappe du Congo qui roulait en mugissant ses eaux rapides et houleuses dans le tonnerre des chutes d'Yellala. La tente du duc d'Uzès, surmontée du pavillon bleu et rouge, s'élevait au premier rang parmi les nôtres. joliment ornée d'étoffes de cotonnade aux rutilantes couleurs. Véritable maisonnette de toile, cette tente large de deux mètres, longue de trois Au fond, le petit lit de sangle étroit et dur, le long des parois les cantines et, près de la porte, la table de travail à terre des nattes indigènes protégeaient contre l'humidité du sol.

Plus loin, les tirailleurs algériens et les Sénégalais, par groupes de huit ou dix, se tenaient, bruyants et joyeux, sous de petits prélarts. A l'extrémité du camp, les cuisines placées sous la haute direction d'un Vatel sénégalais.

On resta là un mois, attendant des porteurs. La vie s'écoulait monotone dans les préparatifs d'un départ prochain.

La veille du départ, le duc d'Uzès passa la revue des soldats qui, drapeau en tête, défilèrent devant lui dans une belle tenue, alertes et vigoureux. Le défilé terminé, il réunit les hommes autour de lui et, en leur présentant le drapeau tricolore, il leur adressa ces paroles, qui montrent bien quel homme était le duc et quelle grande pensée patriotique l'animait :

« Sous-officiers et tirailleurs,

« Je vous présente votre drapeau. Regardez-le. il est bien simple. Il n'est ni frangé d'or, ni cravaté de soie. Il ne porte pas, inscrits sur son étoffe tricolore, les noms glorieux que vous avez pu lire sur l'étendard de vos anciens régiments, mais il n'en est pas moins le drapeau de la France et rappelez-vous que partout où a passé le pavillon français l'honneur et le courage l'ont toujours accompagné. Vous êtes tous d'anciens combattants de la Tunisie ou du Tonkin et je vois briller sur vos poitrines les médailles qui attestent votre belle conduite. Aujourd'hui pas plus qu'hier vous ne faillirez à votre devoir. J'ai confiance en vous. Vous resterez toujours les robustes et braves soldats, les superbes tirailleurs algériens, les premiers soldats de France. »

Cette patriotique allocution ne laissa pas d'émouvoir profondément les hommes de l'escorte et de relever leur moral un peu abattu par la déception éprouvée à l'aspect des solitudes arides et broussailleuses du Congo, si peu semblables aux riches plaines de l'Algérie.

MADAGASCAR

La conspiration de Rajoelina. — On écrit de Tananarive, le 19 août :

Lorsque Ratsimandresy, l'un des fils du premier ministre, mourut subitement, empoisonné, une enquête fut ouverte pour découvrir les auteurs de l'attentat. L'opinion publique désignait le coupable en la personne de Rajoelina, frère du défunt. Des témoignages et de sérieux indices semblaient venir à l'appui de cette accusation, quand les recherches furent brusquement suspendues par ordre du palais : « Si je dois « perdre un fils encore, aurait dit Rainilaïarivony, « j'aime mieux ignorer toujours la vérité et laisser le crime impuni. »

Lorsque récemment se répandit le bruit de la découverte d'une conspiration nouvelle contre la sûreté de l'État et la personne du premier ministre, on se demanda pendant quelque temps si Rainilaïarivony, menacé cette fois dans sa propre vie et dans son pouvoir, se déciderait à faire justice, ou si on le verrait, nouveau roi Lear, devenir, par sa faiblesse, la victime des ambitions et des fureurs de sa famille et de son entourage. Le 9 août, on apprenait qu'après plusieurs semaines d'enquête ou d'indécision, le dictateur agissait enfin. Trois hommes bien connus à Tananarive, Rajoelina, le docteur Rajonah et le nommé Ralaikizo venaient d'être arrêtés sous l'inculpation de haute trahison et provisoirement enfermés sous bonne garde dans une maison du quartier d'Amparibe.

Rajoelina est, on le sait, le propre fils du premier ministre. Le docteur Rajonah, fils du gouverneur de Tamatave, est aussi gendre de Rainilaïarivony.

J'aurai plus de peine à vous définir la situation de Ralaikizo. Il était attaché... à titre d'époux morganatique... à la personne de la princesse Ramasindrazana, tante de la reine, femme âgée déjà, mais très intrigante et réellement influente par l'ascendant qu'elle possède sur l'esprit de sa nièce. — Je ne vous dissimule pas « qu'époux morganatique » est un euphémisme, car, d'une part, le personnage en question n'est qu'un simple Hova, et une loi du royaume interdit rigoureusement le mariage légitime entre nobles et roturiers ; d'autre part Ralaikizo était déjà marié lorsqu'il fut l'objet du choix de la princesse. Il est devenu veuf depuis, je ne sais plus au juste comment.

Dans un premier palabre (on dit ici *kabary*), Rajoelina, Rajonah et Ralaikizo, furent condamnés à mort ; mais, le lendemain, on apprenait dans un second kabary que, sur l'intervention du premier ministre en faveur de son fils, S. M. la reine avait commué cette peine en un emprisonnement perpétuel. On affirme que la reine a facilement accordé cette grâce. Depuis longtemps, prétend-on, Ranavalo-Manjaka témoignait une affection particulière au fils jeune encore de son vieil époux, et l'Hippolyte malgache, qui n'est pas consacré à Diane, n'aurait rien fait pour décourager ce sentiment. Je vous assure qu'on trouve encore à Madagascar d'admirables matières à mettre en tragédie.

Les trois condamnés ont quitté Tananarive, le samedi 12 août, pour être conduits, à quatre jours de marche de la capitale, à la prison d'Ambrosita, où se trouve enfermé déjà l'ancien conspirateur Ravoninahitriniarivo. Ambositra ne serait pourtant pas, paraît-il, le lieu définitif de leur internement.

Rajoelina, Rajonah, Ramasindrazana et Ralaikizo étaient à la tête du groupe qu'on est convenu d'appeler ici le *parti anglais*. Un sujet britannique, établi depuis longtemps à Madagascar et dont le nom est parvenu déjà jusqu'à Paris, où ses prétendues entreprises ont occupé jadis une séance entière de la Chambre des Députés, le sieur Abraham Kingdon, se trouve impliqué, comme complice, dans l'affaire de la conspiration. L'accusation serait fondée sur différents documents, dont les principaux seraient un contrat bizarre passé entre Rajoelina et le sujet anglais et une lettre écrite par ce dernier à Ralaikizo.

Voici la traduction du texte du contrat.

Le 28 mai 1892, il a été convenu ce qui suit entre Abraham Kingdon, d'une part, et Rajoelina, de l'autre :

1º Abraham Kingdon s'engage à faire tous ses efforts près du gouvernement anglais *pour que Rajoelina, 13º honneur, devienne premier ministre à Madagascar*. Tout ce qui servira à l'exécution de cet engagement sera assuré par Kingdon. Celui-ci, en cas de non exécution, n'aura rien à réclamer de Rajoelina.

2º Rajoelina, 13º honneur, s'engage, de son côté, à user de son influence pour qu'Abraham Kingdon obtienne la concession qu'il demande, surtout en ce qui concerne les districts dont il a ou aura besoin.

3º Au cas où Abraham Kingdon, étant pourvu de sa concession, ne pourrait remplir son engagement de faire Rajoelina premier ministre à Madagascar, il lui verserait une somme de 10.000 piastres, plus une redevance de 1.000 piastres par an pendant dix ans.

4º Si Abraham Kingdon réussit à faire parvenir Rajoelina au pouvoir, celui-ci s'engage à donner en retour à Kingdon, en dehors de la concession qu'il demande, tous les gisements miniers qui se trouvent dans l'étendue d'un tiers de l'île de Madagascar, pour une durée de soixante années, à titre renouvelable.

5º Cet engagement devra être exécuté dans le délai de deux ans, au plus tard.

Signé : RAJOELINA,
Fils du premier ministre de Madagascar.
ABRAHAM KINGDON.

On peut juger de la fureur de Rainilaïarivony quand il eut connaissance de ce pacte. Le dictateur, dans l'excès de sa colère, semble avoir perdu la notion exacte de ses droits. Ordre fut signifié au sieur Kingdon, dans la journée du 9 août, par les autorités malgaches, d'avoir à quitter Tananarive dans les vingt-quatre heures, pour gagner la côte. Le sujet britannique, excipant à juste titre des immunités dont jouissent les Européens à Madagascar, refusa de se soumettre à cette sommation. Mais sa maison était cernée, et ses compatriotes, justement alarmés, se réunissaient le 10 août, chez le vice-consul anglais, M. Porter, en vue de décider quel secours il convenait d'invoquer, en présence des menaces des indigènes. M. Porter se rendit chez notre résident général, l'intermédiaire désigné par le traité franco-anglais de 1890, pour régler les questions pendantes entre le Palais d'Argent et le vice-consulat britannique. Le même jour, M. Larrouy demandait et obtenait une audience du premier ministre. Sans nul doute, notre représentant sut remontrer à Rainilaïarivony à quels conflits pouvait conduire la méconnaissance des droits des étrangers à Madagascar. Le soir même, M. Kingdon jouissait de la liberté.

Il serait cependant scandaleux de voir cet homme convaincu de haute trahison et de conspiration contre l'État malgache demeurer impuni à Tananarive, ou regagner son pays la tête haute. Mais, d'une part, les juges indigènes ne sont pas compétents en l'espèce, et, d'autre part, M. Porter, l'agent très correct du Foreign Office, ayant fait parvenir toutes ses communications au premier ministre par l'entremise de la résidence générale, son titre officiel n'est pas reconnu au Palais d'Argent. Le vice-consul se refuse d'ailleurs, avec raison, à juger son compatriote, si les pièces du procès lui sont directement communiquées par l'administration indigène et non transmises par l'autorité française.

Le gouvernement malgache se trouve donc dans cette alternative : ou de renoncer à sévir contre un étranger dont les complots ont menacé l'existence de Rainilaïarivony, ou d'admettre, au moins dans un cas particulier, les conséquences du protectorat français.

Telle est, en quelques traits, la question Kingdon, dont la solution figurera bientôt, à notre honneur, je l'espère, dans tout traité complet de droit international.

L'assassinat de M. Muller. — Un de nos compatriotes, M. Georges Muller, a été assassiné, dans des circonstances particulièrement pénibles, à l'ouest de la localité nommée Mandritsara et sise à environ vingt jours de marche de la capitale.

M. Georges Muller, débarqué à Majunga, était arrivé à Tananarive à la fin du mois de mai dernier. Il projetait de faire, à ses propres frais, à travers Madagascar, une exploration d'où la science pouvait retirer de véritables profits. Il quitta une première fois la capitale pour se rendre à Antsirabe en vue de rechercher les traces de l'œpyornis, le fameux oiseau géant de Madagascar, dont la reconstitution a fait l'objet des discussions et des travaux des naturalistes européens. Les fouilles pratiquées à Antsirabe ne restèrent pas infructueuses. M. Muller en rapporta certains ossements d'un réel intérêt, ayant évidemment appartenu à l'œpyornis. Il compléta l'envoi qu'il en fit au Muséum par l'acquisition de toute la collection des os de l'oiseau géant découverts par les missionnaires norvégiens.

L'excursion d'Antsirabe n'était que le prélude d'une exploration plus lointaine et plus périlleuse. Après un court séjour à Tananarive, notre compatriote se dirigea vers le Nord, assisté du R. P Roblet, le géographe, bien connu, de notre Mission catholique. Le missionnaire et l'explorateur parcoururent la rive Ouest du lac Alaotra dont ils déterminèrent un grand nombre d'affluents, encore insuffisamment et inexactement indiqués sur les cartes. Mais le R. P. Roblet n'avait obtenu de ses supérieurs qu'un congé limité. Il dut se séparer de son compagnon et regagner le plateau central par la rive Est du lac, rapportant à Tananarive les résultats des observations faites en commun avec M. Muller.

Celui-ci continuait sa route vers le Nord-Ouest, avec l'intention d'arriver à Majunga par Mandritsara. C'est quatre jours après avoir quitté ce dernier point que le convoi se heurta à une bande d'environ 400 *fahavalo* ou brigands insoumis, postés sur les ruines d'un village qu'ils venaient vraisemblablement de piller. Tandis que M. Muller, armé d'un excellent fusil et d'un revolver, se mettait en posture de défendre ses bagages et s'efforçait de rassembler ses hommes autour de lui, il fut frappé de trois balles et tomba. Les brigands se jetèrent sur lui, l'achevèrent à coups de sagaie et le décapitèrent.

Les porteurs, parvenus à sauver une partie des bagages, se réfugièrent au poste hova le plus voisin. Ils revinrent le jour suivant sous bonne escorte au lieu du combat et recueillirent les restes de l'infortunée victime. Mais en vain le gouverneur hova promit une récompense à celui qui pourrait retrouver la tête du Français, dont les brigands sans doute ont fait quelque sinistre trophée.

Les gens engagés au service de l'explorateur sont actuellement à Mandritsara. L'un de ces hommes a été détaché sur Tananarive où il a fait avec la plus grande précision le récit détaillé de la catastrophe dont il a été témoin. Il apportait une lettre du chef du convoi, l'employé indigène d'une maison de commerce française, mis momentanément à la disposition de M. Muller. Ces témoignages ne sauraient malheureusement

soulever aucun doute. Les porteurs demandent à ramener à la capitale le corps du *razaha* (étranger) qu'ils conservent religieusement, car ils se sont engagés à accompagner, mort ou vivant, jusqu'à la fin du voyage, le vazaha qui leur a été confié.

L'influenza. — Les nouvelles de Madagascar rapportent qu'une épidémie d'influenza sévit à Tananarive, sur la côte ouest de Madagascar, à Mayotte, Zanzibar et sur la côte orientale d'Afrique.

Majunga est particulièrement atteint. A la date du 17 août, on comptait de 9 à 10 décès par jour pour une population de 3,500 habitants. En quarante-huit heures, le chef des Comoriens et celui des Arabes protégés Français ont été enlevés.

A Tananarive l'épidémie sévit avec une grande violence.

La maladie semble prendre chez les Malgaches un caractère particulièrement pernicieux, soit qu'elle s'ajoute à des troubles organiques antérieurs, soit qu'en raison de l'absence d'hygiène, de précautions et de soins le développement en soit plus rapide et plus graves. Les décès se succèdent en nombre effrayant. Des familles entières ont été anéanties en une semaine.

Le premier ministre est, depuis la première quinzaine du mois d'août, très souffrant de l'influenza. Au départ du courrier de Tananarive, le 9 septembre, son état inspirait d'assez vives inquiétudes et toutes les affaires à la cour d'Emyrne avaient été suspendues.

A la campagne l'épidémie n'exerce pas moins de ravages qu'en ville.

Le mouvement commercial est complètement arrêté.

MAROC

Le Sultan au Tafilalet. — On écrit de Tanger :

On n'était pas sans inquiétude sur le sort de la cour et de l'armée marocaines quand nous avons appris, il y a quelques jours, l'arrivée du Sultan dans les oasis de l'ouad Ziz à la daté de fin juillet. L'expédition que conduit Moulai et Hassan devait, en effet, traverser les territoires particulièrement inaccessibles et des tribus au juste renom d'insoumission, telles que Aït-Youssi, Beni-Meguiled, Aït-Izdeg où jadis un des ancêtres du souverain actuel, Moulai-Soliman, ayant eu son armée défaite, son campement pillé, ne dut le salut qu'à la fuite, se confiant à un berger de la région qui le cacha et lui permit, sous un déguisement de simple cavalier, de regagner Fez et le palais impérial. Sans craindre un pareil désastre, on pouvait tout au moins redouter que les difficultés d'une région à l'orographie si mouvementée jointes à l'hostilité de tribus beraberes, toujours prêtes à combattre le maghzen marocain ou gouvernement, n'entravent la marche de la colonne et n'obligent ainsi le Sultan à revenir sur ses pas, L'échec eût été d'autant plus marqué que ce voyage, cette expédition pour mieux dire, revêt un double caractère politique et religieux, théocratique en un mot, qui est spécial aux choses de la politique marocaine. Agissant tout d'abord comme chef religieux en incarnant la descendance du Prophète pour guider les croyants dans la voie d'Allah, et cela par le droit que lui confère sa descendance de la noble lignée des chorfa Filala qui règne depuis deux siècles à Fez, Moulai el Hassan avait, en effet, résolu depuis un certain temps déjà de consacrer d'une manière effective son prestige de monarque saharien.

Par une démarche personnelle, et d'autant plus éclatante, il vient donc, dans une prière solennelle dite sur la tombe de ses ancêtres, d'appeler la bénédiction du ciel sur son peuple afin de grouper ainsi et sûrement autour de lui, par un sentiment religieux d'une orthodoxie irrésistible dans ces contrées, le faisceau jusque-là un peu épars et relâché des diverses influences dont il dispose dans le Sahara et dans le sud du pays.

C'est, on l'avouera, une hardie politique et telle en tous cas qu'aucun de ses prédécesseurs n'en a osé, mais, c'est en même temps et sous le point de vue plus spécialement temporel, faire acte de souverain saharien, car nul doute que la cour marocaine ne profite de son prestige religieux pour du même coup régler bien des questions contestées et où aucun témoin gênant n'informera l'opinion publique chez les voisins que l'on pourrait redouter, mais qui n'apprendront qu'une fois faites les choses entreprises. Car, admirez le silence qui se fait en Europe sur cette expédition chérifienne, cependant la plus importante de toutes ; personne n'en souffle mot dans aucun journal, et la presse locale de Tanger elle-même ou, pour parler plus exactement, les follicules qui s'y publient sous les auspices de certaines légations, n'en ont jamais écrit, tant il est vrai que tous ne voient pas sans un vif contentement une manœuvre dirigée presque uniquement contre nos intérêts algériens.

Quand on se rappelle les préparatifs extraordinaires que le gouvernement marocain a dû entreprendre, il y a quatre ans, pour l'expédition des Beni-Meguiled et les difficultés sans nombre qu'il y rencontra, il est permis de se demander quelles idées, quels mobiles et tendances fanatiques le Sultan aura remués afin de pouvoir s'avancer cette fois-ci et sans coup férir à travers ces mêmes contrées des Aït-Youssi, des Aït-Izdeg où on décapitait, il y a encore si peu de temps, des caïds, des fonctionnaires, et où est encore vivace le souvenir des prédications du chérif de Medaghara et de cette confédération des Berabers qui fut sur le point, en se reformant il y a quelques années, de mettre le pouvoir des souverains de Fez à deux doigts de sa perte. Mais ce vieux chérif El Arbiel Derkaoui, le légendaire ennemi des Français, celui qui se prévalait comme d'une titre de gloire d'avoir tenté d'enlever il y a quelque quarante ans, à la tête d'une bande de fanatiques, notre poste de Sidi-Bel-Abbès, est mort l'année dernière dans sa zaouiya ou couvent de l'oasis de Medagham, qui précède sur l'ouad Ziz l'oasis du Tafilalet. Sa réputation bien établie de fanatisme intransigeant, jointe à une activité religieuse infatigable, lui avait valu un prestige qui s'étendait au loin et dans le Sahara et dans le massif de l'Atlas. Cette influence personnelle, il l'exerçait même contre la cour de Fez au point que le Sultan dut entreprendre, il y a quatre ans, l'expédition dite des Beni-Meguiled, pour châtier cette tribu riche et la détacher du parti du vieil agitateur.

C'est un de ses gendres, assure-t-on, qui lui a succédé, mais il ne possède ni l'intelligence spéciale ni les qualités de l'ancien chérif ; le moment était donc adroitement choisi par le Sultan pour mettre bon ordre aux manœuvres auxquelles serait encore tentée de recourir la zaouiya et pour réglementer ou même détruire des influences religieuses que la cour marocaine redoute d'autant plus vivement que ce sont à peu près les seules armes dont elle puisse se servir pour dominer aussi bien que pour diviser en les imposant l'une à l'autre, les populations de cet empire sans cohésion, que nos cartographes désignent du nom pompeux de *Maroc*, et qui borde notre département oranais.

Aussi bien la suppression définitive des agitations qui pourraient encore se produise chez les Derkaoua de l'ouad Ziz tenait fort à cœur au Sultan, et il apparaît que nous devons y chercher un des principaux motifs qui ont déterminé cette expédition, sur les difficultés de laquelle

on ne s'est toutefois jamais illusionné dans l'entourage de Sa Majesté Chérifienne ; car rien ne fut négligé dans les préparatifs, et cela est d'autant plus remarquable que l'esprit des Maures ignore le sens de prévoir. Quoiqu'il en soit, les approvisionnements les plus complets avaient été amassés, les contingents des tribus qui bordent la frontière algérienne avaient été convoqués, et par un mouvement que ne désavouerait pas un stratégiste européen, ils avaient rejoint le camps chérifien à El-Outad, dans la vallée de la Haute-Moulouya, avant le col qui donne accès sur le versant méridional et vers les oasis du Tafilalet ; à présent que cette expédition du Sultan est un fait accompli, il est permis de se demander si Moulai el Hassan se bornera à des questions de pure politique intérieure et religieuse, et nous avons lieu à ce sujet d'être particulièrement attentifs, car les intérêts algériens que nous possédons dans l'Extrême-Sud sont considérables, et pour tout dire, donnent une importance extrême à tous ces événements et aux considérations qu'ils nous suggèrent.

Les opérations militaires sont réservées à deux colonnes qui opèrent l'une dans les régions du Sous et du Draa sous la conduite d'un des fils du Sultan, Moulai-Mehammed, actuellement à Taroudant, et l'autre dans l'oued Guir sous les ordre d'El-Amrani. On n'a que peu de détails sur l'expédition du Sous ; mais, par contre, j'ai appris que la colonne d'El-Amrani agissait avec la dernière vigueur. Ainsi, le petit qças de Bou-Denib, situé à l'extrémité du territoire des Aït-Izdeg, sur l'oued Guir, en face des Doui-Menia, a été bombardé et entièrement détruit. Les quelques habitants ayant survécu ont été dispersés et remplacés par des Chorfa du Tafilalet.

Ce rude exemple a provoqué, comme bien vous pensez, une grande terreur dans toutes ces régions ainsi qu'une profonde impression jusque sur notre frontière oranaise. Quant aux tribus que le Maghzen a traversées, toutes ont payé jusqu'à présent sans résistance des indemnités fort élevées représentant aussi bien l'arriéré des impôts que les amendes édictées pour les méfaits sans nombre commis par elles depuis plusieurs années.

La puissante tribu des Aït-Izdeg elle-même, dont la réputation d'insoumission était légendaire, s'est inclinée devant le prestige religieux de Sa Majesté Chérifienne, et on a pu voir, au campement impérial d'El-Outad, les délégués de ces populations arriver près de la tente du Sultan avec leurs femmes et leurs enfants et, dirigeant les canons de leurs fusils sur leurs propres poitrines en signe de soumission absolue, implorer leur pardon. Pour se concilier la clémence du Sultan, ils ont allégué que les attaques qu'on leur reprochait depuis tant d'années leur avaient été inspirées, commandées même, par le vieux chérif Mohammed el Arbi, dont je vous ai tant de fois parlé, et qui résidait à El Gaouz dans le Medaghara, presque au milieu d'eux. Le Sultan, qui sait d'ailleurs à quoi s'en tenir, n'a admis aucune de leurs mauvaises raisons et, après leur avoir fait prêcher la bonne parole, leur a imposé un versement de plus d'un million de francs. Cette somme a été apportée intégralement au camp.

En punissant d'une manière exemplaire les Aït-Izdeg, le Sultan a voulu surtout prévenir le retour des actes de brigandage que commettait cette tribu et qui rendaient la route de Fez au Tafilalet aussi peu sûre. Il importe, en effet, autant pour la prospérité commerciale de Fez que pour le prestige de l'autorité du Maghzen en ces contrées, que les communications ne soient pas à l'entière merci des bandits qui rançonnent les voyageurs et pillent les caravanes.

C'est à la sortie du Tizin Telremt en descendant les pentes du Djebel el Abbâri que l'armée chérifienne entra dans [le domaine propre des Aït-Izdeg, un des grands groupes de la fameuse confédération des Beráber dont le nom dispense d'ajouter qu'ils sont de race berbère. De toutes les tribus de cette expression géographique, le Maroc, les Beráber sont la plus nombreuse, la plus belliqueuse à la fois et la plus riche. On pourrait même ajouter, sans crainte d'exagération, que, dans toute l'Afrique septentrionale, aucun groupe de population ne saurait lui être comparé sous aucun de ces rapports. Elle couvre de ses tentes tout le vaste espace compris entre l'ouâd Ziz. l'ouâd Draa et l'ouâd Dadès, c'est à-dire tout le pays qui va jusqu'à l'Atlantique et elle déborde au nord de l'Atlas. Au Sud, ses campements s'avancent jusqu'au seuil du grand désert : ses rezzous ou expéditions de pillage sont la terreur du Sahara, et on les voit jusqu'au Soudan.

L'acte de soumission des délégués des Aït-Izdeg au camp chérifien avait déjà préparé le succès final de l'expédition, sans qu'un coup de fusil eût été tiré. Le triomphe s'est accusé dès le Tiallalin, le premier des groupes d'oasis qui, sous le nom de Medaghara, Erreteb, Tizimé et Tafilalet, allongent sans interruption leurs palmerais le long de l'ouâd Ziz. Toute la population de ces oasis si riches et si peuplées (le Médaghara, par exemple, n'a pas moins de 40.000 habitants) s'est portée à la rencontre du Sultan, personnification de ce que le Coran a de plus saint et de plus noble, venant affirmer son pouvoir de souverain saharien aux yeux de toute cette partie de l'Afrique. L'intention qu'on lui prête de passer au tombeau de Moulai Ali Chérif, dans le Tafilalet, l'époque des grandes fêtes religieuses du Nouloud, qui tomberont cette année vers le 25 septembre, augmentera l'effet de ce voyage.

Il faut s'attendre à voir, à cette occasion, un concours immense de délégués de toutes les parties du Sahara venir se prosterner au seuil de la tente du Commandeur des Croyants, plantée au berceau même de sa glorieuse famille. Il est donc plus que probable que sa Majesté Chérifienne, au retour de cette expédition, aura définitivement réglé à son profit toutes les questions que nous n'avons pas su et pu résoudre dans l'Extrême Sud.

— Les troupes espagnoles en garnison à Melilla ont eu, le 2 octobre, une rencontre avec une troupe considérable de Marocains. Un peloton de cavalerie ayant été attaqué, le gouverneur de la place organisa aussitôt une sortie avec toutes les forces de la garnison composée de 700 hommes. La colonne se déploya en tirailleurs, pendant que l'artillerie du fort tirait des salves nourries sur l'ennemi. Le combat fut acharné, mais la garnison de Melilla dut se retirer. Les Espagnols ont eu 8 morts et 33 blessés, dont 3 officiers. On ignore quelles sont les pertes éprouvées par les Marocains.

Il y a lieu de croire que cet incident n'aura pas de suites graves et que le Maroc consentira à indemniser le gouvernement espagnol des pertes que lui auront fait subir l'agression de cette bande.

BAGUIRMI

On lit dans la *Politique coloniale* :

D'après des informations parvenues à Tripoli, Rabab, ancien esclave du fameux Zobéir Pacha, s'est emparé de la capitale du Baguirmi après un long siège. Le sultan de Ouadaï a envoyé contre lui 10.000 hommes sous les ordres de Djerma mais Rabab est en état de résister, il dispose de canons perfectionnés.

Rappelons, à cette occasion, quelle était la situation du Baguirmi au moment du passage de la mission Maistre. « Gaouranga, le sultan actuel, successeur d'Abou-Sekkin, est installé à Bougouman, la nouvelle capitale ; grâce à son administration, la paix règne au Baguirmi qui, tout en cherchant à rester en bons termes avec le Bornou et le Ouadaï, s'occupe surtout à étendre son influence dans les pays païens du Sud. La politique suivie est fort habile : des residents comme Si Saïd (que M. Maistre trouve chez les Saras), sont placés dans les principaux centres, tandis que les fils des chefs, envoyés à la capitale y sont élevés et traités avec honneur, se convertissent ; au bout d'un certain temps, quand ils ont pu apprécier les bienfaits d'une civilisation supérieure, ils sont renvoyés dans leur pays où ils deviennent chefs à leur tour. C'est ainsi que peu à peu l'influence du Baguirmi s'implante pacifiquement dans ces contrées autrefois dévastées par des luttes continuelles. »

Des nouvelles subséquentes feraient croire que Rabab aurait été chassé du Baguirmi et que les troupes victorieuses du sultan de Ouadaï seraient à sa poursuite.

ÉTAT INDÉPENDANT DU CONGO

L'expédition Vandenkerckove

La *Réforme*, de Bruxelles, a publié, le 15 septembre, un intéressant interview avec M. de Saegher, qui vient de passer deux années à inspecter les conseils de guerre du Congo et a donné sur l'expédition Vandenkerckove et ses conséquences les curieux détails suivants :

M. Vandenkerckove n'est pas mort dans une partie de chasse, comme le communiqué officiel l'a dit, mais en combattant des indigènes.

Il tirait sur eux avec un « Winchester-express », lorsque, s'apercevant que cette arme « crachait », il la passa à son boy qui se tenait derrière lui. selon l'usage, avec plusieurs fusils de rechange. Le petit serviteur crut que son maître lui remettait son arme pour la recharger. tandis qu'il en désirait une autre. Le fusil contenait encore plusieurs cartouches. Le boy le mania imprudemment. Un coup partit. La balle alla blesser mortellement le capitaine Vandenkerckove.

M. de Saegher affirme que l'expédition Vandenkerckove a complètement réussi dans la mission dont elle était investie. « Il s'agissait, dit-il, de prolonger au nord la ceinture de défense formée à ses points extrèmes par les camps du Lousambo et de Basoko et destinée à prémunir les incursions arabes à l'intérieur de l'État. Il était temps, qu'on leur fermât les territoires du nord, car, arrêtés par les positions établies plus bas, ils ne pouvaient manquer de s'y porter. L'expédition Vandenkerckove parvint, avec l'aide des grands chefs indigènes, Bangasso, Rafaï et Semïo, à gagner le cœur du district de l'Arouwimi-Ouellé et à créer toute une série de postes d'arrêt sur l'Ouellé avec un grand poste à Amadis, situé sur ce cours d'eau. » M. de Saegher croit que l'expédition Vandenkerckove n'avait pas d'autre but et il pense que les éléments qui la composaient sont à présent méthodiquement répartis dans les différents postes de l'Ouellé. Il ne connaît pas le nombre des agents qui ont succombé au cours de cette campagne, pendant la marche, dans les combats, à la suite d'accident ou de maladie, mais il ne serait pas étonné qu'il fût de dix-huit, comme on le dit.

Les Arabes ne pouvant plus pénétrer dans les territoires de l'Etat pour y exercer leurs pillages, ils devaient fatalement se révolter. Ces conséquences ont été prévues avec une rare perspicacité par l'inspecteur d'Etat, M. le capitaine Fivé, qui se porta de l'équateur au Bangala, appréhendant l'inévitable conflit dès qu'il sut que l'expédition Vandenkerckove avait fermé le passage de l'Ouellé aux Arabes. Le massacre d'Hodister vint confirmer ses craintes et l'on put se convaincre que cet horrible fait était la première manifestation de la redoutable effervescence qui allait éclater chez les Arabes.

POSSESSIONS ANGLAISES

Ouganda. — Ainsi qu'il était à prévoir, les musulmans ont profité du trouble du pays et cherché à ressaisir la domination qu'ils avaient eue jadis, espérant que catholiques et protestants, que sépare dorénavant une haine mortelle, n'arriveront pas à s'entendre pour lutter contre eux. Heureusement, ils avaient trop présumé des divisions entretenues par les agents anglais et, en prévision du danger qui menaçait tous les chrétiens, les deux partis se sont momentanément réconciliés pour combattre : commandés par les officiers britanniques, les chrétiens sont venus à bout de repousser les musulmans. Un incident, qui a failli avoir une gravité singulière, a bien montré d'ailleurs quelle avait été l'imprudence des Anglais dans toute cette affaire de l'Ouganda depuis qu'ils s'en sont mêlés : les troupes soudanaises qu'ils avaient enrôlées se sont jointes aux musulmans au moment où il s'agissait de les combattre et c'est à grand peine qu'on a pu réprimer cette défection. Le chef de cette troupe, Selim-bey, a été pris et est mort durant le trajet vers la côte.

Sir Gerald Portal a quitté le pays que les dernières nouvelles représentent comme très tranquille.

Afrique australe. — La situation n'est guère plus favorable que le mois dernier, et le conflit survenu entre les Matabélés et la Compagnie anglaise, dont nous avons exposé l'origine, semble s'envenimer. Sans doute les envoyés de Lobengula, le chef des Matabélés, sont arrivés auprès de l'agent britannique, M. Jameson, mais tandis qu'ils lui soumettaient les griefs de leur maître, les troupes de celui-ci continuaient de s'avancer. Aux dernières nouvelles, on croyait qu'elles n'étaient plus qu'à une faible distance de Fort-Victoria et les chemins étaient déjà interceptés de divers côtés.

La compagnie, à qui le gouvernement est venu en aide, a trouvé moyen de fortifier considérablement ses stations menacées du Mashonaland, et leur a envoyé des munitions et des renforts de soldats et d'officiers : elle estime que Fort-Victoria et Fort-Salisbury sont aujourd'hui hors d'atteinte. D'ailleurs, le directeur de la Compagnie lui-même, M. Cecil Rhodes, se rend sur les lieux : il devait aller inaugurer les 75 premiers milles du chemin de fer qui doit relier Beira, sur le côte orientale portugaise, au Mashonaland en suivant le Pongoué, et au lieu de rentrer directement au Cap, il ira visiter les stations menacées. Intelligent et énergique comme il est, il saura assurément prendre les mesures nécessaires, en attendant que, dans quelques semaines, la saison des pluies rende toute campagne impossible aux indigènes aussi bien qu'aux Anglais.

Les steamers anglais et allemands sur le lac Nyassa. — Le *Times* publie des détails curieux sur les nouveaux steamers en construction ou dès maintenant lancés sur le lac Nyassa.

Depuis assez longtemps, deux canonnières britanniques naviguent sur le Zambèze, mais on n'en avait pas encore lancé sur le Shiré, la rivière qui met ce fleuve en communication avec le lac ; il fut décidé d'y en monter une, le *Dove*, de 60 pieds sur 16 avec un déplacement de 20 tonnes et une force de 60 chevaux, et en même temps l'on en commanda deux autres pour le lac lui-même, l'*Aventure* et le *Pionnier*. Arrivées au Zambèze, elles faillirent ne pas pouvoir aller plus loin, car il ne se trouva pas de navire assez grand pour transporter un tel matériel ; heureusement, à ce même moment, l'expédition allemande du major de Wissmann, chargée, elle aussi, de transporter un steamer sur le lac, s'efforçait de remonter le fleuve, arrêtée, de son côté, par le manque de remorqueurs pour tout ce matériel aménagé sur des chalands. Il fut assez aisé de s'entendre et, tandis que les canonnières anglaises s'engageaient à remorquer les chalands allemands, ceux-ci prenaient à bord le matériel des Anglais.

On arriva ainsi sans encombre jusqu'aux chutes du haut Shiré ; là il faut faire la route par terre et elle n'est pas trop aisée, puisque en quelques milles elle s'élève de 4.000 pieds ; on put pourtant opérer le transport, et en l'espace d'un mois, vers la fin de mai dernier, le premier steamer était lancé. Le second a dû l'être quelques semaines après. Quant à l'expédition allemande, on sait qu'elle n'a guère réussi : M. de Wissmann comptait, dans l'origine, mener son steamer jusqu'au lac Tanganika en le démontant encore après le passage du Nyassa pour le transporter sur le Stevenson-road ; mais il lui fallut vite renoncer à ce beau projet, et tout ce qu'il put faire fut de vendre son bateau à la Compagnie de l'Afrique orientale, qui doit en avoir, à l'heure actuelle, achevé le montage.

On dit que, le steamer allemand devant aider l'*Aventure* à faire la chasse aux esclavagistes sur le Nyassa, les Anglais reprendraient l'idée de Wissmann et songeraient à transporter le *Pionnier* sur le Tanhanika.

POSSESSIONS ALLEMANDES

Afrique orientale. — LA MORT D'EMIN PACHA. — Depuis longtemps la mort d'Emin Pacha ne faisait plus de doute pour la plupart de ceux qui s'occupent des choses d'Afrique ; mais, cependant, certains d'entre eux s'obstinaient à espérer encore. A chaque nouvelle rumeur venue par des voies inconnues du fond de l'Afrique et donnant une nouvelle version de la fin d'Emin, répondaient les dénégations d'hommes ayant une foi invincible dans l'étoile de l'étrange explorateur.

Voilà qu'une nouvelle indication, celle-là plus précise, nous arrive sur le sort d'Emin par la lettre d'un officier belge au Congo, publiée dans l'*Indépendance belge*, et qui ne permet plus de douter de la mort de l'explorateur allemand. C'est le 20 octobre 1892, au moment de rejoindre les expéditions belges qui combattaient alors autour de Nyangoué qu'Emin a été assassiné par les Arabes. L'assassinat a dû avoir lieu à trois journées environ du Congo, à Kinbonge ; il a été ordonné par Muini-Mohara, le fameux chef qui a été l'âme de l'insurrection de l'an dernier.

Son journal est heureusement tombé entre les mains de l'officier belge qui nous a fixés sur son sort, le commandant Dhanis. Ce sera là une compensation, bien maigre il est vrai, de la disparition du compagnon de Gordon et du chef éphémère de Wadelaï, d'autant plus que ses collections avaient été perdues quelques jours auparavant dans les rapides de la Cunda ; il faut espérer que pourtant, par la publication de ce document, nous aurons au moins un reflet de son extraordinaire existence.

— Le *Moniteur de l'Empire* a publié le 20 septembre un décret impérial mettant en disponibilité le baron de Solen, gouverneur de l'Afrique orientale et lui conférant le titre d' « Excellence » ; le baron de Schele lui a succédé.

Cameroun. — LES EXPÉDITIONS DE STETTEN ET D'UECHTSITZ. — La *Gazette de l'Allemagne du Nord* a publié le 1er septembre un télégramme annonçant que le lieutenant von Stetten, accompagné des membres de son expédition, était arrivé sain et sauf à l'embouchure du Niger. On sait que cette expédition avait pour but l'exploration du hinterland de Cameroun. Le lieutenant von Stetten avait quitté la côte au mois de février de cette année ; il a rejoint la Sangha et de là la Bénoué, passant par Tikar N'gaoundéré et Yola.

Le télégramme de la *Gazette* ajoutait que le lieutenant von Stetten avait conclu un grand nombre de traités avec les chefs des contrées qu'il a parcourues ; mais comme nous l'avons dit dans l'article consacré plus haut à la mission Ponel, il reste à savoir s'ils ne sont pas postérieurs en date à ceux qu'a conclus l'agent du Congo français.

Tandis que la mission officielle commandée par le lieutenant de Stetten se dirigeait vers la Sangha et les régions de l'Adamaoua, où elle prétendait contrebalancer les progrès de la France, une autre expédition. privée celle-là, et qui n'avait, disait-on, qu'un but commercial et scientifique, marchait sous la direction du baron de Uechtsitz et du docteur Passarge, vers le nord de la colonie et la Bénoué. Cette dernière expédition a, elle aussi, atteint son but et est arrivée sur la rivière.

Togo. — On lit dans l'*Afrique explorée et civilisée :*

Le Dr Dankelmann a fait, le 3 juin, à la Société de géographie de Berlin, une communication sur le dernier voyage du capitaine Kling dans la région située au nord du Togoland. Après avoir passé à Bismarcksbourg, il suivit d'abord au N.-E. la route de Wolf et rendit visite au sultan Jabo Boukari, de Schancho. auquel il remit des présents de la part de l'empereur d'Allemagne. A Wangara, capitale du Sougou, il quitta l'itinéraire de Wolf pour pénétrer directement dans le Borgou occidental. Cet état est gouverné par trois frères, dont le plus puissant réside à Nikki ; celui qui règne à Birni fit au voyageur une réception amicale ; en revanche celui de Kouembé lui refusa l'entrée de sa capitale, parce que la venue de Wolf en 1889, le premier voyageur blanc dans ces parages, avait occasionné une guerre civile très sanglante. Revenu à Birni, Kling suivit, de là, la route des caravanes haoussa qu'aucun blanc n'avait encore par-

courue, et traversa les districts très peuplés de Bafilo, Basari, San Sougou, pour arriver à Salaga qu'il atteignit le 19 janvier 1892. De ce point, il se rendit à Kintampo, par l'itinéraire de Binger. En route, il rencontra quantité de caravanes haoussa, dont chacune avait un grand nombre d'esclaves, enchaînés et portant de lourdes charges de noix de kola. La traite sévissait à Kintampo encore plus qu'à Salaga. Entre ces deux points, Kling fit un grand détour au nord par Boupé. Toute cette région est une vaste savane, dans laquelle les pyramides d'ossements de buffles, d'antilopes, d'éléphants et d'hippopotames, érigées en quantité d'endroits, disent combien grande est l'abondance du gibier.

L'expédition de Kling a montré que les districts compris entre le Borgou et Salaga, ainsi que les pays de Schancho et de Dagombo sont beaucoup plus fertiles et plus peuplés que ceux qui sont plus près de la côte. Bafilo, par exemple, qui a 15,000 maisons, l'emporte sur Salaga en étendue et en importance. L'agriculture et l'élève du bétail y sont très prospères ; le voyageur traverse des champs de yams et de millet cultivés par de grandes troupes d'esclaves paisibles. qui se rendent de leurs villages à leur travail aux sons du fifre et du tambour.

BIBLIOGRAPHIE

LES RICHESSES DE LA TUNISIE : *Ce que les Français peuvent faire dans la Régence de Tunis*, par S. PAULARD, membre du Syndicat agricole des Colons français en Tunisie, Paris, imprimerie typographique de C. Gourdineau, 58, rue Grenéta, 1893, 1 vol. in-8° raisin, 80 pages, prix : 1 fr. 50.

M. Paulard, ancien conseiller municipal de Paris, s'est proposé dans cette brochure d'attirer l'attention des émigrants français sur les ressources que leur offre la Tunisie et de les détourner de s'en aller au loin dans l'Amérique du Sud où leurs espérances sont trop souvent trompées, quand ils peuvent trouver, aux portes de la mère-patrie, une région qui se prête beaucoup mieux à ce qu'ils souhaitent. Dans ce but il fait un exposé détaillé des richesses de la Tunisie et s'efforce de montrer quel parti les colons en peuvent tirer. Il y a peut-être quelques réserves à faire sur les idées de M. Paulard et nous serions plus disposés à croire la Tunisie propre à recevoir des capitaux que de petits émigrants ; le livre se lira néanmoins avec profit car il constitue une bonne monographie.

Le Gérant : H. PERCHER.

12.688 — Imprimerie de la Bourse de Commerce (F. Bivort).

Troisième Année.   N° 11. — Novembre 1893

BULLETIN DU COMITÉ
DE
l'Afrique Française

PUBLIÉ MENSUELLEMENT

Sous la direction de **M. Harry Alis,**
avec la collaboration de **MM. Henry Frisch de Fels,**
Raymond Kœchlin, etc.

Adresser toutes les communications à M. le Secrétaire général du **Comité de l'Afrique Française,** 15, rue de La Ville-l'Évêque, Paris.

Prix du Numéro : **2 FRANCS**

Tout Souscripteur du Comité reçoit de droit ce Bulletin.

SOMMAIRE

Avis

Nous serions reconnaissants à ceux de nos Souscripteurs qui ont signé des engagements annuels de vouloir bien envoyer, dès maintenant, à notre Trésorier, **M. Armand Templier, 79, boulevard Saint-Germain,** *le montant de leur souscription pour 1893.*

LISTE DES SOUSCRIPTEURS

(Suite)

Report.....	295.197	10
A..., à Poitiers	5	»
Girard, à Paris ....A	2	»
Conseil municipal d'Angoulins (Char.-Inf.) ...	5	»
A reporter.	295.209	10

Report.....	295.209	10
Conseil générale de la Seine	1.000	»
Prouteaux ....A	25	»
Morillot ....A	10	»
Barret ....A	40	»
C. Pra ....A	20	»
Janson, à Lyon ....A	3	»
Payn, à Constantine ....A	5	»
Breton ....A	30	»
Wauthier ....A	20	»
Sciama ....A	50	»
Mme Vignes ....A	50	»
Dr Barannel ....A	5	»
Dr Haza, à Luglon ....A	10	»
Roux, à Valence ....A	10	»
Roux, à Cognac ....A	5	»
Vicomte Rœderer, à Evreux..	40	»
Elèves de 3e classique, Lycée d'Orléans.	5	»
M. Perrin, à Nimes ....A	5	»
Lespinasse ....A	5	»
Elèves de 4e classique, Lycée d'Orléans	5	»
Vicomte d'Agoult, à Tamaris-sur-Mer ....A	24	»
Blanchon ....A	5	»
Lieutenant-colonel Béraud, à Haïphong .....A	25	»
Suzanne, à Bar-le-Duc ....A	10	»
Marchadier, à Cognac ....A	10	»
M. Haas	25	»
M. X.	20	»
Mme Bouglé ....A	10	»
Total.....	296.681	10

LA MISSION MIZON

Des dépêches de Kotonou annoncent que le lieutenant Mizon est arrivé dans cette ville, devant d'Abkassa, et que, accompagné de MM. Nebout et Chabredier, il s'est embarqué sur le *Liban* ; il sera en France vers le 7 novembre. C'est donc toute la mission scientifique qui rentre avec lui.

Quant à la mission commerciale, on n'en a point de nouvelle ; tout ce qu'on en sait, par une dépêche de

Dakar, c'est que la Compagnie royale de Niger a confisqué tout le chargement du *sergent Mala-mine*, le vapeur au service de cette mission.

Nous ne croyons devoir faire aucun commentaire sur ces événements avant qu'ils nous soient connus dans leur détail par l'organe de M. Mizon ; il sera temps alors d'aviser.

LA COMPAGNIE ROYALE DU NIGER
et l'opinion anglaise

Au moment où le lieutenant Mizon rentre en France et où va réellement s'ouvrir devant l'opinion le procès de sa mission, puisque l'on n'a guère entendu jusqu'ici que les dires de ses adversaires, il peut être intéressant de rechercher de quelle réputation jouit dans les cercles commerciaux anglais et parmi ses concurrents, la Compagnie royale du Niger. Sans doute, plusieurs pièces ont été déjà publiées en France et ici même nous en avons fait connaître quelques-unes qui peuvent donner un premier aperçu ; mais des documents nouveaux se sont joints aux anciens et le dossier est tel aujourd'hui qu'il n'y a qu'à y puiser. C'est à Liverpool, le centre principal du commerce britannique avec les côtes d'Afrique, que l'on s'occupe le plus de la Compagnie, et plus particulièrement à la section africaine de la Chambre de commerce de cette ville ; les journaux de Liverpool, le *Daily Post*, notamment, n'ont garde de négliger ses faits et gestes et il faut reconnaître que ce qu'ils rapportent d'elle n'est pas à son honneur. On peut faire, d'après eux, une sorte d'historique de la Compagnie. Voici des faits que nous empruntons au *Daily Post* du 12 octobre.

Vers 1879, dit-il, il y avait, entre autres, quatre maisons établies et commerçant sur le Niger, lesquelles passaient leur temps à se faire une concurrence acharnée, concurrence qui devenait desastreuse à la longue ; quand on vit apparaître la banqueroute à l'horizon, une grande résolution fut prise et, au lieu de lutter, on convint d'agir de concert, ce qui changea totalement la face des choses : la *United African Company* fut créée et obtint bientôt des bénéfices merveilleux. Le capital était de 100.000 livres et, comme l'on faisait par an pour 200.000 livres d'affaires, sur lesquelles il y avait un bénéfice net de près de 60.000 livres, les dividendes officiels étaient de 50 0/0 — chiffre maximum autorisé par la loi anglaise, sans compter ceux que l'on distribuait sous main aux actionnaires, hors de tout contrôle. Il était naturel qu'une telle prospérité connue de tous amenât des concurrents à l'*United African Company* et l'on vit aussitôt accourir sur le Niger des Anglais, des Français, des Allemands ; le danger fut grand à un moment et il fallut procéder à une réorganisation de la Société, laquelle prit, en 1882, le nom de *National African Company*, avec un capital d'un million de livres sterling ; sir Donald Currie et le feu duc de Sutherland en refusèrent successivement la présidence que finit par accepter lord Aberdare, et quatre directeurs furent nommés, au traitement annuel de 1.000 livres chacun.

Plusieurs années se passèrent à développer les affaires de la compagnie — qui avait appelé 665.000 livres sur son capital de un million — et aussi à s'efforcer d'absorber ce qui lui restait d'adversaires sur le Niger ; on sait que plusieurs maisons françaises étaient prospères. on s'arrangea de façon à les acheter ; il en fallut faire autant pour les rivaux anglais de la *National African Company*. Mais ce n'était pas suffisant ; la direction travaillait en sous main à obtenir une charte, et à cet effet, elle avait appelé deux députés dans son sein ; ils firent si bien que dès 1886, la charte était signée, et que de ce fait, c'est d'une véritable royauté que jouit dans ses domaines la nouvelle *Compagnie royale du Niger*, royauté étrangement absolue d'ailleurs. En effet, s'il était nettement stipulé dans la charte octroyée qu'il ne s'agissait point d'un monopole, et que la liberté absolue du commerce serait maintenue sur le Niger et ses affluents, telle que la conférence de Berlin de 1885 l'avait établie, une compagnie, puissante par elle-même, et qui de plus possède tous les droits régaliens, droits de justice sur tout et de police, et droit d'établir des taxes, n'est-elle pas à même de faire durement peser sa tyrannie sur tous les concurrents, et de les amener finalement à demander grâce ? C'est ce qui arriva : sans doute, les commerçants libres du Niger commencèrent par protester énergiquement contre la politique envahissante de la Compagnie, et la section africaine de la Chambre de commerce de Liverpool se mit à la tête du mouvement ; l'une des sociétés privées les plus fortement lésées était l'*African Association* : un de ses directeurs fut nommé du bureau de la Chambre du commerce et l'opinion s'émut si bien de tout ce que l'on disait de la Compagnie à charte, que celle-ci dût consentir à se mettre en relations avec une députation de la Chambre de commerce de Liverpool ; mais malgré cela, la Compagnie fut encore la plus forte, et l'on apprit que l'*African association* avait consenti à fusionner avec sa rivale. La *Royal Niger Company* pouvait dès lors poursuivre en paix le cours de ses succès ; elle avait établi des droits de 2 livres par baril d'huile de palme et par tonne de noyaux de palmiers, et sur tous les autres articles, des droits de 20 0/0 *ad valorem*, ce qui rendait toute concurrence impossible, puisque ses rivaux étaient seuls à les payer, et comme le gouvernement continuait de lui être favorable, il en étendait la « juridiction » sur les districts côtiers de Wari et de Forcados, où le commerce était libre et prospère depuis près d'un siècle.

Le même article du *Liverpool Daily Post*, qui est inspiré, parait-il, par un ancien directeur de la Compagnie, donne divers détails sur les procédés de ses agents à l'égard des indigènes. Et d'abord il déclare que si la Compagnie a interdit dans ses territoires le commerce des armes à feu et à peu près celui des alcools, c'est uniquement pour s'en réserver le monopole et que le soi-disant point de vue humanitaire auquel on se serait placé est un leurre : pour ce qui est des fusils, les indigènes ne s'en servent qu'à la chasse et ils continuent à user à la guerre de la lance et des flèches empoisonnées, et quant aux alcools, l'on a fait tous les efforts imaginables pour en faire acheter aux populations mahométanes ; comme elles ont résisté, ce n'est que parmi les fétichistes qu'il ont un débouché.

Le sel, qui est un produit indispensable aux indigènes est frappé d'un impôt de 125 0/0 et pour que l'un d'eux puisse vendre des liqueurs, il doit payer un droit de patente, si l'on peut dire, de 50 livres, somme dont il n'a naturellement aucune idée ; quand il en fait le commerce sans avoir acquiter ce droit, tout ce qu'il a est saisi et vendu et le malheureux est réduit à la misère. Mais voici un récit que nous empruntons au numéro du 13 septembre du même journal, et qui en dit long sur les traitements que l'on fait subir aux indigènes : environ 150 individus avaient été engagés par la compagnie à Sierra-Leone en mars 1888 pour montrer aux gens des bords du Niger à travailler la gomme et le caoutchouc ; on les fait débarquer, on les arme, puis à travers la brousse, on les dirige vers Lokodja. Ils font un chemin très pénible, peu nourris et très chargés, sans qu'il soit plus question en aucune façon de ce pourquoi on les avait fait venir. Ils réclament et demandent qu'on les rapatrie, mais c'est ce que n'entendent pas les agents de la Compagnie et comme l'un de ces malheureux avance vers le campement des blancs pour leur parler, il est tué à bout portant : une fusillade commence aussitôt où 17 noirs perdent la vie, sans compter les blessés. Lorsque l'affaire vient devant le chief justice de la Compagnie, sir James Marshall, celui-ci tient l'enquête secrète et se borne à une admonestation sévère, tout en se répandant dans l'intimité en plaintes contre les misérables capables de telles atrocités. Ces détails se trouvent dans une lettre adressée à la *Rio Bento Kernel Company* de Liverpool, par son agent à la côte d'Afrique.

Au moins, le résultat de l'entreprise est-il matériellement très favorable et un développement grandiose de l'influence ou de la richesse britanniques compense-t-il toutes ces misères ? Point du tout, à en croire les rapports qui nous sont faits.

Il y a dix ans, avant que la charte ne fut accordée, le commerce de la vallée du Niger était estimé à environ 200.000 livres, il est demeuré stationnaire depuis, ainsi que le montre un des principaux négociants africains de Liverpool, M. John Holt, dans une interview du 9 octobre, et c'est pour obtenir un si mince résultat que le gouvernement a soustrait à la libre concurrence pour le livrer aux entreprises de quelques-uns un immense territoire de 500.000 milles carrés peuplé de près de 30 millions d'habitants. On conçoit, dans ces conditions que la Compagnie impose à ses agents le silence le plus absolu sur tout ce qu'ils ont pu apprendre à son service et qu'elle leur fasse, à leur entrée en fonction, signer les formidables dédits que nous signalions récemment pour le cas où quelque indiscrétion aurait été commise.

La section africaine de la Chambre de Commerce de Liverpool estime qu'une telle situation ne saurait ne pas attirer l'attention du gouvernement de la Reine. L'an dernier, elle adressait un mémoire à lord Salisbury pour lui demander d'aviser, en lui exposant les moyens qu'elle jugeait les meilleurs pour cela ; l'office des affaires étrangères n'ayant pas cru devoir faire droit à ses réclamations et ayant combattu les divers arguments qu'elle avait mis en avant, elle a répliqué par un second mémoire à lord Rosebery, le successeur

de lord Salisbury, où elle ne demande rien moins que la révocation de la charte accordée en 1886 à la Compagnie du Niger. Voici les principaux arguments sur lesquels elle se fonde :

1° La charte de la Compagnie lui a été accordée hâtivement, et sans que l'on ait suffisament considéré soit le passé soit l'avenir des intérêts nationaux et l'obligation où est la nation de maintenir la paix ; sans même que l'on se soit occupé des réclamations des commerçants anglais qui n'étaient pas englobés dans la Compagnie et dont les intérêts ont été si gravement lésés. En conséquence, la Chambre de commerce persiste dans son opinion, qu'une enquête sur les circonstances dans lesquelles la charte a été accordée pourrait être fort utile, en même temps qu'elle contribuerait certainement à redresser maintes injustices et à introduire dans les territoires du Niger un meilleur système d'administration.

2° Si la charte de la Compagnie lui permet de s'étendre, elle réserve en revanche au secrétaire d'Etat le droit de s'y opposer s'il se produit des objections, et la Compagnie doit se soumettre à la décision du ministre. En 1892, au moment où la Compagnie prétendait étendre sa juridiction sur le territoire des Wari, la Chambre de commerce reçut une communication à ce sujet du ministère des affaires étrangères ; mais tout ce qui était défavorable à la Compagnie, et même ce qui émanait du consul d'Angleterre parlant au nom des intérêts des commerçants de Bénin, Wari et Brass, ne fut pas écouté. Le secrétaire d'Etat est considéré comme le gardien de tous les intérêts étrangers à ceux de la Compagnie dans les territoires de protectorat, intérêts commerciaux et nationaux, et les négociants anglais comptent sur lui pour s'enquérir des relations de la côte avec les régions de l'intérieur en vue d'en accélérer le développement systématique ; c'est pourquoi avant de sanctionner aucune extension de l'autorité de la Compagnie des bords du fleuve sur les territoires de l'intérieur, il serait bon de faire la preuve que la Compagnie a effectivement étendu son autorité sur ces bords, et qu'elle a sur eux plus qu'un pouvoir nominal.

« 3° La Chambre de commerce estime que la nomination d'un commissaire de la couronne, pour se rendre compte de la façon dont la Charte est observée et pour en informer le gouvernement ne produirait que de bons résultats : sir Claude Mac Donald avait été chargé de visiter les établissements du Niger et aucun conflit ne s'est produit ; seulement son rapport n'a pas été publié. Or, si la nomination d'un officier aussi compétent que sir Claude comme commissaire résident ou chargé d'inspection seulement, pourrait déjà amener le redressement de beaucoup d'injustices et inspirer confiance, le bien qu'on en retirerait serait beaucoup plus grand encore, si ses rapports étaient livrés à la publicité, comme tous ceux qui ont trait à d'autres sujet d'importance générale.

« 4° et 5° Bien que la Charte ne stipule pas que le secrétaire d'Etat soumettra au Parlement les rapports que lui adresse la Compagnie, la Chambre de commerce estime que le secrétaire d'Etat en a le droit et même elle est d'avis que les rapports d'une Compagnie dont la juridiction au nom de la Reine est si étendue doivent, dans l'intérêt public, être soumis au Parlement. Il n'y a pas de raison pour que la Compagnie du Niger soit exempte d'une obligation qui s'applique à toutes les colonies britanniques dont les divers comptes sont mis en détail sous les yeux du pays d'une manière correcte et satisfaisante. Bien que le secrétaire d'Etat se déclare satisfait, il est désirable que le public sache de quelle manière la Compagnie du Niger exerce ses pouvoirs ; l'on doit aussi avoir les moyens de se rendre compte exactement si le commerce s'étend dans les territoires du Niger dans les mêmes proportions que dans les colonies voisines ou s'il recule.

« 6° Les protocoles de l'acte général de Berlin de 1885 prouvent que les intérêts commerciaux n'étaient pas convenablement représentés à la conférence et que la décision qui a consisté à autoriser les droits d'exportation plutôt que les droits d'importation, été prise à la suite d'une opinion exprimée par une autorité commerciale allemande. Au reste, la conférence désirait que les droits, quels qu'ils fussent, fussent aussi modérés que possible ; or, les droits établis par la Compagnie du Niger sont exorbitants dans bien des cas. Quelques-uns ne peuvent se défendre ; d'autres, nous dit-on, sont établis par des motifs de philanthropie ; néanmoins, on ne sait pas pourquoi il est permis à une Compagnie d'établir des impôts qui ne sont pas nécessaires dans les colonies voisines. Déjà — le secrétaire d'État le sait, — des changements ont été établis dans le système des droits perçus au Congo, dont le commerce n'est pas moins avancé que celui du Niger.

» 7° La Chambre de commerce ne peut trouver bon que des territoires vastes, populeux et facilement accessibles comme ceux du Niger, acquis aux frais du public par la Grande-Bretagne, demeurent sous l'autorité de la Compagnie et non sous l'autorité impériale et soient en réalité fermés aux entreprises commerciales du pays, contrairement aux termes de la charte. La libre admission des commerçants étrangers et l'accroissement du commerce extérieur et intérieur feraient beaucoup pour civiliser les tribus du Niger et les accoutumer au commerce. Le développement du commerce est arrêté par la politique égoïste de la Compagnie, dont le chiffre d'affaires est mince malgré son entier monopole — monopole contraire à la charte qui l'interdit expressément et à l'esprit de tous les arrangements modernes relatifs à l'Afrique. Les procédés d'administration de la Compagnie, joints à ce fait que la Compagnie qui gouverne est aussi celle que fait le commerce, lui ont acquis ce monopole. Tout libre trafic entre les protectorats de la côte du Niger et les territoires de la Compagnie est impossible, et la même remarque s'applique au commerce de la colonie de *Lagos* avec le bassin du Niger et particulièrement avec Ilorin. Une commission devrait être nommée par le gouvernement anglais pour s'occuper de l'unification fiscale de la colonie de Lagos, des protectorats de la côte du Niger et des territoires de la Compagnie ; c'est un seul et même territoire ; il n'y a pas là de rivalité d'influence entre les puissances de l'Europe et une telle région devrait se développer toute de la même façon, sans être troublée par des barrières artificielles.

» En somme, la Chambre de Commerce, considérant que l'octroi de la charte et l'extension des pouvoirs de la Compagnie ont été déplorables pour les intérêts commerciaux du pays, est d'avis que le moment est venu où la charte, au moins en tant qu'elle confère des privilèges exclusifs sur le Delta où l'influence de la Compagnie est le plus vivement sentie et le plus préjudiciable, doit être révoquée et que le pays doit être placé sous l'autorité directe de l'administration impériale et, de ce fait rouvert, au libre commerce. »

Un tel réquisitoire se passe de commentaires ; l'esprit qui anime la Compagnie royale du Niger nous est connu depuis longtemps et ce n'est pas nous qui nous faisions la moindre illusion sur son compte ; les dernières nouvelles qui nous sont parvenues et qui ne nous ont appris rien moins que la séquestration de tout le chargement du *Sergent-Malamine* et des marchandises de la mission commerciale qui accompagnent l'expédition Mizon, n'ont même pas été sans nous trop surprendre tant nous savions bien avec qui nous avions affaire ; mais ce n'est pas sans satisfaction que nous voyons d'autres intéressés que nous, et en Angleterre même, épouser nos griefs et une assemblée aussi qualifiée que la Chambre de Commerce de Liverpool, se plaindre en des termes à la rigueur desquels nous n'aurions que peu à ajouter, d'une tyrannie intolérable pour les intérêts généraux du commerce que l'acte général de Berlin avait prétendu protéger.

COLONIES FRANCAISES
ET PAYS DE PROTECTORAT

COTE D'IVOIRE

La mission Marchand. — Le capitaine Manet, qui accompagnait le capitaine Marchand dans l'exploration de la rivière Lahou, s'est noyé dans les rapides de la rivière en descendant vers la côte pour rechercher des approvisionnements. Son corps a été retrouvé et inhumé à Thiassalé.

Quant au capitaine Marchand, qui est remis de la maladie qui l'avait atteint, il devait, aux dernières nouvelles, remonter le Lahou pour rejoindre la partie de sa mission déjà engagée dans la vallée.

On lit dans le *Temps* :

Le dernier courrier de la côte occidentale d'Afrique nous apporte des informations qui permettent de tracer l'itinéraire de la mission Marchand jusqu'au moment où s'est produit l'accident qui a causé la mort du second de la mission, le capitaine Manet.

La mission, constituée en vue d'explorer une partie des bassins côtiers de la colonie de la côte d'Ivoire (une autre mission est confiée au lieutenant Braulot, dans le pays de Kong) arriva à Grand-Bassam, le 27 mars. Elle se proposait de remonter le fleuve du Grand-Lahou ou Bendama pour revenir à la côte par le Cavally, dont le capitaine Marchand avait exploré le bassin supérieur en 1892, au cours de sa mission auprès de Tiéba.

Malheureusement, la route du Bendama n'était pas libre, et les chefs de Thiassalé, gros village situé sur le fleuve, à une centaine de kilomètres de la côte, étaient décidés à s'opposer au passage de tout Européen voulant aller de l'Atlantique au Soudan central à travers leur territoire.

La cause de cette hostilité? C'est que depuis des siècles, sur le Bendama, comme sur d'autres fleuves de la côte d'Afrique, il existe, à une certaine distance de la mer, des agglomérations de population, soumise à l'autorité de chefs puissants, qui se constituent les intermédiaires obligés entre les traitants de la côte et les marchands de l'intérieur.

Au travers de la forêt dense, qui s'étend le long de la côte occidentale sur une largeur de 300 à 400 kilomètres, les chemins sont rares. Leur surveillance est facile. Aussi les caravanes commerciales ne peuvent-elles éviter les droits de péage exigés à tout passage, à l'importation comme à l'exportation, sur toutes les marchandises passant sur les territoires de chefs comme ceux de Thiassalé.

Tous ceux qui veulent se soustraire à ce péage obligatoire, comme ceux qui en recherchent l'abrogation, sont naturellement les ennemis de ces intermédiaires, et il ne faut pas s'étonner si les chefs de Thiassalé étaient portés à s'opposer à toute tentative de pénétration ayant pour but de mettre les centres commerciaux de l'intérieur en communication libre et directe avec la côte.

Les premiers qui furent les victimes de cette politique économique, de ce protectionisme africain, ont été deux malheureux traitants français : Voituret et Papillon. Les deux jeunes gens partaient, au commencement de 1891, de Grand-Lahou, pour tenter la fortune en échangeant leur pacotille contre les productions locales. Venant dans le pays quelque temps après la mission politique de MM. Armand et Tavernost, ils s'imaginaient trouver à Thiassalé un centre d'opérations commerciales. Ils étaient peu préparés aux transactions avec les noirs et pensaient même, qu'en leur qualité de blancs ils pouvaient se dispenser de se conformer aux habitudes fiscales de la région. Mal leur en prit. Les indigènes étaient déjà fortement excités contre les Français par un chef noir assez influent de la côte de Liberia. On avait répandu le bruit que Voituret et Papillon remontaient le Bendama pour imposer aux chefs de Thiassalé une contribution de deux marmites de poudre d'or, soit une centaine de mille francs. Un indigène les précédait, montrant aux habitants des villages que nos compatriotes allaient traverser deux marmites semblables à celles que l'on allait soi-disant remplir d'or à Thiassalé. Aussi, à l'occasion d'un règlement de compte, au village de Toumounou, à quelque petite distance de Thiassalé, un conflit surgit : Voituret et Papillon furent tués à coups de bâton et leur tête, envoyée au chef noir de la côte de Liberia, servit de trophée de guerre.

Ce meurtre ne pouvait rester impuni. Une mission militaire, commandée par le lieutenant Staup, de l'infanterie de marine, fut, l'an dernier, envoyée contre Thiassalé. Mais elle ne réussit pas à atteindre le village. La forêt présenta des obstacles infranchissables, et c'est seulement à l'effet moral produit par cette démonstration que l'on doit le traité de paix conclu, à la fin de l'année dernière, par un administrateur de la colonie, M. Bricart, en résidence à Grand-Lahou.

Il faut croire toutefois que les chefs de Thiassalé ne se croyaient pas très engagés par cette convention, puisqu'on émit des doutes sur la possibilité pour la mission Marchand de remonter le Bendama.

C'est pourquoi, avant de transporter son personnel et son matériel à l'embouchure du fleuve, le capitaine Marchand résolut de s'aboucher avec les chefs de Thiassalé pour obtenir d'eux le libre passage de sa mission. Il partit de Grand-Bassam, le 14 avril avec M. Bricard, deux interprètes et deux laptots : huit jours après, il quittait Grand-Lahou et remontait le Bendama. Mais après cinquante-deux kilomètres de navigation en canot, la petite troupe était arrêtée au village de Ahouem. Toutes les tentatives échouèrent, les envoyés furent emprisonnés et empoisonnés ; les Européens furent menacés de mort et obligés de revenir promptement en arrière. Le 2, ils quittaient Ahouem et le 6 au soir ils étaient de retour à Grand-Bassam.

C'est alors que le gouverneur autorisa une action énergique sur Thiassalé. Une petite colonne fut formée : elle comprenait 18 tirailleurs sénégalais et 97 miliciens. Elle se concentrait à Lahou au milieu du mois de mai : le 18, elle quittait la côte pour s'approcher de Thiassalé par la voie du fleuve. Le 25, après quelques petits combats dans la forêt, la ville était enlevée pendant que les contingents indigènes étaient encore dans les bois. Des reconnaissances furent effectuées dans toutes les directions pour chasser et détruire les bandes indigènes armées. Le 30, tout était terminé. Les populations se soumettaient et le roi de Thiassalé, Fatouaka, relativement favorable aux blancs, était intronisé grand chef à la place du premier roi Eky, qui s'était enfui dans la forêt.

Le capitaine Manet resta à Thiassalé avec une escorte de quarante miliciens, et pendant ce temps, le capitaine Marchand retourna à Grand-Bassam pour envoyer sur le Bendama le matériel de la mission ; il était de retour le 6 juin à la « capitale » de la colonie de la côte d'Ivoire. Malheureusement les communications sur la Côte ne sont pas encore très faciles. Les vapeurs postaux, qui font escale à Grand-Bassam, ne s'arrêtent pas à Lahou, la chaloupe coloniale *Diamant* était hors de service et le gouverneur Binger n'était pas encore arrivé avec son nouvel aviso colonial, *Capitaine-Ménard*. Sur ces entrefaites, M. Marchand fut atteint de la fièvre algide à tel point qu'on le crut perdu. Mais il guérit et le 10 août il pouvait repartir de Grand-Bassam. Il était à bord d'un voilier qui mit dix jours, en raison du mauvais temps, pour arriver à Lahou.

Le capitaine Manet, lui, avait pu préparer utilement la marche en avant. Aussitôt Thiassalé pris, le roi du Baoulé, pays situé dans la vallée du Bendama, au nord de Thiassalé, envoya son fils auprès du chef français pour faire alliance avec nous. Ses intérêts économiques sont contraires à ceux de Thiassalé : ils sont en faveur d'une communication directe de l'intérieur avec la côte. Aussi, dès que l'administrateur Pobéguin, nommé résident à Thiassalé, a pu rejoindre son poste, le capitaine Manet est parti pour le Baoulé. Puis il revint à Thiassalé, ayant trouvé en amont des chutes qui avoisinent ce point un bief navigable d'une centaine de kilomètres. Comme le Bendama est navigable de Lahou jusqu'aux abords de Thiassalé, soit sur 100 kilomètres, on voit que ce fleuve présente une voie de pénétration relativement facile. En tout cas, les indigènes, avec leurs pirogues, peuvent descendre en treize heures de Thiassalé à Lahou.

Il avait été convenu entre les capitaines Marchand et Manet que, si l'un d'eux tombait gravement malade ou mourait, le survivant continuerait la route. C'est ainsi qu'après avoir repris des approvisionnements à Thiassalé, le capitaine Manet, sachant Marchand malade à Grand-Bassam, repartit par le Baoulé, où il reçut le meilleur accueil : il s'installa à Broubrou, à 80 kilomètres environ au nord de Thiassalé.

Le 20 août, le capitaine Marchand quitta Lahou pour rejoindre son camarade, qu'il pensait retrouver en cinq ou six jours. C'est, sans doute, en redescendant le Bendama au devant de Marchand que l'infortuné capitaine Manet a péri dans un rapide.

Les dernières nouvelles reçues de la côte d'Ivoire laissent supposer que le capitaine Marchand, après avoir inhumé son compagnon de route à Thiassalé, a pu reprendre la route du nord et se rendre auprès du roi de Baoulé.

Le procès Quiquerez-Segonzac. — Nous avons cru devoir nous abstenir jusqu'ici de parler de cette triste affaire, et aujourd'hui même nous ne nous attarderons pas à reproduire tous les détails de l'accusation, puisqu'heureusement elle a été reconnue sans fondement et que le conseil de guerre de Saint-Louis du Sénégal a acquitté le jeune officier, sur l'honneur duquel on avait fait planer des doutes odieux.

On se souvient que le lieutenant de Segonzac était revenu seul de l'expédition qu'il avait entreprise avec le capitaine Quiquerez sur la côte d'Afrique. Quiquerez, dit-il à son retour, était mort d'un accès de fièvre. La famille de ce malheureux jeune homme ne voulut pas admettre ce récit, et il résulta d'une enquête qu'elle fit faire sur les lieux par un commerçant anglais, que M. Quiquerez avait été tué d'une balle dans la tête : de là à accuser son compagnon de l'avoir assassiné, il n'y avait qu'un pas, et il ne tarda pas à être franchi. M. Segonzac protesta, que s'il avait altéré la vérité, c'était uniquement pour ne pas augmenter la douleur des parents de son ami, lequel s'était suicidé dans sa fièvre ; l'accusation n'en fit pas moins son chemin et le lieutenant comparut devant le conseil de guerre pour répondre de ce prétendu crime.

Les débats établirent clairement que l'accusation ne se soutenait pas, et sur une éloquente plaidoirie de Me Léon Renault, assisté de Me Couchard, le lieutenant de Segonzac fut acquitté ; nous sommes heureux que ce verdict, dont nous ne doutions pas, mette fin à une polémique lamentable et dont le moindre mal n'était pas seulement de porter une grave atteinte au prestige de nos hardis explorateurs de la côte d'Ivoire.

COTE DE BÉNIN

D'après une dépêche envoyée par le général Dodds, à la date du 3 octobre, le Haut-Dahomey est en ce moment inondé : à la suite de pluies exceptionnelles, toutes les rivières ont débordé et il y a deux mètres d'eau sur la route suivie l'année dernière par la colonne d'Abomey.

Malgré cela, l'état de santé et le moral de nos troupes sont excellents. Le général Dodds attend que les eaux se soient retirées pour se porter vers le Nord avec sa colonne qui est toute prête.

Behanzin a écrit au général à son arrivée pour tenter d'entamer de nouveau des négociations lui permettant de gagner du temps. Le général lui a répondu que le gouvernement était tout prêt à lui faire des conditions très honorables s'il effectuait sa soumission.

Sous l'effort des eaux, l'ancien chenal de la lagune de Kotonou s'est rouvert et le courant y atteint une vitesse de 6 nœuds. La lagune communique avec la mer. Quelques personnes ont estimé que la brèche serait facile à conserver et qu'on pourrait passer directement du large dans le réseau intérieur de nos établissements du Bénin. Cela est malheureusement peu vraisemblable.

L'Expédition Hess. — Voici quelques détails sur la mission du docteur Hess, qui, ainsi qu'on le sait, a été blessé dernièrement par les indigènes d'Okriska et qui, rétabli aujourd'hui, se propose de reprendre bientôt son itinéraire.

Le docteur a été séduit par l'idée de « pousser une pointe » dans les régions situées au nord du Dahomey et sur la ligne de séparation des zones d'influence française et anglaise ; d'autant plus séduit qu'en dehors de l'itinéraire de Dumas on ne connaissait rien de ce pays.

Avec quelques hommes et un petit stock de marchandises, il partit de Porto-Novo : il prit au Nord jusqu'à la hauteur d'Abéokouta, et à cause des chemins submergés, il se dirigea vers cette ville où il arriva après quinze jours de route très intéressante. Le docteur Hess a reçu des missionnaires catholiques un excellent accueil. Ils lui ont fait visiter leurs établissements. On sait qu'un des Pères de la mission d'Abéokouta, le R. P. Cognard, a établi là un dispensaire où chaque jour une centaine de malades reçoivent des soins et des médicaments. Ce philanthrope construit en ce moment un hôpital qui lui permettra de secourir encore un plus grand nombre de malheureux.

C'est sur la route des montagnes qui forment la ligne de partage des eaux que le docteur a été blessé. Il se proposait, sans cet accident, d'aborder le bassin du Niger et de recueillir des renseignements inédits. Mais il est important de retenir que jusqu'à Abéokouta le voyageur n'a rencontré aucune difficulté ; les indigènes se sont même montrés très bienveillants pour lui et n'ont pas dissimulé leur sympathie et leur reconnaissance envers les Français qui les ont délivrés « du souci dahoméen ».

Dans toute cette région, en effet, le nom seul des Dahoméens faisait trembler ; maintenant que le péril est supprimé, tous les habitants ne savent comment manifester leur joie à ceux qui appartiennent à la nation des vainqueurs de Behanzin ; cela rapporte par-ci par-là une chèvre, une poule, quitte ensuite à reconnaître le cadeau par un autre généralement plus cher.

Un article du colonel Lambinet. — Le colonel Lambinet de l'infanterie de marine qui vient de rentrer du Dahomey, après avoir rempli les fonctions de commandant du corps expéditionnaire pendant le séjour en France du général Dodds, a publié dans la *Revue maritime et coloniale* une notice des plus intéressantes sur le Dahomey, résumé de ses propres observations et des travaux des officiers appelés à servir dans ce pays. Nous en reproduisons les quelques pages qui traitent de la population et des conséquences de la campagne de 1891 sur le dépeuplement de la région que nous avons conquise :

La population du pays annexé appartient, comme du reste celle de tout le Dahomey, à la famille des Djedjès. Cette famille est une de celles qui ont émigré entre le Niger et la côte, à la suite des rivalités qui durent forcément éclater lorsque toutes les peuplades africaines ne formaient, au centre de l'Afrique, qu'une seule et même famille.

Les hommes sont grands, vigoureux, bien taillés, capables de porter sur la tête jusqu'à 40 à 50 kilog., et cela pendant plusieurs jours de suite ; ils s'habituent dès le plus bas âge à ce genre de métier, et l'on voit fréquemment des enfants porter sur la tête des fardeaux dont le volume dépasse leur taille. Les femmes sont loin d'être disgracieuses lorsqu'elles sont jeunes.

C'est une race qui présente, à un degré assez faible, les caractères distinctifs du type noir ; elle a, en effet, la peau d'un noir rougeâtre, le front peu fuyant, le nez peu écrasé, et la lèvre inférieure n'est pas très épaisse. Courageuse, elle aime faire la guerre. Hommes et femmes ont pour tout vêtement un pagne, ordinairement bleu, sous lequel ils portent habituellement un petit caleçon de toile.

Leur faible intelligence les rend, pour la plupart, impropres à toute culture intellectuelle.

Jeunes, ils se montrent éveillés, actifs, capables d'apprendre ; mais dès qu'ils ont grandi, le climat fait sentir son influence ; ils deviennent mous, apathiques, sans volonté aucune, et l'enfant qui promettait devient une brute. En fait de religion, ils auraient, paraît-il, l'idée d'un être suprême et unique ; mais ils ne pratiquent aucun culte en son nom.

Dans l'impossibilité où ils se trouvent de comprendre les causes scientifiques des phénomènes, même les plus simples, qu'ils voient se manifester chaque jour autour d'eux, ils donnent un esprit à ces causes, et pour s'attirer ou combattre ces bons ou mauvais esprits, ils leur offrent des objets, des aliments, font des sacrifices d'animaux, voire même des sacrifices humains qu'ils accompagnent de libations et d'invocations.

Ils matérialisent sous des formes diverses, appelées fétiches, l'idée qu'ils rattachent à chacun de ces bons ou mauvais génies. Tantôt pour le fétiche de la fécondité, par exemple, c'est une statue grossière et indécente, représentant un être, homme ou femme, nu et accroupi sur les jambes ; pour un autre génie, c'est un arbre dont l'espèce varie suivant le village ; ou bien enfin c'est un animal, le boa ou la couleuvre.

Le fétichisme ne produit chez eux ni fanatisme, ni exaltation ; quand un fétiche n'exauce pas leur demande, ils se consolent en disant qu'un autre fétiche, qui leur était contraire, a été plus fort que le premier, et demain, s'il y a lieu, ils feront de nouveaux sacrifices, de nouvelles prières. C'est ainsi qu'ils expliquent bien simplement leur défaite de 1892 en disant : « *Le fétiche des Français a été plus fort que le nôtre.* »

Mais sautons ce qui a trait aux féticheurs, à leur puissance et à l'organisation de la famille au Dahomey. On sait qu'on y pratique la polygamie.

Malgré cela, la population n'est pas dense. On est frappé, lorsqu'on parcourt le pays, de voir des villages ne se composer que de quelques cases qui sont elles-mêmes presque désertes. Seules, les rives de quelques cours d'eau importants, tels que l'Ouémé, la rivière de Sô possèdent des grands centres.

Il faut rechercher la cause de ce dépeuplement dans les événements qui viennent de s'accomplir. Lors de la guerre, Behanzin fit de grosses levées de gens dans ce pays ; la plupart ne sont pas rentrés, soient qu'ils aient été tués, soit qu'on les ait forcés à suivre le roi dans sa retraite.

Parmi ceux qui furent laissés dans les villages, presque tous s'enfuirent dans la brousse à notre approche pour attendre de quel côté serait l'avantage. Puis, voyant s'accomplir l'affirmation de notre occupation, ils sont rentrés petit à petit et ont repris doucement leurs anciennes occupations.

Suivant la situation géographique des villages, l'état d'esprit des gens et l'attitude des chefs, ce mouvement de retour des populations s'est opéré plus ou moins vite ; mais on peut dire qu'actuellement le pays commence à se repeupler.

CONGO FRANÇAIS

La mission Monteil. — On sait que le commandant Monteil devait quitter la France et rejoindre les hommes de sa mission vers la mi-octobre ; or l'explorateur est toujours à Paris. Voici comment la *Politique coloniale* explique ce séjour prolongé :

Ce n'est pas au moment où des pourparlers sont engagés entre le gouvernement français et l'État indépendant du Congo, dont le représentant, M. Grelle-Rogier, est en ce moment à Paris, qu'il pourrait être question de l'envoi du commandant Monteil dans le haut Oubanghi.

Le caractère de la mission qui est confiée à ce brillant officier peut être modifié suivant l'issue des négociations qui se poursuivent au quai d'Orsay.

Le chemin de fer du Congo. — M. le capitaine Le Chatelier, qui dirige en ce moment, au Congo, les travaux d'études du chemin de fer de Loango à Brazzaville, a envoyé à la Société de géographie de Paris un exemplaire des remarquables levés au tachéomètre, exécutés sur l'ordre de M. de Brazza en 1887-1888, dans la vallée du Niari, par M. l'ingénieur Jacob et M. Michel Dolisie, en vue de la création d'une voie de communication entre la côte et le Congo, en territoire français.

Nécrologie. — Une dépêche de Libreville annonce la mort du lieutenant-gouverneur par intérim du Congo, M. Alphonse Lippmann, qui a succombé aux suites d'une fièvre bilieuse.

MADAGASCAR

La santé du premier ministre. — L'incident Kingdon. — On écrit de Tananarive, le 19 septembre :

Depuis un mois, le premier ministre se cache. Il n'est sorti de ses appartements qu'à de rares intervalles ; il n'est sorti qu'une fois de l'enceinte du palais pour se rendre par des chemins détournés, en filanjana (chaise à porteur), dans un parc qu'il possède aux environs de la capitale. Il va sans dire que les affaires de l'État sont suspendues, car tout dépend ici de l'activité du dictateur ; les fournisseurs même font vainement porter leur note au palais ; tout, jusqu'aux menues dettes, reste en souffrance. A la vérité, Rainilaïarivony a été malade ; une forte épidémie d'influenza a sévi à Tananarive vers la fin d'août, et la garde qui veille aux barrières du Rova n'en a pas défendu les potentats. Mais tout le monde affirme que Son Excellence est rétablie. Ce n'est pas seulement l'influenza qui inspire au vieillard une peur horrible de la mort : il craint surtout le poison dont il s'est récemment vu menacé par son propre fils. Tous ses serviteurs ordinaires ont été écartés, les soins de sa cuisine et de sa table ont été confiés à quatre de ses proches : Radilifera, l'un de ses fils ; Ratelifera, son petit-fils ; Ravoninahitriniony, époux de sa petite-fille ; et Rakotomena, neveu de la reine. Tous les jours, ces hauts personnages descendent à pied du palais au marché, pour vaquer aux approvisionnements. Ils préparent eux-mêmes les mets qu'ils servent de leurs propres mains sur la table du premier ministre. Ils paraissent d'ailleurs excessivement fiers de la confiance dont ils se trouvent ainsi honorés. Pendant qu'on prend les plus minutieuses précautions pour garantir de toute atteinte sa précieuse existence, Son Excellence se promène de long en large dans sa chambre, en agitant une petite crécelle qu'elle tient à la main. C'est dire que les facultés de Rainilaïarivony, déjà affaiblies par l'âge et la maladie, paraissent avoir été fortement ébranlées par les émotions et les soucis que lui ont sans doute causés les récents événements.

Tandis que le premier ministre évite de se montrer à son peuple, le sieur Kingdon, que le gouvernement malgache a jusqu'ici laissé libre (faute de se résigner à le poursuivre suivant une procédure conforme aux traités), ne manque aucune occasion d'affirmer sa présence par toutes sortes de manifestations. Sans cesse on le rencontre dans la rue attirant l'attention par les saluts et poignées de main dont il accable ses anciens amis malgaches trop disposés à l'éviter. Quelques européens se trouvent-ils réunis sous un prétexte quelconque, M. Kingdon paraît, de façon à braver une fois de plus devant témoins les ridicules hésitations de l'autorité indigène.

L'incident Kingdon présente, sous un côté pratique, la question des exéquatur, demeurée, en réalité, jusqu'à ce jour à l'état de revendications de principes. Le premier

ministre se trouve dans une impasse. Il cherche actuellement à gagner du temps avant de reprendre ses entrevues hebdomadaires avec notre résident général.

Vraisemblablement aussi, il craint que notre représentant ne lui fasse ressortir de vive voix la grave responsabilité qui pèse sur le gouvernement malgache en raison
de l'assassinat de notre compatriote, M. Muller. La France
a renoncé en 1885 au bénéfice des anciens traités conclus
avec les Sakalaves et Ranavalo-Manjaka a été reconnue
reine de Madagascar par nos plénipotentiaires. En retour,
le libre commerce et la libre circulation devaient être garantis aux Français à travers l'île entière. De tristes événements ont prouvé à quel point cette dernière concession
est illusoire ! Non seulement les explorateurs sont arrêtés
dans leur pacifique mission, mais le transit des marchandises n'est praticable que de Tananarive à Tamatave. Les
maisons de commerce de la capitale qui ont des agents à
Majunga, sont dans l'impossibité d'approvisionner leur
succursale par la route directe de terre.

Les régions du Nord, de l'Ouest et du Sud ne sont pas
seules infestées par le brigandage. Déjà des troupes de
bandits se répandent dans le Sud-Est et pillent des villages situés à trois heures de marche de Tananarive. C'est
qu'aux tribus indépendantes se joignent les esclaves fugitifs, les débiteurs insolvables, les soldats déserteurs. Le
dernier recrutement, opéré dans des conditions particulièrement odieuses d'arbitraire, a fourni aux fahavalos de
forts contingents d'hommes tout armés.

S'il ne peut offrir une certaine somme à l'officier chargé
du recrutement, le conscrit malgache est dirigé du plateau central vers quelque point éloigné de la côte et exposé au plus misérable sort. L'Etat ne lui fournit ni un
grain de riz ni un centime. Les chefs le dépouillent et le
ruinent par leurs exactions. Il lui reste un fusil pour se
faire brigand.

MAROC

L'incident de Melilla. — Rien n'est plus fréquent
que les incidents entre Maures et Espagnols aux présides
de la côte marocaine, et bien que la presse madrilène en
fasse volontiers quelque bruit, ils n'ont d'ordinaire aucune
suite : quelque voyageur est-il enlevé, quelque barque
pillée ou quelque coup de fusil tiré indûment ? une protestation par voie diplomatique se fait jour aussitôt à
Tanger et, comme le gouvernement chérifien n'a nul
désir d'entrer en conflit, satisfaction est bien vite accordée sous forme d'indemnité pécuniaire. L'affaire de
Melilla semble devoir avoir des conséquences passablement plus sérieuses, moins peut-être à cause de la gravité
des faits, que de la passion avec laquelle l'opinion publique
espagnole a envisagé cet incident.

Voici de quoi il s'agit : les autorités militaires de la
colonie de Melilla, la plus orientale des présides espagnols et la plus voisine par conséquent de l'Algérie,
avaient constaté la nécessité de pourvoir d'un nouveau
fort la ville qui n'est guère entourée que d'une enceinte
bastionnée et couverte par le fortin de los Camellos, et
ils choisirent pour l'établir une colline appelée Sidi-
Guariach ; les travaux commencèrent et assurément l'Espagne avait le droit de faire ce qui lui plaisait en ce lieu,
qui lui avait été attribué par le traité de Ouad-Ras, signé
après la guerre de 1859-1860 et destiné à mettre fin aux
contestations territoriales qui s'élevaient perpétuellement
aux présides ; seulement les Kabyles des environs s'aperçurent que le fort, lorqu'il serait construit, dominerait un
cimetière et une mosquée, ils estimèrent que l'exercice

de leur religion serait entravé par la présence des chrétiens et peu à peu une certaine surexitation régna dans
leurs tribus. Des réclamations furent-elles adressées au
gouverneur de Melilla? On n'est pas fixé sur ce point,
toujours est-il que le fort se construisait et qu'à mesure
qu'il s'élevait, croissait l'irritation des Kabyles. Enfin le 2
octobre dans la journée, ils se réunirent en masse, atta-
quèrent Sidi-Gariach et il fallut toute l'énergie de la garnison et de la petite population de la ville pour repousser
l'ennemi ; il y eut dans cette seule journée du côté espagnol, huit morts et trente-trois blessés, tant était exact le
feu des Kabyles armés de fusils Martiny que ne cesse
depuis tant d'années de leur fournir la contrebande maritime ; néanmoins les Espagnols demeurèrent maîtres
de leurs positions, et les assaillants, dont les pertes
furent considérables, sentant sans doute qu'ils avaient à
faire à forte partie, ne crurent pas devoir renouveler leur
agression les jours suivants.

Sans doute les autorités marocaines n'étaient pour rien
dans l'affaire : aussitôt qu'il fut possible, elles entamèrent
des pourparlers avec le général Margallo, commandant la
place de Melilla, pour lui expliquer que c'étaient des tribus
pillardes des montagnes voisines qui, seules, avaient mené
l'attaque, et pour lui demander de rétablir des communications entre la ville, qui avait fermé ses portes, et les
campagnes environnantes ; mais il leur fut répondu que
l'on exigeait avant tout le châtiment des coupables et que
les relations normales ne seraient reprises qu'après que
pleine satisfaction aurait été obtenue. C'est qu'en effet,
au su des événements du 2 octobre, la presse espagnole
s'était subitement enflammée d'une extraordinaire ardeur
guerrière : les nouvelles les plus terribles sur l'attaque
trouvaient créance et ce n'étaient que des articles pour
demander vengeance de l'outrage qu'avait subi l'honneur
espagnol du fait de l'infidèle. Ainsi excitée, l'opinion tout
entière s'émut ; dans les villes du Midi, retentit de nouveau le cri de « Guerre au Maure », et le gouvernement
ne put rester en arrière. Certainement, M. Sagasta et son
ministre des finances, M. Gamazo, qui ont entrepris une
réforme financière de la plus extrême importance et qui
sont au milieu de difficiles travaux destinés à équilibrer le
budget, auraient vivement désiré pouvoir retenir l'opinion
et donner à l'affaire une solution amiable, comme il avait
été fait pour tant d'autres ; et en effet, M. Moret, le secrétaire d'Etat, saisit immédiatement le ministre d'Espagne à
Tanger, le priant de réclamer une éclatante réparation du
gouvernement marocain, et se bornant, sans interrompre
les relations diplomatiques, à retirer la mission militaire
espagnole ; le ministre de la Guerre lui-même, général
Lopez Dominguez, ne prit d'abord que certaines mesures
de précautions assez anodines. Mais bientôt le gouvernement lui-même dut suivre le courant : des baraquements
furent construits à Melilla pour recevoir une division tout
entière, dont le général Margallo reçut le commandement ;
les transports de troupes commencèrent aussitôt qu'il fut
possible de les loger, et se continuent ; 10.000 fusils Mauser
furent achetés, avec 20 millions de cartouches pour armer
le corps expéditionnaire et après que 24 millions de pre-
setas eurent été dépensés du fait de l'incident de Melilla, la
Régente dut signer un nouveau décret ouvrant des crédits
illimités au ministère de la Guerre.

On n'en est encore qu'à la période des préparatifs, car
les hostilités n'ont pas repris et les Kabyles, depuis le
2 octobre, se sont tenus tranquilles bien qu'ils cernent
étroitement la ville. Mais sera-t-il possible, à l'heure
qu'il est, d'éviter une campagne? Le ministre des affaires
étrangères du Maroc, auprès de qui le ministre d'Espagne à Tanger avait porté plainte, s'est montré, parait-
il, plein de bonne volonté et a marqué tout son regret
de l'agression dont la garnison de Melilla avait été victime,

seulement il a fait savoir que, sans avoir reçu les ordres de son maître, il ne pouvait accorder aucune des satisfactions qu'on lui demandait. Or le sultan est actuellement à plusieurs semaines de marche de la côte de l'extrême sud-est de l'Empire, au Tafilalet, et comme les Espagnols se disent très pressés, on peut craindre qu'ils ne tirent eux-mêmes, dès qu'ils seront prêts, la vengeance que le Maroc tarde à leur accorder et qu'ils n'entrent en campagne.

Ce voyage du sultan au Tafilalet, qui retardera tant les pourparlers de Tanger, peut avoir sur les événements une autre influence encore : Mouley-Hassan, en effet, vient de traverser *triomphalement toute une partie de son empire* où il y a quelques années ses messagers ne s'aventuraient qu'avec peine et d'où les officiers impériaux ne revenaient pas toujours; passant à l'Est de la région rifaine, il y a reçu la soumission d'un grand nombre des clans montagnards réputés indomptables, et, chef religieux aussi bien que politique, il a appelé à l'hommage auprès de lui bien des tribus sahariennes qui, jusqu'ici, hésitaient entre la France et le Maroc, et sont venues lui apporter leurs présents et leur serment. On peut se demander si ce véritable triomphe — qui a une importance capitale pour notre Sud-Algérien, puisque Mouley-Hassan a *résolu à son profit ces questions autour desquelles nous avons hésité si longtemps* — ne rendra pas le souverain moins disposé à faire droit aux réclamations de l'Espagne. Assurément celle-ci n'a aucun intérêt à rouvrir en ce moment la question marocaine; elle sait de plus que l'Angleterre est toujours là pour l'empêcher de développer son influence **au Maroc** et d'y tirer profit des victoires qui pourraient y être remportées; mais le gouvernement, quelque pacifique qu'il ait été jusqu'ici, peut être entraîné par l'opinion — heureux si cette affaire ne le lance pas dans *des aventures plus difficiles encore que la guerre si coûteuse et sans résultat de 1859-1860.*

ÉTAT INDÉPENDANT DU CONGO

Les Belges ont poursuivi ces temps-ci le cours de leurs succès contre la révolte arabe. On connaît les origines de la campagne : un soulèvement s'était produit l'an dernier dans la région entre le Congo et le lac Tanganyka; grâce à des chefs influents comme Sefou, le fils de Tippoo-Tib, et Munié-Moara, il s'étendit rapidement, et des massacres, tels que celui de la mission Hodister, exigèrent de promptes mesures. Elles furent parfaitement prises : le lieutenant Dhanis, après s'être tenu quelque temps sur la défensive, en attendant les renforts dont il avait besoin, put enfin se porter en avant : deux victoires éclatantes, où les éléments indigènes encore fidèles eurent une grande part, lui permirent de circonscrire la révolte ; il marcha ensuite contre la grande place de Nyangoué, dont il s'empara, et la prise de Cassongo, l'autre citadelle arabe, ainsi que celle de Kirando, par le commandant Ponthieu, qui ont eu lieu, aux dernières nouvelles, vers la mi-août, mettront, il faut l'espérer, fin à la lutte. Elle a été conduite avec une énergie et une décision qui font grand honneur aux officiers de la jeune armée congolaise.

En même temps que les Belges prenaient l'offensive sur le Congo, ils envoyaient des secours aux expéditions anti-esclavagistes du lac Tanganyka, au capitaine Jacques notamment ; celui-ci, qui, au commencement de cette année, était si sérieusement menacé que l'on craignait de le voir enlevé par les Arabes, est redevenu assez fort pour entreprendre lui-même une grande expédition au loin. Avec 200 hommes et 3 officiers, il va se porter sur le lac Moero pour réduire des chefs qui pratiquent ouvertement la traite. Ce sera son dernier fait d'armes de cette campagne, il compte rentrer en Europe en avril 1894.

POSSESSIONS ANGLAISES

Afrique Australe. — *La guerre du Matabeleland.* — Dès les premiers démêlés de la Compagnie de l'Afrique australe avec les Matabélés, nous avions prévu qu'on en arriverait nécessairement à une guerre : sans doute, il ne s'agissait encore que d'un raid de quelques pillards sur le territoire britannique, et peut-être les pertes des protégés anglais n'étaient-elles pas bien sérieuses; mais ce n'était un secret pour personne que la Compagnie souffrait impatiemment du voisinage de tribus bien aguerries et bien disciplinées, sur lesquelles elle n'avait aucune action, et qui étaient pour les colons du Mashonaland une perpétuelle menace.

Dès les premiers temps de son établissement dans ces parages, elle avait songé à en finir avec eux et c'était l'occasion seule qui ne s'était pas présentée; plus tard, elle eut avec Lobengula une discussion, qui faillit dégénérer en conflit, au sujet de la possession de certaines mines d'or que revendiquaient les deux rivaux, et fut sur le point d'amener enfin la lutte; pourtant la querelle s'accommoda, soit que les Matabélés ne fussent pas alors en humeur de se battre ou que la Compagnie elle-même, tout au début de son établissement au sud du Zambèze, crût devoir s'y mieux fortifier avant de rien entreprendre contre ses voisins. Mais aujourd'hui, il n'y avait plus de retard possible et la guerre devait éclater au premier prétexte.

La Compagnie, en effet, se considère comme bien assise dans son Mashonaland. Elle y a créé des villes. Fort-Salisbury, Fort-Victoria, Fort-Charter, que garde une troupe de police respectable et où les colons commencent à abonder; le climat est favorable à toutes sortes de cultures, les mines d'or y sont en grande quantité et les relations avec l'Europe deviennent de jour en jour moins difficiles, grâce au chemin de fer de Beira, qui déjà en exploitation sur une partie de son parcours, mettra Fort-Salisbury en relations directes avec l'Europe par la côte orientale portugaise, et grâce à la grande route qui rejoint la ligne ferrée du Cap, vers Mafeking.

Il y eut un moment d'hésitation, semble-t-il, après le raid du mois d'août, car il s'agissait de savoir quelle aide le gouvernement britannique donnerait à ses pionniers; mais, quand la Compagnie vit le ministre des colonies, lord Ripon, et le gouverneur du Cap, sir Loch, lui accorder les renforts en hommes, en canons et en munitions dont elle avait besoin, elle alla de l'avant; son directeur, M. Rhodes, vint sur les lieux et l'on engagea la lutte, dans l'espoir de l'avoir terminée avant la saison des pluies.

Il semble que l'on ait décidé de prendre les Matabélés entre deux feux : des colonnes ont été formées à Fort-Salisbury et à Fort-Victoria avec 300 hommes montés et des canons Maxim, sous les ordres du major Allan Wilson, et à Fort-Charter avec 250 hommes montés et 2 Maxim, sous les ordres du major Forbes, lesquelles devaient entrer dans le pays ennemi par le Nord-Est, tandis que la colonne du major Goold-Adams, avec 800 hommes, sans compter les contingents mis à la disposition de la Compagnie par le chef

Khama, dont les Etats sont situés entre le Transvaal et le Bechuanaland, pénétreraient par le Sud, par Tati, et toutes les forces devant se rejoindre vers la capitale Buluwayo, située dans le centre du pays.

La première colonne a eu déjà un engagement à Indaima, le 19, avec les Matabélés et les a battus, mais il ne s'agissait sans doute que d'un combat d'avant-garde et la question demeure donc entière. Il est vraisemblable d'ailleurs que la Compagnie arrivera à avoir raison de Lobengula, soit qu'elle le réduise à merci, soit que, battu, il franchisse le Zambèze avec ses tribus et aille chercher dans le pays des Barotsés un nouveau royaume. Seulement il est certain aussi que les plus grands efforts seront nécessaires pour en arriver là : les Matabélés sont environ 15,000 guerriers, dont beaucoup sont armés de fusils Martini que la Compagnie elle-même leur a cédés jadis, et ils ont donné maintes preuves de leur courage et de leur énergie. On a semblé croire en Angleterre, après le combat de l'autre jour, qu'il n'y avait plus qu'à entrer à Buluwayo et à dicter des lois au vieux chef zoulou : peut-être était-ce aller un peu vite en besogne, et l'on commence à s'apercevoir, non sans une certaine irritation, que la victoire définitive pourrait bien se faire attendre un peu plus longtemps et payer un peu plus cher.

POSSESSIONS ALLEMANDES

Cameroun. — *L'expédition de Stetten.* — On n'avait jusqu'ici que des notions assez vagues sur l'expédition dirigée par le lieutenant de Stetten vers l'Adamaoua ; on avait connu son départ et son retour. Les journaux allemands nous donnent sur elle des renseignements assez complets.

Le lieutenant de Stetten partit, le 23 mars, de Balinga et suivit d'abord la route qu'avait prise autrefois le capitaine Morgen, laquelle conduit à Ngila. De là, il suivit l'ancienne route des caravanes jusqu'à Ioko, d'où il se rendit, après de longues négociations, dans le territoire du Sultan de Sanserni, Tibati. Dans ce pays, l'expédition allemande eut de mauvais jours à passer à cause de la cupidité de ce souverain ; après y être resté bon gré, mal gré, plusieurs semaines, le lieutenant Stetten gagna la ville de Nyambé, où il trouva un accueil très amical. L'expédition traversa ensuite le territoire fertile de Tikar, où aucun Européen n'était encore allé, et où la marche de la colonne ressembla à une marche triomphale. Ce pays est riche en villes, villages et fermes isolées. C'est à partir de là que l'expédition commença à s'engager dans les montagnes, passant par Tibatou et atteignant Bango le 12 juin. Cette ville est la capitale d'un roi puissant, mais qui, comme tous les chefs de l'Adamaoua, est sous la dépendance de l'émir de Yola.

Le lieutenant de Stetten continua sa marche, soit par la route suivie par Flégel, soit par d'autres chemins ; il traversa le haut pays, passa par Coutscha et arriva, le 7 juillet, à Kifl, où il reçut une invitation d'Akall, premier ministre de l'émir de Yola. Ce prince domine sur l'Adamaoua ; sa puissance s'étend jusqu'à Ngaoundere et Gaza, et tous les chefs de ces contrées le reconnaissent.

Le lieutenant de Stetten ne tarda pas à entrer en pourparlers avec l'émir lui-même. Celui-ci, d'après les journaux allemands auxquels nous empruntons ces détails, a déclaré au lieutenant allemand qu'il n'avait permis et ne permettrait à aucune autre nation de procéder à des acquisitions de territoire, et que, dans les contrées parcourues par l'expédition allemande et jusqu'à la limite Sud-Est de l'Adamaoua (Gaza), l'Allemagne seule était autorisée à établir des stations.

Six semaines plus tard, d'après le compte rendu allemand, le chef de l'expédition française, le lieutenant Mizon, arriva devant Yola avec ses deux bateaux. Là, le lieutenant de Stetten lui fit part des déclarations de l'émir et des arrangements qui avaient été conclus entre lui et l'expédition allemande. Le lieutenant Mizon accusa réception de sa lettre au lieutenant de Stetten.

A Yola, le lieutenant de Stetten fut gravement malade de la fièvre. Il fut soigné par l'agent de la Compagnie anglaise, et quand il fut guéri, il retourna à Cameroun par le Bénoué où il arriva le 3 septembre.

L'expédition d'Uchtritz. — Des dépêches de la côte occidentale d'Afrique annoncent que l'expédition de MM. Uchtritz et Passarge, qui était partie de Cameroun, se dirigeant vers la Bénoué et était arrivée à Yola, a été reçue par le Sultan de l'Adamaoua et qu'elle est en ce moment sur son retour vers la côte.

VARIÉTÉS

La Campagne de 1859-60 au Maroc

On ne peut s'empêcher de remarquer l'analogie que présente, dans ses causes comme dans ses premiers effets, le nouvel incident hispano-marocain, avec celui qui provoqua la guerre de 1859-60 — une des rares campagnes que l'Espagne ait eu l'occasion de conduire à l'extérieur depuis les traités de Vienne et celle qui a fait, assurément, le plus grand honneur à son armée.

Alors, comme aujourd'hui, les Espagnols occupaient, sur la côte septentrionale du Maroc, les quatre postes militaires de Ceuta, Pegnon de Velez, Alhucemas et Melilla, derniers débris des vastes possessions qu'ils avaient jadis en Afrique et qui leur servaient de *présidios*, autrement dits de lieux de transportation. Dans ces Présides, en dépit des traités, régnait en permanence l'état de guerre, ou plutôt, comme disait un diplomate du temps, l'état de blocus, et leurs garnisons étaient constamment occupées à repousser les attaques des tribus barbares qui les pressaient de toutes parts. Ceuta, placée à l'extrême pointe septentrionale du continent africain, presque en face de Gibraltar, était surtout l'objet des incessantes agressions des Maures de la région montagneuse qu'on appelle l'Anghera ; mais la situation n'était guère meilleure à Melilla, exposée aux insultes des pirates du Riff, dont les déprédations, en 1858 déjà, avaient failli amener un sérieux conflit entre le gouvernement espagnol et l'empereur Abdur-Rhaman.

La querelle venait pourtant de s'apaiser par la signature d'une convention garantissant la sécurité du territoire de Melilla, lorsqu'elle ressuscita tout à coup à Ceuta, plus grave que jamais. Des soldats de la garnison, qui travaillaient à la construction d'un fortin non loin de la limite marocaine, furent brusquement assaillis par des bandes considérables de Maures, qui les massacrèrent jusqu'au dernier, rasèrent l'ouvrage commencé et traînèrent dans la boue l'écusson espagnol. Enivrées par ce facile succès, elles se portèrent ensuite sur la ville, contre laquelle elles dirigèrent pendant trois jours un feu nourri, sans toutefois parvenir à y pénétrer.

A la nouvelle de cette sauvage agression, il y eut dans toute l'Espagne une explosion de patriotique colère.

Les partis oublièrent leurs dissensions, alors pourtant portées au paroxysme, pour se serrer autour du gouvernement, et un vote unanime des Cortès, réunies extraordinairement au mois d'octobre, donna à celui-ci la force morale en même temps que les moyens matériels nécessaires pour réduire les insolents Marocains.

Le Cabinet de Madrid, au surplus, n'avait pas attendu ce vote pour prendre les mesures que réclamait la situation : en même temps qu'il demandait une réparation éclatante par la voie diplomatique, il se hâtait de rassembler des troupes sur la côte d'Andalousie ; aussi, dès que l'on eût pu se convaincre qu'on n'obtiendrait rien de l'empereur Sidi-Mohamed, qui avait succédé sur ces entrefaites au Sultan Abdur-Rhaman, les transports militaires commencèrent et la guerre put être engagée presque aussitôt que déclarée.

L'armée d'opérations, forte d'environ 40,000 hommes, avec 60 pièces d'artillerie, était commandée par le général O'Donnel, président du Conseil ; elle comprenait trois corps d'armée, aux ordres des généraux Echague, Zabala et Ros de Olano, plus une division de réserve confiée à un jeune et ardent officier général, qui ne devait pas avoir le rôle le moins actif dans cette guerre et auquel l'avenir réservait des destinées encore plus haute : don Juan Prim, comte de Reus, bientôt après marquis de Castillejos.

Il n'y avait pas à hésiter sur le choix du point de débarquement. Ceuta, par sa proximité et sa situation topographique, était la seule des Présides qui pût fournir une base d'opérations solide : ce fut donc là que l'armée commença à prendre terre le 19 novembre ; mais elle n'y fut tout entière réunie que le 12 décembre suivant, à cause des retards occasionnés par le mauvais temps, et aussi, il faut le dire, par l'inexpérience de la marine et de l'administration militaire espagnoles.

Le général O'Donnell n'avait, du reste pas attendu d'avoir tous ses corps sous la main pour commencer les hostilités, et son premier soin avait été de s'assurer des hauteurs qui s'élèvent en arrière de Ceuta et qui font partie de la Sierra de Bullones. Ce fut l'occasion d'une série de violents combats, parmi lesquels il convient de citer particulièrement celui du 30 novembre : les Maures s'y distinguèrent par un incroyable acharnement, mais furent finalement mis en déroute ; plus de 800 des leurs restèrent sur le terrain, tandis que les Espagnols comptaient 25 morts et 312 blessés, parmi lesquels le général Echague. Ce début de la campagne, quoique heureux, donnait une idée des difficultés que l'on allait avoir à surmonter.

Il s'agissait d'abord de savoir de quel côté l'on devait se diriger pour frapper un coup décisif. La marche sur Tanger paraissait tout indiquée, car c'était là surtout que l'on pouvait atteindre l'empire du Maroc et le contraindre à accepter des conditions proportionnées avec les sacrifices que l'Espagne s'imposait. Mais on craignait d'indisposer l'Angleterre, naturellement jalouse du moindre progrès fait par une puissance européenne dans une région où elle était habituée à faire prévaloir sa propre influence, et qui s'était signalée, dès l'origine de la crise, par sa mauvaise humeur et son mauvais vouloir. Il ne restait dès lors qu'à prendre pour objectif Tetuan, et, pour y parvenir, il fallait choisir entre deux routes également difficiles : celle qui traverse le massif de l'Anghera et celle qui longe la côte. En prenant la première, qui n'était qu'un continuel défilé, on eût terriblement souffert du feu des Marocains ; O'Donnell se décida en conséquence pour la seconde, moins exposée, sinon moins pénible, et qui du reste avait l'avantage de laisser l'armée en communication constante avec la flotte, et par là d'assurer son ravitaillement en même temps que l'arrivée des renforts.

Le besoin de ceux-ci devait se faire sentir dès les premiers pas. En effet, le choléra s'est abattu sur les troupes avant même que le débarquement ne fût achevé et enlevait chaque jour de nombreuses victimes. Les vides que la terrible maladie faisait dans les rangs, aussi bien que la nécessité d'occuper fortement Ceuta et les hauteurs avoisinantes, furent cause qu'on ne pût guère disposer de plus de 15,000 hommes pour cette marche offensive ; le général Prim et sa division prirent la tête du mouvement. On s'attendait bien à voir à chaque instant paraître les Maures sur son flanc : dès le lendemain de la levée du camp (9 décembre), 10,000 d'entre eux tombèrent sur la colonne espagnole : ils furent repoussés après un combat extrêmement sanglant. Le 15, l'attaque se renouvela et le corps du général Ros de Olano, qui venait d'arriver se trouva sérieusement engagé. Entre le 25 et le 30 décembre, on se battit presque tous les jours ; mais l'action la plus importante eut lieu le 1er janvier, à peu près à mi-chemin de Tétuan, sur les hauteurs de Castillejos.

Cette fois, les Espagnols avaient affaire à l'armée marocaine régulière, forte d'environ 20.000 hommes et commandée par Muley-Abbas, l'un des frères de l'empereur. Dans cette bataille, — car elle mérite réellement ce nom, — le général Prim, toujours à l'avant-garde se distingua par une bravoure, un élan et une vigueur qui électrisèrent les troupes : on le vit, à un moment critique, saisir un drapeau et escalader, à la tête d'un bataillon, une hauteur d'où partait un feu effroyable. Il gagna vaillamment ce jour-là, son titre de marquis, et ce fut lui qui fixa la victoire, un moment indécise. Elle fut achetée aux prix de pertes relativement élevées : plus de 600 tués ou blessés. Les vaincus laissèrent environ 2.000 hommes sur le terrain.

Ce succès ouvrait décidément à O'Donnell le chemin de Tetuan ; mais le temps devenu détestable n'était pas pour les Espagnols un ennemi moins redoutable que les Marocains. Les rigueurs de la saison ajoutaient aux fatigues et aux souffrances des soldats, obligés de se frayer un passage tantôt à travers des marécages, et ne quittant la pioche et la hache que pour prendre le fusil. A plusieurs reprises, des tempêtes comme on n'en voit que dans le détroit de Gibraltar assaillirent et dispersèrent la flotte convoyeuse, si bien qu'à de certains moments les vivres firent complètement défaut. La plus redoutable de ces tempêtes dura sans interruption du 7 au 10 janvier et le plateau de Sierra-Négro où l'armée passa trois cruelles journées sans pain, sans eau et sans feu, reçut le nom tristement significatif de « Camp de la faim ».

Le ciel un peu rasséréné, la marche put être reprise et, le 15, l'avant-garde déboucha enfin dans la vallée de Tetuan ; on avait mis soixante jours pour parcourir un peu plus de neuf lieues. Ce fut sous les murs de la ville que se livra, le 4 février, la bataille décisive qui valut à O'Donnell le titre de duc, et elle se termina encore à l'avantage des Espagnols. Mais ceux-ci ne s'emparèrent pas sans peine ni sans pertes des deux camps retranchés dans lesquels les attendaient, cette fois, 40,000 Marocains : celui de droite fut brillamment enlevé à la baïonnette par Prim, devenu commandant du 2e corps à la place de Zabala, malade ; Henri O'Donnell, frère du général en chef, emporta l'autre d'assaut ; 2 drapeaux, 800 tentes et un butin considérable tombèrent aux mains des Espagnols, qui trouvèrent également une artillerie considérable à Tetuan, dont cette victoire leur offrit les portes dès le lendemain. Il fallut pourtant encore deux sanglants combats dans les montagnes de Gualdras, les 11 et 23 mars, pour convaincre les Marocains de l'inutilité d'une plus longue résistance. Le 24, le général en chef Muley-Abbas proposait un armistice que l'on acceptait avec une satisfaction secrète, car, si la prise de Tetuan n'avait pas suffi pour mettre fin à la guerre, il eût fallu se décider à la marche sur Tanger, en dépit des difficultés diplomatiques qu'elle devait inévitablement soulever.

Peu après, les préliminaires de paix furent signés et, par le traité du 26 avril, l'Espagne acquit autour de Ceuta un territoire suffisant pour mettre la ville à l'abri de toute nouvelle agression. Elle obtint d'autres concessions assez importantes, au point de vue de son influence au Maroc, et celui-ci s'engagea, en outre, à payer une indemnité de guerre de 20 millions de piastres. Peut-être ces résultats n'étaient-ils pas en rapport avec l'effort considérable qu'avait fait l'Espagne et avec les espérances que la nation avait conçues. La restitution de Tetuan, qu'on avait espéré garder définitivement, causa, en particulier, un désapointement amer, que ne manquèrent point d'exploiter les carlistes. Les généraux n'étaient pas moins mécontents; Ros de Olanos alla jusqu'à dire, dans une proclamation à ses troupes : « Nous venons de faire une guerre, à mon sens, unique, car elle montre qu'on peut perdre une campagne en gagnant toutes les actions. »

A la réflexion, pourtant, l'opinion se calma un peu et bientôt l'on ne songea plus qu'à faire fête aux troupes victorieuses ; leur rentrée solennelle à Madrid, le 11 mai, déchaîna un enthousiasme indescriptible ; le pays tout entier ressentait une joie et un orgueil extrêmes en voyant pour ainsi dire revivre cette armée que l'on avait craint, non sans raison, de voir gâtée par une si longue suite de guerres civiles. Dans tout le cours de cette rude campagne de quatre mois, elle avait prouvé qu'elle n'était nullement dégénérée, et l'Europe admirait à bon droit la bravoure, la solidité et la constance déployée par les chefs et les soldats au milieu des plus cruelles épreuves.

L'Europe ?... à l'exception peut-être de l'Angleterre que l'Espagne n'avait cessé de rencontrer à la traverse de ses desseins avant, pendant, comme après la guerre. Le Cabinet de Londres avait commencé par signifier à Madrid : « Tanger aux mains d'une puissance européenne était une menace pour Gibraltar, et, par voie de conséquence, pour Malte », et avait réussi à arracher aux ministres de la reine Isabelle la promesse « que l'Espagne ne prendrait dans le détroit aucun point dont la position pourrait lui assurer une suprématie périlleuse pour la navigation ». Un peu plus tard, dans l'espoir d'entraver les préparatifs de l'expédition, il ne craignit point de réclamer le payement d'une ancienne dette remontant au temps de la guerre civile, que, d'ailleurs, le gouvernement espagnol acquitta sur-le-champ, sans discuter et sans récriminer malgré les lourdes charges qu'il assumait en ce moment même. Après la prise de Tetuan, ce fut encore les injonctions de l'Angleterre qui obligèrent O'Donnell à traiter avec le Maroc à des conditions ultra-modérées, et, en 1861, quand l'empereur Sidi-Mohammed se vit hors d'état d'acquitter la contribution de guerre, ce fut à Londres qu'il trouva à emprunter l'argent nécessaire... en engageant la moitié du revenu des douanes dans tous les ports de ses Etats. Ainsi les victoires espagnoles profitèrent surtout aux Anglais, qui saisirent avec empressement cette occasion de s'immiscer dans les finances et l'administration du Maroc, et d'y asseoir sur des bases plus solides leur suprématie politique et commerciale.

Il est vrai que, d'autre part, c'est à la guerre de 1859-60 que l'Espagne dut de pouvoir nettement reconnaître où sont pour sa politique les sympathies naturelles et les affinités d'intérêt. La France, qui venait d'avoir elle-même maille à partir en Algérie avec les tribus de la frontière marocaine, et avait dû envoyer pour les châtier une colonne expéditionnaire aux ordres du général de Martimprey, la France, dis-je, avait applaudi de bon cœur aux succès de sa voisine. Car, ainsi que l'écrivait un éminent publiciste français, M. Charles de Mazade (*la Guerre du Maroc*; *Revue des Deux Mondes*, 15 septembre 1860), « c'est notre fortune de ne nous trouver sur le chemin d'aucun des grands intérêts ou même des légitimes ambitions de l'Espagne, pas plus qu'elle ne se trouve sur le chemin de nos propres intérêts ou de nos ambitions. La France n'a point de Gibraltar à défendre ; elle n'a point à voir d'un œil jaloux l'expansion du peuple espagnol en Afrique ; elle est la première intéressée à tout ce qui élève la Péninsule en puissance, en dignité, en liberté ! Et c'est ainsi que cette campagne du Maroc, qui a donné une armée à l'Espagne, lui laisse encore une lumière de plus pour sa politique. » — Ne souscririons-nous pas aujourd'hui à ces paroles aussi volontiers qu'il y a trente-trois ans ?

(*Journal des Débats*).

CHARLES MALO.

Le Gérant : H. PERCHER.

12.968 — Imprimerie de la Bourse de Commerce (F. Bivort).

Troisième Année. **N° 12. — Décembre 1893**

BULLETIN DU COMITÉ

DE

l'Afrique Française

PUBLIÉ MENSUELLEMENT

Sous la direction de **M. Harry Alis,**
avec la collaboration de **MM. Henry Frisch de Fels,**
Raymond Kœchlin, etc.

Adresser toutes les communications à M. le Secrétaire général du **Comité de l'Afrique Française** 15, rue de La Ville-l'Évêque, Paris.

Prix du Numéro : 2 FRANCS

Tout Souscripteur du Comité reçoit de droit ce BULLETIN.

SOMMAIRE

Avis

Nous serions reconnaissants à ceux de nos Souscripteurs qui ont signé des engagements annuels de vouloir bien envoyer, dès maintenant, à notre Trésorier, **M. Armand Templier, 79, boulevard Saint-Germain,** *le montant de leur souscription pour 1893.*

Délibérations du Comité pendant le mois de Novembre 1893

Séance du 16 novembre.

Etaient présents : MM. le prince d'ARENBERG, président, PERCHER, le général DERRÉCAGAIX, ÉTIENNE, ROLLAND, H. PEREIRE, commandant MONTEIL, RENOUST DES ORGERIES, MIZON, MILNE-EDWARDS, LOREAU, MORILLOT, GAUTHIOT, FRISCH DE FELS, SIEGFRIED, BERGER, DE MOUSTIER, AYNARD, J. REINACH, MAISTRE, général de GALLIFFET.

M. le Président rappelle en quelques mots les travaux accomplis par le Comité, au cours de cette année, puis M. CLOZEL est introduit, qui annonce au comité l'expédition qu'il va entreprendre et pour laquelle il lui demande son patronage.

M. MIZON fait ensuite le récit de sa mission, qui remplit tout le reste de la séance.

LISTE DES SOUSCRIPTEURS

(Suite)

Report..... (1)	297.434	60
Donau, lieutenant au 140e de ligne, à Foum-Tatahouine (Tunisie) ....A	10	»
P. Doin, à Villeneuve-sur-Yonne............	2	»
Flamant, à Ismaïlia......................A	20	»
Birschgessner, à Port-Saïd................A	10	»
Belloir et Vazelle, à Paris...............A	100	»
A.-H. Dyé, aspirant à bord du *Requin* .....A	20	»
L. Hébert...............................A	2	»
Amable Cochin, à Paris ....A	20	»
Les Elèves de 2e, 3e et 4e, lycée de Montpellier.	100	»
Lehucher ....A	20	»
A. Bonhomme, à Argenton (Indre).........A	2	»
Guiot, à Paris.........................A	50	»
Leseur, à Paris........................A	20	»
Guérin, à Paris ....A	5	»
Mme Massé, à Paris.....................A	10	»
Mme Ernest-J. Dumas, à Paris............A	20	»
Merlé, à Paris.........................A	1	»
Blandin, à Genève......................A	2	»
Gille, à Genève ....A	5	»
Dodart, à Cognac.......................A	20	»
Cor, à Cognac.........................A	10	»
Dejean, à Pouyalet.....................A	6	»
Tuleu, à Pierrefitte....................A	5	»
Chemin, à Reims.......................A	20	»
Cayrac, à Cahors......................A	5	»
Georges, chez M. Rossignol, à Zurich ......A	12	»
Paulet, à Barbézieux ....A	20	»
Garoty, à Marseille.....................A	50	»
Raffinerie Saint-Louis, à Marseille.........A	100	»
A reporter.	298.101	60

---

(1) C'est par erreur que nous n'avions donné comme total du mois de novembre que la somme de 296.081 10.

le lendemain. Il fallut pourtant encore deux sanglants combats dans les montagnes de Gualdras, les 11 et 23 mars, pour convaincre les Marocains de l'inutilité d'une plus longue résistance. Le 24, le général en chef Muley-Abbas proposait un armistice que l'on acceptait avec une satisfaction secrète, car, si la prise de Tetuan n'avait pas suffi pour mettre fin à la guerre, il eût fallu se décider à la marche sur Tanger, en dépit des difficultés diplomatiques qu'elle devait inévitablement soulever.

Peu après, les préliminaires de paix furent signés et, par le traité du 26 avril, l'Espagne acquit autour de Ceuta un territoire suffisant pour mettre la ville à l'abri de toute nouvelle agression. Elle obtint d'autres concessions assez importantes, au point de vue de son influence au Maroc, et celui-ci s'engagea, en outre, à payer une indemnité de guerre de 20 millions de piastres. Peut-être ces résultats n'étaient-ils pas en rapport avec l'effort considérable qu'avait fait l'Espagne et avec les espérances que la nation avait conçues. La restitution de Tetuan, qu'on avait espéré garder définitivement, causa, en particulier, un désappointement amer, que ne manquèrent point d'exploiter les carlistes. Les généraux n'étaient pas moins mécontents ; Ros de Olanos alla jusqu'à dire, dans une proclamation à ses troupes : « Nous venons de faire une guerre, à mon sens, unique, car elle montre qu'on peut perdre une campagne en gagnant toutes les actions. »

A la réflexion, pourtant, l'opinion se calma un peu et bientôt l'on ne songea plus qu'à faire fête aux troupes victorieuses ; leur rentrée solennelle à Madrid, le 11 mai, déchaîna un enthousiasme indescriptible ; le pays tout entier ressentait une joie et un orgueil extrêmes en voyant pour ainsi dire revivre cette armée que l'on avait craint, non sans raison, de voir gâtée par une si longue suite de guerres civiles. Dans tout le cours de cette rude campagne de quatre mois, elle avait prouvé qu'elle n'était nullement dégénérée, et l'Europe admirait à bon droit la bravoure, la solidité et la constance déployée par les chefs et les soldats au milieu des plus cruelles épreuves.

L'Europe ?... à l'exception peut-être de l'Angleterre que l'Espagne n'avait cessé de rencontrer à la traverse de ses desseins avant, pendant, comme après la guerre. Le Cabinet de Londres avait commencé par signifier à Madrid : « Tanger aux mains d'une puissance européenne était une menace pour Gilbratar, et, par voie de conséquence, pour Malte », et avait réussi à arracher aux ministres de la reine Isabelle la promesse « que l'Espagne ne prendrait dans le détroit aucun point dont la position pourrait lui assurer une supré-

matie périlleuse pour la navigation ». Un peu plus tard, dans l'espoir d'entraver les préparatifs de l'expédition, il ne craignit point de réclamer le payement d'une ancienne dette remontant au temps de la guerre civile, que, d'ailleurs, le gouvernement espagnol acquitta sur-le-champ, sans discuter et sans récriminer malgré les lourdes charges qu'il assumait en ce moment même. Après la prise de Tetuan, ce fut encore les injonctions de l'Angleterre qui obligèrent O'Donnell à traiter avec le Maroc à des conditions ultra-modérées, et, en 1861, quand l'empereur Sidi-Mohammed se vit hors d'état d'acquitter la contribution de guerre, ce fut à Londres qu'il trouva à emprunter l'argent nécessaire... en engageant la moitié du revenu des douanes dans tous les ports de ses Etats. Ainsi les victoires espagnoles profitèrent surtout aux Anglais, qui saisirent avec empressement cette occasion de s'immiscer dans les finances et l'administration du Maroc, et d'y asseoir sur des bases plus solides leur suprématie politique et commerciale.

Il est vrai que, d'autre part, c'est à la guerre de 1859-60 que l'Espagne dut de pouvoir nettement reconnaître où sont pour sa politique les sympathies naturelles et les affinités d'intérêt. La France, qui venait d'avoir elle-même maille à partir en Algérie avec les tribus de la frontière marocaine, et avait dû envoyer pour les châtier une colonne expéditionnaire aux ordres du général de Martimprey, la France, dis-je, avait applaudi de bon cœur aux succès de sa voisine. Car, ainsi que l'écrivait un éminent publiciste français, M. Charles de Mazade (*la Guerre du Maroc*; *Revue des Deux Mondes*, 15 septembre 1860), « c'est notre fortune de ne nous trouver sur le chemin d'aucun des grands intérêts ou même des légitimes ambitions de l'Espagne, pas plus qu'elle ne se trouve sur le chemin de nos propres intérêts ou de nos ambitions. La France n'a point de Gibraltar à défendre ; elle n'a point à voir d'un œil jaloux l'expansion du peuple espagnol en Afrique ; elle est la première intéressée à tout ce qui élève la Péninsule en puissance, en dignité, en liberté ! Et c'est ainsi que cette campagne du Maroc, qui a donné une armée à l'Espagne, lui laisse encore une lumière de plus pour sa politique. » — Ne souscririons-nous pas aujourd'hui à ces paroles aussi volontiers qu'il y a trente-trois ans ?

(*Journal des Débats*).

CHARLES MALO.

Le Gérant : H. PERCHER.

12.968 — Imprimerie de la Bourse de Commerce (F. Bivort).

Troisième Année.   **N° 12. — Décembre 1893**

BULLETIN DU COMITÉ

DE

l'Afrique Française

PUBLIÉ MENSUELLEMENT

Sous la direction de **M. Harry Alis,**
avec la collaboration de **MM.** Henry Frisch de Fels,
Raymond Kœchlin, etc.

Adresser toutes les communications
à M. le Secrétaire général
du **Comité de l'Afrique Française**
15, rue de La Ville-l'Évêque, Paris.

Prix du Numéro : 2 FRANCS

Tout Souscripteur du Comité reçoit
de droit ce BULLETIN.

SOMMAIRE

Avis

Nous serions reconnaissants à ceux de nos Souscripteurs qui ont signé des engagements annuels de vouloir bien envoyer, dès maintenant, à notre Trésorier, **M. Armand Templier, 79, boulevard Saint-Germain,** *le montant de leur souscription pour 1893.*

Délibérations du Comité pendant le mois de Novembre 1893

Séance du 16 novembre.

Etaient présents : MM. le prince d'ARENBERG, président, PERCHER, le général DERRÉCAGAIX, ETIENNE, ROLLAND, H. PEREIRE, commandant MONTEIL, RENOUST DES ORGERIES, MIZON, MILNE-EDWARDS, LOREAU, MORILLOT, GAUTHIOT, FRISCH DE FELS, SIEGFRIED, BERGER, DE MOUSTIER, AYNARD, J. REINACH, MAISTRE, général de GALLIFFET.

M. le Président rappelle en quelques mots les travaux accomplis par le Comité, au cours de cette année, puis M. CLOZEL est introduit, qui annonce au comité l'expédition qu'il va entreprendre et pour laquelle il lui demande son patronage.

M. MIZON fait ensuite le récit de sa mission, qui remplit tout le reste de la séance.

LISTE DES SOUSCRIPTEURS

(Suite)

Report..... (1)	297.434 60
Donau, lieutenant au 149e de ligne, à Foum-Tatahouine (Tunisie) ....A	10 »
P. Doin, à Villeneuve-sur-Yonne.............	2 »
Flamant, à Ismaïlia.......................A	20 »
Birschgessner, à Port-Saïd.................A	10 »
Belloir et Vaselle, à Paris................A	100 »
A.-H. Dyé, aspirant à bord du *Requin* .....A	20 »
L. Hébert.................................A	2 »
Amable Cochin, à Paris ....A	20 »
Les Élèves de 2e, 3e et 4e, lycée de Montpellier.	100 »
Lehucher.................................A	20 »
A. Bonhomme, à Argenton (Indre).........A	2 »
Guiot, à Paris............................A	50 »
Leseur, à Paris...........................A	20 »
Guérin, à Paris ....A	5 »
Mme Massé, à Paris........................A	10 »
Mme Ernest-J. Dumas, à Paris.............A	20 »
Merlè, à Paris............................A	1 »
Blandin, à Genève........................A	2 »
Gille, à Genève ....A	5 »
Dodart, à Cognac.........................A	20 »
Cor, à Cognac............................A	10 »
Dejean, à Pouyalet.......................A	6 »
Tuleu, à Pierrefitte......................A	5 »
Chemin, à Reims.........................A	20 »
Cayrac, à Cahors.........................A	5 »
Georges, chez M. Rossignol, à Zurich ......A	12 »
Paulet, à Barbézieux ....A	20 »
Garoty, à Marseille.......................A	50 »
Raffinerie Saint-Louis, à Marseille.........A	100 »
A reporter.	298.101 60

(1) C'est par erreur que nous n'avions donné comme total du mois de novembre que la somme de 296.681 10.

Report.....	298.101	60
Thiébaut, à Nancy......................A	5	»
Ory, à Nancy ....A	10	»
Hardy, au Havre......................A	9	»
Mme *Koechlin-Schwartz*, à Paris..........A	10	»
Chauvereau, à Perpignan................A	20	»
Masse, à Perpignan.....................A	10	»
Hervieux, à Paris......................A	10	»
Ch. Gérardin, à Paris..................A	10	»
Gaston Récu, à Paris ....A	5	»
Stiécenard, à Montgeron................A	10	»
Loreau...............................	500	»
Beleal, à Aix-en-Provence..............A	30	»
Total.....	298.730	60

LA MISSION MIZON
et les puissances européennes dans l'Afrique centrale

Le lieutenant de vaisseau Mizon est de retour en France. Il a rendu compte de ses actes à ceux qui l'avaient envoyé. Maintenant le gouvernement français, renseigné par son rapport, va pouvoir négocier avec le gouvernement anglais en ce qui concerne les droits des deux pays sur le Mourri et l'Adamaoua. Subsidiairement la question des droits et des actes de la Royal Niger Company sera posée — et il faut espérer qu'elle sera résolue.

Pour le moment, bornons-nous à faire un résumé aussi exact que possible des faits à en tirer quelques conclusions :

I

De France au Mouri

On se rappelle que M. Mizon avait été chargé par le gouvernement de remplir une mission dans l'Afrique centrale. D'autre part, une Société commerciale, la Compagnie française de l'Afrique centrale, avait été formée sous les auspices de M. Mizon, pour l'accompagner et tenter des opérations commerciales dans l'Amadaoua. M. Mizon avait pour auxiliaire MM. Albert Nebout, — le second de Crampel, — Bretonnet, enseigne de vaisseau ; Ward, médecin ; Chabredier, adjudant, et les compagnons de son premier voyage. La mission commerciale était dirigée par M. Wehrlin.

Les missions, embarquées en août 1892 à Bordeaux, à bord d'un paquebot des Chargeurs-Réunis, devaient trouver, à l'embouchure du Niger, deux petits vapeurs à bord desquels elles remonteraient le Niger et la Bénoué : la *Mosca*, mandée par télégramme, de Buenos-Ayres, et le *Sergent-Malamine*, venu du Gabon.

Si court qu'eût été le séjour de M. Mizon en France, si rapide que fût son départ, les deux missions se trouvaient pourtant bien juste dans les délais pour arriver sur la Bénoué avant la baisse des eaux. Un fâcheux contre-temps vint rendre la situation plus difficile : durant le long séjour que fit le paquebot des Chargeurs-Réunis à Kotonou, pour débarquer le matériel nécessaire à l'expédition du Dahomey, M. Mizon apprit que ce paquebot ne pourrait pas le débarquer à Akassa. Il fut obligé de mander à Kotonou le *Sergent-Malamine*, de louer un autre petit vapeur, le *Gaiser*, et d'opérer au Dahomey le transbordement qui ne devait avoir lieu qu'à Akassa. Cela prit un temps considérable. Ce n'est que le 26 septembre que le *Sergent-Malamine*, la *Mosca* et le *Gaiser* se trouvèrent dans

le Niger et qu'après de nouveaux transbordements et arrangements préparatoires, la mission put être véritablement organisée.

Avant de remonter le Niger, M. Mizon va rendre visite à M. Flint, agent général des territoires de la Compagnie. Ce fonctionnaire prétend faire acquitter des droits de douane pour l'entrée des marchandises dans l'Adamaoua qu'il affirme être un territoire de la Royal Niger Company. M. Mizon refuse, maintenant que l'Adamaoua est territoire français. Finalement, M. Flint cède, disant que le litige devra être réglé par les gouvernements respectifs.

Le 29 septembre, la *Mosca* et le *Sergent-Malamine* se mettent en marche. Mauvais début : le second bateau s'échoue. Dégagé, le lendemain il s'échoue encore.

En passant à Onitcha, M. Mizon reprend les objets provenant de sa première mission qu'il avait déposés chez les Pères.

Jusqu'au 13 octobre, malgré divers légers accidents de machine ou d'ancrage, qui ralentissent la route, les deux vapeurs remontent le fleuve. Une chaloupe de la Compagnie, le *Rattler*, les accompagne pour les surveiller et, contrairement aux promesses de M. Flint, leur fait refuser combustible ou huile dans les stations.

Le 12, la mission est à Lukodja.

La montée de la Bénoué commence. Heureusement les eaux sont encore hautes ; la force du courant ralentit beaucoup la vitesse des bateaux.

Le 19 octobre, le *Sergent-Malamine*, qui a décidément trop de quille, s'échoue. Le 20, les missions sont à Ibi, le grand comptoir de la Compagnie dans la Bénoué. L'organisation administrative de la Compagnie a été modifiée : il y a maintenant, dans la Bénoué, un commissaire spécial, M. Wallace.

A partir de ce moment, la navigation de la Bénoué, malgré la hauteur des eaux, devient difficile pour le *Sergent-Malamine*, qui cale trop. Le 23, il s'échoue deux fois ; le 25, deux fois encore ; la dernière, dans les conditions les plus défavorables.

Si nous insistons sur ces échouages successifs du *Malamine*, c'est parce que les agents de la Royal Niger Company ont accusé à diverses reprises M. Mizon d'avoir provoqué lui-même cet accident, afin de justifier son arrêt en face des Etats du Sultan de Mouri. Est-il besoin de faire remarquer l'absurdité de cette accusation : les premiers échouages ont commencé dès le bas Niger ; le *Sergent Malamine* suivait la *Mosca*, montée par M. Mizon, et il était commandé par M. Bretonnet qui faisait assurément tous ses efforts pour le bien guider... Voici ce qu'écrivait M. Mizon, au sujet du dernier échouage :

« 25 *octobre*. — Quand la *Mosca* a doublé la pointe de Zirou, je m'aperçois que le *Malamine* est échoué. J'accoste la *Mosca* à la berge et je redescends renflouer le *Malamine* L'opération est facile et, après quelques manœuvres de machine, le navire flotte de nouveau. Je vais rejoindre la *Mosca* avec mon embarcation, mais à peine suis-je arrivé à la pointe de Zirou, que je vois le *Malamine* stopper, puis pivoter rapidement sur lui-même. Il est de nouveau échoué en travers d'un courant violent, causé par l'ouverture de la crique de Zirou, dans laquelle l'eau de la Bénoué se précipite. Les sondages faits autour du *Malamine* montrent que l'échouage est très mauvais et que si l'eau descend un peu, il y a peu de chances de le renflouer.

» Tous les efforts faits dans la soirée restent inutiles. Le pire est que le combustible se consomme inutilement dans toutes ces manœuvres et que si le navire n'est pas à flot demain, il faudra perdre de nouveau vingt-quatre heures à faire du bois. L'eau de la Bénoué ne sort plus de son lit pour envahir les vastes plaines herbeuses et celles-ci commencent à se déverser dans la rivière. Tout indique que l'eau va baisser, les orages produisent plus de tonnerre que de pluie ; le vent du Sud-Ouest cesse par instants et est remplacé par des bouffées chaudes d'harmatan venant du désert.

» 26-27 octobre.

» Deux jours de travail opiniâtre pour essayer d'arracher le *Malamine* à son banc de sable. La *Mosca* a donné son charbon et son bois. Le navire commence à s'enliser, le courant qu'il divise accumule le sable en aval, les ancres tiennent peu sur ce sable mouvant et ne donnent pas de point d'appui sérieux. La Bénoué a baissé de près d'un pied dans ces deux jours. Toute espérance de remettre à flot le *Malamine* doit être abandonnée ; il ne reste plus qu'à prendre les dispositions pour passer ici la saison sèche et avertir le Sultan du Mouri que nous sommes forcés de vivre pendant six mois sur sa terre, devant le village de Zirou, qui lui appartient. »

Ici commence — ou continue — la grande comédie jouée par les agents de la Compagnie du Niger. Le 28, un petit vapeur de la Compagnie, la *Bénoué*, apporte une lettre de M. Wallace, qui offre aux Français l'hospitalité « sur sa terre du Mouri ». A l'entendre, il aurait donné des ordres au Sultan et à tous les indigènes pour qu'ils aient à respecter la mission et à lui fournir des vivres. C'est à peu près comme si le ministre d'Angleterre au Caire donnait ordre au Mahdi de faire bon accueil à des voyageurs français...

II

Le traité avec le Mouri.

Dans le récit de sa première mission, M. Mizon a raconté quelles étaient les relations passées entre le Sultan de Mouri et la Compagnie Royale : c'était, en résumé, l'état d'hostilité permanent. Notre compatriote n'ignorait pas que la Compagnie prétend avoir traité avec le Mouri, comme avec l'Adamaoua, etc. Mais il avait les plus sérieuses raisons de penser qu'il n'existait aucun traité — du moins politique — entre elle et le Sultan de Mouri. Aussi résolut-il d'entrer en relations avec ce dernier.

Rien ne fut plus facile : dans cette circonstance comme dans d'autres, M. Mizon bénéficia des bons souvenirs que les anciennes Compagnies françaises de commerce avaient laissés dans la région. Comme cela était arrivé au commandant Monteil, à Sokoto et à Kano, M. Mizon reçoit à Zirou la visite d'un singulier personnage, moitié émissaire, moitié espion, qui avait été évidemment envoyé aux nouvelles par les agents de la Compagnie.

Du 25 octobre au 3 novembre, le personnel de la mission n'avait cessé de faire des efforts pour dégager le *Sergent-Malamine*. Tout avait été vain.

M. Mizon, résigné à un long séjour dans le Mouri, détache alors les compagnons de son premier voyage, le Chérif et Ahmed, pour porter une lettre au Sultan, qui est installé dans un *Sanguéré*, sorte de camp de guerre permanent. Ces envoyés sont reçus à bras ouverts, non seulement par le Sultan, mais par tout le monde. Le Sultan répond « que M. Mizon est le bienvenu sur sa terre du Mouri et qu'il est impatient de voir le chef de la mission française lui rendre visite au « sanguéré ». Il a même envoyé à Maïraïnao des montures pour le voyage.

Tandis que M. Wehrlin, chef de la mission commerciale, commence la construction d'une factorerie sur le bord de la rivière, M. Mizon fait ses préparatifs de départ : il se met en route le 13 novembre et arrive à Maïraïnao, d'où le kachella est chargé de le faire conduire auprès du Sultan. Là, on apprend que M. Wallace, cherchant à rétablir les relations entre la Compagnie et les gens du Mouri, a envoyé des cadeaux au Sultan.

La mission arrive le 18 novembre en vue du sanguéré, où une magnifique réception lui est faite par les cavaliers foulanis. Dès le lendemain, elle est reçue par le Sultan, qui lui expose en ces termes sa situation vis-à-vis des Anglais :

« Il y a environ huit ans, les Anglais sont venus à Ibi, sur la terre de Mouri et ils ont fait des présents au chef de Djibou pour obtenir des terrains et l'autorisation d'ouvrir les factoreries. Le chef, convaincu par les présents, donna l'autorisation ; puis il se rendit à Mouri pour remettre les cadeaux au sultan. Celui-ci lui reprocha vivement d'avoir agi sans son autorisation, mais, cependant, résolut de tolérer la présence des agents de la Compagnie à Ibi.

« Quelque temps après, les Anglais brûlaient Djibou, tuant un grand nombre d'habitants. A cette nouvelle, le sultan de Mouri se rendit à Djibou et fit demander pourquoi la Compagnie a brûlé une de ses villes et tué ses hommes. La Compagnie répliqua que, dans un palabre, un homme de Djibou avait tué un serviteur de la factorerie et que le chef de Djibou ayant refusé de livrer le prisonnier, ils avaient brûlé la ville. Le sultan protesta contre ce procédé sommaire et barbare, affirmant que lui seul avait droit de justice dans ses États et ordonnant aux Anglais d'évacuer son territoire. L'on traita ; la Compagnie promit de soumettre, à l'avenir, ses griefs au sultan et celui-ci, à la demande de l'agent anglais, désigna l'érima de Djibou comme chef de la contrée. L'année dernière, sans avoir prévenu, sans s'être plaint à lui, la Compagnie a de nouveau brûlé Djibou et tué de ses sujets. Il a alors ordonné à la Compagnie d'évacuer les factoreries qu'elle avait fondées sur son territoire. Il fut obéi, sauf en ce qui concerne Ibi, que les Anglais avaient fortifié et où ils avaient laissé en garnison les 500 hommes de troupes qui avaient opéré contre Djibou. La question en est là. »

Le sultan du Mouri se nomme Mohamed-bed-Abn-Boubakar ; il lit et écrit parfaitement l'arabe. Des pourparlers ne tardent pas à s'engager entre lui et

M. Mizon au sujet d'un traité de protectorat ; le sultan du Mouri sait parfaitement ce dont il est question ; il a des traités avec ses voisins du Baoutchi, de l'Adamaoua et du Bornou ; il entretient même une correspondance politique avec des chefs protégés par lui.

Mis en possession du texte préparé par M. Mizon, Mohamed-ben-Abn-Boubakar s'exprime ainsi : « Ce que tu me proposes est juste et selon la loi. D'ailleurs, c'était écrit : tu allais voir Zoubir et lui porter la parole de ton maître ; tu ne voulais me voir que l'année prochaine. Dieu a manifesté sa volonté en retirant l'eau de la rivière et en arrêtant tes navires près de mon camp. C'est lui qui t'a amené à moi pour le bien de son esclave et de son peuple. Que sa volonté soit faite, et puisse notre amitié durer aussi longtemps que l'univers. Tout le monde me connaît comme un souverain juste et pacifique, bien que les agents de la Compagnie me représentent comme un batailleur et un pillard. »

Le 23 novembre, le sultan signe les quatre exemplaires du traité, en arabe et en français : « Béni soit le Tout-Puissant, ajoute-t-il, qui t'a envoyé vers moi pour le bonheur de mon peuple. Ce papier est selon mon cœur et est en accord avec le Livre du Gouvernement. J'exécuterai fidèlement ce traité, et je prie Dieu que mes serviteurs agissent de même. »

Le traité signé, M. Mizon devait immédiatement se préoccuper d'une question qui avait la plus haute importance au point de vue de notre nouveau protégé et au point de vue commercial.

III

Dans le Mouri. — La prise de Koâna.

Le sultan du Mouri, avec qui M. Mizon venait de conclure un traité de protectorat, avait un gros souci : la révolte d'une tribu de païens fermait depuis longtemps la route commerciale qui traversait ses Etats et qui en faisait la prospérité. Cette grande artère allait de Kano à Baoutchi, Mouri, Echomo ou Bourmanda, sur la Bénoué, Gachka ou Koutaha, où les caravanes se divisaient pour aller à Bango, Tibati et Ngaoundéré. Les païens, concentrés dans une forte position, coupaient cette route, et c'est pour les réduire que le sultan avait installé son sanguéré aux environs.

En poussant une reconnaissance vers la place des païens, Koâna, M. Albert Nebout eut le bras traversé par une flèche.

Le Sultan faisait les plus pressantes instances auprès de M. Mizon pour qu'il l'aidât à réduire ce nid de pillards et de coupeurs de routes. C'était presque une obligation du Protectorat que la mission française venait d'accepter et c'était, même au point de vue humanitaire, le meilleur parti à prendre, la soumission des païens devant mettre fin à l'interminable guerre qui désolait cette région.

Pourtant, avant de prendre cette décision, M. Mizon résolut d'envoyer un émissaire aux gens de Koâna pour leur demander de rouvrir la route commerciale. La réponse fut un défi : les païens déclaraient que le sort des armes seul déciderait entre les blancs et eux, qu'il étaient même désireux de voir comment les blancs font la guerre et d'entendre tirer ces canons dont on leur avait tant parlé.

M. Mizon prit donc cette décision de venir en aide à son protégé dans une entreprise de guerre ; c'est ce qui a si fort excité l'indignation de la philanthropique Compagnie royale du Niger — dont chaque étape est marquée par des bombardements de village et des massacres. C'est parce qu'il a combattu aux côtés de son allié Mohamed-Abn-Boubakar, comme on le fait aux quatre coins de l'Afrique, que le chef de la mission française a été traité de pirate et de flibustier par lord Aberdare !

Le 30 novembre, M. Mizon est de retour à son camp, au bord de la Bénoué. La factorerie de M. Wehrlin commence à faire des affaires. « La Compagnie royale, écrit M. Mizon, avait autrefois un établissement prospère à Maïraïnao ; M. Wallace, dans ses pourparlers avec le Sultan, insistait beaucoup pour la réouverture de cette factorerie, qui ferme la route de Baoutchi et de Kano. Délaissant l'ancien terrain abandonné aux hautes eaux, M. Wallace demandait au Sultan la cession de la pointe Ouest de l'embouchure de cette rivière, le seul terrain qui ne soit jamais inondé sur la rive de la Bénoué, à une grande distance en amont et en aval de Maïraïnao.

» Le Sultan a donné ce terrain à la Compagnie française de l'Afrique centrale pour y fonder un établissement commercial. »

Le 17 décembre, M. Mizon se remet en route pour le sanguéré du Sultan. Il emmène avec lui MM. Nebout, Charbredier, Ahmed, le Chérif, quatorze tirailleurs, avec le canon de 4 de montagne et ses munitions.

L'action qui va être entreprise contre Koâna aura la plus grande importance : « Les païens soumis au Sultan de Baoutchi et ceux de la frontière de l'Adamaoua suivent la lutte avec intérêt. Un échec devant Koâna aurait probablement pour résultat une révolte générale des Moumié, des Boula et des Batta se joignant aux Koâna. Ce serait retourner en arrière de quatre-vingts ans, alors que les Foulanis ont entrepris la conquête des pays au sud de la Bénoué, et rouvrir une ère des guerres, de massacres et de pillages qui ne serait profitables ni aux Européens ni aux païens. »

Voici de curieux détails sur l'arrivée des contingents foulanis au sanguéré :

« Grande musique dans le lointain : clarinettes, tambours, tambourins, gongs, trompettes et les hululements des femmes : c'est la troupe des Kimini qui va atteindre le sanguéré. La fantasia dure proportionnellement au nombre des guerriers. Il y a, dans ce groupe, 60 cavaliers et 600 à 700 fantassins. A une heure, le contingent du Dongo fait son entrée : une centaine de Foulanis, au type de la race et couleur café au lait, s'avancent vers la demeure du Sultan, entourant leur chef. Ils chantent un chant de guerre ; le chef va saluer le Sultan ; ils poussent un cri en brandissant leurs lances et se dispersent dans la ville. Tous, y compris le chef, sont à pied.

» On ne perd pas de temps, non plus, de l'autre côté. Trois grands villages païens sont venus s'enfermer dans l'enceinte de Koâna ; c'est ce que signalent les reconnaissances qui viennent de rentrer.

» Le Sultan n'a appelé que les gens de la province
de Mouri, laissant chez eux ceux de Bakoundi, de Dji-
bon et du Woukari, pour surveiller la Compagnie. On
nous affirme que si le Sultan appelait tout le monde à
une autre époque que celle des semailles ou de la
moisson, il réunirait 500 chevaux.

« ... Le vieux chef de Koàna fait dire au Sultan
qu'il est très pressé de voir ses amis blancs dont on
parle tant, qu'il faut les lui amener devant son tata
le plus tôt possible, qu'il est impatient de voir leur
savoir-faire.

« 25 décembre. Noël. — A six heures, nous quit-
tons notre demeure. Il y a déjà longtemps qu'une
première troupe est partie et avec elle ce que nous
appelons pompeusement « le matériel de siège »,
l'unique canon de montagne et ses munitions que
portent les païens alliés. L'armée suit la route de
Koàna à la file indienne, les cavaliers bousculant
quelque peu les piétons ; Foulanis, Haoussas, païens
alliés, sont pêle-mêle. La marche est cependant très
rapide jusqu'à une rivière que nous atteignons après
une heure de marche. Au-delà, s'étend une longue
plaine sans arbres, dont les hautes herbes ont été in-
cendiées pour prévenir les embuscades. L'armée s'al-
longe dans la plaine, suivant plusieurs sentiers
parallèles. Les cavaliers, par petits groupes, trottent
jusqu'à la limite des herbes brûlées et n'aperçoivent
personne. Les fantassins trottinent dans un flot de
poussière et de cendre, s'appelant, se dépassant les
uns les autres, s'arrêtant tout à coup en un groupe
nombreux et forçant ceux qui suivent à passer à gauche et à droite du chemin... Dans le lointain, sur le
revers d'une colline, la troupe partie à cinq heures
du matin suit la lisière d'un bois et commence à y
entrer. Le Sultan a rejoint, au pas de son merveilleux
cheval, que les autres ne peuvent suivre qu'en trot-
tant. Il ordonne de prendre la route de droite, qui
conduit directement à Koàna et de rappeler l'avant-
garde.

« Deux heures après que nous avons quitté le camp,
nous arrivons à un grand marais dont l'eau et la
vase, qui se confondent, montent à la ceinture des
hommes. Deux sentiers conduisent à ce passage et par
celui de gauche débouche l'avant-garde que l'on a fait
rallier. Le désordre est à son comble, hommes et
bêtes pataugent dans la vase. Nous nous empressons
de passer avant que le terrain ne soit tout à fait défoncé. L'allure de l'armée devient beaucoup plus lente ;
au fur et à mesure que l'on approche de Koàna, les
contingents se réunissent par villages autour de leurs
chefs.

« Bientôt, l'armée est rassemblée en un groupe
compact entourant le Sultan. Il y a les 500 païens
alliés auxquels nous avons donné des bandes d'étoffe
et dont nous avons fait le dénombrement exact, environ 700 Foulanis, fantassins ou esclaves de case,
120 cavaliers, la plupart matelassés, et 20 fusiliers en
uniforme de bourre rouge, longues camisoles flot-
tantes, pantalon à l'européenne et chéchia de même
couleur. Ils sont armés de fusils Snider (donnés par
la Compagnie du Niger). Il faut ajouter une vingtaine de musiciens et de serviteurs du Sultan, en tout
1,400 hommes. J'ai avec moi M. Nebout, l'adjudant
Chabredier, Ahmed, le Chérif, 14 Sénégalais, 3 Pa-
houins et un domestique.

« Nous débouchons d'une plaine herbeuse, à l'extrémité du cirque au centre duquel est située Koàna. Le
cirque se termine de ce côté par deux mamelons coni-
ques et rocheux, élevés respectivement de 40 à 60 mètres. Un contrefort les relie à la chaîne principale.
Avec mes jumelles, je compte distinctement sur le
premier mamelon 54 hommes ; sur le second, le nombre est supérieur à 100. Le contrefort, que franchit
un sentier, route directe de Koàna au sanguéré du
Sultan, est occupé par une cinquantaine d'hommes
ayant à côté d'eux des tas de pierres.

« Tout ce monde, immobile, dont les profils noirs
se dessinent avec netteté sur le ciel, regarde passer à
ses pieds l'armée foulani, qui contourne les mamelons
à deux cents mètres. Les Koàna paraissent peu émus
de l'arrivée de l'ennemi et, sûrs de l'impunité, in-
sultent les Foulanis et se livrent à la chorégraphie la
plus fantaisiste. Nous entrons dans le cirque, le Sultan s'arrête sous un bouquet de grands arbres et
l'armée prend position autour de lui. Tout le monde
se repose et semble être venu là en promenade pour
voir les murailles de Koàna. Personne ne paraît disposé à une attaque avant un long repos.

« Koàna n'est pas un village entouré de murs, c'est
une réunion de villages occupant le fond du cirque,
qui est fermé, d'une extrémité à l'autre, par un mur
et un fossé semblables à ceux de toutes les villes
murées de ces pays. La muraille s'appuie à l'Ouest à
une montagne escarpée dont les flancs sont parsemés
de gros rochers noirs pouvant abriter des tireurs. Un
petit village est bordé d'un côté par la montagne, de
l'autre par la muraille. Celle-ci court de l'Ouest à
l'Est en ligne droite sur une longueur de 1.200 mètres
et s'arrête brusquement à une petite rivière aux
berges escarpées qui naît dans le fond du cirque et
traverse les villages. Son lit a été barré par une forte
palissade garnie de broussailles épineuses. La rive
gauche est bordée par un pan de murailles de 50
mètres de long. Le mur tourne à angle droit, courant
parallèlement aux montagnes de gauche et aux
mamelons, qui sont occupés. Ceux-ci pouvant être
enlevés, la muraille a été placée à une distance telle
que si l'ennemi parvenait à s'en emparer, il ne pourrait pas envoyer de flèches dans la place. Cette face
de la fortification a environ 1.500 mètres et va
s'appuyer à une haute montagne. Dans l'angle est le
principal village où demeure le chef de Koàna. Les
créneaux de cette longue ligne sont tous garnis de
défenseurs. L'on voit des hommes circuler entre les
villages et la muraille ; d'autres sont restés dans leur
cour et tirent des coups de fusil inoffensifs. La garnison de la place est au moins aussi considérable que
l'armée assiégeante.

« Nous cherchons un emplacement favorable pour
faire une brèche à la muraille, vers l'angle que forme
la face Nord-Sud et le pan de muraille en retour. La
pièce est mise en position à 200 mètres des murailles
et à 100 mètres du pied du second mamelon occupé
par les Koàna. A part les fusiliers du Sultan, qui
dépensent leur poudre aux moineaux, devant la face
Est-Ouest, personne ne bouge, attendant que l'on pra-

tique la brèche. On ne nous couvre même pas du côté des mamelons, dont les Koàna commencent à escalader les pentes. L'un d'eux s'avance jusqu'à une double portée de flèche, au pied de la montagne. J'envoie M. Chabredier avec huit hommes de ce côté, pour faire remonter les Koàna, — ce qui n'est pas long. Ils reprennent leurs anciens postes derrière les rochers, au sommet des mamelons et ne nous inquiètent plus.

« Un Foulani s'avance, couvert par un large bouclier de cuir, et jette sa gourde au pied des murailles où il va la reprendre, puis il rentre parmi ses compagnons. Un Koàna saute par-dessus la muraille, vient à nous et exécute une danse avec sa lance et son bouclier. Un coup de feu le blesse à la jambe et il rentre à cloche-pied dans l'enceinte.

« La pièce est prête à tirer. Le Sultan me fait montrer le groupe de cases du chef de Koàna et demande que le premier obus soit tiré dans cette direction. Il atteint son but et éclate en produisant de grands dégâts. Les trois premiers projectiles tirés sur l'angle ont produit peu d'effet ; la muraille offre peu de résistance et les obus font un trou par lequel un homme pourrait à peine passer. Je n'ai que 32 projectiles et 4 boîtes à mitraille. Malheureusement, les gargousses, bonnes en apparence, ont été mouillées pendant le voyage en pirogue et sont très inégales. Le quatrième coup tombe à 50 mètres de la pièce, le cinquième à 60. Voyant avec quelle maladresse les Koàna usent de leurs fusils à silex, beaucoup moins dangereux pour nous que leurs flèches, je fais avancer la pièce à 60 mètres des murailles. C'est à peine si, dans ces conditions, je parviens, avec 25 projectiles, à pratiquer une brèche de 2 à 3 mètres de large, ayant encore un seuil de 0 m. 60. Des feux de salve et le tir précis de M. Chabredier forcent les défenseurs à abandonner la façade Sud-Ouest, enfilée de côté, jusqu'au village qui est situé vers son milieu. M. Nebout dégarnit également la face Nord-Sud. Mais l'angle reste toujours garni de défenseurs qui essayent de reboucher la brèche et qui y parviendront si on les laisse tranquilles. L'épaisseur de la banquette intérieure les a préservés des obus. J'envoie prévenir le Sultan qu'il faut faire donner l'assaut avant que la muraille soit rétablie ; il me fait répondre qu'il faut agrandir la brèche, ce qui m'est impossible, car je désire garder 4 obus à balles et 4 boîtes à mitraille en prévision de tout événement. Les Koàna continuent leur travail ; nous courons le danger d'un insuccès qui détruirait notre prestige. J'ai assumé le protectorat du Mouri ; il ne faut pas, pour la première fois que l'on fait appel à notre aide, nous montrer aussi impuissants que les Foulanis. Européens et Sénégalais me pressent de leur permettre de donner l'assaut ; je les y autorise.

« Les 60 mètres qui séparent la petite troupe de la muraille sont rapidement franchis en tiraillant. Les défenseurs, surpris, ripostent peu et tout le monde arrive à se coller au pied de la muraille, du côté de l'angle opposé à la brèche. La volée de flèches et de sagaies n'a blessé qu'un homme, le Sénégalais Mamadou, qui a reçu une flèche à la hanche.

« M. Chabredier utilise comme meurtrière le trou fait par le premier obus et tire dans les jambes des défenseurs qui cherchent à rallier la brèche. Ahmed, avec son fusil, et moi, avec mon revolver, empêchons les Koànas de se hausser au-dessus de la muraille et de larder les assaillants avec leurs sagaies. Ils restent cachés, se contentant de jeter des pierres qui passent par-dessus nous. Au commandement de : « En avant ! » tout le monde abandonne l'angle et s'élance bravement par la brèche. L'armée qui, depuis un moment, s'est rapprochée à la portée des flèches, s'élance en colonne pressée pour entrer à leur suite. Un Koàna est couché derrière le seuil de la brèche. Quand M. Chabredier la franchit, l'homme, surpris, veut se relever pour le frapper de sa sagaie ; en sautant, M. Chabredier s'accroche des deux pieds à son cou et va rouler dans l'intérieur. Le Koàna, qui tombe également, essaye de lui décocher une flèche, mais il ne bande l'arc que faiblement et la flèche fait à l'épaule une blessure peu profonde. Il est payé d'un tel coup de crosse sur la tête que le fusil est brisé ! Tout ceci a duré quelques secondes à peine ; les défenseurs de la brèche s'enfuient vers le grand village qui contient les cases du chef. Le flot des Foulanis se presse vers la brèche (on dirait une fourmillère) et se dirige, en poussant de grands cris, vers le grand village. Les cavaliers suivent en dehors le long des remparts, à la recherche d'une porte.

« Ahmadou, Mamadou-Filé et M. Chabredier ont été blessés ; Abdul va l'être en entrant dans le village : quatre blessés sur dix-sept assaillants. M. Nebout, Ahmed et les tirailleurs courent au village du chef où les défenseurs des remparts se sont retirés et essaient de tenir. Dix Foulanis, dont le Serki Bendega, sont tués à coup de sagaies, un grand nombre sont blessés par les flèches. M. Nebout et Ahmed, qui n'ont plus que six tirailleurs, ont fort à faire pour défendre les Foulanis. Au moment où j'entre dans le village, l'incendie éclate. Le cirque est noyé dans la fumée et dans la poussière ; à la chaleur du soleil s'ajoute celle des incendies allumés de tous les côtés. Le pillage du village est commencé. Ce n'est que païens sortant, qui avec une chèvre ou un mouton, qui avec un cheval ou un veau. D'autres plient sous des charges d'épis de sorgho, de marmites en terre.

Contrairement aux usages africains, les païens se croyaient tellement inexpugnables que les femmes et les enfants étaient demeurés dans les villages. Aussi, les Foulanis firent-ils beaucoup de prisonniers, ce qui était d'ailleurs la revanche d'une défaite précédente où trois cents femmes leur avaient été enlevées.

Deux Sénégalais, Mamadou-Filé et Ahmadou, meurent des blessures que leur ont faites les flèches empoisonnées.

Le sultan est dans la joie, et toute l'armée fait une ovation à la petite troupe française.

Tel est le récit exact de la prise de Koàna, qui n'est, comme on le voit, qu'un épisode d'une guerre parfaitement légitime, où M. Mizon a prêté son appui au Sultan du Mouri, son protégé, pour rouvrir les routes commerciales que fermaient les païens. Il est intéressant de comparer ce récit aux accusations plus vagues encore que violentes de lord Aberdare.

IV

Les contestations au sujet du Mouri

Nous avons précédemment fait ressortir quel avait été le caractère véritable de l'expédition de Koàna, entreprise par M. Mizon. Ce qui suit achève d'en caractériser les conséquences :

« *28 décembre.* — Le Sultan m'annonce l'arrivée, dans la matinée, de sept envoyés de Koàna, pour traiter de la soumission. Dès qu'il les aura vus, il me les enverra afin que je puisse leur parler. Les conditions que Mohamed-Abn-Boubakar leur posera sont : liberté absolue des routes pour les commerçants musulmans ou païens allant dans le Sud, démolition et promesse de ne pas reconstruire le tata, livraison immédiate des 30 ou 40 chevaux qui restent aux Koàna. Si le vieux chef fait une soumission sincère et revient habiter Koàna privé de ses fortifications, il aura le titre de Lamidon pour les Koàna, c'est-à-dire de chef païen soumis administrant son peuple au nom du Sultan du Mouri; dans le cas contraire, un gouverneur musulman administrera les Koàna et fixera sa demeure dans la ville reconstruite.

« Ces conditions sont acceptables et je n'y fais pas d'objection. Il n'y a pas à parler de rendre les prisonniers. Ce n'est pas au lendemain de la signature du traité que je puis me lancer dans cette voie délicate. J'espère dans l'avenir, alors que les gens du Mouri verront qu'un homme peut en quelques jours récolter de la gomme pour une valeur supérieure au prix de cet homme sur un marché d'esclaves. C'est par le commerce et la culture que l'on combattra le plus efficacement l'esclavage.

« Parmi les délégués Koàna, les jeunes gens ne semblent pas tenir à la guerre ; ils admirent les Foulanis et voudraient les fréquenter et les imiter. Les vieillards se souviennent que leurs pères étaient indépendants, et le vieux sang se réveille en eux à la vue de l'ennemi de race et de religion. Les jeunes filles que j'avais vu emmener le jour de la prise de Koàna paraissaient plutôt joyeuses ; elles causaient et riaient avec ceux qui les emmenaient. Peut-être rêvaient-elles depuis longtemps des beaux habits et des perles des femmes foulanis. Comme je l'ai souvent constaté au cours de mes voyages dans l'Afrique païenne, la femme s'attache au plus fort ; le mariage dans ces contrées n'est, d'ailleurs, qu'une vente par le père, et celles qui, aujourd'hui, sont prises par les Foulanis qui en feront leurs femmes, allaient être vendues dans quelque village ou mariées, ce qui est la même chose, car le prix est le même dans les deux cas, et, dans les deux cas, c'est l'exil à tout jamais du village où elles sont nées et l'éloignement du seul être qu'elles affectionnent, leur mère. »

Il est facile de comprendre combien la prise de Koàna avait exalté la reconnaissance du Sultan du Mouri. En même temps que M. Mizon écrivait au Sultan de l'Adamaoua, Zoubir, pour lui faire part de l'arrêt forcé de la mission française à Zirou, lui envoyer un projet de traité définitif et pour lui annoncer sa visite lors de la prochaine montée des eaux, Mohamed-Abn-Boubakar lui écrivait de son côté et lui faisait un véritable panégyrique des Français. Tel était le sincère attachement du Sultan du Mouri pour

M. Mizon, qu'il lui avait remis en fait la direction de ses États et ne faisait rien sans le consulter. Dans une grande assemblée qui eut lieu le 7 mars 1893, avant le commencement du Carême musulman, Mohamed-Abn-Boubakar annonça même à tous les chefs réunis qu'il ne désignerait pas de successeur, qu'à sa mort il laisserait sa famille et ses biens sous la protection de M. Mizon et lui léguerait sa terre du Mouri. Tous les chefs présents applaudirent et, dans cette assemblée de musulmans, il n'y eut pas de protestation à l'idée d'être gouvernés par un chrétien. Ainsi avait été faite, avec 14 tirailleurs noirs et quelques collaborateurs blancs, la conquête politique et morale d'un royaume grand comme dix départements français et en état d'hostilité avec la Royal Niger Company.

Si les protectorats des puissances européennes en Afrique s'établissaient uniquement par des raisons morales, il en serait peu, assurément, d'aussi légitimes que celui de la France sur le Mouri. Aucun, cependant, n'a été aussi âprement contesté.

Dans une lettre en date du 28 février, M. Flint, agent général, annonçait à M. Mizon qu'il en référait des actes de la mission française au conseil de la Compagnie à Londres.

Quelles ont été, à partir de ce moment, les lettres échangées sur la Bénoué entre M. Mizon et les agents de la Royal Niger Company ? Quelles ont été les notes officielles communiquées au quai d'Orsay au nom de la même Compagnie par le Foreing Office? Ce n'est pas ici le lieu de les analyser. Les personnes qui ont lu avec attention ce qui précède se demanderont toutefois ce qui, dans le récit exact et impartial que nous venons de faire, pouvait justifier les singulières violences du président de la Royal Niger Company. Qui ne se souvient de ces documents au bas desquels le nom d'un personnage tel que lord Aberdare produisait un effet si étrange, et au cours desquels la mission française était traitée de ramassis d'aventuriers, de flibustiers, de pirates et menacée d'être traitée par les procédés les plus sommaires !

Et tout cela pourquoi ? Parce que la Compagnie prétendait sans valeur le traité de protectorat signé par M. Mizon. A l'aide de quels arguments justifie-t-elle sa thèse? Cela est difficile à discerner dans les lettres de lord Aberdare. Excipe-t-on d'un traité politique antérieur ? Invoque-t-on la convention franco-anglaise ou des engagements plus récents qui auraient été pris par le gouvernement français ?

Quoi qu'il en soit, notre gouvernement ne s'était jamais refusé à la discussion. Il subordonnait volontiers la ratification du traité du Mouri à un examen contradictoire préalable. Le quai d'Orsay fit plus : dès que les protestations de la Royal Niger Company lui furent officiellement connues, il consentit à mander M. Mizon afin de pouvoir discuter en connaissance de cause et que sa décision ne fût pas préjugée. Quant à la mission elle-même, qui, dans les instructions primitives, n'était pas destinée au Mouri, elle reprendrait l'exécution du programme fixé au départ, et remonterait à Yola.

Telles furent les instructions télégraphiées par l gouvernement français pour être notifiées à M. Mizon. Elles devaient être, — conformément aux engagements pris par le gouvernement anglais, — confirmées par lettre et M. Hoellé, agent commercial de la Compagnie française de l'Afrique centrale, devait porter cette lettre en allant remplacer M. Wehrlin. On sait que la Compagnie, usant de procédés qui paraissent lui être habituels, faisait remettre seulement à M. Mizon le télégramme de rappel et refusait de tenir les engagements pris en son nom au sujet du passage de M. Hoellé.

Tandis que le gouvernement français consentait à discuter la question du protectorat du Mouri, et faisait évacuer le pays, la Compagnie agissait comme si la question était tranchée à son profit. Elle se trompe toutefois si elle pense que ce coup d'audace pourra influencer la décision définitive. La question du Mouri doit être réglée d'après le droit international, sur examen de tous les titres, et non d'après les coups de duplicité ou de force de la Compagnie.

V

Du Mouri à Yola. — Le traité avec l'Adamaoua

C'est le 11 janvier que partirent de la Bénoué, M. Ward, médecin de la mission, et M. Vaughan, aide mécanicien, tous les deux très éprouvés par la maladie. Ils rapportaient le traité conclu avec le Sultan du Mouri.

En dehors du comptoir commercial créé à Maïraïnao, M. Mizon pensait à en établir un autre plus haut : une courte reconnaissance fit choisir Kounini, près du village de Djen. C'est là que fut installée la factorerie, en un point qui fut baptisé Ménardville, en souvenir du capitaine Ménard, mort au Soudan.

A cette époque — fin février — se place le voyage de MM. Nebout et Chabredier à la rencontre de la mission Maistre.

En mars eut lieu l'organisation définitive de Ménardville, où M. Nebout fut installé en qualité de résident, à la fin de mai.

Durant ces mois, M. Mizon eut encore, à diverses reprises, à venir en aide à son protégé, le Sultan du Mouri, notamment dans une expédition contre les païens de Doulti.

L'époque de montée des eaux de la Bénoué approchait. Les deux bateaux avaient été mis autant que possible en état ; le *Sergent-Malamine*, demeuré complètement à sec sur un banc de sable, fut entouré d'un fossé où l'eau fut amenée ; il put ainsi être remis à flot et conduit dans un bassin au moyen d'un chenal creusé dans le sable.

M. Mizon fit un voyage d'adieux au sanguéré ; il remonta également à Kounini. La crue de la Bénoué atteignait 1 mètre 50. Le 18 juillet, les deux bateaux se mirent en route pour Yola. La situation dans le Mouri était alors la suivante : à Ménardville, un résident politique, M. Nebout, et un chef de factorerie noir, M. Fowler ; à Maïraïnao, la factorerie dirigée par M. Hunzbüchler.

Le 12 août, M. Nebout est avisé de l'arrivée sur la rivière des vapeurs anglais *Nupé* et *Bénué*, montés par de nombreux soldats. Conformément aux instructions données par M. Mizon, il fait aussitôt préparer les armes pour résister à toute tentative de coercition. Mais une chaloupe se détache et il lui est donné connaissance : 1° d'une copie du télégramme officiel que

l'administration des Colonies devait envoyer à Mizon, enjoignant d'évacuer le Mouri ; 2° de la lettre adressée au Foreign Office par le ministère des affaires étrangères et qui annonce que le Mouri va être évacué jusqu'au règlement de la contestation politique. M. Nebout amène son pavillon et prend passage à bord de la *Bénué*, qui le remonte jusqu'à la *Mosca*, stationnée en amont.

Ici s'ouvre une nouvelle phase, au point de vue des prétentions de la Royal Niger Company. Le 19 août, les deux navires de la mission française sont arrivés sur la Bénoué, en face de Yola ; le *Nupé* les y a précédés, et les officiers de la Royal Niger Company se livrent à toutes sortes de mesquines intrigues pour entraver la mission. Le 20 août, un « officier de douanes » de la Compagnie vient à bord de la *Mosca* et réclame le payement des taxes dues pour l'autorisation de commercer à Yola. C'est donc bien la question de suzeraineté sur l'Adamaoua qui est maintenant posée ; il ne s'agit plus du Mouri. M. Mizon, qui a entre les mains le traité définitif signé par Zoubir, répond que l'Adamaoua est pays de protectorat français et que, par conséquent, il n'a aucune taxe à payer. Il enjoint au *Sergent-Malamine*, plus spécialement affecté à la mission commerciale, de repousser par la force toute tentative de coercition.

Le 22 août, tandis que M. Mizon entretient les relations les plus cordiales avec son protégé, le Sultan Zoubir, le *Nupé* descend la rivière pour procéder à la fermeture des factoreries françaises du Mouri. Les marchandises sont mises sous scellés et M. Huntzbüchler est ramené sur le *Kouka*, qui porte également la mission allemande d'Uechrtitz, laquelle est destinée à remplacer à Yola la mission von Stetten, arrivée de Cameroun, après un combat livré à Tibati. M. von Stetten prétend être en possession d'un traité signé par Zoubir. Mais quels en sont les termes ? En tout cas, il est postérieur au traité conditionnel Mizon de 1892, ratifié d'une manière définitive au printemps de 1893. La mission allemande le sent si bien que, lorsque le 3 septembre, M. Mizon lui signifie officiellement son traité M. d'Uechtritz se contente de protester en disant que ce document est contraire à la convention franco-allemande de 1885.

Quant à l'agent anglais, M. Wallace, il répond que la question de suzeraineté sur Yola sera jugée en Europe par les gouvernements intéressés.

Néanmoins, durant les premiers jours de septembre, M. Wallace fait annoncer que le *Sergent-Malamine* va être saisi pour refus de payer les droits de douane. Le 15, une démonstration est même faite et repoussée par M. Chabredier.

A ce moment, M. Mizon a accompli sa mission principale qui était de faire ratifier et contresigner le traité avec le Sultan de l'Adamaoua. Il faut profiter des hautes eaux et songer au retour en France, où la présence de M. Mizon est indispensable pour la reprise des négociations diplomatiques. Ahmed est installé, en qualité de résident de France, à Yola, avec huit tirailleurs. M. Huntzbüchler demeure à bord du *Sergent-Malamine*, transformé en ponton-comptoir. La mission française redescend la Bénoué à bord de la *Mosca* et prend en route M. Tréhot, resté à Maïraïnao.

Le *Nupé* redescendait également ; à un moment, il feint une avarie et s'arrête. C'est une ruse, d'ailleurs bien superflue. La *Mosca* continuant sa route, le *Nupé* remonte et s'empare du *Sergent-Malamine* et des marchandises. M. Huntzbüchler, sans moyens de résistance, doit se soumettre. Le *Nupé*, armé en guerre, avec plusieurs canons, arrime alors le *Sergent-Malamine*, redescend la Bénoué, dépasse la *Mosca* et mouille le premier à Lokodja, où la mission française le rejoint bientôt. On est là en territoire incontestablement anglais. Aussi M. Mizon se conforme-t-il scrupuleusement aux exigences des agents de la Royal Niger Company. Il laisse même opérer — en se contentant d'en prendre acte — la saisie d'un stock d'ivoire embarqué à bord de la *Mosca* par la mission commerciale.

La seconde mission Mizon dans la Bénoué était terminée.

VI

L'arrangement anglo-allemand

Au moment où des négociations allaient s'engager d'une part entre la France et l'Angleterre, d'autre part entre la France et l'Allemagne, on vient d'apprendre subitement que le baron de Marshall et M. Martin Gosselin, ont conclu à Berlin un accord dont voici l'analyse :

Du point extrême désigné par la convention de 1885, et situé sur la rive droite du Vieux-Calabar par 9°, 8' de longitude (Greenwich), la frontière suit une ligne droite qui se dirige vers le point central actuel de la ville de Yola. De ce point central, une ligne droite est tirée vers un point situé sur la rive gauche de la Bénoué, à environ 5 kilomètres de l'embouchure principale de la rivière Faro. De ce dernier point et au sud de la Bénoué, une circonférence sera tracée, dont le centre sera le centre actuel de la ville de Yola, et le rayon la ligne précédemment mentionnée, et elle sera continuée jusqu'au point d'intersection avec la ligne droite tracée à partir du Vieux-Calabar. Sur ce point, la frontière s'éloigne de la ligne droite et suit la périphérie du cercle jusqu'au point où elle atteint la Bénoué. Ce point sur la Bénoué sera considéré comme le point à l'Est, et dans le voisinage immédiat de la ville de Yola, qui a été prévu par la convention de 1886.

La frontière doit être continuée vers le Nord de la façon suivante : du point situé sur la rive gauche de la Bénoué, une ligne sera tirée qui, traversant le fleuve, se dirigera en droite ligne sur le point d'intersection du 13e degré de longitude orientale (Greenwich), et du 10e de latitude Nord. De ce point, la frontière sera continuée en droite ligne vers un point de la rive Sud du lac Tchad, situé à 35 minutes à l'est du méridien du centre de la ville de Kouka, correspondant à la distance entre le méridien de Kouka et le 14e degré de longitude Est de Greenwich, telle qu'elle est marquée sur l'atlas allemand de Kiepert (1891). Au cas où des données ultérieures montreraient que la fixation de ce point attribue à la sphère d'influence anglaise une plus petite portion de la rive Sud du lac Tchad que la carte ne le marque, un nouveau point devra être fixé qui répondra aux intentions actuelles des parties.

En attendant, le point sur la rive Sud du lac Tchad qui se trouve situé à 0°35'' à l'est du méridien qui passe par le centre de la ville de Kouka servira de point terminal. Des modifications peuvent d'ailleurs être faites par des conventions entre les deux puissances aux démarcations actuellement existantes par suite de conventions antérieures.

Les pays situés à l'ouest de la ligne de démarcation fixée par la présente convention et par les conventions antérieures tomberont dans la sphère d'intérêts anglaise ; ceux situés à l'est dans la sphère d'intérêts allemands.

Il est également convenu que l'influence allemande ne combattra pas l'influence anglaise à l'ouest du bassin du Chari, et que les pays du Darfour, du Kordofan et du Bahr-el-Gazal, tels qu'ils sont délimités dans la carte de Justus Perthes, d'octobre 1891, seront exclus de la sphère d'intérêts de l'Allemagne, même au cas où il serait démontré que des affluents du Chari sont situés à l'intérieur des pays sus-mentionnés.

Les deux puissances contractantes prennent, à l'égard des nouvelles sphères d'influence, comme elles l'avaient pris à l'égard des sphères d'influences antérieures dans les conventions précédentes, l'engagement de s'abstenir mutuellement de tout empiètement sur leurs sphères d'influence réciproque. Chacune s'abstiendra de faire des acquisitions dans la sphère d'influence de l'autre, d'y conclure des traités, d'y établir des protectorats ou d'y gêner en aucune façon l'influence de l'autre puissance. La Grande-Bretagne reconnaît tous ses engagements au sujet des eaux du Niger et de ses affluents situés dans les pays de sa souveraineté ou de son protectorat, et elle confirme les actes y relatifs de l'Acte général de Berlin de 1885 ; de son côté, l'Allemagne déclare se reconnaître liée pour les eaux qui la concernent par les mêmes articles.

Nous ne savons ce qu'il faut considérer comme le plus étrange, des termes de ce document ou des circonstances dans lesquelles il a été signé. C'est, en effet, une chose assez rare dans les annales diplomatiques de voir deux puissances régler une question à laquelle une troisième est intéressée au moins autant qu'elles, sans tenir le moindre compte des droits de celle-ci, — en la traitant comme une quantité négligeable.

Voici de longues années que la France lutte pour asseoir son influence dans la région du Tchad. Ses titres sont les plus sérieux qui aient été produits : elle a traité avec le Mouri, avec l'Adamaoua — et jusqu'ici nous n'avons pas connaissance d'autres traités qui puissent lui être opposés. Cela n'empêche pas l'Angleterre de s'attribuer le Mouri, Yola, le Bornou et la rive du Tchad sans même nous consulter.

M. Mizon est allé à Ngaoundéré ; M. Ponel y a traité : nos postes sont dans la Sangha ; M. Maistre a traité dans la région du Chari. N'empêche : les Allemands, qui ne sont même pas allés dans ces pays, proclament : « Ceci est à nous. » Rien n'est plus commode.

Nous comptons bien que notre gouvernement protestera de la manière la plus formelle contre cet arrangement et qu'il refusera absolument de lui reconnaître une valeur quelconque au point de vue français.

Pour nous, la question se pose aujourd'hui comme elle se posait hier :

Nous revendiquons le Mouri et l'Adamaoua en vertu de droits acquis et de traités.

Nous considérons le Bornou et le Baguirmi comme indépendants parce qu'ils n'ont traité avec aucun Etat européen et qu'aucun Etat n'y a acquis des droits sérieux de suzeraineté.

Nous occupons la haute Sangha, la Kadeï et la Membere, ce qui, quoi qu'on en ait pu dire à Berlin, est parfaitement conciliable avec l'arrangement franco-allemand de 1885, lequel ne visait qu'une démarcation de frontières, limitée vers l'intérieur.

Nous maintenons enfin nos droits sur tous les pays gaberies, saras, etc., avec lesquels M. Maistre a signé des traités.

Il faut qu'on sache bien, à Berlin et à Londres, que nous ne sommes pas disposés à passer condamnation sur les procédés dont on a usé vis-à-vis de nous et qu'il n'est pas un ministre en France qui oserait donner son consentement, même tacite, à la tentative de dépossession qui constitue l'arrangement anglo-allemand.

Voilà ce que nous pensons de ce document en ce qui concerne l'Ouest africain. Quant à la phrase tendancieuse par laquelle l'Angleterre semble déjà émettre des prétentions, — toujours à l'exclusion de la France, — sur le Darfour, le Kordofan et le Bahr-El-Ghazal, elle prêterait simplement à rire, si elle n'avait le précieux avantage de préciser des ambitions aujourd'hui un peu ridicules, mais qu'on s'efforcera sans doute encore, dans l'avenir, de satisfaire à nos dépens.

En dehors de ces questions territoriales, il en est deux autres, qui ne peuvent manquer d'être soulevées, celle de la libre navigation sur le Niger et le Bénoué, et celle de la saisie par la Compagnie du Niger des établissements français et du *Sergent Malamine*.

Il est probable que la Compagnie française de l'Afrique centrale, de qui relève la mission commerciale, va saisir notre gouvernement d'une demande en indemnité. Les motifs ne lui manqueront pas pour la justifier. Mais il est peu vraisemblable que la Compagnie royale soit disposée à lui donner satisfaction. Aussi croyons-nous que notre gouvernement ne devra pas borner son action à des négociations directes par l'entremise du Foreign Office.

L'erreur du gouvernement anglais a été de penser qu'il pouvait, sans inconvénient, déléguer ces droits et ces obligations à une Compagnie à Charte. Celle-ci, étant elle-même commerçante, devait se trouver ainsi juge et partie, et il est évident qu'elle ne pouvait vraiment guère s'inspirer de l'Acte de Berlin et favoriser le commerce de ses concurrents. Ce serait là une abnégation qu'on ne saurait demander à une Compagnie de trafiquants. Il est aujourd'hui démontré, — nous en fournissions, dans notre dernier numéro encore, des preuves éloquentes, d'après la chambre de commerce de Liverpool, — que la Compagnie royale du Niger non seulement n'observe pas les prescriptions de l'Acte de Berlin, mais qu'elle se comporte de la manière la plus intolérable et la plus odieuse à l'égard de tous ses concurrents, — même de ses concurrents anglais.

Dans ces conditions, le gouvernement britannique n'a qu'un parti à prendre : c'est de déposséder la Compagnie de sa Charte, comme il s'en est réservé le droit et comme il en a le pouvoir.

S'il ne le fait pas, ce sera le devoir du gouvernement français de provoquer une réunion de mandataires des puissances signataires de l'Acte de Berlin, soit pour abroger cet instrument, soit pour en faire respecter les prescriptions.

Harry Alis.

LES NÉGOCIATIONS FRANCO-ALLEMANDES

En présence de la conclusion du traité anglo-allemand relatif à la délimitation des possessions des deux puissances dans le hinterland du golfe de Guinée, le gouvernement français ne pouvait demeurer inactif et il a aussitôt nommé des plénipotentiaires pour aller discuter avec les autorités coloniales allemandes, MM. Kaiser et de Dankelmann, les bases d'un traité de délimitation des sphères d'influence de la France et de l'Allemagne en arrière du Congo français et du Cameroun : c'est sur M. Haussmann, chef de division au sous-secrétariat des colonies, membre du comité de l'Afrique française, et sur le commandant Monteil que son choix s'est porté et, assurément, avec de tels hommes, nos intérêts sont entre de bonnes mains.

Nous n'avons pas à revenir sur les stipulations du traité anglo-allemand qui, cela va sans dire, doivent demeurer lettre morte pour les agents français et n'être pour eux qu'une indication de l'étendue des prétentions de l'Allemagne; mais il est bon de rappeler l'état de la question de la frontière du Cameroun et du Congo français : les polémiques auxquelles elle a donné lieu ont paru l'embrouiller ; elle n'en demeure pas moins très simple à notre point de vue.

En 1885, les territoires français et allemands de la côte de Guinée étaient si fort enchevêtrés qu'il fallut procéder à une délimitation ; les rapports africains de la France et de l'Allemagne étaient excellents à ce moment ; il ne fut pas malaisé de s'entendre et l'on aboutit à la convention du 24 décembre. Voici l'article qui a trait aux régions qui nous intéressent aujourd'hui, à la frontière sur « le golfe de Biafra », comme dit le protocole :

Le gouvernement de S. M. l'empereur d'Allemagne renonce, en faveur de la France à tous droits de souveraineté ou de protectorat sur les territoires qui ont été acquis au sud de la rivière Campo par des sujets de l'empire allemand et qui ont été placés sous le protectorat de S. M. l'empereur d'Allemagne. Il s'engage à s'abstenir de toute action politique au sud d'une ligne suivant ladite rivière depuis son embouchure jusqu'au point où elle rencontre le méridien situé par 7° 40' Est de Paris, et, à partir de ce point, le parallèle prolongé jusqu'à sa rencontre avec le méridien situé par 12° 40' Est de Paris.

Le gouvernement de la République française renonce à tous droits et à toutes prétentions qu'il pourrait faire valoir sur les territoires situés au nord de la même ligne, et il s'engage à s'abstenir de toute action politique au nord de cette ligne.

Voilà toute la convention : il s'agissait de trouver une ligne de délimitation, de la côte jusqu'à l'extrémité du territoire alors à peu près connu, vers l'intérieur, point extrême qui fut fixé à l'intersection de cette ligne et du 12° 40 et, au-delà duquel, comme l'indique l'exposé des motifs présenté par M. de Freycinet à la Chambre, l'absence de données géographiques ne permettait pas aux négociateurs de rien déterminer. Cela était assez net, semble-t-il, et les Français s'en tinrent à cette interprétation qui a pour elle l'esprit aussi bien que la lettre du traité ; ils continuèrent leur œuvre d'exploration, ne s'occupant pas, naturellement au-delà du 12° 40', dans l'Adamacua par exemple, s'ils étaient à l'est ou à l'ouest de ce méridien, puisqu'il n'était pas question de ces régions, et plus bas s'ils étaient au nord ou au sud de la ligne de délimitation, puisqu'elle s'arrêtait par 12° 40'; c'est ainsi que M. de Brazza pénétra dans la Sangha et que nos explorateurs Mizon, Ponel et d'autres parcourent tout l'Adamaoua, entre le Congo et ses affluents, et Yola.

Mais les coloniaux allemands ne le prirent pas de cette façon et ils eurent l'idée de voir dans ce traité, qui n'avait stipulé que pour la frontière méridionale du Cameroun, une sorte d'acte constitutif, si l'on peut dire, de la colonie, de sa frontière orientale aussi bien que de l'autre; et ce 12°40', qui n'était cité, dans l'esprit des négociateurs, que comme le point d'arrêt de la frontière à l'Extrême Sud-Est, devint pour eux sur toute sa longueur la frontière orientale du Cameroun, y englobant l'Adamaoua, une partie du Baghirmi, avec une partie de la rive méridionale du lac Tchad et les bouches du Chari en particulier.

C'était singulièrement forcer le sens de l'acte de 1885 et lui faire dire ce que les négociateurs, agissant « dans un esprit de bonne entente mutuelle », n'y avaient certes jamais prétendu mettre : mais les coloniaux allemands n'en voulurent pas démordre, et le gouvernement a adopté leurs vues, puisque c'est cette frontière qu'il a fait adopter pour Cameroun dans le récent accord avec l'Angleterre. Une telle interprétation est naturellement tout à fait inadmissible pour la France; ses plénipotentiaires, dans les négociations nouvelles qui vont s'engager, auront à continuer celles de 1885, c'est-à-dire à tracer la frontière méridionale du Cameroun à partir du 12°40', et entamer la question de la frontière orientale de la colonie, question que nous estimons n'avoir jamais été touchée par nous. Ce sera là leur mission, et nous ne doutons pas que, malgré ses difficultés, ils ne l'accomplissent au mieux des intérêts qui leur sont confiés.

COLONIES FRANÇAISES
ET PAYS DE PROTECTORAT

Le Groupe colonial de la Chambre. — Le groupe colonial s'est reconstitué dans la nouvelle chambre le 24 novembre. Il a élu président, M Etienne; vice-président, MM. le prince d'Arenberg, l'amiral Vallon, Charles Roux; secrétaires, MM. Saint-Germain, Chaudey, de Tréveneuc, Roset; questeur, M. Rameau.

M. Etienne, en prenant possession du fauteuil, a remercié ses collègues et a fait l'exposé de la situation de la France dans nos colonies. Il a ajouté qu'au cours de la dernière législature les avis du groupe avaient été souvent utiles au gouvernement et qu'il espérait que le nouveau groupe tiendrait à honneur de parfaire l'œuvre de son prédécesseur. M. Etienne a développé les questions qui pouvaient être mises sans tarder à l'ordre du jour, telles que celles de l'Adamaoua et de Madagascar. Il a rendu hommage au dévouement et au courage de nos explorateurs et de nos soldats, tels que Mizon, Monteil, Maistre, au Comité de l'Afrique française et aux Sociétés similaires. Les difficultés sont très grandes, a-t-il dit, il faut les envisager avec sang froid et travailler à les aplanir. Le discours de M. Etienne a été très applaudi.

Le groupe a décidé de se réunir tous les vendredis à trois heures. Il a chargé son bureau de faire une démarche auprès du ministre des affaires étrangères et d'appeler son attention sur le traité du 15 novembre 1893, relatif au partage de la zone d'influence de la Bénoué et de l'Adamaoua, et sur la situation faite à nos nationaux à Madagascar.

Sur la proposition de M. Saint-Germain, on a décidé que chaque question soumise au groupe sera rapportée par un de ses membres et que les rapports resteront aux archives du groupe.

ALGÉRIE

La mission Méry. — Le Syndicat de Ouargla, au Soudan, qui avait envoyé, l'année dernière, l'explo-

rateur Méry chez les Touareg Azdjer, a organisé, cette année, une nouvelle mission qui doit assurer les résultats de la première.

Le personnel européen comprenait cinq membres, dont M. Méry, chef de mission, et M. B. d'Attanoux, rédacteur au *Temps*, second de la mission. La mission, qui s'était concentrée à Ourir, oasis française située à 100 kilomètres au sud de Biskra, en partait pour le Sud le 21 octobre dernier.

Mais M. Méry, qui relevait à peine de maladie et dont l'état de santé, à son départ de France, ne laissait pas que d'inquiéter ses amis, fut bientôt tellement éprouvé qu'il dut, malgré son énergie, se résigner à abandonner la direction de la mission.

M. Georges Rolland, président du Syndicat, après avoir autorisé M. Méry à rentrer en France, a désigné M. d'Attanoux comme nouveau chef de la mission.

Nous nous joignons aux amis de M. Méry pour lui exprimer notre sympathie en présence de la dure nécessité qui le force à renoncer, tout au moins provisoirement, à reprendre la voie de pénétration qu'il avait si efficacement contribué à ouvrir l'an dernier.

M. d'Attanoux, qui le remplace, est un ancien officier. Sorti de Saint-Cyr en 1873 dans un très bon rang, il servit d'abord aux chasseurs à pied, puis fut nommé lieutenant aux tirailleurs algériens. Après avoir, en 1880, donné sa démission, M. d'Attanoux se rendit au Maroc et en Algérie et fit une étude très approfondie des questions algériennes. Il publia dans le *Temps* des articles très appréciés sur la politique coloniale, et la *Nouvelle Revue*, à plusieurs reprises, lui ouvrit ses colonnes.

SÉNÉGAL

Le *Journal officiel du Sénégal* rend compte, en ces termes, de la mort d'Amar-Saloum :

On n'a pas oublié les nombreuses tentatives faites depuis dix-huit mois par Amar-Saloum, ancien émir des Trarza, pour ressaisir le pouvoir actuellement aux mains de son neveu Ahmed-Saloum.

Depuis quelques mois, cependant, Amar-Saloum était resté tranquille, toutes ses tentatives précédentes ayant échoué. Mais il n'avait pas désarmé et ne voulait pas s'avouer vaincu. Retiré à Ouazzan, entre le Tagant et le pays Trarza, il vivait là médiocrement, au milieu de quelques centaines de fidèles, lorsque, au commencement de ce mois, il fut invité par Moktar-Ould-Mohamed-Ali, chef de la tribu des Azouna, à venir dans le Trarza, où, lui disait-il, tout le monde serait avec lui.

Ahmed-Saloum se trouvait campé à cette époque à Ogol, à quatre ou cinq jours de marche du fleuve; immédiatement prévenu de l'arrivée, sur son territoire, de son compétiteur, il partit sans perdre de temps, accompagné d'une centaine de cavaliers et de cinq ou six cents fantassins. Sa troupe rejoignit Amar-Saloum le 14 octobre dans un campement situé à deux journées de marche au nord de N'Diago, sur le bord de la mer.

L'ancien roi des Trarza n'avait avec lui que huit cavaliers et une centaine de fantassins. A l'approche de l'armée de son neveu, il s'enfuit dans la direction du Nord, longeant toujours le bord de la mer. Mais, poursuivi par tous les cavaliers d'Ahmed-Saloum, il est rejoint, après une course de trente ou quarante kilomètres, et, se voyant perdu, il tire, sans résultat, les deux coups de son fusil. Pris ensuite avec les quelques cavaliers qui l'accompagnent, il tombe presque aussitôt frappé de plusieurs balles.

Les fidèles qui l'avaient suivi dans l'infortune ont fait leur soumission à Ahmed-Saloum.

SOUDAN FRANÇAIS

Le gouvernement civil. — Le Soudan français, qui avait été, l'an dernier, détaché du Sénégal pour être érigé en colonie, vient, après une année de gouvernement militaire, de recevoir un gouvernement civil.

Voici le rapport et le décret relatifs à la création de l'administration civile :

RAPPORT

Paris, le 21 novembre 1893.

Monsieur le Président,

L'organisation politique et administrative du Soudan français a été réglée par deux décrets en date des 18 août 1890 et 27 août 1892. Ces actes ont séparé administrativement le Soudan du Sénégal, en le plaçant sous l'autorité d'un commandant supérieur.

Le moment me paraît venu de réaliser un nouveau progrès en confiant l'administration du Soudan français à un gouverneur civil. Les expéditions sont maintenant terminées, de l'opinion même des chefs militaires qui ont assuré la domination de la France sur ces vastes territoires. Aujourd'hui, il convient de se préoccuper plus particulièrement de l'administration et de l'organisation de ces territoires comme de leur mise en valeur par nos industriels et nos commerçants.

Le Soudan français deviendrait ainsi une véritable colonie, dont la direction appartiendrait à un fonctionnaire du cadre des gouverneurs.

Tel est l'objet du décret ci-joint que j'ai l'honneur de soumettre à votre approbation et qui, précisant la situation du gouverneur au point de vue militaire, lui retire, comme dans les autres colonies, le commandement direct des troupes que le commandant supérieur pouvait prendre dans des circonstances exceptionnelles.

Le ministre du commerce, de l'industrie
et des colonies,

TERRIER.

DÉCRET

Le Président de la République française,

Sur le rapport du ministre du commerce, de l'industrie et des colonies,

Vu le décret du 3 février 1890, relatif à la défense des colonies ;

Vu les décrets des 18 août 1890 et 27 août 1892, réglant l'organisation politique et administrative du Soudan français, spécialement l'article 5 dudit décret du 27 août 1892, conférant au commandant supérieur du Soudan français le droit de prendre la direction des troupes dans les circonstances exceptionnelles :

Décrète :

Art. 1er. — La colonie du Soudan français est placée sous l'autorité d'un gouverneur dont les attributions sont réglées par les décrets des 18 août 1890 et 27 août 1892, sauf la modification ci-après :

Art. 2. — Le gouverneur du Soudan français est responsable de la défense intérieure et extérieure de cette colonie. Il dispose à cet effet des forces militaires qui y sont stationnées.

Aucune opération militaire, sauf le cas d'urgence où il s'agirait de repousser une agression, ne peut être entreprise sans son autorisation.

Il ne peut, en aucun cas, exercer le commandement direct des troupes. La conduite des opérations appartient à l'autorité militaire qui doit lui en rendre compte.

Art. 3. — Est abrogé l'article 5 susvisé du décret du 27 août 1892.

Art. 4. — Le ministre du commerce, de l'industrie et des colonies est chargé de l'exécution du présent décret.

Paris, 21 novembre 1893.

CARNOT.

Par le Président de la République :

Le ministre du commerce, de l'industrie
et des colonies,

TERRIER.

— De récentes nouvelles du Sénégal nous donnent quelques renseignements sur Ahmadou, l'ancien sultan de Ségou et sur l'almamy Samory. Ahmadou serait actuellement dans la boucle du Niger, à mi-distance entre les deux branches du fleuve, dans un village situé sur la parallèle de Say. Il y mène une existence très monotone et n'y jouit d'aucune influence.

Quant à Samory, on rapporte qu'il s'est établi dans le Mossi et qu'il cherche à y recruter des adhérents, néanmoins, on signale en Mellacorée l'apparition de bandes armées, débris de ses troupes, qui se livrent au pillage et font des incursions continuelles sur les territoires anglais et français.

Nos voisins ont rassemblé, à Sierra-Leone, 800 hommes qui vont prochainement entrer en campagne. Ils n'attendent que l'arrivée du gouverneur, M. Fleming, pour recevoir ses ordres et se mettre en route. Sur le territoire français, le lieutenant Dethal a été attaqué par les Sofas. Bien que cet officier n'eût que quelques hommes avec lui, il est parvenu à se dégager et à mettre en fuite ses agresseurs. Nos soldats s'en sont tirés sains et saufs. Pour éviter toute complication, le gouvernement a décidé d'envoyer les troupes, — cent hommes environ, — stationnées à Konakry dans la haute région de la Mellacorée. Un capitaine sera sans doute désigné pour prendre le commandement de ce détachement, avec les lieutenants Dethal, Millaud et Bourgeoise. Il est nécessaire de se hâter, si l'on ne veut pas que toute la région au nord de Benty devienne un foyer d'insurrection où se réuniraient les diverses bandes de Sofas que les Anglais chasseront de leur territoire.

La mission Hourst. — Le lieutenant de vaisseau Hourst doit partir le 20 décembre de Bordeaux sur le paquebot-poste du Brésil afin de se rendre au Soudan français. Cet officier va continuer sur le Niger les travaux hydrographiques qui lui ont déjà permis de dresser une excellente carte du cours supérieur de ce fleuve et de ses affluents.

M. Hourst va entreprendre cette année le levé d'une partie du fleuve en aval de Bamakou ; voici comment sa mission est organisée. A sa demande et sur ses plans, l'administration des colonies fait construire un chaland en aluminium avec un logement suffisamment confortable pour les officiers, — M. Hourst a pour second un enseigne de vaisseau, M. Baudry, — et un poste pour l'équipage, lequel sera composé de douze laptots sénégalais. Ce chaland a trois mâts qui portent des voiles latines.

M. Hourst a préféré une grande embarcation à voile pour sa mission plutôt qu'une canonnière à vapeur. Les travaux qu'il va faire exigent des stations très fréquentes, et il connaît toutes les misères qu'ont eues ses prédécesseurs pour assurer sur le Niger l'approvisionnement de bois de leurs machines ; il naviguera donc comme les indigènes, tantôt à la voile, tantôt à l'aviron et à la perche.

M. Hourst compte arriver à Kayes vers le 1er mars : à l'époque où il pourra remonter le Sénégal, le fleuve n'est plus navigable pour les steamers, et l'on est forcé de cheminer lentement en chaland.

De Kayes, il transportera son matériel par la route

de nos postes et le dirigera vers un point convenable, à quelque distance de Bamakou. Là, il y assemblera son embarcation et la mettra à l'eau. Il espère commencer ses travaux au mois de juin.

Les deux officiers sont les seuls Européens de la mission.

COTE D'IVOIRE

L'occupation de la côte occidentale. — En arrivant pour prendre possession de son poste, M. Binger a eu à résoudre un assez grand nombre de difficultés qui s'étaient élevées dans la colonie en l'absence d'un gouverneur. D'abord, à peine arrivé il a réorganisé le service postal, créé des écoles et fait faire diverses plantations, puis dès le milieu de septembre, il occupait Sassandra et Drewin. Quelques jours plus tard, il repartait de Grand-Bassam pour continuer l'occupation de la côte Ouest jusqu'à Cavally.

A Assinie, de légers troubles s'étaient produits ; mais la nouvelle de l'arrivée de M. Binger a suffit pour que tout se calmât.

Le fait le plus important de la nouvelle administration est bien l'occupation régulière de la côte Ouest : il y a maintenant des administrateurs à San-Pedro, à Bereby et à Tabou ; un douanier blanc et deux miliciens gardent le drapeau sur la rive gauche du Cavally. Il y a aussi des douaniers près de chaque poste d'administrateur et même sur d'autres points intéressants. Ainsi on pourra sans doute mettre fin à la contrebande anglaise dont les négociants français se plaignent à si juste titre. La perception des droits a commencé et la colonne des recettes sera probablement assez bien remplie dans le budget de la colonie.

La côte Ouest est de beaucoup la partie la plus intéressante de la colonie : le littoral, au lieu d'être bas et sablonneux, est formé de charmantes collines admirablement boisées, et les lagunes qui sont tracées sur les cartes, disséminées le long du littoral, sont autant de jolis étangs ou lacs poissonneux, encaissés dans des vallées splendides.

Tout le personnel européen de la nouvelle administration est logé dans des baraques en bois démontables. Les fonctionnaires ont leur meubles et jouissent d'un véritable confort. Sassandra a déjà un jardin qui produit des radis et de la salade. On est en droit d'espérer que, dès la première année, les dépenses seront couvertes et que cette partie de la colonie donnera vite de belles recettes. En ce moment les relations des indigènes avec l'intérieur s'étendent au maximum à quatre ou six jours de marche.

Si la côte Ouest est assurément la partie la plus intéressante de la colonie, il n'en faut pas conclure que les autres régions aient été oubliées : à Bettia, on construit une résidence ; à Grand-Bassam, deux maisons sont en construction, des routes se créent ; le Comoé et le Lahou s'ouvrent de jour en jour à notre commerce.

La mission Marchand. — La *Politique coloniale* publie la lettre suivante, qui complète les renseignements que nous avions donnés dans notre dernier numéro sur la mission Marchand :

Singonobo (Baoulé), 13 septembre.

Mon cher ami,

Je suis avec tout mon convoi (120 porteurs), à Singonobo,

grand village du Baoulé, à 40 kilomètres nord de Thiassalé ; après-demain soir je serai à Ouossou, à 38 kil. au Nord de Singonobo, et du 23 au 24 je serai à Totogué première ville des territoires bambaras, à environ 90 kil. au Nord de Singonobo.

Le Baoulé commence à partir du Bandama et se divise en trois provinces : Le Baoulé Sud, capitale Brimbo ou Broubrou, où j'ai passé hier ; le Baoulé central, capitale Ouossou, où je serai après-demain ; le Baoulé du Nord, capitale Tumodi, où je passerai pour aller à Totogué ; la contrée du Baoulé comprend toute la région située dans le triangle formé par le Zini et le Bandama.

Le Zini est la rivière que Binger appelle Isy ou Agniby entre Bandama et Comoé, dans la lagune de Grand-Bassam. L'Isy se jette donc dans le Bandama, au Nord de Thiassalé. La rivière qui vient tomber dans la lagune à côté de Dabou et que Binger appelle Isy a à peine 40 ou 50 kilomètres de cours.

Les routes s'ouvrent devant moi, grâce à une préparation de trois mois et je ne les laisse pas se refermer derrière ; je me tiens en relations constantes avec le commandant de Thiassalé.

Le pays de Thiassalé est tranquille et les commerçants du Baoulé qui avaient toujours été arrêtés à Thiassalé, commencent à descendre le fleuve et vont à nos maisons de commerce de Lahou. Inutile de vous dire que j'encourage ce mouvement commercial que j'ai provoqué ; de Sakala même où je compte être dans les premiers jours d'octobre, je garderai la route ouverte avec Thiassalé et la côte d'Ivoire — tout au moins ferai-je l'impossible pour obtenir ce résultat.

Vous savez que la forêt équatoriale, qui borde toute la côte africaine du golfe de Guinée sur une épaisseur moyenne de 300 à 400 kilomètres et qui constitue l'obstacle presque infranchissable entre le littoral et le Soudan central, *n'a que 93 kilomètres d'épaisseur sur la ligne du Bandama ou fleuve Lahou.* La lisière Nord de cette forêt vierge qui, dans le bassin du Cavally à l'Ouest et dans celui de la Comoé à l'Est, suit à peu près le 7° 20 de latitude Nord, se creuse dans le bassin du Bandama, forme un angle rentrant immense dont la pointe est dirigée au Sud et vient toucher le 6° de latitude Nord. En d'autres termes, l'épaisseur de la forêt équatoriale, *la grande barrière* entre l'Atlantique et le Soudan central, a, dans le bassin de Bandama une épaisseur de 93 kilomètres, au lieu de 270 kil. dans le bassin de la Comoé, et près de 300 dans celui du Cavally.

De plus, le fleuve Bandama est navigable pour des chalands pendant trois à neuf mois de l'année jusqu'à Thiassalé, soit à 63 kil. vol d'oiseau de la côte (107 par le fleuve) ; la route à faire par voie terrestre pour atteindre le Soudan est donc de 30 kilomètres. Cette route est excellente et se parcourt ici en une journée de six heures.

Le fleuve n'est pas navigable de Thiassalé à Abouatié sur un parcours de huit kilomètres ; c'est ce qui empêche d'arriver au Soudan par eau en huit ou dix heures en partant de Lahou ; après Abouatiè, le fleuve est navigable pendant une centaine de kilomètres, mais cette distance navigable est coupée par la cataracte de Manfou où le Bandama tombe de 40 mètres de hauteur.

Plus haut, je ne connais pas encore le fleuve, je le connaitrai entièrement dans un mois ou deux. Je reste toujours sur la rive gauche, tenant le fleuve comme un bouclier entre moi et les territoires de la rive droite où je pourrais me heurter aux bandes de Samory.

La voie du Bandama est donc le chemin le plus rapide de pénétration au Soudan, route très commode ne nécessitant aucun frais d'aménagement.

Le commerce est considérable ici, le pays vraiment est riche ; ce qui arrêterait le commerce (qui va décupler à Lahou), c'était d'abord Thiassalé, la terreur du Baoulé. En outre chaque chef de village, étant roi dans le Baoulé, prélevait une dîme de douane sur les caravanes; une caravane commerciale qui avait fait 100 kil. dans le Baoulé était donc « séchée » rien qu'en droits de passage. J'espère transformer tout cela, quoique les commencements de la mission soient terriblement durs.

Vous savez que j'ai failli mourir à Grand-Bassam en juillet. Au moment même où nous quittions Thiassalé, à la veille de nous lancer au Soudan à travers le Baoulé, mon pauvre ami Manet se noie dans un rapide entre Thiassalé et Abouatié. Il nous a fallu enlever Thiassalé de vive force, écraser les bandes, puis pacifier le pays, y rappeler le commerce, retourner à Grand-Bassam chercher les bagages, perdre deux mois pour les traîner de Grand-Bassam à Lahou. Me voilà seul maintenant, ce sera dur. Mais j'ai confiance,

Signé : Capitaine MARCHAND.

— Voici le procès-verbal de la mort du capitaine Manet, le compagnon du capitaine Marchand :

« Nous, Henri Pobéguin, administrateur colonial, chargé de la circonscription de Thiassalé, déclarons que le capitaine d'infanterie de marine Louis-Pierre Manet s'est noyé le 9 septembre 1893, dans le rapide de Thiassalé ; il était seul Européen et accompagné de l'interprète de la mission Etouna, de trois tirailleurs de Mamado-kamara, laptot sénégalais et de 19 pagayeurs sénégalais.

« D'après les témoignages des nommés Etouna, Bala, Dialo, Mahal-Li et Mamadou-Kamara, le chaland remontait la rive droite de la rivière derrière la petite île, en amont du débarcadère du poste, lorsqu'au tournant de la tête de l'île, l'homme de barre tomba. Le chaland, pris en travers par le courant excessivement violent de la base du rapide, dériva et ayant rencontré un tronc d'arbre s'inclina sur le côté et sombra instantanément, entraînant tout avec lui.

« A cet instant l'interprète Etienne et le tirailleur Bala Diola avaient pu saisir et soutenir un instant le capitaine Manet qui, gêné dans ses vêtements et alourdi par ses grosses chaussures, pouvait à peine nager, mais le courant les ayant projetés contre un tronc d'arbre, les sépara, et le capitaine Manet disparut.

« Le sinistre a eu lieu à environ 1.200 mètres en amont du débarcadère du poste.

« Aussitôt prévenu, j'ai envoyé immédiatement des pirogues et les recherches dirigées par le capitaine Marchand n'ont amené aucun résultat.

« La rivière étant excessivement haute et le courant très violent, il n'a été retrouvé que son livret, une table pliante cassée et un pagne indigène qui flottait sur l'eau.

« De l'équipe indigène appartenant au village de Nianroné, 9 hommes ont disparu et sont probablement noyés.

« En foi de quoi nous avons dressé le présent procès-verbal en présence du capitaine Marchand et de M. Bailly, qui ont signé avec nous. »

Dahomey. — Il semble bien que nous soyons sur le point d'en avoir fini avec Behanzin.

On sait que le général Dodds avait mené très activement le début de sa campagne. Sans doute, avant de reprendre l'offensive, il avait tenté une nouvelle démarche pacifique auprès du roi ; mais Behanzin, sans accuser réception de la lettre qui lui avait été adressée, s'était borné à envoyer à Ouidah un messager exprimant son grand désir de faire la paix, en se basant sur les propositions que l'on nous faisait l'année dernière pour arrêter nos troupes avant leur entrée à Abomey. Naturellement il fut répondu à Behanzin que la France victorieuse avait le droit d'exiger sa soumission pure et simple en s'en remettant à la générosité du gouvernement et les opérations commencèrent aussitôt. Le général Dodds quitta Agony le 30 octobre, à la tête de quatre colonnes convergeant vers Atchéribé. Ces quatre groupes étaient sous les ordres des chefs de bataillon Drude, Boutin, de Cauvigny. Les deux premiers, placés sous le commandement du colonel Dumas, opéraient dans l'Ouest, et les deux derniers sous le commandement du lieutenant colonel Mauduit. C'est avec cette colonne que marchait le général Dodds.

Le grand point était comme toujours d'assurer le ravitaillement des troupes; aussi des approvisionnements de vivres avaient été constitués sur la route, principalement à Dogba, et le service des transports par l'Ouémé était assuré par l'achat d'un nouveau remorqueur; la crue était même si forte encore que la flotille put transporter une colonne jusque près d'Agony.

Nous n'avons pas de renseignements sur la marche du corps expéditionnaire; mais une dépêche de Kotonou a annoncé que nos troupes ont occupé Atchéribé le 7 novembre. Les Dahoméens ont fait leur soumission et livré 400 fusils, 4 canons, quantité de munitions. Le général a reçu à Atchéribé des envoyés de divers centres : Kétou, Savi, Savalou, Pessi, Atakpamé, situés à l'est, au nord et au sud d'Atchéribé. Ces délégués sont venus présenter leurs salutations au général, l'assurant qu'ils étaient décidés à barrer la route à Behanzin dont on n'a point de nouvelles. De leurs côté, les habitants de la région d'Agony et des territoires situés entre l'Ouémé et le Zou, son affluent de droite, ont prêté serment de fidélité.

Behanzin a continué sa course vers le nord, mais divers signes — ne fût-ce que l'envoi d'une ambassade à Paris — tendent à faire croire qu'il désire ardemment la paix. La mission se composait de trois chefs indigènes : Chedingen, Ayinunkunken, gouverneur de Godomey, et Tassah, messager confidentiel du roi, accompagnés de leurs esclaves ; ils étaient conduits par le secrétaire confidentiel de Behanzin, Dosoo, élève des missionnaires anglais de Lagos, qui leur sert d'interprète auprès de M. Naville, directeur de la Banque de Lagos, que le roi du Dahomey avait spécialement chargé de négocier la paix avec la France. M. Jackson, directeur du *Lagos Weekly Record*, accompagnait la mission, mais sans y jouer aucun rôle officiel. Elle arriva le 3 novembre à Londres et alla déposer ses cartes à l'ambassade de France, puis quelques jours après prit le chemin de Paris, mais malgré tous ses efforts elle ne put être reçue ni de M. Develle, ni de M. Delcassé, qui déclarèrent tous deux que le général Dodds avait pleins pouvoirs et que c'est à lui que devait s'adresser Behanzin, s'il désirait traiter : on n'était d'ailleurs rien moins que sûr de l'authenticité de ces ambassadeurs, et moins sûr encore de leur crédit auprès du roi, au cas où ils lui auraient rapporté une convention qui lui déplairait. C'est donc avec mille raisons que le gouvernement s'est décidé à ne pas leur donner audience, et en désespoir de cause, ils reprirent le chemin de Lagos après un inutile voyage.

CONGO FRANÇAIS

La mission Monteil. — On lit dans le *Temps* :

Une dépêche de M. de Brazza annonce que la première partie de la mission Monteil a quitté Brazzaville le 2 novembre, sur trois vapeurs, dont le *Djoué* et l'*Oubangui*. Étant donné la hauteur des eaux dans le Congo et l'Oubangui, on pense que le personnel et le matériel seront rendus à la station des Abiras, au confluent du M'Bomou et de l'Ouellé vers la fin de l'année.

Cette première partie de la mission Monteil est commandée par le capitaine Decazes, accompagné des lieutenants Vermot et Français, du docteur Viancin, de M. Comte et de sept sous-officiers européens. Elle comprend en outre, 220 tirailleurs sénégalais.

La majeure partie du cadre européen ayant quitté la France au milieu du mois de juin, on voit qu'il aura fallu quatre mois et demi seulement pour recruter, transporter et concentrer finalement à Brazzaville une force militaire très importante.

Cet envoi était devenu indispensable pour assurer à la France le maintien de sa situation dans le haut Oubangui. Bien avant que le sous-secrétaire d'État aux colonies, M. Delcassé, ait décidé l'envoi en Afrique d'une importante mission confiée au commandant Monteil, le gouvernement congolais avait pris des dispositions matérielles pour se mettre en mesure d'arrêter l'expansion de la France dans le bassin du M'Bomou. Dès le milieu de l'année courante, des centaines d'hommes armés se trouvaient concentrés à Yakoma, a Rafaï M'Bomou, dans les postes élevés à la hâte dans la vallée du M'Bomou et mis d'urgence en état de défense. Dans le courant du mois de septembre, on expédiait de Léopoldville un premier convoi de 6 Européens avec 300 soldats indigènes, suivi quelques jours après d'un second convoi composé de 12 Européens, 180 Somalis et 400 indigènes.

Un ami de M. de Brazza vient de nous communiquer des lettres personnelles très intéressantes du commissaire général au Congo français. Voici ce que nous y trouvons :

Conformément aux usages adoptés au Congo, le gouverneur de l'État du Congo annonce à son collègue français les dates où il part en congé, ou bien où il reprend possession de son poste. C'est ainsi que le gouverneur général du Congo, M. Wahis, a, le 2 mai dernier, écrit de Boma à M. de Brazza pour lui annoncer qu'il avait repris, la veille, la direction des affaires. Il ajoutait que c'était « avec le plus vif plaisir » qu'il recommençait « les relations si cordiales » qu'il avait eues précédemment avec M. de Brazza.

La lettre de M. Wahis ne parvint à son destinataire qu'au milieu du mois d'août, quand il descendait à la Sangha pour renouveler à Brazzaville le personnel de ses postes de la haute Sangha. Dès son arrivée à Brazzaville, M. de Brazza répondit à M. Wahis par un simple accusé de réception. Pourquoi ? C'est que M. Wahis, au moment où il témoignait à M. de Brazza son plaisir de recommencer les relations si cordiales du passé, oubliait qu'il venait de procéder à la mise en marche des troupes envoyées par le gouvernement congolais dans le haut Oubangui, et surtout parce qu'il oubliait la nature et le caractère de ces relations « si cordiales ».

C'était au mois de novembre 1891, nous a dit l'ami de M. de Brazza. M. Wahis avait retardé son départ de Léopoldville pour se rencontrer avec le commissaire général du Congo français. L'entrevue fut effectivement très cordiale, et on causa naturellement de l'expédition que dirigeait M. van Gèle dans le haut Oubangui. M. de Brazza fit observer à son collègue que la fondation du poste de Yakoma était au nord du 4e parallèle, hors des limites de l'État du Congo, et qu'il en demanderait l'évacuation.

M. Wahis dit qu'il comprenait les raisons que faisait valoir M. de Brazza, qu'il ne pouvait prendre sur lui de faire évacuer le poste de Yakoma, mais qu'il « donnerait des ordres pour que son action fût limitée à une petite distance du poste ».

Le gouverneur général retourna à Boma et M. de Brazza, confiant dans la parole de son collègue, partit aussitôt après pour la Sangha, où il commença cette occupation méthodique dont nous avons fréquemment eu l'occasion de signaler le caractère pacifique et l'importance politique. Mais il ne fut tenu aucun compte des déclarations de M. Wahis. De Yakoma, l'occupation congolaise s'étendit à Bangasso, à Rafaï M'Bomou, et les rapports entre les agents congolais et les agents français furent si tendus qu'il y a peu de temps les choses auraient pu tourner au tragique.

On comprend maintenant pourquoi M. de Brazza, dupé une première fois, ne tient pas à recommencer avec M. Wahis « les relations si cordiales » d'autrefois.

Un incident de frontière. — Nous avons signalé plusieurs incidents qui montrent à quel point sont tendues les relations qui existent entre Belges et Français, sur l'Oubanghi, par suite du non-règlement de la question du M'Bomou-Ouellé. Les agents des deux pays, livrés à eux-mêmes, se traitent en ennemis, et leurs soldats tirent les uns sur les autres. Voici ce qu'on nous écrit au sujet du dernier incident dont on a parlé :

Une pirogue montée par trois hommes, un tirailleur algérien ayant fait partie de la mission d'Uzès, et deux tirailleurs indigènes, descendaient le cours de l'Oubanghi. Tout à coup, sans aucun avertissement, plusieurs coups de fusil furent tirés de la rive belge. Le tirailleur algérien fut tué, tomba dans la rivière, et la pirogue, entraînée par le courant, vint atterrir à moitié brisée sur la rive gauche de l'Oubanghi. Là, les agents de l'État indépendant surgirent, s'emparèrent de l'épave et firent prisonniers les deux tirailleurs indigènes. Ceux-ci furent emmenés à Boma et, depuis ce jour-là, on n'a plus de leurs nouvelles.

Quand M. de Brazza, revenant de la haute Sangha, fut de retour à Brazzaville, il fut mis au courant de la situation, averti de cette inqualifiable agression et il refusa nettement d'aller rendre aux Belges de Léopoldville la visite qu'il en avait reçue.

Le sous-secrétaire d'État aux colonies, prévenu par le gouverneur, avisa le ministre des affaires étrangères des événements qui venaient de se passer.

Voici, sur le même fait, la version de l'État indépendant, que publie l'*Indépendance belge* :

Il ne s'agit pas, comme le prétendent certains journaux, d'une attaque injustifiée, dont l'invraisemblance saute d'ailleurs aux yeux, contre les pirogues françaises descendant paisiblement le cours du fleuve, mais de l'arrestation de deux tirailleurs algériens descendant de leur pirogue et trouvés en armes, maraudant sur le territoire de l'État du Congo. L'arrestation a été opérée par les ordres du lieutenant Heymans, chef de poste à Zongo, et témoin oculaire de cette violation de territoire ; au moment où il désarmait lui-même l'un des Algériens, un coup de feu fut tiré dans la direction d'une des pirogues montées par ces derniers. Ce coup de feu fut suivi de beaucoup d'autres, partis de diverses pirogues appartenant à la rive droite. M. Heymans, désirant éviter une effusion de sang, se retira, emmenant les deux prisonniers et emportant l'équipement d'un troisième Algérien, leur compagnon ; celui-ci étant parvenu à s'échapper, se noya en tâchant de regagner à la nage sa pirogue.

Voilà les faits tels qu'ils sont exposés dans le rapport de M. Heymans ainsi que dans le procès-verbal dressé par le lieutenant Hennebert, officier de passage à Zongo, qui a pu s'en rendre compte *de visu*.

Ce ne sont d'ailleurs pas les seuls méfaits que l'on ait à reprocher aux hommes de l'ancienne escorte du duc d'Uzès. C'est ainsi que le dernier courrier mentionne un vol à main armée commis par deux d'entre eux aux environs de Mokanghui sur territoire congolais. Ces faits sont attestés par le capitaine Tizon et le capitaine de steamer Tilly.

Quel que soit le récit exact et que nos agents aient plus ou moins raison ou plus ou moins tort dans les incidents qui se produisent maintenant régulièrement sur le Congo et l'Oubangui, cela nous paraît peu important. Ce qui est grave, c'est d'avoir laissé diriger la politique par des agents inférieurs français et belges, qui en sont venus à un état d'esprit de nature à produire les plus fâcheuses conséquences. Et cela, parce que depuis deux années on laisse traîner en Europe cette question qui pouvait être si aisément résolue, soit par un accord amiable, soit par une médiation que prévoit l'Acte de Berlin. Il est évident que cette situation ne peut pas se prolonger plus longtemps sans danger. Veut-on que notre colonie du Congo soit en état d'hostilités ouvertes avec l'État indépendant ? Si oui, c'est fort bien. Si non, réglons ce différend de façon ou d'autre. Mais il faut arriver à une solution, car rien n'est plus préjudiciable à nos intérêts que cet état d'attente durant lequel nous nous contentons de protester, tandis que nos adversaires nous laissent crier et gagnent du terrain.

Les chemins de fer. — La commission d'études du chemin de fer français a commencé ses travaux. La mission Le Chatelier s'est divisée en deux sections ; la première examine le projet de la voie terrestre de Loango à Brazzaville, elle s'est rendue dans la forêt de Mayombé et aux mines de cuivre de Mamanqua pour se rendre compte des ressources et des richesses naturelles qu'elles peuvent fournir à l'exploitation ; la seconde étudie le projet qui consiste à utiliser la rivière Kouïlou, ce qui permettrait une économie de transports par suite de l'alternance de la voie de terre et de la voie d'eau.

Nous apprenons, d'autre part, que les travaux du chemin de fer belge sont poussés activement. On aurait déjà placé les rails jusqu'à 52 kilomètres de Matadi. La ligne est achevée jusqu'à Tougour, 42 kilomètres ; l'inauguration aura lieu dans le courant de novembre.

MADAGASCAR

On nous écrit de Tananarive :

Il y a plus de deux mois que le premier ministre prolonge à plaisir sa convalescence. Cette puérile comédie ne trompe personne. La maladie simulée par le dictateur paralyse tout dans le royaume de Madagascar ; les réclamations élevées par nos compatriotes s'accumulent et s'aggravent, et restent sans solution. Des traitants de la côte Ouest ont vu leurs marchandises pillées par des chefs indigènes ; à l'Est, des planteurs, victimes de vols et d'incendies, demandent en vain justice ; partout les convois de porteurs sont arrêtés sous prétexte de corvée ou de recrutement ; des Français, jadis employés par le gouvernement malgache, s'efforcent d'obtenir l'exécution des clauses de leur contrat d'engagement. On n'offre même plus aux réclamants ces vagues et dilatoires promesses de satisfaction qui étaient un hommage rendu à la naïveté déçue.

Qant aux créances des commerçants français sur les débiteurs malgaches, la poursuite en donne lieu à des incidents dignes de figurer dans la scène de don Juan et de **M.** Dimanche. Tous les débiteurs, il est vrai, n'ont pas recours au procédé sommaire du sieur Panollina, fils du premier ministre, qui, certain jour d'échéance, reçut à coups de revolver un employé indigène du Comptoir national d'escompte. Mais le juge malgache, chargé des affaires mixtes, n'ose même plus solliciter les cadeaux qui activaient autrefois son zèle. Il se déclare sans moyen d'action sur ses compatriotes. Telle rizière, ou telle maison, qui devait servir de garantie au paiement, disparaît comme par enchantement au quart d'heure de Rabelais. On découvre, trop tard hélas ! que l'immeuble n'appartenait pas à l'emprunter, mais à sa mère, à sa tante, ou même à quelque cousin éloigné. Certaine dame du sang royal possède une fortune considérable. Ses troupeaux de bœufs seuls représenteraient un revenu annuel d'environ 60,000 francs. Cette personne est mariée, mère de famille. Néanmoins le premier ministre l'a placée sous sa tutelle et s'est chargé de gérer sa fortune. Il la gère si bien que l'infortunée princesse n'est pas en état de payer ses meubles.

Si les Malgaches ne gardent que peu de ménagements vis-à-vis des créanciers français, c'est que des bruits de guerre persistants circulent dans le public. On parle courramment de nouvelles commandes d'armes, et certains personnages déjà se réjouissent, en songeant au jour de l'évacuation où il sera permis de faire main basse sur les objets que nous ne pourrons emporter.

Rabah

Des dépêches sont arrivées de Tripoli, ces dernières semaines, qui signalaient un très sérieux mouvement dans les grands empires musulmans du sud et de l'ouest du lac Tchad ; un aventurier du nom de Rabah était en train, disait-on, de s'y créer un vaste royaume aux dépens du Baghirmi et du Bornou, mais tous ces bruits étaient assez vagues, jusqu'à ces derniers jours. Il est possible, aujourd'hui, en réunissant tous les détails parvenus en Europe de diverses sources sur les exploits de ce Rabah, de se faire une idée de ce personnage et de connaître quelque chose des conquêtes qu'il a entreprises.

Rabah est le fils d'un soldat au service de l'Égypte ; il entra de bonne heure dans les bandes du fameux chasseur et marchand d'esclaves Ziber-pacha, en suivit la fortune et celle de Soliman, qui tous deux le tenaient en haute estime, et lui accordèrent faveurs et dignités, puis, quand en 1878, après plusieurs années de dévastation effroyable dans le Darfour qu'avait conquis son père, Soliman eût été vaincu et tué, Rabah survivant à la défaite, sut rallier autour de lui les fuyards, et devint à son tour chef de bande. On ne sait trop quelle fut son attitude à l'égard du mahdisme, qui, peu après, grandit dans les provinces qui avaient été le théâtre de ses premiers exploits, et où il avait continué avec succès le métier de ses maîtres ; mais, sans doute, profita-t-il, cette fois encore, du désordre qui régna dans le Soudan égyptien, à la suite de la prise de Khartoum. Pourtant quand, sous l'influence d'un chef intelligent et énergique, le pays eût été organisé, et que le mahdi s'y fût installé en maître, on vit Rabah établir plus loin son centre d'action. Se dirigeant vers le sud-ouest, il contourna, par le Darrouna, le Ouadaï qui est trop fort pour qu'un chef de partisans y pût guerroyer à l'aise, et, recueillant sur sa route les débris des anciennes garnisons laissées jadis dans ces régions par les marchands d'esclaves qui y avaient si longtemps dominé, enrôlant les maraudeurs qu'il rencontrait, à la tête d'une armée dont le nombre augmentait chaque jour, il s'établit ces dernières années au nord du Congo français, entre l'Oubanghi et le Chari : c'est, peut-être, aux hommes de Rabah que se heurta l'expédition Crampel, au moment du guet-apens d'El-Kouti.

Les bandes de Rabah paraissent être demeurées de longs mois dans les environs du Chari, ce qui explique les dévastations que les voyageurs nous ont racontées ; ces dévastations s'étendaient au loin, et, peu à peu, morceau par morceau, la plus grande partie du Baghirmi tomba sous le joug de l'aventurier. Cependant, il y fallait vivre, et, de plus, les munitions s'épuisaient : l'on avait besoin, pour se procurer de la poudre surtout, des grands marchés du Bornou, où seul il était possible de s'approvisionner ; le sultan de Kouka était peu disposé pour Rabah, et ses agents furent mal reçus : ceux du Baghirmi les avaient précédés, et avaient fait comprendre aux gens du Bornou le danger commun que leur faisait courir le conquérant. Les munitions qu'on refusait de leur donner de bonne grâce, Rabah se décida à aller les prendre, et, aux dernières nouvelles, il avait marché sur Kouka qu'il avait prise.

L'on a dit que Rabah était poussé par l'Angleterre, et que la Compagnie du Niger verrait sans déplaisir ces pays où elle n'a jamais pu faire prévaloir son influence, aux mains d'un nouveau maître : il est difficile de l'admettre. Sans doute, la mission qui précéda celle du commandant Monteil à Kouka, n'a eu aucun succès, et on a vivement ressenti cet échec à Londres : mais Rabah à Kouka serait un perpétuel danger pour la Sokoto et l'Adamaoua, pour la région même de la haute Bénoué, où la Compagnie a des établissements, et l'on ne comprendrait guère qu'elle l'y attirât. — Quant au succès de Rabah, s'il a pris réellement Kouka, il est certain : le Bornou a eu jadis de sérieuses qualités militaires, mais ses populations se sont énervées par tant d'années de paix et de prospérité, et elles ne sauraient plus, au dire des meilleurs juges, résister à une invasion. Le seul espoir de l'arrêter réside dans une intervention possible de Ouadaï : le sultan de Kouka, se sentant menacé, aurait demandé des secours à ce pays dont la puissance est bien connue, et avec qui Rabah n'a pas osé se mesurer. L'armée du Ouadaï est bien armée de fusils pris jadis dans le désastre du général Hicks, et le sultan y est tout-puissant. Mais consentira-t-il à intervenir ? Il est demeuré tranquille, tandis que Rabah ravageait le Baghirmi, à la suzeraineté duquel il prétendait pourtant ; écoutera-t-il l'appel du Bornou ? Si non, il y a toutes chances que le conquérant s'avance jusqu'aux limites des sphères d'influences européennes semblable à cet El Hadj Omar qui, au commencement de ce siècle, se taillait par la force un formidable empire dans le Soudan occidental.

MAROC

La situation s'est aggravée à Melilla durant ce mois-ci ; dans le premier engagement sérieux qui avait eu lieu au lendemain de l'envoi des renforts, le commandant de la place, général Margallo, avait trouvé la mort, et cet événement surexcita au dernier point l'opinion espagnole. Ce furent de nouvelles démonstrations au départ du successeur du général Margallo, général Macias ; les envois de troupes continuèrent, et bientôt il parut nécessaire d'envoyer en Afrique sinon, le ministre de la guerre lui-même, général Lopez-Dominguez, mais l'un des chefs les plus respectés de l'armée, le maréchal Martinez-Campos. Il vient d'arriver à Mellilla, où les opérations de la guerre n'ont pas encore repris.

Les négociations se poursuivent cependant ; le Sultan avait promis, en réponse à la note du ministre à Tanger, l'envoi à Melilla de son frère, Moulaï-Araaf, pour essayer de rétablir l'ordre et pour s'entendre sur les conditions de la pacification, et, en effet, Moulaï-Araaf eut une entrevue avec le général Macias. Il reconnut absolument le droit du gouverneur de Melilla de construire ce fort de Sidi-Guariach, dont les travaux avaient été interrompus, au commencement d'octobre, par l'agression des Maures, irrités de l'intrusion des Européens dans le voisinage d'une de leurs mosquées : il aurait même annoncé que Moulaï-Hassan, le Sultan, songeait à venir en personne mettre à la raison les rebelles qui avaient molesté les travailleurs espagnols. Seulement il demandait du temps : le Sultan est dans le sud, disait-il, et il lui faut plusieurs semaines pour se transporter avec son armée jusqu'à Melilla, à travers des pays difficiles et peu sûrs : que l'Espagne ne s'impatiente pas ; tout rentrera dans l'ordre aussitôt que le maître aura manifesté sa présence, mais qu'en attendant, pour ne pas irriter davantage les tribus du voisinage, le commandant de Melilla consente à rouvrir la place au commerce avec l'intérieur, qu'il laisse ses ennemis d'hier circuler librement, et peut-être bien l'excitation tombera d'elle-même. C'était assurément demander beaucoup, et, comme les Espagnols avaient réclamé des mesures immédiates, comme, de plus, ils exigeaient une indemnité dont il ne paraît pas que les Marocains aient sérieusement parlé, les pourparlers ont été suspendus.

Ils pourront être repris assurément, mais la situation n'en est pas moins fâcheuse. Les tribus voisines de Melilla sont très excitées, et l'on dit qu'elles auraient envoyé au Sultan tout un dossier qui établirait la responsabilité de l'autorité militaire espagnole dans les premières difficultés ; au cas où on les soulèverait, ce serait une guerre sainte terrible et comme toutes les populations du Riff sont armées de Remington, l'Espagne aurait peine à en venir à bout.

Il serait à désirer que les conseils de spécialistes commençassent à se faire entendre, et, pour tout dire, nous aimerions à voir émettre des doutes sur la possibilité d'une campagne dans la région montagneuse du Riff où, s'il est difficile de pénétrer, il serait, par contre, presque impossible de demeurer. Les esprits sages souhaiteraient, puisqu'il est maintenant devenu indispensable d'infliger une rude leçon à ces montagnards, qui n'ont ni foi ni loi, que l'on évitât de les poursuivre et qu'on se bornât à la construction des ouvrages nécessaires pour la sécurité des abords de la ville ; notamment de ce fameux fort de Sidi-Guariach si légèrement et si inconsidérément commencé et qui fut le point de départ de cette très malheureuse affaire. Or, comme ce travail exigerait un temps assez considérable, au moins plusieurs mois, on serait ainsi en droit d'espérer que, durant ce délai, la diplomatie espagnole à Tanger pourrait poursuivre avec les plus grandes chances de succès, grâce à l'effet moral d'armées prêtes à entrer en campagne, l'utile règlement de l'affaire.

POSSESSIONS ANGLAISES

Afrique australe. — *La défaite des Zoulous.* — La Compagnie de l'Afrique australe est complètement victorieuse des Matabélés. Les deux colonnes de ses forces de police, qui, parties de Fort-Victoria et de Fort-Charter, avaient dès la première rencontre mis en fuite les avant-postes zoulous à Indaima, ont continué leur marche sur la capitale de Lobengula, et malgré une résistance acharnée et de chaque jour, elles ont fini par entrer à Buluwayo. Quant à la colonne que la colonie du Cap avait mise à la disposition de la Compagnie et qui, sous le commandement du major Goold-Adams, s'avançait par le sud et Tati, avec les contingents du chef Khama, elle n'a pris vraiment aucune part à la campagne et n'a pas trouvé de résistance dans sa marche. Une campagne, si soigneusement préparée et si rapidement menée, fait grand honneur à la Compagnie et à M. Cecil Rhodes, son directeur.

Toutes les difficultés sont-elles terminées par l'occupation de Buluwayo? Cela est peu probable. Sans doute les soldats de la Compagnie pourront prendre possession assez aisément de tout le territoire des Matabélés, car la puissance en paraît brisée; mais Lobengula lui-même a échappé, et si l'on n'arrive à s'emparer de lui, il restera un voisin gênant et très capable de donner encore beaucoup d'ennui et de mal à ceux qui prétendront fonder des établissements sur le territoire qu'il a dû abandonner : de même qu'au Dahomey l'entrée à Abomey n'a pas tout terminé et qu'il nous faut battre aujourd'hui encore avec de solides colonnes expéditionnaires toute la région où se faisait sentir l'autorité de Behanzin, ainsi la Compagnie risque de trouver sans cesse Lobengula devant elle et d'avoir à le surveiller au moyen de pénibles et coûteuses battues.

Au reste, ce n'est peut-être pas là que sera pour elle la plus grosse difficulté. Autant, on s'en souvient, le directeur de la Compagnie au Cap, M. Rhodes, avait trouvé d'appui dans les autorités impériales durant la période de préparation de la campagne, autant, au contraire, les relations avaient été tendues durant les opérations même, entre sir Henry Loch, gouverneur du Cap, et lui ; on avait même été jusqu'à parler de rupture ouverte et de sommation de la part du gouverneur, effrayé de l'audace de M. Rhodes, et tenant pour souverainement dangereuse une entreprise ainsi conduite. Aujourd'hui que la Compagnie a prouvé que, seule et sans même le secours des troupes impériales, elle avait pu venir à bout de cette affaire, et quand des froissements d'amour-propre se sont joints aux divergences de vues, on peut croire que les relations ne s'amélioreront guère.

D'une part, la Compagnie victorieuse maintient très haut sa prétention d'agir à sa guise et de disposer, comme elle l'entend, des territoires qu'elle a conquis ; d'autre part, les autorités impériales ne veulent pas accepter le démenti que l'événement a donné à leurs craintes et prétendent rétablir leur influence un peu trop méconnue, disent-elles ; il y a là matière à un dangereux conflit : la presse, qui discute les prétentions des deux adversaires et qui prend nettement parti pour l'un ou pour l'autre, n'en rendra pas le règlement plus facile, et à moins d'un esprit de conciliation, bien rare chez les colons anglais, et plus rare encore après un grand succès, on peut prévoir une ère de très réelles difficultés.

La convention à propos du Souaziland. — L'Angleterre et le Transvaal ont enfin réglé à l'amiable la question du Souaziland, qui traînait depuis tant d'années, et en novembre a été signé à Prétoria le traité qui met fin à cette vieille querelle.

On connaît la question : le Souaziland est un petit territoire situé au sud-est du Transvaal et au nord du Zoulouland britannique; il n'a pas grande valeur par lui-même et ne contient guère que des pâturages, assez bons à la vérité, où les Boërs et les colons anglais possèdent de gigantesques troupeaux. Ce pays n'aurait sans doute pas été disputé avec grande passion entre la colonie du Cap et le Transvaal s'il n'avait été très proche de la mer; il ne la touche pas, assurément, mais il n'en est séparé que par une étroite bande de terrain, le Tongaland et c'est là ce qui en faisait la valeur aux yeux de la République Sud-Africaine. On sait que la colonie du Cap et les territoires de la Compagnie de l'Afrique australe l'enserrent de toutes parts au sud, à l'ouest et en partie au nord, menaçant de l'englober dans leur régime économique d'abord, avant qu'ils ne la forcent à entrer dans la fédération politique que rêvent tous les patriotes de Table-Bay; et la possession d'un port serait son seul salut, mais le Portugal l'entoure vers l'est et l'empêche de prendre jour sur la mer : le Souaziland était la seule porte — entr'ouverte seulement il est vrai — qu'elle eût sur l'océan Indien et elle le convoitait avec une ardeur qui explique assez l'opposition de l'Angleterre à la laisser prendre pied dans le pays.

Cette question du Souaziland dominait, on peut le dire, les rapports du Transvaal avec le Cap, et comme celui-ci ne cédait pas, ces rapports était fort mauvais. En 1890, à la suite d'une lutte diplomatique de plusieurs mois, qui avait failli, à plusieurs reprises, dégénérer en guerre véritable, tant les passions étaient excitées de part et d'autre, le Transvaal, qui se sait le plus faible, avait dû céder à un ultimatum menaçant et consentir à signer une convention qui établissait au Souaziland une sorte de condominium; la dynastie indigène continuait de régner dans le pays, mais sous l'autorité des représentants de l'Angleterre et du Transvaal, lesquels se partagèrent les divers départements ministériels, de façon que les finances étaient entre les mains britanniques et les travaux publics entre les mains des Boërs; c'étaient ceux-ci, semble-t-il, qui gagnèrent le plus à l'affaire, car la convention leur permettait d'établir un chemin de fer qui traverserait le Souaziland et atteindrait la mer, à la place où ils désireraient établir un port, tandis que les Anglais, du fait de leur contrôle financier, n'eurent guère que chaque année à faire face à un déficit de 7.000 livres. Les Boërs néanmoins étaient mécontents, déclarant qu'ils étaient lésés dans leurs droits, que le Souaziland devait leur appartenir, que l'Angleterre ne les avait fait céder qu'à la force et qu'il ne saurait exister aucune amitié avec elle, tant que le Souaziland ne leur serait pas « restitué ».

Cela se passait sous le ministère Salisbury, qui n'entendait pas raillerie en matières impériales; il tint bon, même quand les Boërs eurent décidé en 1891, au plus fort de la lutte entre la compagnie de l'Afrique australe et le Portugal, de faire un *trek*, c'est-à-dire une de ces grandes expéditions privées, vers le nord, ce qui était une façon détournée de prendre parti pour les Portugais. La diplomatie du Cap put empêcher le *trek*; mais les relations continuaient d'être détestables, et le Transvaal se refusait à toute concession, sur quelque sujet que ce fût, qu'il s'agit de l'abaissement des tarifs douaniers, des chemins de fer qu'il a dû subir, ou de son attitude à l'égard des mineurs de nationalité anglaise, qui abondent sur son territoire. Cependant M. Gladstone arriva au pouvoir; il a toujours eu une certaine sympathie pour le Transvaal, et c'est lui qui avait conclu jadis avec les Boërs, révoltés contre la domination britannique, le traité qui consacra leur indépendance; on attendit beaucoup de son ministère, et, quoique lord Rosebery n'ait aucun goût pour les concessions, les négociations recommencèrent presque aussitôt au sujet du Souaziland.

Sans doute elles furent encore assez malaisées, et, des deux parts, le bruit courut à diverses reprises que l'on avait rompu; il n'en fut rien; l'on finit enfin par tomber d'accord : l'Angleterre consentit à autoriser le Transvaal à entrer en pourparlers avec la régence du Souaziland au sujet de la condition future du pays, faisant abandon de tous ses droits, à la condition que les intérêts des sujets anglais seraient sauvegardés, que les indigènes ne seraient pas lésés par des mesures vexatoires, et enfin que les Boërs prissent l'engagement de ne pas s'étendre vers le nord et l'ouest, aux dépens des nouvelles acquisitions de la Compagnie de l'Afrique australe. Ils consentirent à tout, heureux de toucher enfin le but si longtemps entrevu.

Cet accord a un intérêt considérable, non pas tant à cause de la possession même du Souaziland, qui peut-être assurera moins qu'on ne l'a cru l'indépendance économique du Transvaal, lequel, d'ailleurs, aura bientôt raccordé à ses lignes celle de la baie de Delagoa, où l'Angleterre n'a plus rien à voir; mais la reprise des relations correctes, sinon amicales, des deux voisins peut faire avancer singulièrement cette question de la fédération de l'Afrique australe, qui est actuellement la grande question pour le Cap, et l'on peut prévoir le moment, éloigné encore il est vrai, où des liens plus serrés uniront la colonie anglaise et les États boërs.

Afrique occidentale. — Pays des Achantis. — L'Agence Havas a publié la dépêche suivante :

Accra, le 21 novembre.

L'expédition envoyée en octobre pour repousser une incursion menaçante du roi des Achantis s'est arrêtée à Abetisi, à la frontière du protectorat britannique, où elle attend de nouveaux ordres.

Les ambassadeurs du roi des Achantis sont, en effet, venus déclarer que le roi n'avait pas d'intentions hostiles, mais qu'il repousserait toute attaque avec la dernière vigueur.

On dit que les Achantis sont armés de fusils Winchester et l'on conjecture qu'ils sont commandés par des Européens.

POSSESSIONS ESPAGNOLES

Rio-de-Oro. — Des nouvelles assez fâcheuses sont arrivées du Rio-de-Oro. Cette station de pêche et de commerce, acquise en 1884 par l'Espagne sur la côte occidentale du Sahara, a déjà eu parfois maille à partir avec les tribus maures du voisinage. On se souvient de la capture de l'équipage du navire espagnol *Scad* et de la nécessité où fut le lieutenant Gonzales, commandant du Rio-de-Oro, de payer une rançon pour délivrer les marins prisonniers. Il paraît que l'attitude des Maures sahariens est devenue menaçante. Menés par un certain Spiridion, d'origine égyptienne, qui prétend représenter le Sultan du Maroc — ce que les Espagnols refusent, avec raison, d'admettre, — et qui s'arroge le monopole du commerce dans le pays, ce qui lui donne, d'après lui, le droit d'établir des péages, ils bloquent, au nombre d'un millier environ, le fortin de Rio-de-Oro dont la garnison n'est que de 35 hommes mal pourvus en vivres et n'ayant qu'un canon hors d'usage. Ce Spiridion avait déjà été l'instigateur du complot qui a amené la capture de l'équipage du *Scad*. — On pense qu'il a profité de l'excitation produite dans toute cette partie de l'Afrique par l'incident de Melilla pour exciter les Maures, et à Madrid on est un peu inquiet sur le sort de la petite garnison.

Deux mitrailleuses viennent d'être expédiées de Cadix au Rio-de-Oro, où une compagnie de chasseurs venant de Ténériffe ira séjourner quelque temps. Les renforts ne parviendront pas vite au Rio-de-Oro, par suite du manque de navires de guerre aux Canaries.

BIBLIOGRAPHIE

LA FRANCE NOIRE, par Marcel Monnier. — Plon et Nourrit, in 8.

M. Marcel Monnier est un aimable voyageur : il a parcouru de grands morceaux du monde et laissé d'intéressants récits de ses voyages. Il n'a pas la prétention de découvrir des terres nouvelles, bien qu'il ait participé aux dernières découvertes géographiques de Binger, mais il aime à battre les chemins peu hantés, à en ressentir les émotions et à les dire. Tandis que la plupart des livres de cette bibliothèque des voyages, qui grossit toujours, nous ne le regrettons pas, sont d'une lecture assez difficile, ceux de M. Marcel Monnier sont, au contraire, pleins d'attraits. L'écrivain est doublé d'un observateur sagace; il s'intéresse à autre chose qu'à la longueur des étapes, aux difficultés de la route, aux misères qu'il éprouve. M. Marcel Monnier a été le compagnon de Binger dans sa dernière mission au pays noir. Il a vécu de longs mois avec le brillant explorateur, et il est resté son ami. Les grandes misères d'une existence difficile à travers la grande forêt africaine n'ont jamais altéré leur bonne humeur ; entre eux, pas de point noir pendant la route ; une franche et cordiale amitié qui a résisté à tout, à l'isolement, aux épreuves de toutes sortes, exemple rare, que devraient méditer ces voyageurs africains qui nous entretiennent de leurs démêlés dès qu'ils ont remis le pied sur le sol natal.

On le sait, la mission Binger avait pour but de délimiter les possessions anglo-françaises de la côte de Guinée; elle n'a pas abouti, les commissaires anglais, hommes charmants par ailleurs, ayant dès la première minute élevé des prétentions inacceptables avec des arguties de procureurs.

Binger a finalement poussé sur Kong, où il tenait à revoir les bons amis qui l'avaient si bien accueilli à son premier voyage. De Kong, il a cherché à revenir à la côte par le Baoulé, que le capitaine Marchand vient d'ouvrir au commerce; mais, arrêté par le mauvais vouloir d'un chef, n'ayant qu'une confiance très médiocre en ses porteurs, sans autre escorte que deux Sénégalais, il a été contraint de rallier Grand-Bassam par la Comoë.

C'est ce voyage que raconte M. Marcel Monnier; il en rompt la monotonie par des tableaux de mœurs qui intéressent et qui parfois ne laissent pas que de nous toucher; telle l'histoire de cette pauvre Namarou qui approvisionnait de laitage, à Sapiasi, la petite caravane française; tel aussi ce petit tableau qui donnera une idée de la façon de mener une négociation diplomatique. Le capitaine Binger et M. Marc Monnier s'étaient rendus en grande pompe chez le roi du Diaminala ; les interprètes expliquent très simplement au chef le motif du voyage.

Le capitaine était venu dans ces contrées, il y a trois ans, envoyé par le chef des Français qui commande aux blancs établis sur la côte. Celui-ci lui avait dit : « Va trouver de ma part les chefs de là-bas, les rois de Bondoukou et de Kong, ceux de Djimini et du Diaminala; dis-leur que je suis leur ami et que je serai bien content s'ils deviennent « aussi camarades » avec moi. Et le capitaine a visité les chefs. On a écrit sur un papier qu'on était « camarades ensemble », et il a donné aux chefs son pavillon, afin qu'ils le montrent aux autres blancs qui pourraient venir par la suite, comme un signe d'amitié.

Mais le capitaine est tombé malade et n'a pu pousser jusqu'au Diaminala. Cette année, le chef des Français l'a de nouveau envoyé, en le chargeant de cadeaux pour nos amis : Ardjima, roi de l'Abron, Karamokho-Oulé, Brahima. « Cette fois, a-t-il dit, ne manque pas d'aller voir le roi du Diaminala. Dis-lui combien je serais content que nous devenions « camarades », que ce serait bon pour nous deux. Les gens du Diaminala qui viendraient en France seraient traités en frères, et les Français qui visiteraient le Diaminala reçus comme enfants du pays. Signe avec lui un papier et offre-lui mon pavillon. »

Rien de plus, c'est simple et grand. Une argumentation plus

serrée et des considérants plus touffus seraient de l'hébreu pour un noir.

Et voilà comment un Etat de plus a été placé sous le protectorat de la France ! Au surplus, M. Marc Monnier croit au grand avenir de ce pays, à condition que la pénétration à l'intérieur se fasse par le commerce et que notre seule action soit d'ouvrir des routes aux caravanes.

Et comme les droits de douanes prélevés à Grand-Bassam pendant les exercices 1891-92, toutes dépenses payées, ont laissé un reliquat de 614.000 fr., maintenant que nous nous étendons sur tout le littoral, que Grand-Bassam n'est plus notre seul débouché, la colonie de la Côte-d'Ivoire bien administrée produira des sommes autrement considérables. On sait que le capitaine Binger se dévoue à cette œuvre ; le pays de Kong est sien, il veut faire arriver à la mer, chez nous, les produits qui abondent sur la route qu'il a découverte. Il réussira, nous en avons la certitude ; tous le désirent, M. Marcel Monnier en première ligne, qui a dédié son livre à son compagnon de route, aujourd'hui gouverneur de la côte d'Ivoire.

La NOUVELLE CARTE du Capitaine BINGER

Le service géographique des colonies vient de publier la nouvelle édition de la carte du haut Niger au golfe de Guinée, dressée par le capitaine Binger. Cette carte, qui s'étend du 4e degré latitude Nord au 14e degré, donne le résultat des nombreuses explorations qui ont été faites dans cette région de 1887 à 1893. L'auteur y a reproduit les itinéraires de ses deux voyages : celui de 1887 à 1889, de Bammako à Kong, par Sikasso, et le dernier fait en 1892 avec le lieutenant Braulot et M. Marcel Monnier d'Assinie à Kong par la vallée du Komoé.

En outre, le capitaine Binger a pu utiliser les notes des récentes explorations au Soudan, ce qui lui a permis de compléter ses propres observations. C'est ainsi qu'il a fait usage de l'itinéraire du commandant Monteil dans la boucle supérieure du Niger, depuis Ségou-Sikoro jusqu'à Waghadougou et Dori, par San et Sikasso, ceux des regrettés docteur Crozat et capitaine Ménard, le premier dans le Mossi, le second dans le Hinterland de la côte d'Ivoire, du capitaine Marchand dans les Etats de Tiéba et sur le Cavally. La marche de la colonne expéditionnaire du colonel Humbert, dans les Etats de Samory, en 1892, y a été également reproduite sur la côte, dans la région comprise entre le Libéria et la colonie anglaise de la côte d'Or ; nous relevons les résultats des missions Quiquerez et de Segonzac, Arago, Armand et de Tavernost, Pobéguin, de Barral. Elle est également la première à donner la délimitation qui a

été établie, d'une part, entre la France et la République de Libéria, d'autre part, entre la France et l'Angleterre par la convention du 12 juillet 1893.

En résumé, cette carte constitue un document géographique d'un réel intérêt ; elle est gravée sur pierre en quatre couleurs et a été faite avec le plus grand soin par l'éditeur Barrère.

RENSEIGNEMENTS DIVERS

La « majorité » de la Société de géographie commerciale. — La Société de géographie commerciale de Paris vient de fêter sa majorité.

Le banquet qu'elle a offert à cette occasion dans les salons de l'hôtel Terminus a été des plus réussis. Toutes les personnalités marquantes du monde géographique et colonial se trouvaient réunies autour de la table couverte de fleurs, que présidait M. Meurand.

Au dessert, M. Meurand, président, depuis sa fondation, de la Société de géographie commerciale, a levé son verre en l'honneur des nombreux invités qui avaient tenu à honorer le banquet de leur présence, à l'administration des colonies qui s'était fait représenter par M. J.-L. Deloncle, aux explorateurs, parmi lesquels nous avons remarqué MM. Maistre, Paroisse, Clozel, Soller, aux bienfaiteurs de la Société. MM. Marcel Monnier, compagnon de voyage du capitaine Binger, Deloncle, Blanchot, colonel au 125e de ligne, président de la Société de géographie de Tours, Castonnet des Fosses, Gauthiot, secrétaire de la Société, et Ch. Lemire, ont pris successivement la parole.

Nécrologie. — M. E. Jamais, député du Gard, est mort à Aigues-Vives, le 10 novembre. Sous-secrétaire d'Etat aux colonies, dans le ministère Loubet, il avait été à même de rendre de sérieux services à l'expansion de la France en Afrique, et c'est à ce titre que le *Comité de l'Afrique française*, s'associe aux regrets qu'a soulevés la perte de cet homme distingué.

Le Gérant : H. PERCHER.

13295. — Paris.— Imprimerie de la Bourse de Commerce (F. Bivort), 33 rue Jean-Jacques-Rousseau.

www.ingramcontent.com/pod-product-compliance
Lightning Source LLC
LaVergne TN
LVHW082236170726
843503LV00011B/4441